HISTORIA DEL TAROT

Si este libro le ha interesado y desea que le mantengamos informado
de nuestras publicaciones, escríbanos indicándonos qué temas son de su interés
(Astrología, Autoayuda, Psicología, Artes Marciales, Naturismo,
Espiritualidad, Tradición…) y gustosamente le complaceremos.

Puede consultar nuestro catálogo en www.edicionesobelisco.com

Colección Cartomancia y Tarot
Historia del Tarot
Isabelle Nadolny

1.ª edición: septiembre de 2020

Título original: *Histoire du Tarot*
Traducción: *Juli Peradejordi*
Corrección: *Sara Moreno*

© 2018, Éditions Dangles
(Reservados todos los derechos)
© 2020, Ediciones Obelisco, S. L.
(Reservados los derechos para la presente edición)

Edita: Ediciones Obelisco, S. L.
Collita, 23-25. Pol. Ind. Molí de la Bastida
08191 Rubí - Barcelona - España
Tel. 93 309 85 25 - Fax 93 309 85 23
E-mail: info@edicionesobelisco.com

ISBN: 978-84-9111-587-8
Depósito Legal: B-6.720-2020

Printed in India

Reservados todos los derechos. Ninguna parte de esta publicación, incluido el diseño de la cubierta,
puede ser reproducida, almacenada, transmitida o utilizada en manera alguna por ningún medio,
ya sea electrónico, químico, mecánico, óptico, de grabación o electrográfico, sin el previo consentimiento
por escrito del editor. Diríjase a CEDRO (Centro Español de Derechos Reprográficos, www.cedro.org)
si necesita fotocopiar o escanear algún fragmento de esta obra.

HISTORIA DEL TAROT

Orígenes - Iconografía Simbolismo

Introducción

*Tarot de la colección Rothschild, el Emperador,
norte de Italia, finales el siglo XV, Museo del Louvre.*

❖❖❖ *Un día alguien explicó esta historia...*

«Hace mucho tiempo, todos los sabios hierofantes depositarios de la tradición oculta de Egipto se reunieron para debatir un problema muy grave. Gracias a sus facultades proféticas habían alcanzado la certeza de que pronto su civilización desaparecería y, con ella, los templos de los dioses y las escuelas iniciáticas donde la Verdad se trasmitía desde siempre de maestros a discípulos. Se trataba, pues, de hallar un medio para preservar los aspectos más importantes de esta Verdad oculta a fin de que cuando llegará el momento pudiera ser revelada de nuevo. "Grabemos los textos de nuestra sabiduría ancestral en los muros del templo más venerable", propuso uno de los miembros de la asamblea. Pero alguien objetó que incluso el más sólido de los templos no podría resistir los estragos del tiempo y los asaltos de los invasores. "Grabémoslos en las placas del metal más resistente", dijo otro. Pero le explicaron que, si se trataba de un metal noble, forzosamente sería objeto del deseo, y si se trataba de un metal vil, no resistiría la oxidación. Otro miembro aventuró: "Confiemos nuestros arcanos a un hombre simple y virtuoso que, antes de morir, los transmita a otro hombre simple y virtuoso y así sucesivamente hasta que la Verdad puede ser cultivada y comprendida de nuevo". Pero le respondieron que incluso las almas más puras están sujetas inevitablemente a la tentación. Entonces, el más joven de los adeptos dijo así: "Utilicemos los vicios, los pecados, las pasiones bajas del hombre para preservar el depósito de nuestras doctrinas secretas. Expresémoslas en un conjunto de figuras aparentemente inocentes que, multiplicadas hasta el infinito, sirvan para satisfacer una de las pasiones más vivas del hombre, la pasión por el juego. Confiemos a las energías del mal los gérmenes de la Verdad que contienen la condición de la salvación y de la felicidad del mundo". Esta propuesta fue aceptada. Los adeptos fijaron en imágenes simbólicas los axiomas de sus doctrinas secretas. Compusieron un juego que pusieron en circulación y que preservó de manera alegórica las Verdades ocultas. Éste sería el origen del juego del tarot».

Esta historia sobre el origen del tarot es la que refiere el autor Gérard van Rijnberk que le fue explicada por un tal V. M. Tomber, vicecónsul de Estonia en Ámsterdam, y que había escuchado en «una poderosa sociedad secreta de la época anterior a la Revolución bolchevique».[1] Papus, el célebre ocultista del que tendremos ocasión de hablar, declara en su Tarot des Bohémiens que la encontró en «un vetusto manuscrito polvoriento, olvidado en un rincón de una biblioteca».[2]

Lo más misterioso de esta historia, cuyas fuentes son por lo demás inciertas, es que se ha convertido en uno de los mitos fundacionales del tarot. La idea de que un juego de cartas pueda ser el receptáculo de sabidurías ocultas ha cautivado a numerosos autores desde el siglo XVIII. El primero que desarrolló una teoría egipcia sobre los orígenes del juego fue Antoine Court de Gébelin en su *Monde primitif*, aparecido en el año 1781:[3] «Si oyésemos decir que, en nuestros días, aún existe una obra de los antiguos egipcios, uno de los libros escapados de las llamas que devoraron sus soberbias bibliotecas y que contiene la más pura doctrina sobre temas de gran interés, todos se apresurarían a conocer un libro tan precioso, tan extraordinario. Si añadiéramos que este libro se halla muy difundido en gran parte de Europa y que desde hace siglos está al alcance de todo el mundo, la sorpresa iría en aumento. Y ¿no sería el colmo si asegurásemos que jamás se ha sospechado que fuese egipcio? [...] Este libro está compuesto por LXXVII láminas o figuras [...] este libro es el juego del tarot». Sin duda, he aquí el manuscrito polvoriento del que hablaba Papus; en cualquier caso, aquí está desarrollada la idea. Después de Court de Gébelin, todo el mundo se puso a escribir acerca de los orígenes y los saberes ocultos del tarot: procedería además de Egipto, de los mitos ocultos de los gitanos, de los templarios, de los cátaros, de los masones o de otras sociedades iniciáticas cuyos secretos habrían heredado los maestros naiperos. Revelaría los números de Pitágoras, los contenidos del árbol de la vida o las enseñanzas de Hermes Trismegisto. Una de las teorías más recientes es que sería el receptáculo del saber del Renacimiento, particularmente de las tradiciones herméticas y neoplatónicas que habrían sido redescubiertas en aquella época.

---

1. Gérard van Rijnberk, *Le Tarot, histoire, iconographie, ésotérisme*, Paul Derain, Lyon, 1947, pág. 14.
2. Papus, *Le Tarot del Bohémiens*, G. Carré, París, 1889, pág. 348.
3. Antoine Court de Gébelin, *Monde primitif, analisé et comparé avec le monde moderne*, París, 1781, t. VIII, págs. 365-366.

Se habla mucho de Marsilio Ficino (1433-1499), traductor de los textos de Platón y del *Corpus hermeticum*, como uno de los probables autores del tarot, una teoría más probable ya que está históricamente demostrado que el tarot apareció en Italia en el siglo XV.

Entonces, ¿tienen una base estas teorías? Si las comparamos con las fuentes históricas, ¿son verificables? ¿Sabemos realmente de dónde vino el tarot, cómo se hizo y con qué propósito? Y si se trata sólo de un modesto juego de cartas, ¿por qué se ha convertido en uno de los pilares del ocultismo moderno y contemporáneo? Muchas preguntas a las que es difícil escapar cuando se miran estas cartas, que parecen tan simples y misteriosas al mismo tiempo. Este libro pretende responder a estas preguntas reflejando los conocimientos actuales sobre las cartas del tarot y su historia, y basándose en documentos históricos o en el trabajo de investigadores, demasiado desconocidos porque no han sido muy difundidos o a veces porque son difíciles de leer. Nos acercaremos así a la historia del tarot según el siguiente enfoque: «esto es seguro» (por ejemplo, cuál es el tarot más antiguo conocido), «esto es probable», «esto es improbable» o «esto no está históricamente probado» (por ejemplo, «el tarot es una de las cosas más bellas que nos ha dejado la antigüedad»). También situaremos el tarot en un contexto histórico más amplio, a menudo desconocido por los aficionados, que nos ha parecido importante para poder conocer mejor este juego.

En efecto, ¿cómo podemos valorar con serenidad la teoría sobre los orígenes egipcios del tarot si no sabemos hasta qué punto Egipto fue conocido en la Francia de la Ilustración, hogar de los primeros autores que escribieron sobre el tema? Así, viajaremos al París de la Ilustración, donde personajes divertidos jugaban a juegos divertidos. De un modo más general, cuando volvamos a la Europa de finales de la Edad Media, veremos hasta qué punto las representaciones de esa época podrían haber impregnado las imágenes representadas en las cartas. Veremos que la historia del tarot es, pues, inseparable de la de los juegos de cartas y, por lo tanto, de los juegos, así como de la historia de la adivinación y del ocultismo, aunque estos últimos también son a menudo poco conocidos. Frecuentemente hablamos de vínculos entre el tarot y el hermetismo, la cábala o la masonería, sin saber qué significa todo esto. Por esta razón, nos ha parecido necesario hacer un pequeño comentario histórico sobre estas nociones o estos movimientos, siguiendo siempre el enfoque anterior: lo que es cierto (por ejemplo, la aparición de la francmasonería en Francia en el siglo XVIII) y lo que no lo es (por ejemplo, que los maestros naiperos eran unos iniciados).

Conoceremos a los antiguos autores que mencionaron el tarot, y sabremos un poco mejor, después de haber vislumbrado su tiempo, por qué hablaron de él de esta manera. También conoceremos mejor las cartas de los tarots antiguos estudiándolas: hemos incluido una muestra de cartas del tarot, algunas importantes, otras desconocidas y olvidadas, para mostrar y descubrir al tarot en su riqueza y diversidad iconográfica. Uno de los objetivos de este libro es proporcionar al lector un conjunto de fuentes que han nutrido el tarot actual: tarots antiguos, textos y grabados antiguos... Aquí se publican por primera vez algunos textos que proponen tiradas de cartas, así como numerosas reproducciones de juegos antiguos. Queríamos que el lector pudiera convivir con estos antiguos juegos, dibujos e interpretaciones de cartas directamente y disfrutar reproduciéndolos.

Un último detalle sobre el estilo del texto: el uso de «nosotros» es un estilo un poco anticuado pero muy conveniente para que un autor pueda compartir sus pensamientos sin caer en el testimonio personal, de ahí esta elección.

Este libro no podía abarcarlo todo, y no era ese su propósito, ¡qué arrogancia! No podía mencionar todas las teorías de los autores que se codeaban con ellas, sobre el tarot, sus orígenes, su historia o incluso sobre la constitución detallada de las cartas y sus numerosísimos símbolos. Hemos tratado de remediarlo proporcionando apéndices: un conjunto de sitios, blogs y bases de datos, así como una bibliografía, con las referencias necesarias para informarnos e ir más allá gracias a los autores que consideran estas cuestiones, aunque, en nuestra opinión, un ensayista brillante no tiene necesariamente el mismo enfoque que un historiador. Porque nuestro límite, pero también nuestra perspectiva, era permanecer lo más cerca posible de la historia. Teníamos también otro objetivo: enriquecer la reflexión y satisfacer la curiosidad de los amigos del tarot para su mayor deleite.

Capítulo I
La historia del tarot se inscribe en la historia de los naipes y del juego…

Copia de una carta francesa del siglo XVI, 1906, BnF (detalle).

1

JUEGO Y ADIVINACIÓN DESDE LA ANTIGÜEDAD

◆◆◆ *Entre mitos, juegos y símbolos*

Érase una vez un rey y una reina. Eran hermano y hermana y gobernaban al principio de los tiempos. Él se llamaba Geb y dominaba la tierra, su hermana Nut reinaba en el cielo. Ambos se amaban con un amor incestuoso. Ra, el dios Sol, soberano creador, se dio cuenta de esto e, indignado, prohibió a Nut dar a luz en cualquier mes de cualquier año. Sin embargo, la reina tenía otro amante, Toth, el escriba divino, un erudito en letras y artes y maestro de los juegos. Buscando desviar la maldición del Sol, se presentó ante la Luna y le propuso una partida del «juego de mesa». Ganó el juego y la Luna se vio obligada a darle una septuagésima parte de cada una de las noches en las que ella brillara. Con la suma de todas estas fracciones de luz juntas, Toth formó cinco días, que sumó a los otros trescientos sesenta. En estos días, al no formar parte de un mes del año, Nut pudo dar a luz a cinco hijos: Osiris, Haroeris, Seth, Isis y Neftis.[4]

Esta leyenda revela varias cosas. En primer lugar, que los juegos están enraizados en las tradiciones mitológicas más antiguas y, sobre todo, que no sólo son actos gratuitos, anodinos, fortuitos, simplemente para divertirse. Los dioses jugaban a cuestiones como la concepción del mundo u otros dioses, ni más ni menos. La mitología griega también aportó juegos famosos, como el de los pretendientes que aspiraban a la mano de Penélope en el juego de habilidad diseñado por el astuto Ulises, o el de Eros jugando a las tabas con Ganímedes, el más bello de los mortales. Los textos cristianos evocan a los romanos jugándose la túnica de Cristo a los dados, o a Percival jugando contra un tablero de ajedrez mágico. Los juegos son actos realizados fuera del tiempo común, con reglas que aceptamos aunque no siempre entendamos su significado, y para asuntos que a veces también exceden nuestra comprensión. Si consideramos las cartas, ¿qué sentido tiene extender unas cartas delante de nosotros en una mesa y manipularlas para conocer el significado oculto de nuestra existencia, o para arriesgarnos a arruinar nuestras vidas con los costosos y adictivos intereses de los juegos de azar?

---

4. Historia contada por Jean-Marie Lhôte en *Histoire des jeux de société,* Flammarion, París, 1993, pág. 12.

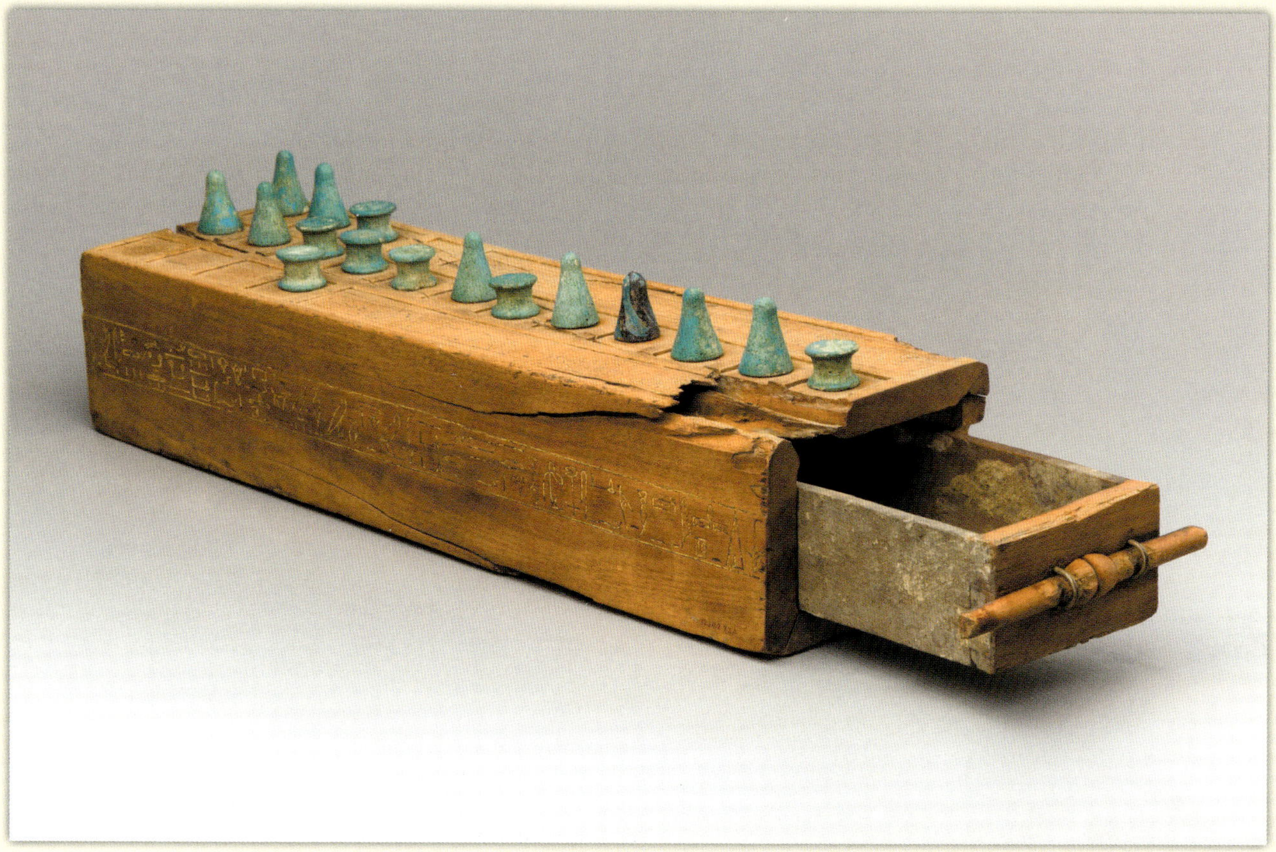

Juego egipcio del senet, 1555-1295 a. C., Metropolitan Museum.

Nefertari jugando al senet (copia de una tumba), Metropolitan Museum.

Juego egipcio del mehen, I Dinastía (3000-2950 a. C.), Metropolitan Museum.

En el plano simbólico, la leyenda de los «juegos de mesa» revela el nombre de Toth, que luego fue mencionado por muchos ocultistas como Hermes Trismegisto, sin que quede claro a qué se referían. Volveremos al tema de Toth/Hermes. Señalemos por el momento que Platón lo mencionó como el inventor de los juegos. Dice en *Fedra*:[5] «Lo que me explicaron, dice Sócrates, es que en la región de Naucratis, en Egipto, vivía uno de los dioses antiguos de ese país, cuyo emblema consagrado es ese pájaro llamado ibis, y que el nombre de este dios es Tut; se me dijo que fue él quien inventó primero el número y el cálculo, la geometría y la astronomía, por no hablar de los juegos de mesa y los dados, en fin, precisamente las letras y la escritura».

En un plano más concreto, esta historia muestra qué tipos de juegos se jugaban en el antiguo Egipto: juegos de recorrido en mesas estructuradas, con peones y dados. El mehen, que se juega en una mesa plana y redonda, imita la forma de una serpiente enrollada sobre sí misma y es uno de los juegos más antiguos de la historia. Apareció en el primer milenio antes de Cristo. El Egipto faraónico también conoce el senet, otro juego de mesa con peones y dados. En cuanto a la adivinación, se practicaba principalmente a través de la consulta de oráculos, especialmente desde el Nuevo Imperio (desde 1552 a. C.). Esto se hacía por medio de preguntas a los dioses escritas en papiros o fragmentos de cerámica que les eran entregados en los templos o durante las procesiones. Los oráculos se hacían por medio de signos manifestados por las estatuas de los dioses o por las palabras de los sacerdotes. Estas preguntas han sido testigos notables de la vida y las preocupaciones de los antiguos egipcios. Se le preguntaba al oráculo quién había cometido tal o cual robo, si convenía casarse con tal o cual mujer, consultar a un médico para tratar los dolores oculares o para realizar tal o cual viaje, cuándo era apropiado comenzar a sembrar...[6] ¿No están estas antiguas preocupaciones sorprendentemente cerca de las nuestras? Cabe señalar que en esa época ya se practicaba la onirología, es decir, la adivinación a través de la interpretación de los sueños. Los oniromantes, que también encontramos en Babilonia, Roma o Atenas, eran consultados para averiguar el significado de los sueños. Por otra parte, no hay rastro de las «láminas de oro» que habrían constituido un «libro de Toth» utilizado para hacer estos oráculos, como lo describen los ocultistas de los siglos XVIII y XIX.

¿Por qué elegir remontarse atrás tan lejos, mucho antes de la aparición del tarot? Simplemente para marcar la diferencia entre el discurso de Antoine Court de Gébelin y la historia, y también para comenzar este trabajo en los mismos tiempos que él. Habla de Egipto, y muchos autores que escribieron sobre el tarot después de él hablarán de Egipto. Veremos que también hubo algunos antes que él que intentaron examinar los misterios de esta civilización, y que él conocía sus escritos. Por lo tanto, era difícil ignorar este período. El problema es que si buscamos en la iconografía o mitología del Egipto faraónico, no encontramos nada que se pueda comparar con el tarot. Ciertamente, hay símbolos comunes: el sol, la luna, el carro de guerra, la balanza utilizada para pesar las almas de los muertos, un símbolo que heredará la alegoría de la Justicia descrita por Aristóteles y presente en el tarot. Pero ¿deberíamos hablar de símbolos comunes o de símbolos universales? E incluso en el primer caso, no están representados de la misma manera. Los autores que escriben sobre el tarot, a menudo tan sensibles a los detalles, no pueden dejar de notarlo. En su conjunto, los veintidós arcanos mayores presentan imágenes muy alejadas de la cultura faraónica: el Papa, el Diablo o el Juicio son figuras cristianas. Justicia, Fuerza o Templanza son alegorías que aparecieron bajo el Imperio romano. No olvidemos también que Antoine Court de Gébelin mencionó el tarot y Egipto en 1781, el período egiptomaníaco por excelencia. Volveremos a él. Y si habló del tarot como procedente del antiguo *tar* y *ro* egipcio («camino real»), fue en un momento en que nadie entendía el significado de los jeroglíficos.

---

5. Citado por Jean-Marie Lhôte, *op. cit.* pág. 15.
6. Véase el artículo «La divination en Égypte ancienne, rêves d'Égypte», Françoise Dunand, Notre histoire, n.º 206, París, enero de 2003, pág. 25-28.

Tabas utilizadas para la adivinación, época griega (fotografía privada).

Dados y peones de la época romana, Museo Galorromano de Saint-Romain-en-Gal.

❖❖❖ *Una dudosa frontera entre el juego y la adivinación*

Avancemos en el tiempo. En la antigüedad clásica, en primer lugar los griegos y más tarde los romanos se jugaba con dados y tabas (actualmente sabemos que las tabas más antiguas se han encontrado en Varna, Bulgaria y datan de 4200 a. C.). Y, obviamente, no tenemos constancia de ningún juego de cartas que date de esa época. En cambio, podemos considerar que entre los egipcios existía una conexión entre los juegos y los mitos. Y entre los griegos nos encontramos con una dudosa frontera entre el juego y la adivinación, y mucho más con los denominados juegos de azar. El historiador de los juegos Jean-Marie Lhôte considera con gran exactitud el caso de aquel hombre que arroja una concha al aire en preguntándose en qué momento va a formular un deseo, diciéndose a sí mismo: «Si la concha cae del lado convexo, voy a tener suerte; si cae del lado cóncavo, no es un buen augurio». También se pregunta cuándo aparecerá un compañero de juego que le diga: «Si cae del lado convexo, ganas; si cae del lado cóncavo, gano yo».[7] ¿Quién es capaz de decirlo? La razón de cualquier juego es el deseo del hombre de ejercitar sus facultades físicas o mentales, de mostrar su fuerza o su habilidad frente a los demás. Y cuando interviene el azar, se juega para saber cuál de los dos jugadores se verá favorecido por el hado, la suerte, la fortuna, la providencia. En cuanto evocamos la suerte estamos evocando al destino, la fatalidad, la magia. ¿Qué es la buena o la mala suerte, sino algo mágico? Todo un abanico de conceptos fundamentales entra en juego cuando evocamos los juegos de azar.

Volvamos a los griegos, que jugaban a las tabas. Sabemos que tenían un nombre para las cuatro caras de las tabas (las dos de los lados son demasiado pequeñas para considerarlas), así como las principales tiradas.[8] De este modo, el lado plano se denominaba «perro» o «kios» y estaba asociado con el número 1; el lado sinuoso se denominada «kos» y correspondía al número 6. El lado «perro» era el más nefasto y estaba asociado con el desprecio, mientras que el lado «kos» estaba asociado con la estima. Sin duda, estos nombres también era una alusión a los habitantes de las islas de Kios y Kos. Unos eran despreciados y los otros privilegiados.

También sabemos que el término «perro» en boca de un griego era un insulto. Las otras dos caras, cóncavas y convexas, tenían valores de 3 y 4. Las posibles combinaciones (treinta y cinco) con cuatro tabas también tenían nombres, a menudo tomados de dioses, héroes, hombres ilustres, eventos: Afrodita, Midas, Alejandro, la anciana, el efebo, el arca, el bello golpe, el golpe sagrado... Las tiradas se dividían en buenas, malas y medianas. Por lo tanto, la tirada de Afrodita, cuando aparecen las cuatro caras diferentes, es la mejor tirada. Por el contrario, la tirada del perro, cuando caen las cuatro por el lado plano, es la más nefasta.

Una vez más, ¿cuál es el límite entre lo lúdico y lo adivinatorio? ¿Entre tirar las tabas con un oponente para ganar una apuesta o para hallar la respuesta a una pregunta que te estás haciendo? Louis Becq de Fouquière cita varios testimonios antiguos muy interesantes,[9] como el de Ovidio que, hablando de los tratados sobre los juegos, decía «con qué tirada se puede conseguir la numeración más alta o evitar perros de mal agüero». Y, sobre todo, cita a Pausanias (*Acaya*, XV): «Cerca del río Vouraikos hay una cueva. En esta cueva hay un oráculo que da a conocer el futuro a través de una figura y unas tabas. Aquel que quiera consultarlo primero reza a la estatua; luego toma las tabas, muchas de las cuales están delante de ella, tira cuatro de ellas sobre la mesa y recoge la explicación de la tirada en la tabla donde se muestran las diferentes tiradas con una explicación de lo que representan». También Suetonio habla de la adivinación con tabas (*Tiberio*, XIV): «Tiberio consultó cerca de Padua al oráculo de Gerión, quien le dijo que arrojara las tabas en la fuente de Apone para obtener una respuesta a su petición. Pero inmediatamente obtuvo el número más alto. Todavía hoy en día pueden verse estas tabas en el fondo del agua». De este texto parece desprenderse que la respuesta era más o menos buena según fuera el número más o menos alto. Encontramos un sistema similar con dados.

---

7. Véase Jean-Marie Lhôte, *Le symbolisme del jeux*, Berg International, París, 2010 (la primera edición es de 1996).
8. Los describe Louis Becq de Fouquières en *Les Jeux des anciens, leur description, leur origine, leurs rapports aven la religion*, C. Reinwald, París, 1869, págs. 329-344, (digitalizado por Gallica, véase http://gallica.bnf.fr/ark:/12148/bpt6k110685x).
9. *Op. cit.*, págs. 350 y 354.

❖❖❖ *Los dados, la suerte, la casualidad y la fortuna*

A diferencia de las tabas, que son objetos de la naturaleza (pequeños huesos de animales), los dados son creaciones humanas, que probablemente aparecieron en el valle del Indo unos dos mil años antes de Cristo. Utilizados por los antiguos egipcios, griegos y romanos, siguen siendo uno de los juegos favoritos de la Edad Media. Incluso hoy en día, siguen siendo el juego de azar por excelencia. Además, ¿de dónde viene la palabra «azar»? Procede del árabe *az-zahr* que significa «el dado». *Hasart* era también el nombre de un juego de dados en la Edad Media, así como *cheance*. En los diccionarios de francés antiguo, encontramos una definición de estas palabras: «una especie de juego de dados». La *cheance* se define también como «tirar los dados, cantidad de puntos que se obtienen tirando los dados», y *chancer* como «jugar a juegos de azar», es decir, el juego de los dados.[10] Estas dos nociones, casualidad y azar, introducen las nociones de aleatoriedad, improbabilidad, ambas en el lado opuesto a la Providencia. Esto sin duda explicará la aversión de la Iglesia al juego, pero por otro lado llenará un vacío «metafísico», podría decirse, al reintroducirse en el mundo cristiano, donde un Dios omnipotente lo decidiría todo, lo fortuito, lo inesperado, la idea de algo que podría ocurrir o no sin una causa aparente o explicable.

Una idea similar se puede encontrar con la Fortuna: la antigüedad, que no conocía la palabra «casualidad», había atribuido a la ciega Fortuna la distribución insensata de los acontecimientos, buenos o malos, en la vida humana. «La Fortuna conduce las cosas humanas sin ningún orden», dice Séneca en su tragedia *Hipólito*.[11] La veremos representada en su famosa rueda a partir de la Edad Media. La fortuna es tanto una alegoría como una divinidad. A pesar de su carácter ciego e impersonal, a menudo se representa por una figura femenina con los ojos vendados y ha sido invocada por el pueblo desde la antigüedad como una deidad, consultada a través de dados y tabas, como si de esta manera se pudiera alentar al destino a revelarse a sí mismo. El destino es la consecuencia del azar: puede definirse como lo que debe suceder fruto de la casualidad, de las circunstancias. También puede ser el fruto del destino, pero estas dos ideas no están tan asociadas. La suerte también se refiere a lo que debe suceder como resultado de un acto mágico, las más de las veces dañino, que se llama «lanzar un hechizo». Y se utilizan objetos aleatorios (originalmente dados, más tarde cartas) para forzar al destino a revelarse. De este modo, el azar y la adivinación pueden reconciliarse, a pesar de ser dos nociones que *a priori* parecen emparejarse mal pero que, sin embargo, siguen siendo inseparables.

De hecho, la adivinación parece lo más apropiado para evocar el destino. La mayoría de los videntes u oráculos, como la pitonisa de Delfos o los profetas del Antiguo Testamento, darán testimonio de los designios de los dioses o de Dios sobre el destino de una persona, una ciudad o un pueblo. El destino esta vez introduce la idea de determinación. La palabra viene del latín *destinare*, que significa «planificar, destinar». El destino está escrito: nos encontramos en el extremo opuesto del espectro de la idea del azar. Los antiguos griegos consideraban que el destino era una autoridad superior a los dioses. Los cristianos lo asimilarán a la divina Providencia. Por eso, ciertas prácticas de adivinación serán prohibidas por la Iglesia, para la cual «el futuro pertenece sólo a Dios». ¡Es blasfemia atreverse a interrogarlo, y de este modo no abandonarse a la voluntad divina! Por esta razón, la Iglesia ha asociado la mayoría de las prácticas adivinatorias con el diablo: tratar de penetrar en los designios de Dios para preverlos mejor y así actuar sobre ellos es alejarse de Dios, como hizo Lucifer. Volveremos más adelante a estas prácticas adivinatorias de la Edad Media; aquí estamos tratando las nociones que las movilizan, es decir, el azar o el destino, dos nociones que parecen incompatibles. ¿Qué ponemos en marcha cuando usamos el tarot?

Hoy en día, podríamos estar más dispuestos a ver las consecuencias de la «ley de causa y efecto», una especie de equilibrio entre el azar, que no obedece a ninguna ley, y el destino, que está sellado. Lo haríamos con la idea de asociarlo con la «ley de la atracción», ya que somos creadores de nuestra propia realidad. El debate sobre las fuerzas que evocamos cuando practicamos el tarot está siempre abierto. Pero no olvidemos que esta idea de ser creadores de nuestra realidad es una idea contemporánea y está muy alejada de las concepciones sobre el destino, la Providencia o la fatalidad de nuestros antepasados. Esta ley se define hoy como «universal», pero era

---

10. A propósito de estas viejas definiciones, véase Kurt Baldinger, «Études autour de Rabelais», *Études rabelaisiennes*, tomo XXIII, Librairie Droz, París, 1990, pág. 148.
11. *Hipólito*, III. Citado por Jean-Marie Lhôte, *Histoire des jeux de société, op. cit.*, pág. 646.

desconocida en el pasado. Nos ha parecido importante definir aquí con mayor precisión todas estas nociones, tan esenciales cuando discutimos la historia del juego o de la adivinación.

Volvamos un poco atrás, a los dados que introdujeron estas nociones. A diferencia de las tabas, tienen puntos en seis caras, o a veces en doce, que deben sumarse. Señalemos que, en el caso de los dados más comunes, los de seis caras, hay cincuenta y seis combinaciones posibles con tres dados, y veintiuna combinaciones posibles con dos dados... Cabe señalar también que uno de los primeros libros conocidos que combina un juego y una práctica adivinatoria se llama *Le Livre de passe-temps de la Fortune des dez* (El libro de los pasatiempos de la Fortuna de los dados). Este libro italiano, escrito por Lorenzo Gualtieri, conocido como Lorenzo Spirito o Laurent l'Esprit (1430-1496), y publicado por primera vez en Francia, presumiblemente en Lyon alrededor de 1500, fue muy famoso en su época y se reimprimió muchas veces hasta el siglo XVII en italiano, francés e inglés. Propone responder a veinte preguntas sobre el futuro tirando tres dados. Una tabla con combinaciones de tiradas conduce a frases enumeradas por veinte profetas, cada una de las cuales ofrece cincuenta y seis respuestas en tres versículos. Antes de llegar a las tablas, es necesario pasar por veinte reyes asociados a planetas y signos astrológicos.[12] En su introducción, nos encontramos con esta frontera entre el juego y la adivinación tan turbia y perturbadora. El autor apela a sus buenas intenciones en un mensaje dirigido «al lector, benévolo, saludo», diciendo que escribió su libro «para recrear también a los señores y las damas». Y lo hizo manifestándose de esta manera, «dondequiera que sea, en ningún lugar debiéramos añadir fe a todo esto porque únicamente es un juego». Sin embargo, el subtítulo del libro resulta menos ambiguo: se trata, en efecto, «respuestas a veinte preguntas que varios clientes acostumbraban a hacer y deseaban conocer». En resumen, se propone responder a las preguntas más frecuentes.

Nos volvemos a encontrar con estos mensajes ambiguos en otros libros y juegos del mismo género. Durante el Renacimiento, el *dodechedron* era un juego popular que se jugaba con un dado de doce caras o dos dados de seis caras. En él se mezclaban juego y adivinación. El *Plaisant Jeu du dodechedron de fortune, non moins récréatif que subtil et ingénieux*, en una edición de 1577,[13] sugiere que las técnicas adivinatorias de este juego podrían tener algún valor, antes de especificar por supuesto que se trata sólo de un juego «para dar placer y pasatiempo». Uno puede ver en estas declaraciones un intento de desviar la ira de la Inquisición, o considerar que para los autores, adivinar por medio de un juego no es un problema. Intentemos no poner ideas y hechos en cajas separadas, es un enfoque demasiado contemporáneo y no apropiado para el final de la Edad Media o el Antiguo Régimen. En aquellos días, no se jugaba «por nada», y estaba permitido practicar la adivinación «como pasatiempo». Cuando Alliette publicó mucho más tarde, en 1770, uno de los primeros libros de cartomancia conocidos, el famoso *Etteilla*, o *Manière de se récréer avec un jeu de cartes, de M.****, no pudo eliminar esta ambigüedad entre pasatiempo y adivinación. Sin embargo, en ese momento, ya no tenía nada que temer de la ira de la Iglesia.

Lorenzo Spirito, Le Livre de passe-temps de la Fortune des dez, *1510 Biblioteca de Ginebra. Página introductoria en la que aparecen diferentes reyes dependiendo de las preguntas que se quiera hacer.*

---

12. *Le Livre de passe-temps de la fortune des dez,* Ginebra, 1510. Una edición digitalizada puede consultarse en la Biblioteca de Ginebra, véase www.e-rara.ch/doi/10.3931/e-rara-6995

13. Publicado por primera vez en 1556 bajo el título: *Le dodechedron de Fortune.* En Gallica se puede encontrar digitalizada una edición de 1577: *Le Plaisant Jeu du dodechedron,* N. Bonfons, París, 1577: http://gallica.bnf.fr/ark:/12148/bpt6k1510950n

Lorenzo Spirito, Le Livre de passe-temps de la Fortune des dez, *1510, Biblioteca de Ginebra.*
Los reyes informan sobre las preguntas.

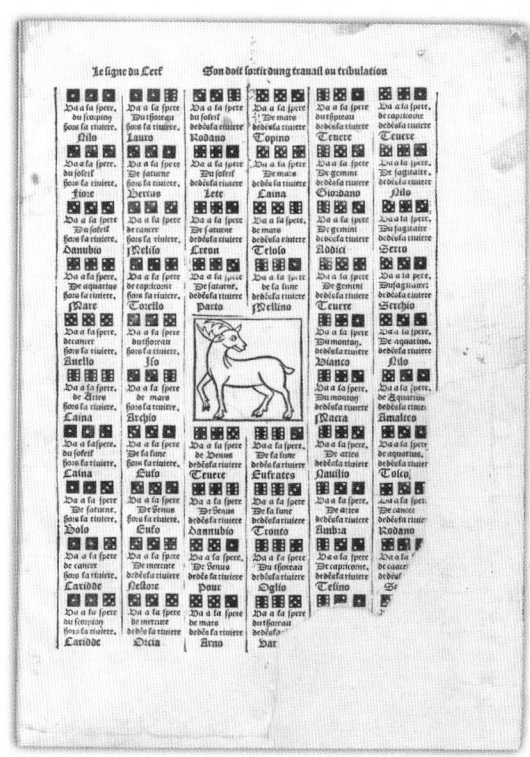

Lorenzo Spirito, Le Livre de passe-temps de la Fortune des dez, *1510, Biblioteca de Ginebra.*
Las tiradas de los dados orientan sobre las respuestas.

❖❖❖ *En la Edad Media se jugaba mucho, a pesar de que fuera una ofensa hacia Dios*

Merece la pena abordar la ira o los temores de la Iglesia ante el juego o la adivinación. Impregnan toda una época, cuando los naipes y más tarde las cartas del tarot aparecen y proliferan. De hecho, desde la antigüedad, los filósofos que serán seguidos por los Padres de la Iglesia se han quedado perplejos ante la cantidad de tiempo que se dedica al juego, considerado tanto como una necesaria relajación como una pérdida de tiempo que desvía a los hombres del trabajo útil para todos o de la búsqueda de la virtud. Cuando Aristóteles se pregunta si el juego es una fuente de felicidad, responde negativamente, admitiendo al mismo tiempo que el hombre es «incapaz de sufrir continuamente», y por lo tanto puede distraerse. Pero el juego debe mantener una función subordinada.[14] La legislación romana consideraba el juego como un delito, algo que continuará en la sociedad cristiana. Desde el punto de vista legislativo, hay muchos decretos que prohíben los juegos a partir del siglo VI, cuando el Código Justiniano prohibió todos los juegos que no fueran deportivos en lugares públicos y privados. Un famoso decreto de san Luis intentó una nueva prohibición general en el siglo XIII. Incluía la desaprobación los juegos de azar y los de reflexión, como el ajedrez. Los predicadores no se quedarán atrás: en 1424, un sermón de Bernardino de Siena nos recuerda que el juego es una ofensa contra Dios.[15] Es un desprecio a Dios porque es pérdida de tiempo, el don divino más precioso; no sólo se pierde, sino que se vende cuando se está jugando con dinero. Es un desprecio hacia uno mismo porque es el momento en el que se cometen muchos pecados mortales como la codicia, la envidia o la ira. Es, por ello mismo, un desprecio al prójimo porque, al ser un generador de envidia y codicia, empuja a la gente a robar y despojar. Hay que señalar que a menudo se consideraba que el inventor de los juegos fue el diablo.

Más allá de la moralidad, podríamos decir que los predicadores no estaban del todo equivocados. Las crónicas judiciales abundan en historias de robos, sórdidos tugurios o familias arruinadas por jugadores profesionales. Así, «un tal Chatonnier que, al tener que pasar por España por negocios, se dejó estafar por un supuesto capitán del barco que le prometió el viaje gratis; lo engañó, en la mañana del día 8 de este mes, en un juego llamado el Triunfo de Francia. Le sacó ciento noventa y dos libras que luego compartió con sus cómplices en un cabaret en los suburbios». Este ejemplo fue encontrado en un artículo bien documentado «La fureur du jeu, jeux de cartes au XVIII siècle à Marseille»[16] y escogido intencionalmente: el juego no es únicamente simbólico e iniciático, sino que también se hunde en aspectos sórdidos que un historiador del juego no puede ignorar. La nobleza, por su parte, se extiende en prodigalidades y derrocha sumas a veces colosales, denunciadas por famosos cronistas como La Bruyère, que describe tristemente a estos jugadores que se arruinan pero que no pueden dejar de jugar, como este sediento jugador de trictrac que, confundiendo el vaso de agua y el cubilete, se traga los dados.[17] Así pues, el arsenal represivo desarrollado a lo largo de la Edad Media resultó inútil. El Occidente cristiano ha jugado mucho: dados, cartas, ajedrez, damas, loterías, juego de la oca, bingo, juegos educativos… y esta lista sólo tiene en cuenta algunos tipos de juegos. Sólo con los dados, hay más de 600 maneras de jugar.[18] Frente esta ola lúdica, los discursos se harán más flexibles y sólo se condenarán los juegos de azar. Se distinguirá entre los juegos buenos y los malos. Los Estados, en lugar de prohibirlos, los regularán y gravarán con impuestos. Volveremos sobre esto más adelante cuando hablemos sobre las cartas. Muchos juegos, en lugar de ser una fuente de desorden, pueden convertirse en el símbolo de una aspiración al orden, como el ajedrez, que muestra la preeminencia del rey: cuando el rey es tomado, las otras piezas no son nada sin él, el juego se termina. Éste es también el caso de los juegos de cartas. En los albores del siglo XV, la aparición de estas series jerárquicas revolucionará la historia de los juegos de azar en Occidente hasta nuestros días.

---

14. Aristóteles, *Ética nicomáquea*, Libro V, citado en *Jeux de princes, jeux de vilains*, dirección Ève Netchine, Bibliothèque Nationale de France, París, 2009, pág. 11.
15. *Jeux de princes, jeux de vilains, op. cit.*, pág. 23.
16. Por Ingrid Sénépart, en *Cartes à jouer & tarots de Marseille, la donation Camoin*, Éditions Alors hors du temps, Marsella, 2004.
17. La Bruyère, *Les Caractères*, citado en *Jeux de princes, jeux de vilains, op. cit.*, pág. 137.
18. Véase el artículo «Jeu» en el *Dictionnaire raisonné de l'Occident médiéval*, Jacques Le Goff, Jean-Claude Schmitt, Hachette, París, 2015 (Fayard, 1999 para la primera edición).

Baraja francesa de Pierre Gayon, 1495, Biblioteca Beinecke.

APARICIÓN Y DESARROLLO DE LOS JUEGOS DE CARTAS EN EUROPA

◆◆◆ *Las primeras menciones de los juegos de cartas en Europa*

Hasta finales del siglo XIV, no hay ningún autor, trovador o texto moralista que describa la vida cotidiana en castillos, mansiones o tabernas, ningún predicador que denuncie los vicios de los juegos que mencionen los juegos de cartas. En 1369, en un decreto de Carlos V de Francia donde se prohíben los juegos de dados, mesas, frontón, bolos, discos, pelotas, canicas, las cartas todavía no se nombran. Por otra parte, el 30 de agosto de 1381, en el acta de un notario marsellés, Laurent Aycardi, un hombre llamado Jacques Jean, hijo de un comerciante, habría prometido cuando se embarcó en Alejandría no jugar a ningún juego, y cita entre otros: *taxilli* (dados), *scaqui* (ajedrez), *paletum* (petanca) y *nahipi* (naipes). Probablemente, las cartas llegaron a Francia durante este período, entre 1369 y 1381. Ciertamente, se puede decir que su ausencia no es una prueba: si bien Carlos V de Francia no las menciona en su decreto, no significa que las cartas no existieran en su tiempo. En cualquier caso, todavía no estaban lo suficientemente extendidas como para preocupar al Gobierno.

Lo cierto es que las actas que mencionan la existencia de naipes aparecieron en Europa en la década de 1370 y se multiplicaron a partir de entonces: hablamos de *naips* y *naibi* en el sur, de *chartae* y *karten* («cartas») en el norte. Nos encontramos con fechas de aparición controvertidas.[19] Por ejemplo, 1299, que marca la más antigua mención conocida en la historia de las cartas. Un manuscrito italiano, el *Trattato del governo della famiglia*, que supuestamente fue escrito en esa fecha por Pipozzo di Sandro, en efecto, habla de los juegos de cartas: «Si juega por dinero de esta manera, o con cartas [o *alle carte*, en el texto original], debes facilitarle las cosas». ¿Por qué no hay que confiar en esta fecha? Porque el manuscrito pudo haber sido escrito en 1299, pero no tenemos pruebas que lo confirmen: la copia que conocemos data del siglo XV. Y, por otro lado, hay fechas que no son indiscutibles. Así, un decreto de la ciudad de Florencia firmado el 23 de mayo de 1376 prohíbe un juego recién llegado llamado *naibbe*: «Nosotros, los priores, queriendo luchar contra los principios equivocados, hemos oído que un cierto juego llamado *naibbe* ha llegado a esta región…».[20] Esta cita nos dice de una manera muy interesante que el juego de cartas ha llegado recientemente (así, consideramos que aparecieron en esta época), que ha *llegado* (o sea, que no se fabricó allí), y que en aquel entonces llevaba el nombre de *naibbe*. Casi siempre se menciona otro año: 1377. En esa fecha, un fraile dominico llamado Johannes, de Rheinfelden (cerca de Basilea), escribió un tratado titulado *Tractatus de moribus et disciplina humanae conversationis*.

---

19. Stuart R. Kaplan, en *La Grande Encyclopédie du tarot*, Tchou, París, nos brinda una lista detallada de todas las referencias antiguas a los juegos de cartas, auténticas y falsas. A propósito de la fecha 1299, véase pág. 45.

20. Detlef Hoffmann, *Le Monde de la carte à jouer,* Leipzig Publishing, Leipzig, 1972, pág. 12.

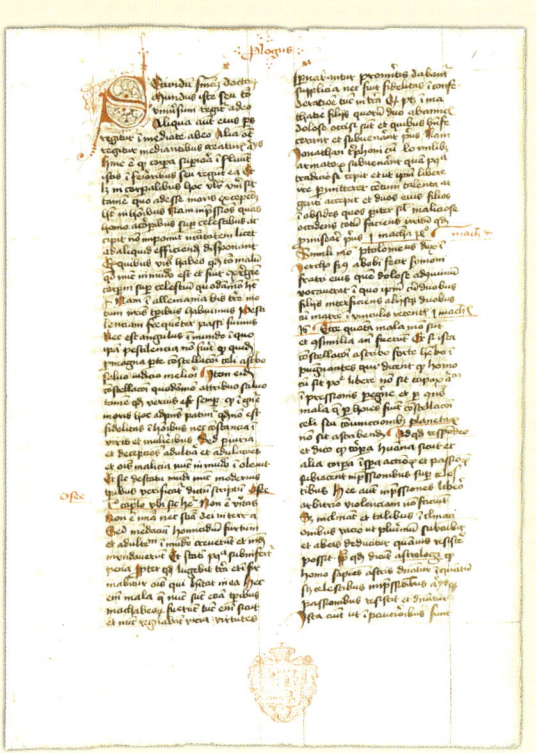

Tractatus de moribus et disciplina humanae conversacionis (manuscrito), 1377, Biblioteca Británica, donde vemos que el acceso a las fuentes no es tan obvio.

En su tratado, Johannes habla de un *ludus cartarum* («juego de cartas»): «De allí un cierto juego, llamado juego de cartas, llegó aquí este año, es decir, el año del Señor 1377. En este juego, el estado del mundo en los tiempos actuales y modernos se describe y representa de una manera perfecta».[21] Este tratado es interesante en más de un sentido porque es el texto más antiguo conocido que describe los juegos de cartas. Así, evoca juegos con cuatro reyes, cada uno de los cuales lleva el signo de su propio color, seguidos de dos mariscales, el primero con su emblema hacia arriba y el segundo hacia abajo. A continuación, diez cartas de puntos con los mismos palos. El libro también evoca juegos con cuatro reinas, o dos reyes y dos reinas, siempre seguidos por sus dos mariscales y diez cartas de puntos. Desgraciadamente, este autor, llevado por sus consideraciones morales, se olvida de describirnos los emblemas de los que nos habla, las cartas y cómo se juega. Todo lo que sabemos es que hay emblemas «buenos» y «malos». Esta información, aunque breve, es en sí misma muy interesante, ya que introduce la idea de imágenes consideradas positivas o negativas en las cartas.

Cabe mencionar otras dos fechas. La primera porque es famosa: en 1392, en un libro de cuentas de Carlos VI de Francia, se menciona un asentamiento de una deuda a un tal Jacquemin Gringonneur por una baraja de cartas, una famosa mención porque se creía que designaba el tarot más antiguo de la historia, aún hoy conocido como el «tarot de Carlos VI». Se describirá a continuación. Pero se trata de un juego de cartas desconocido, que se confundirá en el siglo XIX con el bello tarot que conserva la Biblioteca Nacional de Francia de un autor demasiado celoso. La segunda fecha es interesante porque finalmente evoca un posible origen de los juegos de cartas: en 1379, una crónica de la historia de Viterbo, en Italia, cita un juego llevado por los sarracenos. En esa época, se libró una guerra entre el papa Urbano VI y el antipapa Clemente VII,[22] en la que ambos bandos utilizaron mercenarios, probablemente musulmanes. La crónica informa entre los diversos hechos: «En 1379, la baraja de cartas del país sarraceno, que ellos llaman *naib*, fue traída a Viterbo por un sarraceno llamado Hayl». ¿Significa esto que estamos en posesión del documento que explica el origen de los juegos de cartas?

---

21. Citado por un autor clave en el tema de las cartas: Henry René d'Allemagne en su monumental obra *Les Cartes à jouer du xive au xxe siècle,* Hachette, París, 1906, 1, pág. 27.

22. Alguien que ha ostentado el título y ejercido las funciones pontificias, pero cuyo acceso a este cargo no ha sido reconocido hasta la fecha por la Iglesia Católica Romana.

◆◆◆ ¿De dónde proceden los juegos de cartas?

La hipótesis de que el origen de los juegos de cartas es oriental y que parece apoyarse en este testimonio es la más extendida actualmente entre los autores contemporáneos. A menudo se cita como prueba de ello un magnífico conjunto de cartas iluminadas del Egipto mameluco del siglo XV, conservadas en el Museo Topkapi de Estambul. Este juego se compone de cuatro secuencias en las que seguramente puedes reconocer copas, espadas, bastos y oros. Estas series están dirigidas por reyes (*malik*, puede leerse en las cartas), vicegobernadores y gobernadores, un gobernador nombrado *naib*... Sabemos que entre 1250 y 1517, los mamelucos gobernaron sobre Egipto, Siria y Arabia, de donde fueron expulsados por los otomanos. Habían reanudado con éxito las relaciones comerciales con Occidente entre 1345 y 1365, pero se interrumpieron abruptamente tras el saqueo de Alejandría en el año 1365. El juego de cartas llegó probablemente a Occidente un poco antes. Habría sido introducido en Europa por Italia, quizás por Venecia, una ciudad que era muy oriental en esa época.[23]

---

23. Ésta es la teoría adoptada por Thierry Depaulis en *Le Tarot révélé, une histoire du tarot d'après les documents,* Musée suisse du Jeu, La Tour-de-Peilz, 2013, pág. 10.

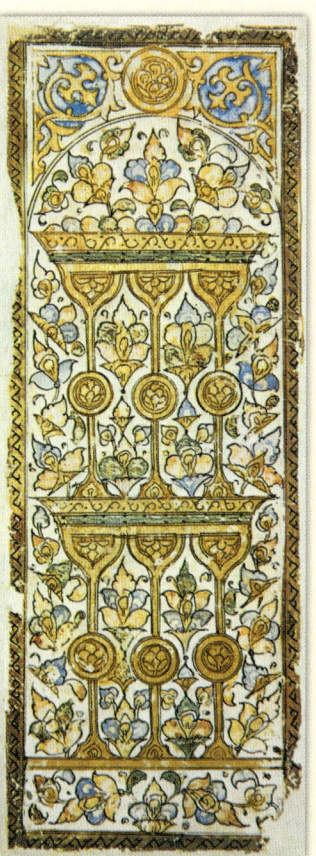

Cartas de los Mamelucos, Egipto, siglo XV (facsímiles). Seis de bastos, cuatro de espadas y seis de copas.

Sin embargo, los mamelucos no inventaron los juegos de cartas. Se cree que estos vinieron de Persia, traídos de la China por los tártaros, pero no sabemos cómo. En lo que se refiere a la China, lo único que es seguro es que en tiempos muy antiguos ya se utilizaban pequeñas hojas o tarjetas de papel, marfil o metal con imágenes y signos, mientras que en Europa este uso se ignoraba por completo. Estos juegos han sido mencionados desde el siglo X. Podrían haber sido una imitación plana de las fichas de dominó, inventadas en China, o los dados, que procedían de «los bárbaros de Occidente», según Lao Tsé. También podrían haberse inspirado en el papel moneda conocido en China desde el siglo IX. En efecto, tres series numéricas de nueve cartas representan monedas *(tsin* o *ping)* para la primera, para la segunda (cartas *sok*), rollos de cien *ping* cada uno, y para la tercera (cartas *man*), un múltiplo de *sok*. El juego se completa con tres secuencias de tres cartas sin números: *fa* (flor roja), *pak fa* (flor blanca) y *lao tsin* (milla antigua).[24] El problema es que la carta más antigua conservada en este juego no tiene más de 1400 años. Y tampoco hay pruebas de que Marco Polo u otros comerciantes venecianos después de él la hubieran traído de China allá en el siglo XIII.

Carta de la dinastía Ming, hacia 1400 (reproducción personal).

Otro problema que se plantea en el origen oriental de las cartas: este tipo de juego no se menciona ni una sola vez en *Las mil y una noches*, ni tampoco en otras fuentes de la literatura árabe. También sabemos que el Corán prohíbe los juegos de azar con el dinero e imágenes de seres vivos; incluso si hemos visto la inutilidad de las prohibiciones de los juegos, esto no debe descuidarse. Y, sobre todo, ¿cómo es posible que un juego compuesto casi exclusivamente de imágenes figurativas provenga de una civilización que, de entrada, prohíbe las imágenes? No hay evidencia del uso de cartas por parte de los árabes durante la Edad Media. No hay necesidad de preguntarse si las cartas misteriosas del tarot pudieron haber sido traídas durante las cruzadas por los templarios u otros iniciados: estas consideraciones carecen de base, al menos histórica. Los escasos relatos de viajeros occidentales que fueron a Oriente son demasiado recientes para tomarlos en cuenta, e incluso se podría decir que más bien indican la exportación de cartas occidentales a Oriente, y no al revés. Así, el alemán Niebuhr (un europeo que había viajado mucho tiempo por los países árabes) escribió en 1761: «Vi juegos de cartas europeos entre los griegos de El Cairo y Koniah, pero no entre los mahometanos. Este juego se llama *Lab el Kamar* en árabe». *La'eb el Kamar* significa simplemente «juego de azar». También tenemos *La'eb el Querec*, que significa «juego de hojas de papel».[25] ¿Y qué hay de nuestra crónica de Viterbo? Es creíble, pero no prueba necesariamente que los musulmanes hayan usado las cartas antes que los occidentales. Fueron capaces de crear cartas basadas en juegos europeos... Se podría incluso sugerir que el juego de los mamelucos fuera una copia de un juego italiano. De hecho, se ha comparado varias veces con los triunfos de los primeros tarots de Visconti para demostrar su similitud. Esto podría incluir la idea de parentesco en ambas direcciones. «De hecho, hay algunos ejemplares de un juego muy antiguo en Constantinopla que incluyen una carta con el valor de un "comandante", *naib* en árabe, pero estos ejemplares [...] datarían del 1500 y serían copias incorporadas de un juego italiano», escribe Jean-Pierre Seguin.[26]

Aquí estamos de vuelta en Europa: ¿podemos entonces considerar simplemente que aquí es donde se inventaron las cartas? Sí, también es una opción.

---

24. Descripción de Van Rijnberk en *Le Tarot, Histoire, Iconographie, Ésotérisme, op. cit.* pág. 58.
25. Van Rijnberk en *Le Tarot, Histoire, Iconographie, Ésotérisme, op. cit.* pág. 50.
26. Ésta es la teoría que mantuvo en *Le Jeu de carte*, Hermann, París, 1968, pág. 19, basada en particular en E. Pinder, director del Deutsches Spielkartenmuseum, que publicó esta teoría en 1961.

Pieza de ajedrez, un rey, Colonia, Alemania, 1350-1400, Metropolitan Museum.

Pieza de ajedrez, un obispo (el alfil) y dos orantes, Escandinavia, 1150-1200, Metropolitan Museum.

Pieza de ajedrez, un jinete (el caballo), alrededor de 1500, Metropolitan Museum.

Según Henry René d'Allemagne,[27] las cartas se inventaron en Alemania. Sin dejarnos impresionar por la fama de este gran historiador de la temática, examinemos sus argumentos. Al igual que otros autores de la misma opinión,[28] señala en primer lugar que las referencias a la existencia de naipes en Europa se distribuyen de norte a sur durante el mismo período. Así, si retomamos la crónica de Viterbo, que data del año 1379, podemos ver cómo en la misma época se cita la existencia de cartas en Borgoña, Flandes y Alemania. Recordemos al hermano Johannes, que habló de ellas en Rheinfelden en 1377. Esto demuestra que Viterbo no es de ninguna manera una de las primeras ciudades en conocer las cartas. De hecho, desde las primeras referencias conocidas a las cartas en la década de 1370, éstas ya se han extendido por toda Europa. Si vinieron de Oriente a través de Italia, es imposible probarlo. Por lo tanto, las cartas también podrían haber aparecido en Alemania, hogar de los juegos de cartas más antiguos conocidos y aún conservados, siendo el más antiguo de ellos el denominado juego de Stuttgart, pintado entre 1427 y 1431 y conservado en la misma ciudad. El juego grabado más antiguo que se conoce es el llamado «juego del maestro de las cartas», un maestro grabador de Renania, que lo hizo hacia 1435-1440. Desde Alemania, las cartas habrían pasado por Flandes hasta España, y la palabra *naibi* provendría en este caso de la palabra flamenca *knaep*, que significaría «papel». Desde España, las cartas numerales habrían llegado a Italia bajo el nombre de *naypes*, y fueron las que los italianos vieron aparecer, tomándolas por cartas árabes. La confusión se explica por el hecho de que una parte de España todavía era musulmana en aquella época…

Si omitimos los juegos chinos y árabes, ¿cuál habría sido la inspiración de los primeros juegos de cartas? Una seductora teoría evoca la relación entre las cartas y el ajedrez. Este rey de los juegos medievales, que llegó a Occidente hacia el año 1000 (mencionado por primera vez en 1008), se originó a partir de un juego de guerra indio que apareció alrededor del siglo V, el *chaturanga*, conocido como el «juego de las cuatro partidas», a menudo traducido como el «juego de los cuatro reyes». Éste retoma la composición típica de los ejércitos de la antigua India con «cuatro cuerpos»: carros de combate, caballería, cuerpo de elefantes, infantería, cada uno bajo el mando de un rajá.

27. *Op. cit.*, pág. 22.
28. Es también la tesis de Romain Merlin, otro historiador de referencia en la historia de los naipes. Véase *Origine des cartes à jouer, recherches nouvelles sur les naïbis, les tarots et sur les autres espèces de cartes*, París, 1869. Escaneado en Gallica, ver http://gallica.bnf.fr/ark:/12148/bpt6k1232440

En la Edad Media, el uso de tableros de ajedrez de cuatro jugadores seguía siendo frecuente, especialmente en Alemania y Escandinavia, de ahí la idea de formar las cuatro series en los juegos de cartas. Como las piezas de ajedrez son escasas y caras (algunas forman parte de verdaderos tesoros principescos, como el llamado tablero de ajedrez de Carlomagno), uno puede imaginar a los jugadores representando las diferentes figuras de una manera plana en pequeñas superficies de papel, más fáciles de usar y menos costosas. Además, si quitamos las torres y los obispos o alfiles (que también aparecen en el tarot), encontramos en las piezas restantes la composición de unos mazos de cartas que incluían un rey, una reina, dos caballeros y los peones. Con las siguientes reservas: una secuencia de cartas se compone de diez cartas de puntos mientras que en el ajedrez hay ocho piezas por color, y el número de caracteres no es el mismo. Por otro lado, durante las partidas, las piezas de ajedrez están totalmente expuestas y avanzan según las estrategias, mientras que las cartas permanecen ocultas a los demás jugadores y su distribución y uso dependen mucho del azar. Pero se puede plantear la idea de que comparten algunas piezas bastante similares…

¿Qué hay de los gitanos? A menudo se los cita como las personas que trajeron el tarot iniciático de vuelta a Europa… De hecho, llegaron a Europa en el siglo XV, huyendo de la invasión del Imperio bizantino por parte de los otomanos. No vienen de Egipto, sino del «Pequeño Egipto», la provincia griega de Epiro en el antiguo Imperio bizantino. Se los menciona por primera vez en París en 1427, es decir, llegaron cuando las cartas ya estaban allí. En cuanto a las cartas del tarot, si nos fijamos en las lujosas primeras barajas, podemos preguntarnos cómo estos pueblos errantes pudieron tener acceso a juegos de cartas principescos cuyos contenidos evocan claramente los estilos de vida de la aristocracia occidental. La suposición de que los gitanos usaban cartas de tarot proviene de Jean-Alexandre Vaillant –quien publicó la *Bible de la science bohémienne* en 1851 y *Les Rómes, histoire vraie des vrais Bohémiens* en 1857–, idea retomada más tarde por el ocultista Papus y que tuvo una gran influencia en el *Tarot des Bohémiens* en 1889. Describe a estos últimos como «el pueblo encargado de transmitir la enseñanza oculta desde la más temprana antigüedad» y poseedor de «la biblia de las biblias», el tarot, «el libro de Toth Hermes Trismegisto, el libro de Adán, el libro de la revelación primitiva de las civilizaciones antiguas». ¡Un legado de peso! El origen egipcio del tarot ya era un dogma en los círculos ocultistas de la época, la palabra «Egipto» podía referirse indistintamente al Egipto faraónico o a la pequeña provincia de Bohemia, ignorando la exactitud. Gérard van Rijnberk, un ferviente ocultista, menciona que él mismo «se acercó a gitanos muy auténticos» y les mostró un tarot de Marsella, y que «ni siquiera sabían lo que era». El autor nos dice entonces que leyó mucho sobre los gitanos sin encontrar ningún rastro de tarot, y que las muy raras veces que se mencionan las cartas para jugar o decir la buenaventura, son cartas ordinarias. Concluyó diciendo que, en cualquier caso, la palabra «tarot» ni siquiera existe en su lengua. Sólo existe *pelski*, «las cartas».[29]

Quedan por hacer dos observaciones. Cualesquiera que sean los orígenes de las cartas, orientales o europeas, sólo podremos formular teorías.

Los puntos principales han sido reseñados aquí, desde los más sólidos hasta los más legendarios, una presentación que será útil para cualquiera que se pregunte por las raíces del tarot. Pero ninguna teoría se puede demostrar plenamente. Las cartas son objetos demasiado frágiles y fugaces, y no podemos seguir sus huellas lo suficiente como para encontrar todos los caminos que han recorrido. Por otro lado, aunque algún día podamos demostrar que son orientales, podemos ver, ya sea en las cartas tradicionales o en las cartas del tarot, que ya no quedan rastros de estos orígenes. Toda la iconografía de las cartas y los tarots, ya sean suites o bazas, está claramente inspirada en la Edad Media occidental,[30] su arte y también su técnica.

---

29. Gérard van Rijnberk, *Le Tarot, histoire, iconographie, ésotérisme, op. cit.*, pág. 5.
30. ¿Qué hay de las espadas de hoja curvada en algunos juegos? Pueden haber venido de Egipto, pero también de España, que sigue siendo en gran parte musulmana. También podrían ser curvadas para que sean más fáciles de distinguir de los bastos, otra teoría también aceptada por los investigadores.

Calendrier des bergers, dos pastores, París, 1499, BnF.

Juego de cartas de Jean de Dale, criado, Lyon, 1480, BnF.

◆◆◆ *No hay cartas sin papel o grabado*

«Carta» viene del latín *charta,* que significa «papel en el que escribimos». No podemos hablar de la historia de las cartas y del tarot omitiendo el papel y el grabado, sin los cuales las cartas nunca habrían existido. Ciertamente, las cartas más antiguas estaban dibujadas a mano, algunas en pergamino, lo que hacía que los juegos fueran muy caros. Pero la explosión de los juegos de cartas en Europa se debe a una notable coincidencia: hacia 1400, la aparición del grabado en madera se encontró con el papel, que cada vez era más abundante. Este último, inventado en China hacia el siglo II d. C., se extendió entre los árabes y luego en la España árabe, llegó a Occidente en el siglo XII, primero en España; luego se cita el año 1276 como la fecha de aparición de las primeras fábricas de papel en Italia. Alrededor de 1250, los cruzados franceses montaron algunas en Auvernia (Francia).

En cuanto al grabado, nació en Europa Central: si las xilografías más antiguas conservadas son alemanas y francesas (del este de Francia), el grabado en cobre se originó en Alemania. Se imprimieron santos populares, imágenes de devoción de la iconografía religiosa tradicional: la Anunciación, la Natividad, la Crucifixión. Uno de los grabados más antiguos conocidos y conservados hasta la fecha es una crucifixión realizada por un maestro alemán, que data de los años 1390-1410.[31] Estas imágenes fueron adquiridas para la devoción personal, se colocaban en los muebles, se llevaban encima… Estas hojas devocionales constituyen una nueva y revolucionaria forma de arte: un arte sobre hojas únicas e ilustradas, y un arte barato. Originalmente, los «talladores de imágenes» hacían tanto estampados religiosos como cartas. Observando algunos grabados antiguos podemos preguntarnos sobre su parentesco: las cartas más antiguas podrían haber sido inspiradas directamente por los grabados e iluminaciones de su época.

---

31. Los grabados más antiguos conservados en la BnF han sido digitalizados en Gallica: para ver esta admirable colección de dieciséis incunables.

Algunos artesanos se especializaron como «fabricantes de moldes de cartas». Thierry Depaulis[32] localizó a los primeros grabadores de mapas en Venecia, Nuremberg y Lyon hacia 1430-1440. Entonces apareció una nueva profesión: la de impresor de cartas, también llamada «naipero». Los primeros gremios de maestros naiperos se constituyeron en Barcelona en 1465 y en Toulouse en 1466. Los primeros grandes centros de fabricación de naipes aparecieron en Rouen, Lyon, Barcelona, Florencia, Venecia, Ulm, Múnich, Ausgburgo y Basilea. Esta nueva «industria» integró rápidamente el grabado en cobre. Además, entre los naipes encontramos los primeros ejemplos conocidos de grabado en cobre,[33] de artistas como el «Maestro E. S.», maestro grabador de la región del lago Constanza, activo entre 1450 y 1467, que creó uno de los juegos de cartas más antiguos que se conocen, a la vez que grababa letras decoradas con personajes o escenas de género.

En el siglo XV, la pasión por las cartas invadió Europa. En 1450, el sacerdote Jean de Capistran predicó elocuentemente contra el vicio del juego y como resultado quemó miles de cartas en la plaza del mercado. Esta abundancia sugiere que nos hallamos ante una industria floreciente...

Grabado del Maestro E. S., Le Fou et la Dame à l'écusson, *1450-1470, BnF.*

El juego de cartas del Maestro E. S., Dame et Licorne, *1450-1470, Metropolitan Museum.*

---

32. *Le Tarot révélé, op. cit.,* pág. 10.
33. En lo que se refiere al grabado, véase Jan Bialostocki, *L'Art du XVe siècle: des Parler à Dürer,* Librairie générale française, París, 1993, págs. 195-225.

Historia de los primeros juegos de cartas

◆◆◆ *Los primeros juegos de cartas*

Ya sean iluminados o grabados, los juegos de cartas más antiguos conocidos y conservados son los alemanes. Se trata de juegos grandes y lujosos, la mayoría de los cuales incluyen cuatro conjuntos con tres figuras y diez cartas de puntos. Así que tan pronto como llegan a Europa (o aparecen en ella), nos encontramos con juegos de cincuenta y dos o treinta y dos cartas fijadas a partir de un modelo. La parte principal se plantea desde el principio: cuatro palos, siempre, tres figuras y cartas de puntos. Estas tres figuras diferirán según el país: un rey, una reina y un valet para Francia, un rey, un caballo y una sota para Italia y España, mientras que Alemania hace que sus figuras evolucionen según los juegos. Después, será necesaria una cuarta figura para constituir el tarot: en Italia se añadirá a la reina, en Francia el jinete. Mencionamos al monje Johannes de Rheinfelden, que fue el primero en describirlos en 1377 en su tratado. Veámoslo de nuevo, porque a pesar de sus defectos (no sabemos de qué palos está hablando, por ejemplo), ofrece una interesante aclaración sobre los juegos de cartas, su significado y uso en su tiempo: «De ahí que un cierto juego, que se llama el juego de cartas, llegara aquí este año, es decir, el año del Señor 1377. En este juego, el estado del mundo en los tiempos actuales y modernos se representa de una manera perfecta».

¿De qué estado del mundo está hablando? Se trata de juegos compuestos por cuatro reyes, «cada uno de los cuales tiene un signo en la mano, algunos de los cuales se consideran buenos, pero otros son malos». Los reyes van acompañados de dos *marschalli*, uno «superior» con el signo hacia arriba y otro «inferior» con el signo hacia abajo. El monje nos enseña que los juegos también pueden estar formados por reinas: sustituyen a los reyes o se añaden a ellos con su «sirviente», lo que nos da juegos de sesenta cartas. También hay juegos con dos reyes y dos reinas, como el juego de cartas más antiguo conocido hasta la fecha, el «juego de Stuttgart», que ya hemos mencionado, un juego iluminado que data de 1427-1431 y que representa a dos reyes, su jinete y su valet, y dos reinas, la dama y su

Juego de Stuttgart, jinete de halcones y reina de ciervos (copias del libro Origine des cartes à jouer de Romain Merlin*), París, 1869, Bn..*

sirviente.[34] Además, nuestro buen monje evoca la idea de que componer el juego de esta manera con la presencia de damas es lo que más le gusta, y por tres razones: «Porque es de mayor autoridad, porque es una conveniencia real, porque viene más de la cortesía». De hecho, estos juegos evocan el estilo de vida aristocrático y cortés. Porque si nos fijamos en los palos y emblemas que acompañan a estas figuras en estos primeros juegos, ¡parecen inspirados en la caza, una actividad noble por excelencia! Tomemos como ejemplo el juego de Stuttgart: hay cuatro palos con perros y halcones (cazadores, quizás los signos «supuestamente buenos») y cuatro con ciervos y patos (cazados, quizás los signos «supuestamente malos»). En otros juegos, también hay animales: ciervos, gamos, conejos, leones, osos, dragones, galgos o motivos como flores o seres humanos. Por ejemplo, la «reina de las flores» se encuentra en el juego del maestro de las cartas, en el juego grabado más antiguo conocido, de alrededor de 1435-1440, o incluso el «valet del hombre», en el juego del maestro E. S., el segundo juego grabado más antiguo conocido, de alrededor de 1460.

Se conocen otros juegos de la época que evocan la caza y la sociedad, con imágenes llenas de vida y fantasía. Es el caso del espléndido juego llamado «cartas del claustro», compuesto alrededor de 1475-1480, cuyos palos se componen esta vez de nudo, lomo, cuerno y collar, o el juego llamado «cartas de la corte de las casas de Ambras», un poco atípico, de alrededor de 1450 y que ofrece nada más y nada menos que una espléndida y viva evocación de la vida señorial de la época. Cada palo está compuesto por un rey y una reina seguidos de su corte en diez cartas, desde el loco hasta el dueño de casa, con muchos personajes que evocan los oficios y profesiones de la época: el mensajero, el barbero, el caballero... Además de ser admirables, estas cartas pueden enseñarnos dos cosas: que las cartas del tarot que aparecieron al mismo tiempo reflejan la sociedad de su época, por un lado, y son cartas principescas, por otro. Allí no encontramos ningún gitano o iniciado de las catedrales. Tampoco son cartas de los maestros constructores... Son cartas de la corte.

---

34. La totalidad de esta maravilla iluminada (aquí hemos impreso una copia grabada) puede admirarse en este sitio: http://cards.old.no/1430-stuttgart

Maestro de las cartas, reina de las flores, hacia 1435-1440, Metropolitan Museum.

Maestro de las cartas, rey de los ciervos, hacia 1435-1440, BnF.

Cartas del claustro, valet de nudos, Metropolitan Museum.

Cartas del claustro, rey de los arreos, Metropolitan Museum.

Cartas de la corte de Ambras, rey de Francia, Alemania, hacia 1450 (facsímil).

Cartas de la corte de Ambras, reina de Francia, Alemania, hacia 1450 (facsímil).

Cartas de la corte de Ambras, alfarera de Bohemia, Alemania, hacia 1450 (facsímil).

Cartas de la corte de Ambras, loco de Germania, Alemania, hacia 1450 (facsímil).

❖❖❖ *Las cartas de la corte*

En Francia, los juegos de cartas más antiguos que se conocen son obra de un hombre llamado Jacques, conocido por haber trabajado en Lyon en 1472 como «moldeador», y de un tal Jean de Dale, que dejó un juego creado también en Lyon hacia 1480 que, a diferencia de los juegos alemanes, no tiene signos, sólo tiene personajes. Pero al igual que los juegos alemanes, muestran personajes aristocráticos, claramente inspirados en la sociedad y en las obras de la época. Esto es aún más obvio en el caso de los juegos franceses. Así, un juego de finales del siglo XV de un tal Jean Personne (*véase* ilustración pág. 36) representa para los reyes ocho pares de Francia: los duques de Borgoña, de Guyenne, de Normandía, de Reims, de Laon, etc., y para las sotas, el conde de Flandes o el conde de París, siendo este último reconocible porque lleva el escudo de armas de la capital de Francia. Entre las damas, Juana la Pucelle se codea con personajes mitológicos como Pallas, Venus, Juno y también Melusina. Otro juego, de principios del siglo XVII, lleva el escudo de Luis XII, y sus criados llevan los escudos de Bretaña. Los juegos también pueden llevar lemas; por ejemplo, un juego de finales del siglo XV de Jacques Vise muestra personajes sentados con lemas: honor al rey, reverencia a la reina. Este tipo de mensaje se puede encontrar en otros juegos de la misma época, como el llamado «El juego de las estacas de Carlos VII» (en realidad, grabado bajo Luis XII): *Léauté due* y *En toi te fye*.[35]

De este modo, si buscamos el origen de las cartas del tarot en las cartas de la corte, también deberemos mirar las de los otros juegos, donde no será difícil encontrar la cultura cortesana y principesca de la época. Más tarde, en Francia en el siglo XVII, los personajes llevarán muchos nombres inspiradores, derivados de los héroes de la historia o de la mitología: Clodoveo, Salomón, Constantino, Mercurio, Clotilde, Elisabeth, Diana…, estos nombres se mantendrían hasta hoy. Para los reyes: Carlos (Carlomagno), César (Julio César), Alejandro (el Grande), David (rey David). Para las damas, es un poco más incierto: Judith (heroína bíblica), Raquel (otra heroína bíblica), Pallas (el otro nombre de Atenea) y *Argine* (un anagrama de *Regina*, nombre que significa «reina»). Para los valets: Lahire (apodo de un compañero de Juana de Arco), Héctor (héroe de la guerra de Troya u otro compañero de Juana de Arco, Héctor de Galard), Lanzarote (del Lago), Ogier (Ogier el Danés, compañero de Carlomagno). En cuanto a los nombres de los reyes,

Juego de Jean de Dale, Lyon, 1480, BnF (detalle).

Copia del juego de las estacas de Carlos VII, 1906, BnF (detalle).

---

35. *Le Jeu de carte, op. cit.* págs. 51 y 59.

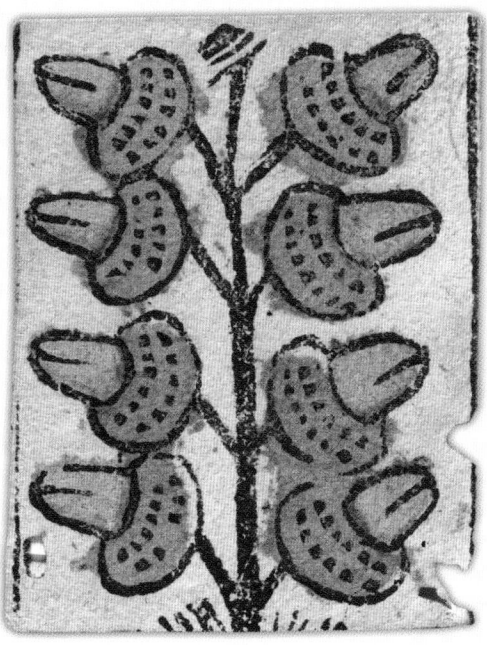

Juego de cartas alemán, sota de bellotas, siglo xv, National Gallery of Art.

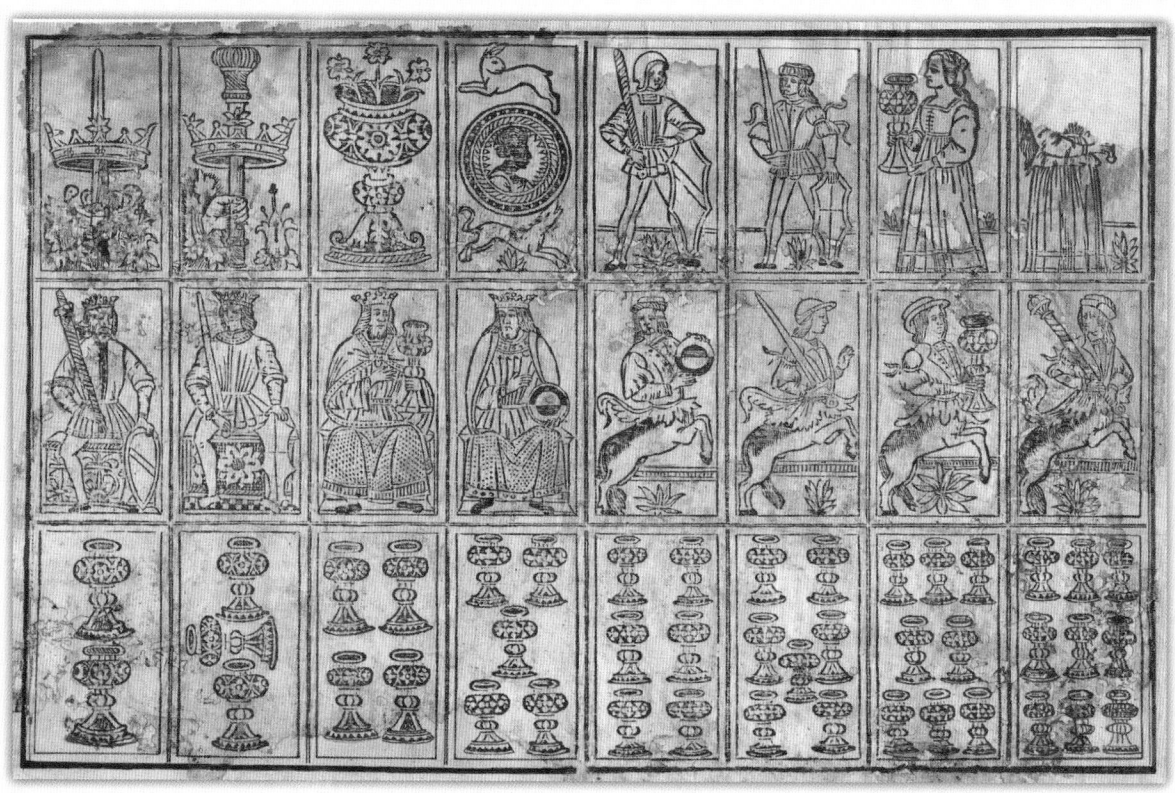

Juego de cartas italiano, National Gallery of Art.

ciertamente provienen de los Nueve de la Fama (*les Neuf Preux*), héroes de un poema muy famoso escrito en Arras en el siglo XV, cuyos nueve personajes debían exaltar, por sus virtudes y coraje, el ideal de la caballerosidad. Cabe señalar que tres de ellos son de origen pagano (incluidos César y Alejandro), tres de origen judío (incluido David) y tres de origen cristiano (incluido Carlomagno). En cuanto a las damas, ha habido muchos intentos de encontrar sus orígenes. Los autores han intentado acercar estas figuras a mujeres históricas, sin que resultara muy convincente: así, hemos visto a Juana de Arco detrás de Pallas o a Agnes Sorel con el disfraz de Raquel. De hecho, están menos «encarnadas» que los reyes (ya que no se refieren a ningún carácter histórico), pero no son menos inspiradoras. El padre Claude-François Ménestrier veía en ellas «las cuatro vías por las que las mujeres pueden reinar: por la belleza como Raquel, por la piedad como Judith, por la sabiduría como Pallas, y por la primogenitura como Argine, que da cuerpo al anagrama de Regina.[36] En cuanto a las sotas, son «compañeros valientes» que brillaron con su coraje o lealtad, como Lanzarote, el valiente compañero del rey Arturo.

Lo que sí podemos decir mirando estas cartas francesas, los nombres o divisas que llevan es que arrojan luz sobre el significado que se podía dar a las cartas de la corte. Se hicieron para servir como modelo, modelo de coraje con los valientes, de honor, de devoción, de belleza, de piedad con las damas o los sirvientes... Así pues, es difícil determinar con mayor precisión qué cualidades se suponía debían inspirar a los jugadores, pero sin duda había un modelo a seguir. Nuestro monje de 1377 también dijo en su tratado que el juego de cartas «es la moral en acción de virtudes y vicios». Si los personajes de las cartas de la corte francesa están inspirados por héroes históricos, bíblicos o mitológicos que pueden representar modelos inspiradores, ¿por qué no también las figuras de las cartas de la corte italiana que se encuentran en el tarot? A este respecto, cabe señalar que estas cartas también se denominan «honores».

◆◆◆ *Los cuatro colores*

Estas cartas de la corte, junto con las cartas de puntos, constituyen secuencias, dispuestas bajo lo que se denominan palos. Como hemos visto, los primeros juegos alemanes se componían de secuencias bastante extravagantes y variadas. Las cartas se pintaban a mano o se componían para compradores adinerados que hacían incluir en ellas temas relacionados con sus gustos personales. Más adelante, se fijaron los palos. Cuando se desarrollaron los moldes de cartas, fue necesario estandarizar los signos para el grabado de una multitud de juegos. En Alemania, esto dio lugar a los llamados colores o signos germánicos: hoja, bellota, campana y corazón. En el sur de Europa, Italia y España, existen las llamadas cartas de palos o signos latinos o italianos: espadas, bastos, oros y copas. En Francia, los palos franceses: picas, tréboles, diamantes y corazones. Ya sean alemanes, franceses o italianos, todos ellos siguen utilizándose en la actualidad, aunque sabemos que los juegos con marcas francesas han prevalecido en gran medida en la actualidad sobre los demás. En cuanto a los juegos con signos italianos, son también lo que más tarde llamaremos «arcanos menores» del tarot.

¿De qué época datan estos diferentes palos? Por unanimidad, del siglo XV, sin que se sepa mucho más. Tampoco sabemos qué palos aparecieron primero. Es muy probable, según Thierry Depaulis,[37] que los italianos fueran los primeros. Los germánicos, en cambio, constituyen una transición hacia el francés, cuyos símbolos son más abstractos y sencillos. En Francia, el juego de palos más antiguo que se conoce es un juego de Lyon de François Clerc que data del año 1485. En Alemania, un grabado de 1472 de un *goldene Spiel* («juego de oro») grabado en Augsburgo nos muestra un cuatro de hojas.[38] En Italia, sólo podemos mencionar el tarot, el más antiguo de los cuales es el de Visconti di Modrone, que probablemente data de 1441. Según un autor, el juego de cartas italiano se deriva del tarot del que se extrajeron las bazas,[39] mientras que otro considera que las bazas se añadieron a las cartas italianas para constituir el tarot.[40]

---

36. *Bibliothèque curieuse et instructive de divers ouvrages anciens et modernes de littérature et des arts*, París, 1704. Citado por Jean-Pierre Seguin, *Le Jeu de carte, op. cit.*, pág. 73.
37. *Le Tarot révélé, op. cit.*, pág. 12.
38. Referencias citadas en *Le Jeu de carte, op. cit.*, pág. 41.
39. Romain Merlin, *op. cit.*, pág. 62.
40. Michael Dummett, *The Game of Tarot: from Ferrara to Salt Lake City*, G. Duckworth, Londres, 1980, pág. 65.

Copias de cartas del juego de Jean Personne, 1906, BnF (detalle).

Esto nos deja pendientes muchas preguntas para cuando abordemos la cuestión de la invención del tarot. En cuanto a España, donde sabemos que encontramos los mismos signos –espadas, bastos, oros y copas–, los investigadores vacilan: es imposible saber si las cartas españolas han influido en las italianas o lo contrario. ¿Qué podemos aprender de todo ello? Que los primeros juegos conocidos son los alemanes, con palos de fantasía; y que los palos se fueron normalizando a lo largo del siglo XV, sin poder decir de dónde vienen unos y otros. Así, sería muy simplista afirmar que las cartas «tradicionales» (corazones, diamantes, picas, tréboles), es decir, con signos franceses, proceden del tarot.

¿De dónde podrían venir estos palos? Preguntémonos primero sobre la definición de un color o un signo. Tal vez esto podría guiarnos sobre sus probables inspiraciones». *Enseigne*, signo en francés, viene del latín *insignia*, plural de *insigne*, «marca, signo distintivo», y originalmente se refiere a un símbolo de mando que sirve como signo de unión para las tropas. Estamos hablando de los signos de las legiones romanas. Esta tradición se conservó en gran medida en la Edad Media, y se hizo aún más necesaria para reconocer a los aliados o adversarios en los campos de batalla desde el siglo XII. Los combatientes estaban vestidos de hierro y enmascarados por sus cascos y armaduras. Por extensión, «signo» puede significar «bandera». El signo es obvio en el juego de Ambras, por ejemplo, donde reconocemos los escudos de Francia, Bohemia, Hungría, Alemania (señalemos que el escudo de Alemania es el mismo que el de nuestro Emperador del tarot).

Por lo tanto, cabe preguntarse si los signos italianos o franceses de las cartas no provendrían de estos símbolos de reconocimiento militar, que por extensión se convirtieron en banderas y, antes de eso, en emblemas heráldicos, es decir, escudos de armas. Tienen una función de identificación y proclamación «¡Eso es lo que soy!». Dan a conocer «la identidad y la condición social del poseedor, pero también, por la elección de tal o cual tipo,

Blasón del Toisón de Oro, escudo de Enrique el Joven, duque de Brunswick, siglo XV, BnF.

Blasón de Toisón de Oro, escudo de Jorge, duque de Sajonia, siglo XV, BnF.

Blasón de Toisón de Oro, escudo de armas de don Pedro Fernández de Córdoba, siglo XV, BnF.

Blasón de Toisón de Oro, escudo de armas de Roberto, conde de Vernenburgo, siglo XV, BnF.

de tal o cual leyenda, de su personalidad, de sus aspiraciones, de sus reivindicaciones».[41] En este sentido, son a la vez «emblema y símbolo», siendo el emblema el signo que expresa la identidad de un individuo o grupo, y el símbolo, el signo que designa una idea, una noción, una cosa abstracta. Así, un señor puede adoptar como emblema un león rojo sobre fondo amarillo para que lo designe, pudiendo el león simbolizar además la fuerza que el señor en cuestión desea expresar. Desde el principio, el escudo estaba formado por dos elementos que se desarrollaban sobre un escudo delimitado: los colores (siempre los mismos: blanco [plata], amarillo [oro], rojo, negro, azul, verde) y las figuras. Como en las cartas, estas figuras están inspiradas en imágenes tomadas de la naturaleza: animales (siendo el león el más frecuente), plantas (hojas, frutas), objetos cotidianos (armas, herramientas), formas geométricas. Entre estos últimos están los corazones, los diamantes, las hojas y los tréboles. Entre los objetos se encuentran bastos, espadas... Esta relación merece ser destacada.

Sin embargo, una vez más, no podemos ir más lejos. Es decir, no sabemos si los escudos de armas realmente inspiraron las cartas o si ambos buscaron sus señales en el mundo que los rodeaba. Y finalmente, tampoco sabemos si el significado de corazones, diamantes, picas y tréboles es común a ambas artes, heráldica y juego, o no, un significado que todavía ignoran los historiadores de las cartas, especialmente los de estos cuatro símbolos.[42] En cuanto a ellos, podemos añadir que su creación podría haber sido decidida por conveniencia: son signos sencillos, fáciles de reproducir a bajo coste en juegos populares.

Además, ¿sabemos por qué estos signos son rojos y negros? Dos ideas pueden ayudar a comprenderlo. Por un lado, sabemos que los colores más importantes de la Edad Media son los mencionados anteriormente para los escudos de armas: blanco, rojo, negro, colores «básicos» de la antigüedad y de la Alta Edad Media, a los que posteriormente se añadieron el azul, el amarillo y el verde, otros colores «básicos», tanto en la creación artística de la época como en las representaciones sociales. Por lo tanto, no hay posibilidad de encontrar cartas con signos púrpura, marrón o rosa. También hay pocas posibilidades de que el verde y el amarillo sean usados para estos signos: son colores que se perciben mal y que están asociados con la locura y lo demoníaco. Su asociación es la más cruel para un hombre de la Edad Media: son los que se utilizan para vestir a los locos...[43] Además, el verde es difícil de fabricar. Nos quedan, pues, azul, rojo, blanco y negro. Y al ser este último el que se estampa en la carta de papel, nos quedan los otros tres colores. ¿Por qué se omitió el azul, un color que se percibía bien en la Edad Media, y se mantuvieron el negro y el rojo? Nos hallamos ante una similitud con el ajedrez: los juegos de cuatro jugadores de la Edad Media se componían de peones rojos, negros, verdes y amarillos (o blancos). Como ya hemos visto, el verde y el amarillo son ignorados en las cartas; además, sabemos que en los tableros de ajedrez, el rojo y el negro eran opuestos.[44] Y si volvemos a hablar de escudos, también sabemos que en ellos estos dos colores no se pueden combinar.

No podemos avanzar más en las hipótesis sobre el rojo y el negro de las cartas con signos franceses, pero esta reflexión sobre su origen puede servir también de apoyo para aquellos que quieran meditar sobre los colores del tarot; pero ¡cuidado con el anacronismo! Como ya se ha dicho, el amarillo, que hoy asociamos tan fácilmente con el sol, lo divino, con la luz, era en la Edad Media el color de Judas, de los necios, del diablo. El azul, para nosotros un color frío, era para la gente de la época el color cálido por excelencia, asociado al aire cálido y al azul puro de un cielo de verano. Color mariano y principesco, sustituirá al rojo, el color preferido de Occidente desde el Imperio romano (que consideraba el azul como un color «bárbaro»). El rojo no es tanto el color de la pasión y la ira como el color que interviene violentamente, para bien o para mal. El verde, tan a menudo asociado hoy en día con la curación, es el color del desorden, el engaño y el desequilibrio. Al reflexionar sobre el tema de los colores, los historiadores tienen un bello mensaje que transmitir, que podría traducirse como: «No creas que tus concepciones son universales». Este mensaje podría alimentar toda nuestra reflexión sobre el tarot.

---

41. Michel Pastoureau, *Une histoire symbolique du Moyen Âge occidental*, Seuil, París, 2014, pág. 251 (2004 para la primera edición).
42. Sería interesante saber qué opinan los heraldistas.
43. Michel Pastoureau, «Voir les couleurs du Moyen Âge» en *Une histoire symbolique du Moyen Âge occidental, op. cit.* pág. 127-150.
44. Jean-Marie Lhôte, *Histoire des jeux de société, op. cit.* pág. 205.

Tarot parisino anónimo, as de oros, primera mitad del siglo XVIII, BnF.

Tarot parisino anónimo, cinco de oros, primera mitad del siglo XVIII, BnF.

Tarot parisino anónimo, as de espadas, primera mitad del siglo XVIII, BnF.

Tarot parisino anónimo, sota de bastos, primera mitad del siglo XVIII, BnF.

❖❖❖ *Los cuatro palos del tarot*

¿Qué podemos decir entonces de copas, oros, espadas y bastos? ¿De dónde vienen? ¿Qué significado podrían tener para aquellos que desarrollaron estos juegos? Una vez más, sólo podemos especular. Hemos mencionado la heráldica, y podemos encontrarla aquí. Hay escudos con palos y espadas sumamente interesantes, ya que dos de ellos combinan bastos y tréboles, y espadas y picas... Y en las cartas hay señales (que hemos definido como señales de reconocimiento militar) y blasones.

Por supuesto, resulta difícil separar espadas, bastos y combate. En cuanto a los bastos, están asociados a la violencia de la guerra, como las espadas, pero sobre todo a la violencia brutal, podría decirse, la de los locos, mendigos y salvajes. El Loco del tarot de Visconti está armado de un palo, al igual que las imágenes de hombres salvajes que la Edad Media gustaba de representar cubiertos de pelo. El gran historiador del tarot Michael Dummett vio en ellos representaciones de palos de polo, pero se puede decir que los palos de las cartas no sólo muestran estos atributos del juego ecuestre. También hay escenas de batalla en las que los caballeros se asocian con palos grandes no para jugar al polo, sino para hacer caer al oponente del caballo, a menos que sea también el palo de mando, con un simbolismo cercano al del cetro.

¿Y las espadas, las copas y los oros? Es difícil distinguir entre la historia de estos objetos y su simbolismo tan poderoso y amplio: así, la copa puede simbolizar efectivamente el grial, tanto para el historiador de las representaciones como para el ocultista... Podemos decir que nos encontramos con estos símbolos en los naipes sencillamente porque impregnan la vida cotidiana de la época, o incluso de la humanidad desde el nacimiento de las civilizaciones. Representan funciones esenciales: la lucha (espada, basto), el comercio (el oro), beber (la copa). En la Edad Media, se encontraban en todas partes en la vida cotidiana. Bueno, casi en todas partes: el dinero viene de las ciudades. En el mundo campesino medieval, el dinero es escaso.

Es la herramienta esencial de los ricos comerciantes de la burguesía urbana, una categoría social en plena expansión desde el siglo XIII, otra forma de asociar los juegos de cartas con las élites, al menos en el momento de su creación. Las espadas son las armas nobles por excelencia, atributos del rey o del caballero. Un villano no lleva espada. Sólo se podían encontrar copas y bastos en todas partes.

Por otra parte, cuando entramos en el campo de las representaciones, encontramos estos cuatro emblemas, nobles o plebeyos, representados en todas partes, en obras pintadas, estatuas, iluminaciones, grabados. En la Edad Media, vemos muchos personajes con atributos que simbolizan su función, emblemas (incluidos los aquí mencionados) que abren infinitas perspectivas de significado. ¿Un ejemplo?

Buscando información sobre las damas de las cartas de juego, nos encontramos con la idea de que una de ellas sería una sibila, una de esas mujeres que practicaban la adivinación en la antigüedad. Una docena de libros conocidos como Oráculos Sibilinos circulaban bajo el Imperio romano, incluyendo oráculos antiguos, pero también oráculos judíos y escritos cristianos. Los escritores cristianos creían que las sibilas habían anunciado la venida del Mesías, razón por la cual estaban representadas en las obras cristianas. De las doce sibilas habitualmente representadas, hemos elegido las cuatro que aparecen en la página siguiente del manuscrito francés del siglo XV, conocido como *Heures de Louis de Laval*,[45] una elección hecha teniendo en cuenta los atributos que las acompañaban.

La sibila europea, asociada a la espada (y al profeta Zacarías), anuncia la matanza de los inocentes y la huida a Egipto. No hay duda de que la espada es un arma, un símbolo masculino, asociado a la guerra y a la violencia. La sibila de Cumas evoca el nacimiento del Mesías; se representa con los atributos de una manzana, una copa o una concha, la vulva de la Virgen (asociada al profeta Daniel). La asociación de la copa con lo femenino, lo contenedor, el agua, tampoco está en duda aquí. La sibila de Libia, con su bastón en llamas, anuncia la venida del Mesías. Finalmente, la sibila cimeria, con el cuerno de la abundancia, indica que la Virgen amamantará a su hijo. Ciertamente, con este último atributo, entramos en las asociaciones: podemos asociarla aquí con los oros. Así, cuatro sibilas, en una obra que *a priori* no tiene nada que ver con nuestros juegos de cartas, están representadas con atributos que se encuentran en las cartas italianas, atributos directos o deducidos por asociación simbólica.

---

45. *Manuscrito Horae ad usum romanum*, conocido como las Horas de Louis de Laval, quizás iluminado por Jean Colombe hacia 1430-1435. Véase en Gallica: http://gallica.bnf.fr/ark:/12148/btv1b52501620s/f48.image.

De hecho, esto es lo que harán todos los autores, antiguos, contemporáneos y futuros, cuando mencionen el más mínimo objeto o signo en una carta: asociaciones simbólicas.

Así que no nos perdamos en un inventario infinito para preguntarnos, por ejemplo, cuándo se hizo la primera representación de una espada y qué simboliza, pues podríamos encontrarnos en el antiguo Egipto, e incluso antes. Y en cuanto a los significados asociados, ¡se podría escribir un libro por cada color! En su lugar, dejemos hablar a los autores antiguos, que intentan evocar los significados de los cuatro palos en relación con las cartas.

Horas de Louis de Laval, la sibila europea, hacia 1430-1435, BnF.

Horas de Louis de Laval, la sibila de Cumes, hacia 1430-1435, BnF.

Horas de Louis de Laval, la sibila de Libia, hacia 1430-1435, BnF.

Horas de Louis de Laval, la sibila cimeria, hacia 1430-1435, BnF.

*Tarot de Jean Noblet,
as de espadas, París, hacia 1650, BnF.*

*Tarot de Jean Noblet,
as de bastos, París, hacia 1650, BnF.*

*Tarot de Jean Noblet,
as de copas, París, hacia 1650, BnF.*

*Tarot de Jean Noblet,
as de oros, París, hacia 1650, BnF.*

4

El simbolismo de los cuatro palos

◆◆◆ *Los símbolos de los cuatro palos según los autores antiguos*

Cuando se parte de la idea de que los signos de las cartas bien podrían asociarse con el arte de la guerra, se encuentran autores que asimilan las espadas y los bastos a armas útiles en el combate, y los oros y las copas a objetos esenciales para el suministro. Una comparación sencilla pero no carente de fundamento si se tiene en cuenta que las cartas podrían provenir de un juego de guerra indio. En su libro *Les cartes parlantes,* escrito en Venecia hacia 1545, Pietro Aretino trató las cartas como un juego de azar y asoció los palos con su efecto nocivo: «Las espadas recuerdan la muerte de los desesperados por el juego, los bastos indican el castigo merecido por los que engañan, los oros muestran el alimento del juego, las copas muestran la bebida en la que se apaciguan las disputas de los jugadores».

En el año 1720, el jesuita Gabriel Daniel también relacionaba los palos con la guerra. Así, volviendo a los signos franceses, las picas serían las municiones utilizadas en la batalla; los tréboles, el forraje que alimenta a los caballos; los corazones, el coraje necesario para dirigir a los oficiales, y los diamantes, el fuego de los arcabuceros.

En la misma línea, un tal Covarrubias creía a principios del siglo XVII que los cuatro palos representaban los peligros más dañinos y mortales de la humanidad: las espadas se utilizaban para atraer a los hombres a la batalla, los bastos seguían a los puñetazos y finalmente eran superados por las espadas. Las copas, que parecían inventadas para apoyar el vicio, es decir, la embriaguez, se habían convertido en la fuente de innumerables luchas y disputas. Finalmente, los oros incitan a los hombres a robar y asesinar. Así, los palos son respectivamente símbolos de violencia, embriaguez y desorden (¡estamos lejos del grial!), codicia y crimen.[46] Otro autor, Mazzio Galeotti, toma el camino del medio, por así decirlo: asocia espadas y bastos con la idea de la guerra, pero los oros corresponderían a panes redondos y dorados que, asociados a las copas o cálices, evocan entonces la transubstanciación, la transformación en cuerpo y sangre de Cristo en el sacramento de la Eucaristía.

Llegamos así a un sistema simbólico inverso: nuestros cuatro emblemas se convierten en símbolos de virtudes: la espada que representa la justicia; los bastos, la fortaleza (dos virtudes cardinales); la copa, la fe, y el oro, la caridad (dos virtudes teologales).

---

46. Referencias citadas por Stuart L. Kaplan, *La Grande Encyclopédie du tarot, op. cit.* pág. 21.

Un tal Innocenzo Ringhieri estableció en 1551 en su colección de juegos[47] una correspondencia entre los signos de las cartas y las virtudes cardinales: copa/templanza, basto/fortaleza, espada/justicia, oro/prudencia. En 1553, otro autor, el impresor Charles Estienne, combinó las dos interpretaciones e hizo que se opusieran en el mismo símbolo: «El inventor de las cartas italianas, con las que se juega en el juego llamado el *tarault*, lo hizo (según mi opinión) muy ingeniosamente, cuando colocó los bastos y los oros en la batalla contra la fuerza y la justicia».[48]

Cuando ampliamos la interpretación, podemos ver, a instancias de Claude-François Ménestrier en 1704, una representación de los cuatro cuerpos de la sociedad occidental, con la idea de que la baraja de cartas representaría un estado en paz «compuesto de reyes, reinas, vasallos y cuatro cuerpos». Los clérigos representados por los corazones, porque los clérigos son coristas [...]; la nobleza militar por las espadas, que son las armas de los oficiales [...]; la burguesía por los *carrés* que son el pavimento de las casas que habitan; y la gente del campo por los tréboles. Lo que demuestra que ésta era la intención de los inventores de este juego es que los españoles expresaron lo mismo bajo diferentes signos: los clérigos por cálices o copas, la nobleza por espadas, los burgueses y mercaderes por oros y la clase trabajadora y la gente del campo por bastos.[49] Cuando lo seguimos, podemos considerar con él la división en cuatro clases de sociedades indoeuropeas (clero, guerreros, comerciantes, agricultores) y cuestionar más ampliamente la naturaleza recurrente, en Occidente, de la división en cuatro cuando se trata de ordenar el mundo...

Los cuatro elementos, las cuatro estaciones, los cuatro puntos cardinales... No hay un solo autor desde Court de Gébelin que no haya asociado los cuatro palos del tarot con los cuatro elementos. Y antes de él, ya en el siglo XVI, en 1582, un tal Jean Gosselin, bibliotecario, astrónomo y matemático del rey, ya había establecido estas conexiones entre los elementos y los signos franceses cartas:[50]

«...diamantes, tréboles, corazones y picas. Que nos representan los cuatro elementos de los que están compuestas todas las cosas naturales [...]. Los diamantes (*carreaux*) significan la tierra: porque así como la tierra contiene todas las cosas pesadas, así también los *carreaux* (literalmente «azulejos») son apropiados para sostener las cosas pesadas que están encima de ellos. Los tréboles representan el agua: con razón, porque el trébol es una hierba que crece en lugares húmedos y se alimenta por medio del agua. Los corazones significan el aire: pues nuestros corazones no pueden vivir sin aire. Las picas representan el fuego: porque el fuego es el más penetrante de los cuatro elementos, también las picas son instrumentos de guerra muy penetrantes».

Las explicaciones de estas relaciones (el trébol asociado al agua porque crece en un ambiente húmedo) podrían hacernos sonreír, pero las que harán la mayoría de los ocultistas y autores modernos que se ocupan del tarot son similares, ya sea acercando los símbolos del tarot a los de las cartas o a los de los cuatro elementos.

◆◆◆ *Los símbolos de los cuatro palos según los autores modernos*

Nos ha parecido interesante reunir en un cuadro a los principales autores que escribieron sobre el tarot y las correspondencias que hicieron entre los palos del tarot, los de las cartas y los cuatro elementos. A título informativo, nos gustaría mencionar primero a Stuart R. Kaplan y Thierry Depaulis, quienes, como historiadores del juego, recuerdan la conexión más comúnmente aceptada entre los palos italiano y francés, y luego a Jean-Marie Lhôte, otro historiador del juego, quien propone las demás correspondencias que a veces también se adoptan. Luego citamos a los autores tradicionales que han marcado la historia del tarot y las correspondencias que han hecho.[51] La mayoría de ellos también mencionaron los cuatro símbolos presentes en el arcano XXI, el Mundo, emparejándolos con los cuatro elementos y los cuatro palos. Por lo tanto, también se incluyen en este cuadro

---

47. Innocenzo Ringhieri, *Cento giuochi liberali et d'ingenio*, Bolonia, 1551. Citado por Jean-Marie Lhôte, *Histoire des jeux de société, op. cit.* pág. 652.
48. Citado por Jean-Pierre Seguin, *Le Jeu de carte, op. cit.* pág. 43.
49. *Bibliothèque curieuse et instructive de divers ouvrages anciens et modernes de littérature et des arts*, París, 1704. Citado por Jean-Pierre Seguin, *Le Jeu de carte, op. cit.* pág. 43.
50. *La Signification de l'ancien jeu des chartes pythagorique*, París, 1582. Citado por Jean-Marie Lhôte, *Histoire des jeux de société, op. cit.*, pág. 652.

51. Toda la información sobre estos autores y sus contribuciones a la historia del tarot se encuentra en el capítulo IV, Partes 2 y 4.

Bâton	Épée	Coupe	Denier	
Trébol	Pica	Corazón	Diamante	Kaplan / Depaulis
Diamante	Pica	Corazón	Trébol	Jean-Marie Lhôte
	Pica Aire	Corazón Agua	Diamante Trébol	Alliette
León	Águila	Hombre	Toro	
Trébol	Pica	Corazón	Diamante	Court de Gébelin
Diamante	Pica	Corazón	Trébol	Conde de Mellet
Trébol Fuego Águila	Pica Tierra Toro	Corazón Agua León	Diamante Aire Hombre	Papus
Trébol Fuego León	Pica Aire Águila	Corazón Agua Ángel	Diamante Tierra Buey	Oswald Wirth
Fuego	Aire	Agua	Tierra	Paul Marteau
León Fuego	Buey Tierra	Hombre Agua	Águila Aire	Eliphas Lévi
León Fuego	Águila Aire	Angel Agua	Buey Tierra	Alejandro Jodorowsky

¿Qué podemos decir de este cuadro? Si todos los autores son unánimes a la hora de hacer coincidir la copa, el corazón y el agua, hay desacuerdo en todo lo demás. Existe un acuerdo para acercar las espadas y las picas, pero en lo que se refiere a los elementos, dos autores los asocian con la tierra y cuatro con el aire. Para los oros, la mayoría los asocia con el diamante, dos autores con el trébol (esta asociación es menos común, pero también bastante habitual), y en cuanto a los elementos, encontramos ya sea la tierra, ya sea el aire. Por el lado de los bastos, hay unanimidad para asociarlos con el fuego, pero no con el trébol. En cuanto a las cuatro figuras simbólicas del Mundo, cada cual tiene su propia interpretación. El león, el buey, el ángel (o el hombre) y el águila se encuentran más o menos distribuidos bajo cada emblema. ¿Qué motiva a un autor a asociar las espadas y la tierra, y a otro las espadas y el aire?

Eliphas Lévi explica sus asociaciones de la siguiente manera: «El cuaternario simbólico representado en los misterios de Memphis y Tebas por las cuatro formas de la esfinge –el hombre, el águila, el león y el toro– correspondía a los cuatro elementos del mundo antiguo representados con figuras: el agua, por la copa sostenida por el hombre o el Acuario; el aire, por el círculo o aureola que rodea la cabeza del águila celestial; el fuego, por la madera[52] que lo alimenta, por el árbol que el calor de la tierra y el del sol hacen fructificar, por el cetro de la realeza, cuyo emblema es el león; la tierra, por la espada de Mitra, que cada año inmola al toro sagrado y hace correr la savia con su sangre que hincha todos los frutos de la tierra».[53] Papus, en cambio, propone sus correspondencias sin recurrir a complicadas explicaciones. Afirma que «los cuatro paquetes representan respectivamente los bastos correspondientes a nuestros tréboles, las copas correspondientes a nuestros corazones, las espadas correspondientes a nuestras picas y los oros correspondientes a nuestros diamantes». Luego los relaciona con los cuatro elementos de la misma manera que Eliphas Lévi; es decir, es uno de los únicos que relaciona el oro con el aire o la espada con la tierra. Pero como no oculta su relación con el pensamiento de Lévi, se puede suponer que sigue en parte el mismo razonamiento. Finalmente, asocia los cuatro palos con las cuatro letras hebreas de la palabra «Dios»: *Iod, He, Vav* y *He*, respectivamente, asociándolas con los bastos, las copas, la espadas y los oros; luego comienza con los aspectos femeninos o masculinos de estos símbolos: «Los bastos representan al macho o lo activo, las copas son la imagen de lo pasivo o de lo femenino, las espadas representan la unión de los dos en su forma crucial y, finalmente, los oros representan a la segunda *He*».[54]

---

52. Eliphas Lévi, *Dogme et rituel de la haute magie, op. cit.*, tomado de una edición de 1982, Bussière, pág. 337.
53. Papus, *Le Tarot des Bohémiens,* París, 1889, pág. 42.
54. Ibid., pág. 50.

Podríamos sonreír cuando leemos a este viejo bibliotecario parisino que en el siglo XVII evoca los diamantes *(carreaux)* como símbolos de la tierra porque soportan cosas pesadas, pero ¿acaso son más relevantes los acercamientos de los ocultistas? Como dice Jean-Marie Lhôte, «Todo el mundo puede proponer sus explicaciones alegremente», y estamos totalmente de acuerdo con su punto de vista. Es entonces difícil, como hemos dicho, establecer jerarquías en el tiempo o en la importancia de los significados. Hemos escogido el siguiente análisis, que nos pareció relevante: «En primer lugar, recordemos que estos signos son de género. Esto es visible en el primer grado de lectura de los dibujos: femenino, oros y copas; masculino, espadas y bastos. Esta distribución se encuentra con los palos de las cartas francesas correspondientes: femenino y rojo, diamantes y corazones; masculino y negro, picas y palos. Lo mismo ocurre con los cuatro elementos, al menos en la lengua latina: la tierra y el agua son femeninas, el aire y el fuego son masculinos. Si aceptamos la relación entre los signos de las cartas y los elementos, el oro, la moneda, están vinculados fácilmente con la tierra, como la copa con el agua, la espada con el aire, el basto con el fuego».[55]

También podemos mencionar el significado de estos emblemas en viejos libros de cartomancia, que son muy interesantes a la hora de trazar la historia de las cartas: los corazones y los bastos a menudo se consideraban beneficiosos; los diamantes y las picas, malvados. Así, en *Les Sciences mystérieuses*,[56] los corazones «anuncian generalmente la felicidad y el amor; es el color más propicio»; los tréboles «anuncian el éxito, la fortuna, la dignidad, los honores»; los diamantes «son mensajeros de disputas, peleas, rupturas, problemas». Finalmente, las picas «siempre predicen ruina, enfermedad, muerte. Es la carta negra, siempre temible, inevitable en cualquier juego, así como la desgracia en cualquier vida humana».

¿Qué ocurre con estas múltiples interpretaciones? Podemos recordar que la etimología de la palabra «símbolo» es la siguiente (¡y no será inútil redefinir esta noción antes de acercarse al tarot!): proviene de la palabra griega *sumbolon*, que evoca un objeto compartido entre dos personas para servir como signo de reconocimiento entre ellas. En latín clásico *symbolus*, que significa «signo de reconocimiento». Un símbolo es una imagen, un objeto, un signo, una palabra, que representa otra cosa en virtud de una correspondencia. La alegoría es también una representación que muestra otra cosa: así, la idea abstracta de justicia está representada por una mujer que sostiene una balanza y una espada. Pero el símbolo puede sugerir por correspondencia múltiples representaciones para un solo objeto; no está definido, a diferencia de la alegoría. Así, la mujer que sostiene la espada y la balanza representará casi exclusivamente la Justicia, mientras que la espada que sostiene, por ejemplo, puede simbolizar la guerra, la muerte, la violencia, pero también la nobleza, la justicia, la caballerosidad, el pensamiento, o el elemento aire si nos referimos a las obras recientes del tarot.

Si intentamos trazar la historia de los símbolos del tarot, es absolutamente necesario acercarnos a los tiempos en que estos símbolos aparecen en las cartas. Para encontrar los palos de las cartas al final de la Edad Media, por ejemplo, intentamos buscarlos en los escudos de armas. Si consultamos a Papus o a Eliphas Lévi, estamos entre los ocultistas del siglo XIX: si hablan de los símbolos del tarot, lo harán de acuerdo a su tiempo, es decir, un tiempo bastante lejano al momento en que apareció el tarot. También podemos señalar que, para las personas del final de la Edad Media, el símbolo no carece de significado, forma parte de su mentalidad: no hay representación que no signifique nada. Todo aquí abajo tiene necesariamente una correspondencia en el cielo, y la dificultad consiste en averiguar cuál era esa correspondencia para ellos. Si la pieza se divide en dos para que sirva de signo de reconocimiento, a menudo, en lo que respecta al tarot, hemos olvidado la segunda mitad... y hemos sustituido la palabra «ignorancia» por la palabra «misterio».

Por ejemplo, para acabar con nuestras copas, espadas, bastos y oros, ¿cómo podríamos acercarnos más al autor, o autores, del tarot? ¿En qué universo se bañaron en el siglo XV? Ciertamente menos en el culto a Mitra mencionado por Eliphas Lévi que, simplemente, en el cristianismo. Si partimos de ahí, tenemos menos posibilidades de perdernos.

De este modo, las espadas, que podemos considerar sin riesgo a equivocarnos con un símbolo militar, designan al mismo tiempo el arma destructiva o el arma de la justicia de los héroes y caballe-

---

55. *Histoire des jeux de société, op. cit.*, pág. 209.
56. *Les Sciences mystérieuses: les lignes de la main, l'écriture, la physiognomie, l'étude de la tête, les secrets des cartes, étude nouvelle illustrée de plus de cinq cents documents (figures et autographes)*, Deslinières, París, 1899, págs. 248-249.

ros cristianos (ver Excalibur o Durandarte). Esta ambivalencia se encuentra en la Biblia. La espada está asociada a las tres plagas, guerra, peste y hambre: «Los que en esta ciudad escapen de la plaga, de la espada y del hambre, yo los entregaré a manos de Nabucodonosor [...] y los herirá con el filo de la espada, no los perdonará, no tendrá piedad ni compasión» (Jeremías 21, 7); pero también está asociada a la justicia divina. Cuando Dios expulsó a Adán y Eva del Paraíso, «puso a los querubines en el lado oriental del Jardín del Edén, agitando una espada de fuego para guardar el camino del árbol de la vida» (Génesis 3, 24).[57]

Sin duda, la copa también está ligada al cristianismo y a sus mitos, ya se trate del santo grial o, en las referencias bíblicas, de la última comida de Cristo. Pero en el Antiguo Testamento también hay muchas referencias con un simbolismo de la copa cercano al destino humano. El hombre recibe su destino de Dios como un cáliz lleno de bendiciones o maldiciones: «Llueven carbones, fuego y azufre sobre los malvados; el cáliz que comparten es un viento ardiente» (Salmos 11, 6).

El bastón (los bastos), en cambio, puede evocar el de los peregrinos, el bastón de los jefes de los guerreros, que se ha convertido en el cetro de los reyes, o la varita de los magos (ya sea la varita mágica de las hadas o la escoba de la bruja); está asociado en la Biblia con Moisés, que lo usa para guiar al pueblo de Israel o para hacer milagros: «Golpearás la roca, el agua fluirá de ella y el pueblo tendrá algo que beber» (Éxodo 17, 1-6).[58] Más modestamente, puede aludir al palo, el arma de los mendigos. Así es como vemos la carta del Loco del tarot de Visconti, armado con un garrote.

Y finalmente, si los oros simbolizan el dinero y, por extensión, los bienes materiales, son citados por este nombre, *deniers,* ya que se trata de una moneda antigua romana que también es mencionada en la Biblia (los treinta denarios de Judas), que se convirtió en una moneda francesa que valía la 240.ª parte de la libra (una libra equivalía a quinientos gramos de plata), y casi sinónimo de dinero («el denario del culto, lo pagué con mi propio dinero»). Este emblema no estaba asociado al sol ni a la libra, unidades monetarias que también se utilizaron a finales de la Edad Media. Estos símbolos, que se citarán abundantemente en los textos, se encontrarán en las imágenes, imágenes que sin duda influirán en nuestras cartas.

¿Hasta dónde podemos llegar, pues, en las interpretaciones simbólicas de las cartas? Estamos de acuerdo una vez más con la idea de Jean-Marie Lhôte cuando afirma: «Ninguna hipótesis es absurda al principio, siempre que tenga en cuenta datos probados o probables. Un poco de sentido del humor, una cualidad que, por desgracia, es bastante escasa tanto entre los partidarios como entre los detractores del simbolismo, no estropea nada».[59] Parece que los antiguos autores estaban de acuerdo, mezclando el simbolismo de los números y los juegos de cartas en este cuento inglés del siglo XVIII: un soldado inteligente engatusa a sus superiores con comentarios suntuosos y engañosos, convenciéndolos de que un juego de cartas, dada su riqueza simbólica, puede sustituir en la misa fácilmente al breviario.

---

57. Jean Chevalier, Alain Gheerbrant, *Dictionnaire des symboles,* Robert Laffont, París, 1991, edición revisada y aumentada, pág. 408 (1969 para la 1.ª edición). (Hay traducción española, *Diccionario de los símbolos,* Editorial Herder, Barcelona, 2000).
58. *Dictionnaire des symboles, op. cit.,* pág. 112.
59. *Histoire des jeux de société, op. cit.,* pág. 208.

❖❖❖ *Las cartas espiritualizadas* [60]

Un soldado llamado Richard Middleton, después de haber entrado en una iglesia con el resto de su regimiento para escuchar el servicio divino un domingo, en lugar de tomar una Biblia como sus camaradas para buscar el texto del sermón, sacó una baraja de cartas de su bolsillo y la extendió delante de él con la misma seriedad que si tuviera un libro de oraciones en la mano. Los asistentes, y especialmente el sargento de su compañía que estaba con él, pronto repararon en una singularidad tan llamativa. Este último le ordenó que se guardara las cartas en el bolsillo, pues representaban para él una indecencia y una conducta escandalosa. Richard escuchó con sangre fría las advertencias de su sargento, dejó que terminara su reprimenda a gusto y, sin responderle una palabra, continuó con la misma seriedad para mantener los ojos fijos en su baraja de cartas en una actitud devota y contemplativa. Al terminar el servicio, el sargento ordenó a Richard que lo siguiera y lo llevó ante el alcalde de la ciudad, donde presentó una denuncia formal contra el soldado por el escándalo que había causado en la iglesia.

—Bueno –le dijo el alcalde a Richard–, se trata de algo injustificable, así que espera ser severamente castigado.

—No me faltan buenas razones –respondió el soldado– si su dignidad se aviene a escucharme.

—Estoy de acuerdo –añadió el alcalde–, vamos, explícate.

—Pues tendré el honor de decirle a su dignidad que soy un pobre diablo que sólo recibe cinco céntimos al día, lo que, como usted sabe, apenas alcanza para las necesidades más apremiantes de la vida. Así que no debería sorprenderle que no tenga dinero suficiente para comprar una Biblia o un libro de oraciones. Pero poco importa que durante la misa lea en la Biblia o en las cartas, porque las cartas me recuerdan la grandeza de Dios.

Entonces, Richard sacó su baraja de cartas de su bolsillo y, presentando uno de los ases al alcalde, continuó:

—Cuando veo uno de estos ases, recuerdo que hay un solo Dios, creador y guardián de todas las cosas, y que en el primer día creó el cielo y la tierra. Uno es la medida común de todas las cosas; es indivisible, no puede ser múltiple. El dos me recuerda el segundo día de la creación, cuando Dios dijo «Hágase la luz». El dos también representa al Antiguo y el Nuevo Testamento, y el sacramento del matrimonio. Cuando los animales de la tierra entraron en el arca de Noé, lo hicieron de dos en dos, machos y hembras. Cuando veo el tres, recuerdo que hay tres personas en Dios, el Padre, el Hijo y el Espíritu Santo; al tercer día, Dios separó la tierra de las aguas. El tres también tiene un valor misterioso, que se manifiesta en la trinidad del tiempo en pasado, presente y futuro. En el hombre están el cerebro, asiento de la inteligencia, el corazón, asiento de las cosas celestiales, y el cuerpo, asiento de los elementos. El espacio está formado por la longitud, la anchura y el grosor. El cuatro me hace recordar a los cuatro evangelistas, san Mateo, san Marcos, san Lucas y san Juan; en el cuarto día, Dios hizo el Sol, la Luna y las estrellas que regularon los años, los meses y los días. El cuatro también significa fuerza y fundamento; hay cuatro elementos, cuatro puntos cardinales y cuatro estaciones. El cinco me despierta a la idea de las cinco vírgenes a las que se les ordenó mantener encendidas sus lámparas, es cierto que eran diez, pero las otras cinco estaban locas, como bien sabe vuestra dignidad; en el quinto día, Dios creó los peces y las aves. Tenemos cinco sentidos, y el pentagrama se compone de cinco letras; cinco dividen diez, la suma de todos los números. Cuando considero el seis, inmediatamente pienso que Dios creó el mundo en seis días, que en el sexto día creó a los animales que viven en la tierra, y al hombre a su imagen y semejanza. El seis es también el número perfecto, porque es el único igual a la suma de su mitad, tercera y sexta partes. También representa la servidumbre, a causa del mandato divino: «Durante seis días trabajarás, pero el séptimo día no harás ninguna obra». En el séptimo día, Dios descansó, y el siete también me recuerda las siete maravillas del

---

60. Historia publicada en 1776 en el *Courrier du Bas-Rhin* n.º 69, bajo el título «Les cartes spiritualisées». Según los autores de la revista, se trata de una «historia insertada en periódicos ingleses y que nos pareció lo suficientemente agradable como para traducirla». He tratado de dejar la historia con su estilo antiguo, modernizando la ortografía y enriqueciéndola con la versión de Stuart L. Kaplan, *La Grande Encyclopédie du tarot, op. cit.* pág. 25.

mundo. El siete representa la vida, porque incluye el cuerpo con sus cuatro elementos: el espíritu, la carne, los huesos y el humor, y el alma, cuyos tres elementos son las pasiones, los deseos y la razón. Si mis ojos se fijan en un ocho, mi mente piensa en las ocho personas justas que escaparon del Diluvio universal, a saber, Noé y su esposa, con sus tres hijos y sus esposas. Ocho también representa la justicia y la integridad. Dividido una primera vez, sus mitades son iguales; dividido una segunda vez, permanece parejo. El nueve me recuerda la curación de los nueve leprosos: sé que eran diez, pero sólo uno le dio las gracias a Jesucristo por curarlo. Nueve es también el número de las musas que presidieron las artes y las ciencias. Diez me recuerda los diez mandamientos que Dios le dio a Moisés en el monte Sinaí. Diez también representa la perfección, porque sólo se puede contar más allá de él por las combinaciones formadas por otros números.

Cuando Richard había pasado así por todas las cartas menores, tomó una sota [*knave* en inglés significa sirviente en las cartas y al mismo tiempo un bribón, un merodeador, un gracioso, etc.][61] y la puso a un lado. Inmediatamente pasó a la reina diciendo:

—Esta señora me recuerda a Eva, así como a la humilde Virgen que dio a luz a Jesús. Y a la reina de Saba, que vino desde los confines de la tierra para admirar la sabiduría de Salomón. El rey me recuerda a Salomón, y también que debo adorar al Rey del cielo y de la tierra y servir a mi soberano, Jorge III, rey de Inglaterra.

—Maravilloso–dijo el alcalde–, pero ¿por qué no dices nada sobre la sota?

—También puedo satisfaceros con esta carta si prometéis no enfadaros.

—Te lo prometo, sigue adelante.

—La sota (o el granuja, o el mayor de los granujas) que conozco es este sargento que me trajo ante usted.

—Sigamos adelante. ¿No tienes nada más que decir?

—Si cuento el número de puntos de un mazo de cartas, me doy cuenta de que hay trescientos sesenta y cinco, es decir, tantos como días hay en el año. También encuentro que hay cincuenta y dos cartas en un juego, y el mismo número de semanas en un año, y entre ellas hay doce figuras, que también me recuerdan los doce signos del Zodíaco, los doce apóstoles, las doce tribus de Israel y las doce puertas de Jerusalén. Las cuarenta cartas de puntos me recuerdan los cuarenta días y cuarenta noches que Moisés pasó en el monte Sinaí antes de recibir de Dios la ley y los mandamientos sagrados para el pueblo de Israel, o los cuarenta días que Jesucristo pasó en el desierto. Una baraja de cartas me sirve como biblia, almanaque, libro de oraciones y para jugar al mismo tiempo.

El alcalde, encantado por la agudeza de Richard y su ingeniosa disculpa, le puso una moneda de oro en la mano diciéndole que era el camarada más agradable y avispado[62] que había visto en su vida y ordenó a sus sirvientes que lo trataran bien en la cocina.

¡Cuántos autómatas importantes que han pasado la mitad de sus vidas hojeando una baraja de cartas tendrían problemas para encontrar un significado tan ingenioso como el del soldado inglés!

---

61. Comentario insertado en el texto por los traductores del cuento en 1776, que hemos conservado por su interés en considerar el valet.

62. Despierto, alerta.

Capítulo II
La aparición del tarot en Italia

*Tarot de la colección Rothschild, sota de bastos,
norte de Italia, finales del siglo XV, Museo del Louvre..*

Las primeras referencias en los archivos y los primeros tarots

❖❖❖ *Las primeras referencias en los archivos*

El 16 de septiembre de 1440, Giusto Giusti, notario de los Médicis, escribió en su diario: «El viernes 16 de septiembre entregué al magnífico señor Gismondo un juego de *naibi* con triunfos que había hecho por encargo en Florencia con su magnífico escudo, que me costó cuatro ducados y medio». Esta referencia, recientemente encontrada por Thierry Depaulis,[63] es la más antigua conocida hasta la fecha y cita un conjunto de cartas del tarot, bajo el nombre que se le atribuía en ese momento, es decir, «*naibi* con triunfos». Esta primera referencia muestra a Florencia, ciudad de los Médicis, como lugar de producción; luego los documentos mencionarán otros dos lugares: Ferrara, una ciudad donde reina la familia de Este, y Milán, el feudo de la familia Visconti.

El tarot apareció en el norte de Italia en la primera mitad del siglo XV, probablemente en una de estas tres ciudades. La fecha más antigua mencionada fue durante mucho tiempo 1442: en aquella época, en Ferrara, una comisión encargó al pintor Giacomo Sagramoro la realización de cuatro series de triunfos. Los cuatro juegos encargados tenían que incluir copas, espadas, oros, bastos y todas las figuras. Tenemos otras referencias entre 1445 y 1460, en Milán, Florencia y luego Siena, refiriéndose a los tarots siempre bajo los nombres de «cartas de triunfos» o «juegos de triunfos»: *charte da trionfi, triomphi da giocare, ludus triumphorum*. Se menciona a varios artistas poco conocidos como ejecutores de estos juegos: Filippo di Marco, Giovanni di Domenico, Antonio di Dino, Matteo Ballerini... El 11 de diciembre de 1450, el duque Francesco Sforza pidió a su tesorero Antonio Trecchi, en Cremona, que «encargara dos juegos de cartas de triunfos, de las más bellas que se puedan encontrar». En octubre de 1452, Sigismondo Malesta, un *condottiere* al servicio de los Visconti y un gran fanático del tarot, pidió a Bianca Maria Visconti que le proporcionara un «juego de cartas de triunfos para jugar» y el marido de Bianca, Francesco Sforza, pidió al mismo Antonio que decorara las cartas con su escudo de armas. De esta familia Visconti proceden los tarots más antiguos conocidos y conservados.

---

63. *Le Tarot révélé, op. cit.*, pág. 17-18.

◆◆◆ *Los tarots Visconti, los más antiguos del mundo*

◆ Se han conservado doscientas treinta y nueve cartas pertenecientes a la familia Visconti de once conjuntos diferentes que están más o menos incompletos.[64] Estas cartas se conservaron mejor que los tarots impresos, porque son de alta calidad; son cartas pintadas a mano con pigmentos preciosos sobre un fondo dorado. Estos conjuntos son conocidos por uno o más nombres, generalmente el de sus antiguos propietarios. Los tres conjuntos más importantes son:

◆ **El tarot denominado «Visconti di Modrone»** o «de Cary-Yale» (llamado así por su último propietario privado). Fue **creado en 1441** por el duque Filippo Maria Visconti para Bianca Maria, con motivo de su matrimonio con Francesco Sforza. Es el tarot más antiguo conocido y conservado. Al llevar la carta de los Amantes con los escudos de los Visconti y los duques de Saboya, se creía que este juego se remontaba a 1428, fecha de la boda del duque Filippo con María de Saboya. Pero esta teoría ha sido refutada al llevar los bastos y las espadas los emblemas de los Sforzas, y las copas y los oros los de los Visconti. Las armas de los Saboya en la carta pueden ser una forma de «legitimar» a Bianca María, la hija bastarda del duque, asociando a este matrimonio los colores de su legítima esposa… Se han conservado sesenta y siete cartas de este tarot atípico, que incluía al menos ochenta y nueve: sesenta y cuatro colores y cartas de la corte, y veinticinco bazas. Para las bazas, a las tres virtudes teologales –Fe, Esperanza y Caridad– se les añadieron a las tres virtudes cardinales –Justicia, Fuerza (o Fortaleza) y Templanza–. Para las figuras, las sirvientas se añaden a los sirvientes, los jinetes femeninos a los masculinos, lo que también sugiere que este juego fue diseñado para una mujer: para Bianca Maria, la hija amada del duque, y ciertamente no para Maria de Saboya, su esposa no amada con quien el matrimonio nunca se consumó, otro argumento a favor de la fecha 1441.

Tarot de Visconti di Modrone, los Amantes, Milán, 1441, Biblioteca Beinecke.

Tarot de Visconti di Modrone, la Esperanza, Milán, 1441, Biblioteca Beinecke..

---

64. Ver la descripción detallada de todos los tarots de Visconti en *La Grande Encyclopédie du tarot, op. cit.,* págs. 77-121

Tarot de Visconti-Sforza, el Loco, Milán, hacia 1452 (facsímil).

Tarot de Visconti-Sforza, la Luna, Milán, hacia 1452 (facsímil)..

◆ **El tarot «Brambilla»** o «de Brera-Brambilla» (nombre del último propietario) también fue pintado para el duque Filippo Maria Visconti, es decir, **antes de 1447**. Desafortunadamente, de este magnífico juego sólo se conservan dos triunfos, el Emperador y la Rueda de la Fortuna, y siete figuras, pero las cartas de puntos están casi completas (falta el cuatro de oros), de un total de cuarenta y ocho cartas.

◆ **El tarot «Visconti-Sforza»** o «Pierpont Morgan-Bergame» fue pintado para Francesco Sforza, que se convirtió en duque de Milán en 1450. El lema «A bon droyt», que es el de los Sforza, presente en algunas cartas, permitió identificar el juego. Está fechado **hacia 1452**. Es famoso porque es el más completo de los juegos antiguos conocidos: todavía quedan setenta y dos cartas en varios lugares diferentes. Sólo faltan el Diablo, la Torre, el tres de espadas y la sota de oros. La creación de estos tres tarots se atribuye desde hace mucho tiempo al artista Bonifacio Bembo. Actualmente, algunos investigadores lo atribuyen a Francesco Zavattari: cuando comparamos los frescos de este artista milanés[65] con las cartas del tarot de Visconti, parece más plausible. Es este tarot el que, actualmente, se reconstituye o reimprime más a menudo en forma de facsímil y el que se puede encontrar en las tiendas bajo el nombre de «tarot Visconti».

---

65. Autor de los frescos de la capilla de Teodolinda en Monza, Italia.

◆◆◆ *Otros tarots iluminados del siglo XV*

✦ Otro tarot antiguo famoso es **el denominado tarot de Carlos VI**, también llamado **tarot de Gringonneur**, del que se conservan dieciséis bazas y una sota de espadas en la Biblioteca Nacional de Francia. Se ha conservado este nombre por convención, aunque sabemos que es incorrecto. El juego fue regalado a Luis XIV en 1711 por François Roger de Gaignières, coleccionista y erudito, tutor de los nietos del rey. Ya en el siglo XVIII, la gente acudía a París a admirar las cartas. Fue un autor, Constant Leber (1780-1859), quien las relacionó con las mencionadas en 1392 en un libro de contabilidad de Carlos VI, en un acuerdo con Jacquemin Gringonneur por una baraja de cartas. Sin embargo, ni los oros ni los escudos de armas permiten identificar este tarot. Todo lo que sabemos es que es un juego italiano **del siglo XV.** Un examen de laboratorio permitió datar los pigmentos de este período, y extensos estudios comparativos con otros juegos determinaron este origen italiano: se mencionó Venecia como probable lugar de origen, luego Bolonia. Actualmente, la hipótesis adoptada por los investigadores es que procede de Florencia. En el Museo Cívico Castello Ursino en Catania, Sicilia se conservan quince cartas de un juego similar.

✦ También se menciona **Florencia** como lugar de origen de otro tarot menos conocido pero igualmente suntuoso: el **tarot Rothschild,** del que se han conservado nueve cartas. El coleccionista y banquero Edmond de Rothschild regaló ocho cartas al Estado francés, y se conservan en el museo del Louvre.

✦ **Ferrara**, mencionada como uno de los lugares de nacimiento del tarot, ha dejado relativamente pocas cartas: en el Museo Francés del Naipe de Issy-les-Moulineaux se conserva un precioso carro de 1455, mientras que en Varsovia se conservan otras dos cartas del mismo juego.

✦ **El tarot de Este** o «Este-Aragón», que data de 1473, año en que Hércules I se casó con Eleonor de Aragón, hija del rey Fernando I de Nápoles, es quizás de Ferrara o Nápoles. Todavía quedan dieciséis cartas, conservadas en la Biblioteca Beinecke de la Universidad de Yale.

Tarot de Carlos VI, Justicia, norte de Italia, siglo XV, BnF..

Tarot de Carlos VI, sota de espadas, norte de Italia, siglo XV, BnF.

Tarot de Este, el Mago, norte de Italia, siglo XV, Biblioteca Beinecke.

Tarot de Este, Reina de copas, norte de Italia, siglo XV, Biblioteca Beinecke.

◆ Hemos de completar esta lista con el **tarot de Goldschmidt** (que lleva el nombre de su antiguo propietario, Victor Goldschmidt): nueve cartas de un extraño juego pintadas en pergamino, un material muy poco habitual, se conservan en Alemania en el Deutsches Spielkartenmuseum. Hay un extraño monstruo marino coronado o un as de espadas con una calavera. Como todos los demás juegos aquí mencionados, es italiano y data de mediados del siglo XV, sin que sepamos nada más.

◆ Cuatro cartas de otro extraño tarot del mismo tipo, el **tarot Colleoni**, se conservan en el Victoria and Albert Museum de Londres. La Estrella, representada por una mujer sosteniendo una estrella y un loro, y la Muerte, vestida de cardenal y colocada sobre un suelo de baldosas blanco y negro, son únicas. El as de copas muestra un escudo decorado con las armas de Colleoni, de ahí su nombre.

◆◆◆ ¿Qué podemos observar ya en estos primeros juegos?

Podemos decir que todos los elementos están ahí desde el principio, pero que las bazas no están nombradas ni numeradas. Todos los elementos están ahí en el sentido de que, desde las primeras cartas iluminadas del tarot italiano[66] hasta la actualidad, hay veintidós bazas en cada conjunto (que más tarde se denominarán «arcanos mayores») y cincuenta y seis cartas (que más tarde se denominarán «arcanos menores»): cuatro conjuntos de catorce cartas de cuatro palos diferentes, copas, espadas, bastos y oros. Las veintidós bazas han permanecido inalteradas hasta hoy, desde el Mago hasta el Loco; también podemos notar que han durado seis siglos. Pero con la salvedad de que las representaciones de estas bazas han variado considerablemente con el tiempo, al igual que sus nombres, cuando comenzaron a ser nombradas. En cualquier caso, esta base nunca cambiará, y sirve como cimiento para la definición de un tarot: ya sea que se use para jugar o para adivinar, un tarot es siempre un conjunto de cincuenta y seis cartas y veintidós triunfos, en total setenta y ocho cartas.

---

66. Excepto el tarot de Visconti di Modrone, que, como hemos visto, tiene tres triunfos y ocho cartas más, lo que lo convierte en un conjunto de ochenta y nueve cartas, conservadas de forma incompleta, ya que quedan sesenta y siete. Sin embargo, todavía es considerado por los investigadores como un «tarot», tal vez una elaboración de tarot, o un juego de transición a lo que se convertirá en el *minchiate* (juego compuesto de cincuenta y seis cartas y cuarenta triunfos más el Loco).

Juego de minchiate, el Sol,
Florencia, siglo XVIII,, BnF.

Juego de minchiate, el Aire,
Florencia, siglo XVIII, BnF.

Juego de minchiate, la Fuerza, Bolonia, 1763, BnF.

Juego de minchiate, la Tierra, Bolonia, 1763, BnF.

Muchos otros juegos que aparecieron con cartas similares, pero que no corresponden a este conjunto preciso, no llevarán el nombre de «tarot»: así, en el arte adivinatorio, nos encontramos con lo que se denominarán oráculos; o, si nos quedamos con los antiguos juegos italianos, podemos mencionar los juegos de minchiate, o el tarocchino. Los minchiate son juegos que aparecieron en Florencia a principios del siglo XVII y que constan de cuarenta y un triunfos y cincuenta y seis cartas. A los veintidós triunfos tradicionales se les ha quitado la Papisa, y entre la Torre y la Estrella se han añadido veinte bazas complementarias: Prudencia (para completar las virtudes cardinales, o quizás para sustituir a la Papisa), las tres virtudes teologales (Fe, Esperanza, Caridad), los cuatro elementos, los doce signos del Zodíaco. El tarocchino, en cambio, es un juego que apareció en Bolonia y que consta sólo de sesenta y dos cartas, de ahí su nombre, que significa «pequeño tarot». Tiene los veintidós triunfos, pero en los palos no se encuentran el 2, 3, 4 ni el 5. En cuanto al juego que se llama indebidamente «tarot de Mantegna», no es ni un tarot ni un juego compuesto por el pintor Mantegna. Volveremos sobre este tema un poco más tarde. Sin embargo, cabe señalar que el tarot no fue el único juego inventado en aquella época que incluyera este tipo de imágenes alegóricas o simbólicas. Se ha olvidado que los minchiate obtuvieron un éxito deslumbrante en Italia hasta finales del siglo XIX, hasta tal punto que en los diccionarios italianos, el tarot se definía como un juego similar al minchiate, y no lo contrario. También señalaremos que las cartas del tarot no están nombradas ni numeradas. La única manera de saber qué orden se les asignó y qué nombre se les dio es consultar las fuentes de la época: fuentes literarias, manuscritos, poemas o incluso hojas de cartas sin cortar. ¿Qué nos enseñan estos documentos? Que el orden de los triunfos así como sus nombres varían según los juegos y lugares.

Tarocchino de Mitelli, el Rayo, Roma, siglo XVII, BnF..

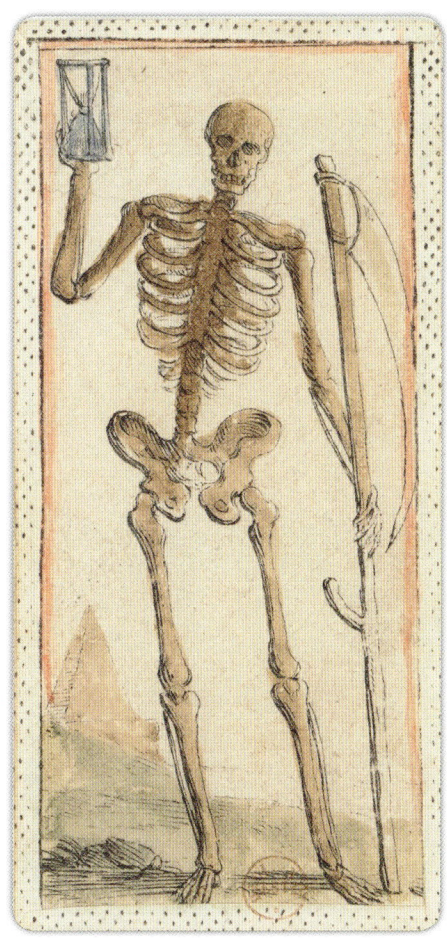

Tarocchino de Mitelli, la Muerte, Roma, siglo XVII, BnF.

El documento más antiguo conocido que describe una lista de los triunfos del tarot es un sermón anónimo manuscrito contra el juego de los años 1470-1500: *Sermones de ludo cum aliis*.[67] El autor, un sacerdote, describe y condena el uso de dados y cartas ordinarias denominadas con los palos italianos: copas, espadas, bastos y oros. Luego cita los *triumphi* (triunfos), que numera y ordena según la lista, y con los siguientes comentarios:

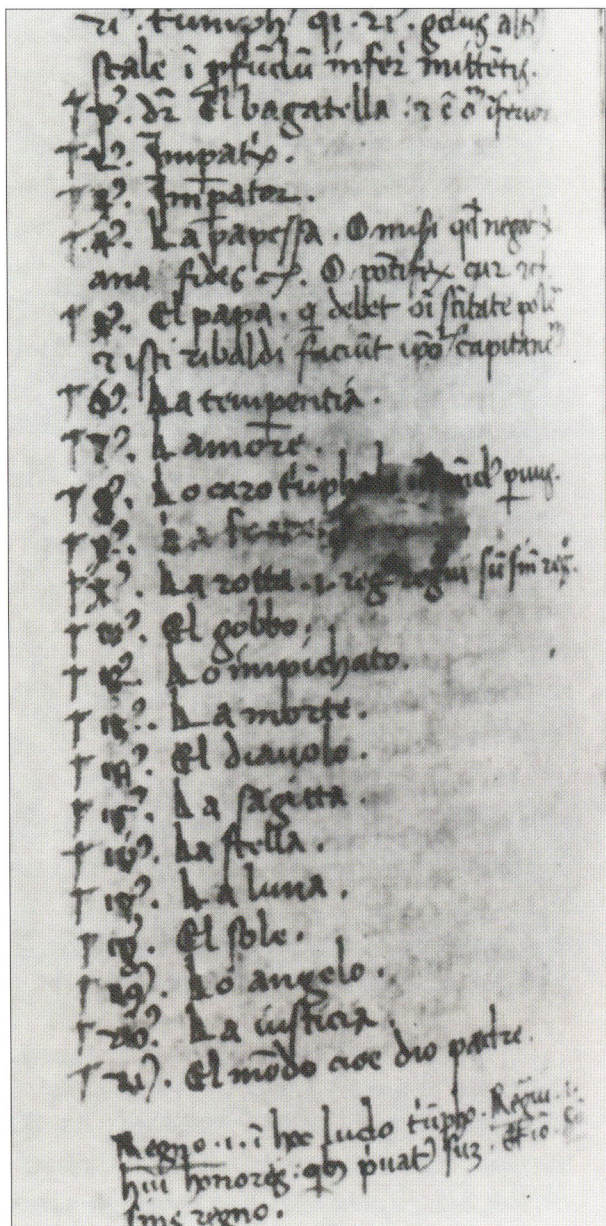

Lista de triunfos (la más antigua que se conoce, reproducción personal).

1. *Primus dicitur el bagatella (et est omnium inferior):* El primero se llama el Mago y es el más bajo de todos.

2. *Imperatrix:* La Emperatriz.

3. *Imperator:* El Emperador.

4. *La papessa (O miseri quod negat Christiana fides):* La Papisa (oh, miserable que niega la fe cristiana).

5. *El papa (O pontifex cur, etc. que debet omni sanctitate polere, et istii ribaldi faciunt ipsorum capitaneum):* El Papa (¿por qué, oh, Papa, que debes reinar en completa santidad, te hacen su líder estos criminales?).

6. *La Temperantia:* La Templanza.

7. *L'Amore:* El Amor.

8. *Lo caro triumphale (vel mundus parvus):* El carro triunfal (o pequeño mundo).

9. *La forteza:* La Fuerza.[68]

10. *La rotta (id est regno, regnavi, sum sine regno):* La Rueda (aquí reino, reiné, estoy sin reino).

11. *El gobbo:* El jorobado.

12. *Lo impichato:* El Colgado.

13. *La morte:* La Muerte.

14. *El diavolo:* El Diablo.

15. *La sagitta:* La Flecha.

16. *La stella:* La Estrella.

17. *La luna:* La Luna.

18. *El sole:* El Sol.

19. *Lo angelo:* El Ángel.

20. *La iustitia:* La Justicia.

21. *El mondo (cioe Dio Padre):* El mundo (es Dios Padre).

22. *El matto sine nulla (nisi velint):* El Loco sin nada (a menos que lo desee).

---

67. También conocido como «sermón de Steele» porque fue publicado y comentado por Robert Steele en el artículo «A Notice of the Ludus triumphorum and Some Early Italian Card Games with Some Remarks on the Origin of the Game of Cards» en *Archeologia*, n.º 57, 1900, 2.ª serie, n.º 7, págs. 185-200.

68. *Forteza*, la Fuerza, a la que se refiere este término, evoca una ambivalencia con la resistencia.

Podemos ver inmediatamente que el orden de los triunfos o arcanos es diferente del conocido en el actual tarot de Marsella, y que algunas cartas no tienen el mismo nombre. Así el gobbo designa a la figura que más tarde será llamada el Ermitaño, la Sagita, la Flecha, evoca la línea de relámpago que golpea la Torre, más tarde llamada Casa de Dios, el Juicio es simplemente designado por lo angelo, el Ángel. En cuanto al orden de los triunfos, puede que nos sorprenda: aparte del Mago, el Papa, la Rueda de la Fortuna (a la que aquí nos referimos simplemente como la rotta), el Colgado, la Muerte y el Mundo, todas las demás cartas ocupan lugares diferentes a los que conocemos.

De hecho, los triunfos nombrados y numerados, y lo que es más, siempre de la misma manera, llegarán más adelante. Se remontan a la Francia del siglo XVII, a la que volveremos más adelante. Pero no hay un orden predominante en las primeras cartas del tarot italiano. O bien, como hemos dicho, no se indican ni números ni nombres, o, cuando están numeradas, el orden varía.

Además, sabemos de antiguas planchas de cartas italianas, que datan de alrededor el 1500, donde los números son visibles en algunas cartas. Ambas se conservan en Estados Unidos: la primera, conocida como la «hoja de Rosenwald», se encuentra en la National Gallery of Art de Washington; la segunda, a veces llamada «Dick sheets», se conserva en el Metropolitan Museum de Nueva York. Son interesantes por más de una razón. En primer lugar, muestran el aspecto de las cartas de tarot «populares» y grabadas más antiguas conocidas: la hoja del Metropolitan Museum representa la carta de tarot grabada y coloreada más antigua conocida hasta la fecha. La siguiente tabla muestra el orden de los triunfos de estas hojas (les dejaremos los nombres italianos de nuestro sermón ya que las cartas no tienen nombres). También añadimos los triunfos de los tarots franceses más antiguos que se conocen, y los nombres que se les dieron.

Rosenwald Orden A	Metropolitan Orden B	Tarot parisino Orden C	Jacques Viéville Orden C modificado	Jean Noblet Orden C
	Il Matto	…. LEFOUS	…. MA	…. LEFOU
1 Bagatto	? Il Bagatella	1 LEBATELEUR	1 BAGA	1 LLBATELEUR
2 Papessa	2 ? Imperatrice	2 LAPAPESSE	2 LAPAPESSE	2 LAPAPESSE
3 Imperatrice	3 Papessa	3 LINPERATRICE	3 LINPERATRYCE	3 LEMPERATRISE
4 Imperatore	4 ? Imperatore	4 LANPEREUT	4 L'ANPEREUR	4 LEMPEREUR
5 Papa	5 ? Papa	5 LEPAPE	5 LEPAPE	5 LEPAPE
6 Amore	6 La Temperanza	6 LAMOUREUS	6 AMOUREUX	6 LAMOUREUX
7 Temperanza	? Il Carro	7 LECHARIOT	7 YUSTICE	7 LECHARIOT
8 Giustizia	8 Amore	8 IUSTICE	8 Le Chariot	8 IUSTICE
9 Fortezza	? La Fortezza	9 LER MITE	9 FORCE	9 LERMITE
10 Carro	10 La Ruota	10 LAROUEDEFORTUNE	10 Roue de Fortune	10 LAROUEDEFORTUNE
11 ? Fortuna	11 Il Vecchio	11 FORCE	11 VIELART	11 FORCE
12 Vecchio	12 L'Impiccato	12 LEPANDUT	12 PENDUE	12 LE PENDU
…. Traditore	13 La Morte	13 LAMORT	13 La Mort	13 LAMORT
…. Morte	14 Il Diavolo	14 ATREMPANCE	14 Tempérance	14 LEMPERANCE
…. Diavolo	15 Il Fuoco	15 LE DIABLE	15 DYABLE	15 LEDIABLE
…. Saetta	16 ? La Stella	16 LAFOULDRE	16 LA FOUDRE	16 LAMAISONDIEU
…. Stella	17 ? La Luna	17 LESTOILLE	17 LES ETOILES	17 LESTOILLE
…. Luna	18 Il Sole	18 LA LUNE	18 LA LUNE	18 LALUNE
…. Sole	19 L'Angelo	19 LE SOLEIL	19 LE SOLEIL	19 LESOLEIL
…. Mondo	20 La Giustizia	20 LE IUGEMENT	20 Le Jugement	20 LEIUGEMENT
…. Angelo	21 Il Mondo	21 LE MONDE	21 Le Monde	21 LEMONDE

Hoja Rosenwald, norte de Italia, Florencia (?), hacia 1500, National Gallery of Art.

Hoja del Metropolitano, norte de Italia, Venecia o Ferrara, hacia 1500, Metropolitan Museum.

Michael Dummett había señalado que, si incluimos las listas de triunfos que se encuentran en los textos literarios, llegamos a once órdenes diferentes.[69] Los redujo a tres tipos principales, cada uno de los cuales corresponde a una región de origen en Italia. El orden A, representado por la «hoja de Rosenwald», fue identificado por los investigadores como procedente de un hogar entre Florencia y Bolonia; el orden B, la de la hoja del Metropolitan, provendría de Ferrara, y el orden C, el del futuro tarot de Marsella (con variantes en el tarot de Jacques Viéville), vendría de la región de Milán. Dos cosas esenciales varían principalmente en estos tres órdenes. En primer lugar, las localizaciones de las virtudes: agrupadas sobre el Amante en el orden A, se distribuyen más aleatoriamente en el orden B (la Justicia está en posición 20 justo después del Juicio, aquí llamado el *Angelo*) y en el orden C; luego, las tres cartas más altas: Sol, Mundo, Juicio (orden A), Juicio, Justicia, Mundo (orden B), Sol, Juicio, Mundo (orden C). Si bien es cierto que el tarot probablemente se originó en una de las cuatro ciudades mencionadas, los investigadores todavía no saben cómo circuló entre estos cuatro hogares principales y por qué el orden de las bazas ha variado. Parece que a partir de un orden inicial (quizás el A), podrían haber sido modificados en los otros lugares. Lo interesante es que no es sólo el orden C, el del tarot de Marsella, el que ha sobrevivido durante mucho tiempo. El orden A se convirtió en el más importante de Italia antes de desaparecer gradualmente en el transcurso del siglo XIX. El orden B desapareció hacia 1600.[70]

Eso resulta curioso a la hora de jugar. ¿Cuál es en este caso la forma clara y resuelta para encontrar la carta ganadora? Parece que podríamos poner estas imágenes en cualquier orden, como en nuestras modernas cartas del tarot, donde veintiún triunfos numerados contienen cualquier figuración, paisaje, carácter, etc. En nuestras cartas modernas del tarot, los elementos figurativos nos son familiares. Algunos autores se refieren al hecho de que, en las cartas del tarot antiguo, ocurría lo mismo: las figuras grabadas en los triunfos eran familiares. Todo el mundo podía reconocerlas fácilmente. Una autora que ha escrito extensamente sobre la Rueda de la Fortuna incluso señaló en su introducción que aquí volvería a trazar «la historia de una banalidad», en el sentido de que la Rueda es para la gente de la Baja Edad Media un símbolo más que ordinario.[71]

Pero estos símbolos no se clasificarían en un orden «natural». Por lo tanto, no habría ninguna razón particular para que la Fuerza sea *a priori* superior a la Rueda de la Fortuna; son sólo símbolos diferentes. Entonces sería necesario asignarles un orden, por convención, para dar significado al juego, o a la meditación si se prefiere. Esto puede explicar que haya diferentes órdenes en diferentes regiones. Pero al mismo tiempo, imaginemos que un grupo de personas discute antes de cada ocasión qué cartas son las que tienen más valor; simplemente es impensable, así no se puede jugar. Por lo tanto, podemos considerar que este tipo de órdenes se fijaban lo suficientemente rápido de acuerdo con una visión del mundo compartida. Por ejemplo, incluso si hay variantes, podemos ver que casi siempre, los tres órdenes propuestos anteriormente comienzan con alegorías «terrestres» para aumentar hacia alegorías «celestiales»: siempre comienzan con el Mago y figuras humanas (el Papa, el Emperador, la Emperatriz, etc.) para terminar con la Luna, la Estrella, el Sol, el Juicio... La justicia, en el orden B, puede verse entonces como otra alegoría que acompaña al Ángel del Juicio Final en el pesaje de las almas. También se ha observado que la Muerte casi siempre se coloca en el decimotercer lugar.

No parece que los triunfos de los antiguos tarots tengan ningún significado, a diferencia de los triunfos modernos, que representan de manera poco significativa escenas de la vida cotidiana. Si el Mundo o el Juicio son las cartas más altas, no es trivial. Mencionamos el hecho de que al final de la Edad Media, todo tenía una función simbólica. Nuestros antepasados siempre incluyeron cosas que para ellos tenían sentido. «Las imágenes rara vez son inocentes. Las de la Edad Media lo son menos que muchos otras», escribió el gran medievalista Jacques Le Goff.[72] En la mentalidad medieval, cada objeto, elemento, cada ser vivo presente aquí necesariamente tiene algo que le corresponde en un plano superior, una especie de equivalente entre las verdades eternas del más allá.[73]

---

69. *The Game of Tarot, op. cit.* pág. 396.
70. Véase Thierry Depaulis, *Le Tarot révélé, op. cit.* pág. 24-25.
71. Florence Buttay-Jutier, *Fortuna: usages politiques d'une allégorie morale à la Renaissance,* PUPS, París, 2008.
72. En *Un Moyen Âge en images,* Hazan, París, 2007, pág. 9.
73. Véase «Le symbole médiéval» en Michel Pastoureau, *Une histoire symbolique du Moyen Âge occidental, op. cit.*, págs. 11-28.

Si las figuras del tarot no escapan a esta forma de concebir el mundo, probablemente podamos darles sentido. Por otro lado, es posible que dicho significado se haya perdido a fines del siglo XVI. Ésta es quizás la razón por la cual, en Francia, se empezó numerando y más tarde poniendo nombre a las cartas. El tarot más antiguo conocido cuyos triunfos están numerados es el tarot lionés de Catelin Geofroy de 1557, y aquél cuyos triunfos se nombran y numeran es un tarot parisino anónimo de la primera mitad del siglo XVII. De hecho, uno puede preguntarse cuando usa un tarot Marsella por qué sus cartas tienen nombres franceses. Resulta que fue en Francia donde aparecieron los nombres grabados en las cartas. ¿Por qué? Es muy curioso que símbolos tan elocuentes (el Diablo, el Papa...) necesitaran ser nombrados y numerados, como para darles una definición, una identidad. La fijación de este orden y la atribución de estos nombres se hicieron sin duda para facilitar el uso del juego, para hacer más sencillo su planteamiento.

Se puede sugerir que lo que eran símbolos familiares para los italianos ricos de finales de la Edad Media lo son quizás menos para los franceses del reinado de Luis XIII. Pero ¿qué decir en lo que a nosotros respecta? ¿Acaso disponemos actualmente de claves suficientes para considerarlos? Dijimos, a propósito de las cartas y sus símbolos, que cuanto más nos acerquemos al momento en que se produjeron, más probabilidades hay de que comprendamos lo que pueden significar. Probemos un enfoque similar con el tarot.

Tarot Visconti di Modrone, El carro, Milán, 1441, Biblioteca Beinecke.

¿En que contexto nació el tarot?

◆◆◆ *Hay tanto que decir, a partir de los triunfos...*

Lo primero que hay que mencionar es el primer nombre del juego, es decir, *naibi* con triunfos, o *triomphi, trionfi*. Éste ya dice mucho de sí mismo. «Triunfo» proviene del latín *triumphus* (triunfo), y designa varias cosas. Su primer significado evoca una brillante victoria al final de una lucha militar, una lucha o una rivalidad de algún tipo. En el siglo XVI, se llamaba así al establecimiento, el advenimiento de lo que estaba en lucha, en oposición a algo más (por ejemplo, el triunfo de una causa), y lo que representa e ilustra este establecimiento. Llegamos al segundo significado de esta palabra: en la época de los romanos, el triunfo era una ceremonia en honor de un líder victorioso que había logrado una gran victoria y que había hecho una entrada solemne en la ciudad, con las aclamaciones de la multitud, la procesión y el carro triunfal que llevaba al héroe. Por analogía, se habla de «llevar a alguien triunfante», para alzarlo sobre la multitud para animarlo. Por extensión, hablamos de alegría, exultación que proporciona la victoria, o incluso de gran triunfo, de éxito. Entre los antónimos de esta palabra se encuentran «caída», «fracaso», «derrota», «capitulación».

Hemos hablado sobre los orígenes de las cartas, sus posibles sentidos marciales y sus afinidades con el ajedrez. Una primera idea para el tarot (llamado «triunfo» hasta el comienzo del siglo XVI) es que este juego podría estar en la tradición de los juegos de guerra como el ajedrez, cuyo objetivo es hacer jaque mate al oponente tomando su rey. Podemos decir de inmediato que éste es el caso de cualquier juego: ¡jugamos para ganar! Pero si se pudieran crear juegos para practicar la virtud o la reflexión (lo veremos a continuación con otros dos juegos de cartas), aquí parece que el aspecto de la «victoria» es el más obvio. Podemos ver un conjunto lúdico y alegórico que contiene los elementos necesarios para prevalecer sobre el adversario con triunfos valiosos. Podemos recordar además las raíces de la palabra «triunfo», *atout* (palabra que apareció en 1440): *a* y *tout* («a» y «todo»). *Atout*, triunfo, significa en una baraja de cartas aquellas que siempre superan a las demás, y más ampliamente, un triunfo significa una forma de tener éxito, una oportunidad, un beneficio; una vez más, una palabra relacionada con el concepto de victoria. Un autor, en 1512, alude al tarot de una manera muy interesante. Citando un poema de Petrarca titulado *Los triunfos*, y compuesto entre 1348 y 1374, dice: «Mi querido Francis Petrarca dio al juego de cartas de palos el nombre de Triunfos, de una manera realmente excelente, porque vemos en él un tipo de la victoria bélica».[74] Un tipo de victoria bélica...

---

74. Citado por Thierry Depaulis en *Le Tarot révélé, op. cit.*, pág. 30.

♦♦♦ *El tarot apareció en momentos convulsos*

En el momento en que aparece el tarot, el norte de Italia vive en un estado de guerra casi permanente. Desde el siglo XIII, sus ciudades han experimentado un gran desarrollo comercial, artístico e intelectual, se han convertido en ciudades influyentes gobernadas por familias poderosas o por consejos comunales. Estas ciudades están en perpetuo conflicto por la defensa o la expansión de sus intereses en un contexto europeo convulso. Con la guerra de la Peste Negra y la guerra de los Cien Años (que terminó en 1453), el gran cisma de Occidente también escindió a Europa en dos corrientes rivales. Entre 1305 y 1378, cuando el papado se establece en Aviñón, Italia no tiene papa. Más tarde, entre 1378 y 1417, los papas de Aviñón y Roma emprendieron una lucha de legitimidad sin piedad. En ese momento, el sacerdocio lucha contra el imperio: los emperadores y los papas discuten sobre quién, el soberano temporal o espiritual, tiene poder absoluto en este mundo, conflicto que causa en el norte de Italia las luchas entre los güelfos, a favor del papado, y los gibelinos, a favor del imperio. En 1454, la frágil paz de Lodi formalizó en Italia este precario equilibrio: el ducado de Milán cohabita bajo el gobierno de la familia Visconti-Sforza con la República de Florencia encabezada por los Médicis, la República de Venecia, el Estado papal y el reino de Nápoles gobernado por la familia Aragón. Una serie de señores menores, repúblicas o municipios gravitan en torno a las tres grandes ciudades, Venecia, Milán y Florencia, y logran mantenerse independientes: Mantua en manos de los Gonzaga, Ferrara, Módena y Reggio con la familia Este, la República de Génova, así como los municipios de Lucca, Siena y Bolonia. En este contexto político particularmente oscuro, echemos un vistazo más de cerca a la vida y al reinado de una de estas familias, en el seno de las cuales nació el tarot...

Bernardo Visconti, señor de Milán, fue uno de los tiranos más crueles y despiadados de la segunda mitad del siglo XIV. Compartió el poder con su hermano Galeazzo, un hombre sencillo y tranquilo.[75] Pero su hijo, Gian Galeazzo Visconti, nacido en 1351, no quería quedarse en la sombra. Derrocó a su tío en 1385, lo encarceló y lo envenenó. Conocido como el «Déspota de Milán», extendió su dominio sobre el norte de Italia, la Lombardía y la Emilia, que gobernó con puño de hierro mientras vivía en el despilfarro. En 1395, le compró al rey de Alemania Wenceslao I (que gobernó el Sacro Imperio Romano sin ostentar el título de emperador) el título de duque de Milán por cien mil florines de oro y adoptó el águila imperial en su escudo de armas. La peste del año 1402 se lo llevó. Su hijo, Giovanni Maria Visconti, se convirtió en el segundo duque de Milán. Soberano depravado, era conocido por sus perros, mastines napolitanos (es decir, una raza de molosos algo más robusta que el gran danés) que había entrenado para devorar a los hombres vivos. Se dice que en mayo de 1409, mandó a sus soldados contra su pueblo que se moría de hambre a causa de las guerras incesantes y que gritaba a su paso: «¡Paz! ¡Paz! ¡Paz!». Entonces ordenó que las palabras «guerra» o «paz» no se pronunciaran más, bajo pena de horca, ni siquiera en las iglesias. Murió asesinado en el año 1412. Filippo Maria Visconti, el hermano menor de Gian Galeazzo, también llegó al poder. En 1413, se casó con una mujer que lo doblaba en edad para tomar posesión de su fortuna y de las tropas de su difunto marido. La decapitó en 1418, supuestamente por adulterio, y se casó con María de Saboya en su segundo matrimonio, que nunca se consumó. Su hija ilegítima, Bianca Maria Visconti, nacida en 1425 de su amante Agnes del Maino, fue prometida a la edad de nueve años a Francesco Sforza, un *condottiere* (mercenario) al servicio de los Visconti. Este último era hijo de Muzio Attendolo, uno de los más poderosos *condottiere* (mercenarios) de Italia gracias a sus hazañas militares. Muzio fue bautizado en 1387 con el nombre de Sforza, un nombre derivado de «fuerza». Cuando el papa dejó de pagar a Sforza por sus servicios, cambió de bando y se unió a las fuerzas del rey de Nápoles. Furioso, el papa hizo una caricatura del *condottiere* colgado de un pie, una tortura reservada a los traidores. Francesco nació en 1401 y heredó el título de condottiere cuando su padre se ahogó por accidente. Su matrimonio con Bianca Maria tuvo lugar en 1441; la prometida tenía dieciocho años y él cuarenta. A pesar de las circunstancias, parece que fue un matrimonio feliz y duradero. Sin duda, para esta ocasión se diseñó en 1441 el tarot más antiguo que se ha conservado hasta la fecha, del que ya hemos tenido ocasión de hablar.

Cuando imaginamos este tarot, todavía llamado en aquella época «juego de triunfos», sus sun-

---

75. Según Kaplan, *op. cit.*, pág. 74.

tuosas cartas iluminadas con sus virtudes, papas y emperadores, podemos perder de vista este contexto violento, esta época de intrigas y violencia en la que un bandolero podía comprarse un título de duque a precio de oro. Sin embargo, las cartas también pueden reflejar estos tiempos convulsos. Gian Galeazzo Visconti compró su título de duque al soberano del Santo Imperio; ¿querían los Visconti demostrar su adhesión al imperio incluyendo un Emperador en su juego? Sforza fue colgado por el pie como el traidor que era: la carta de «el Colgado» puede recordar este castigo, inmerecido o no. El Amante recuerda una boda. Y a un bien precioso como es una esposa rica, como vimos con Filippo Maria Visconti. ¿Qué otros bienes va a necesitar un príncipe de esa época para vencer a sus oponentes, además de un buen matrimonio? El poder o el apoyo de un hombre de poder (el Emperador), el apoyo de la Iglesia (el Papa), una esposa bien nacida (la Emperatriz), el ejercicio de ciertas facultades tales como la habilidad o la capacidad de engañar a sus oponentes (el Mago), y ciertas virtudes necesarias para asegurar mejor el poder (Fuerza, Justicia, Templanza).

Y qué decir de figuras como el Loco, la Rueda de la Fortuna, la Muerte, el Diablo, la Casa de Dios... En toda la historia de los juegos nunca antes habíamos visto cartas con imágenes como éstas. Las vimos estáticas, en obras pintadas o grabadas, favorables a la meditación sobre la finitud humana o sobre los últimos fines, como estos muchos juicios finales que aparecen en los portales de las iglesias. Es como si, aquí, se pusieran en marcha para organizarse según las circunstancias de los juegos, para ponerse de acuerdo juntos o para pelearse en la mesa de los jugadores. Dejan los libros en los que están grabados, salen de los frescos pintados en las paredes de iglesias o palacios y llegan a formar pinturas móviles, diferentes cada vez, pero según temas familiares para los que juegan a las cartas del tarot. Estas imágenes del Papa, el Emperador, el Amante, el Loco, la Muerte, la Rueda de la Fortuna, el Juicio Final, están muy difundidas en esa época.

¿Y qué tiempos reflejan? Lo acabamos de ver, tiempos turbados por la guerra, la peste y la confusión de las conciencias. En un momento en que la peste acababa de afectar a más de una cuarta parte de la población europea, el esqueleto no es por qué sí. Ni la Rueda de la Fortuna, en un momento en que las fortunas se hacen y se deshacen, cuando un potentado cualquiera puede terminar brutalmente asesinado por un rival más fuerte que él. Como este demonio tentador de conciencias que a veces parecen bastante reducidas... Pero tengamos cuidado de no hacer que la imagen sea demasiado oscura. Esta rica y belicosa civilización urbana, resultado de un período turbulento, es también una civilización que atraviesa una transformación cultural sin precedentes. Las cartas son también un espejo de este Renacimiento.

◆◆◆ *El tarot y el Renacimiento italiano*

El tarot nació en una época que fue también un momento de expansión intelectual, artística y creativa, donde se desarrolló una cultura profana. En Italia, en las ciudades del siglo XV, la Inquisición se está alejando y tendrá poca influencia, a diferencia de la que, por ejemplo, tendrá en España en el mismo período. Los juegos tienen todas las oportunidades para desarrollarse y, más concretamente, estos nuevos juegos de cartas que se han extendido por toda Europa como un reguero de pólvora. Esta cultura profana desarrolla lo que se llama humanismo, un movimiento intelectual orientado al estudio de las humanidades, el estudio crítico y la imitación de los autores clásicos como modelos. Es también una cultura que afirma la primacía del ser humano y una exaltación del mundo antiguo clásico y su cultura pagana. Dentro del movimiento humanista, los vínculos entre príncipes e intelectuales son fuertes. Los humanistas, maestros famosos, han transmitido sus conocimientos desde el siglo XV a las élites políticas que gobiernan las ciudades; la educación humanista se estableció definitivamente en Italia en los años 1430-1450. Existen innumerables ejemplos de mecenas príncipes que encargan obras o traducciones de un autor o artista ilustre, como los Médicis, por ejemplo, protectores de Botticelli, o Miguel Ángel. En este contexto, los príncipes también encargan juegos: hemos visto que las primeras apariciones del tarot son encargos principescos. Podemos señalar de paso esta curiosa mezcla de barbarie y refinamiento en las élites de la época, que encargaron baños de sangre y obras artísticas o filosóficas sin parangón. ¿No refleja esto un poco el tarot, cuando ves a la Estrella sucediendo al Rayo?

Por otra parte, los autores o artistas mencionados pueden escribir o producir obras utilizadas, entre otras cosas, para la educación de príncipes, porque una de las principales características del humanismo es la educación. Uno de los tratados educativos más importantes, *De ingenuis moribus et liberalibus studiis adulescentiae,* escrito en 1402-1403 por Pier Paolo Vergerio el Viejo (c. 1368-1444), fue constantemente copiado y más tarde impreso. Destaca el buen temperamento del hijo del príncipe: disciplinado, activo, modesto, moderado en el placer, desprovisto de vicios. Apreciaba los estudios liberales, es decir, estudios adaptados al hombre libre para el desarrollo del cuerpo y la mente: historia, filosofía, moral y elocuencia, continuando con el *trivium* (gramática, dialéctica, retórica), el *quadrivium* (geometría, aritmética, música, astronomía), y finalmente las disciplinas profesionales (derecho, medicina, teología). Otros, después de él, querían convencer a los padres y príncipes de la necesidad de una buena educación humanística para formar el carácter y preparar a los futuros gobernantes.[76]

El uso de los juegos también forma parte de la educación de los jóvenes. ¿Podría el juego de los triunfos ser también un juego de educación? Si ofrece al jugador ventajas para triunfar, ¿puede también proponer hacerlo como le convenga a un buen príncipe?

Acabamos de mencionar un tratado de educación: por supuesto, cabe preguntarse qué es lo que, además del simple contexto histórico o de los archivos, puede arrojar luz sobre los usos probables de las primeras cartas del tarot italiano. Están las obras escritas, las obras pictóricas y también, como a menudo olvidamos, otros juegos publicados en Italia en la misma época. Pueden ser pistas muy interesantes para empezar a buscar elementos interpretativos.

---

76. Todas las referencias en este capítulo al contexto histórico y cultural han sido tomadas de notas personales de cursos universitarios sobre cultura en Occidente entre los siglos XII y XV.

3

Primeros elementos de interpretación y de símbolos

◆◆◆ ¿Es el tarot un juego educativo? El ejemplo de un juego de la década de 1420

Sabemos algo que podría resultar muy esclarecedor a propósito de una de las motivaciones de los autores del tarot: cómo un hombre llamado Marziano da Tortona hizo una baraja de cartas para el duque Filippo Maria Visconti en la década de 1420. El juego desapareció, pero las circunstancias de su fabricación, su descripción y las motivaciones de su autor se han preservado. ¿Qué sabemos de esta historia y qué puede decirnos sobre el tarot? En 1447 se escribió una biografía de Filippo Maria Visconti.[77] Nos descubre cuánto le gustaban al duque y a su corte los juegos de cartas y cuánto les gustaba inventarlos. Así, entre 1420 y 1425, el joven duque Filippo Maria pidió a Marziano Rampini da Sancto Aloisio, más conocido como Marziano da Tortona, que le creara un juego con una nueva idea. Puede que lo pidiera en 1423, cuando se anunció el nacimiento de un heredero, para glorificar a su familia y a sus antepasados. Marziano da Tortona era un hombre culto, muy familiarizado con las humanidades de la época y con la astrología. Muy cercano a Filippo Maria, había sido su maestro desde 1409, antes de convertirse en su secretario y consejero. El juego fue encargado por mil quinientos ducados, una suma considerable para la época, y fue diseñado por el artista Michelino da Besozzo, el mismo que pintó la genealogía de los Visconti, por lo tanto, un muy buen artista para ilustrar un juego para la gloria de esta familia. Desafortunadamente, este juego se perdió,[78] pero una nota explicativa detallada escrita por Marziano para el duque se conserva en la Bibliothèque nationale de France, y contiene información muy valiosa.

¿Qué dice esta nota? Describe el juego y da indicaciones sobre cómo se puede utilizar. La descripción se refiere en primer lugar a dieciséis cartas que representan héroes. Cuatro de ellos representaban las virtudes: Júpiter, Apolo, Mercurio y Hércules. El segundo grupo de héroes representaba la riqueza: Juno, Neptuno, Marte y Eolo. La tercera serie presentaba vírgenes famosas: Palas, Diana, Vesta y Daphne. En cuanto al último, representaba los placeres: Venus, Baco, Ceres y Cupido. Subordinados a estos héroes, cuatro palos simbolizados por un pájaro diferente: águilas asociadas a las virtudes, fénix a las riquezas, tórtolas a las vírgenes y palomas a los placeres. Parece que estas aves fueron elegidas por su simbolismo cercano a la heráldica de los Visconti.

---

77. Pier Candido Decembrio, *Vita Philippi Mariæ Vicecomitis,* Milán, 1447 (?).

78. Información encontrada en el excelente sitio trionfi.com, cuya página hace referencia a todos los detalles de este primer juego llamado por los investigadores «Michelino deck»: http://trionfi.com/0/b/

Cada color también se regía por un rey. Ninguno de los palos tenía un valor más alto que los otros. Sin embargo, para las virtudes y las vírgenes, el valor de las cartas aumentaba en orden ascendente (siendo 1 el valor más bajo), porque se consideraba bueno cultivar la virtud y la castidad. En cuanto a la riqueza y el placer, 1 era el valor más alto, ya que se creía que tener poco era más beneficioso para la vida espiritual. Los héroes tenían un valor más alto que todos los palos, incluidos los reyes: se podría decir que ya eran una especie de triunfos. Júpiter era el héroe de mayor rango, Cupido el más bajo. Marziano describió en su nota el significado detallado de cada héroe y lo que hizo para ser adorado como un dios, comenzando por Júpiter y llegando hasta el último, Cupido, que no tenía nada de virtuoso en él, pues fue capaz de transformar los corazones de los pobres amantes en antorchas encendidas. Marziano también explicó al duque cómo este juego podía satisfacer «al hombre serio cansado de la virtud» para «encontrar la recreación en la fatiga»: «Considere este juego, ilustrísimo duque, en un orden cuádruple, por el cual usted puede prestar atención a las cosas serias e importantes si usted lo juega. A veces es agradable estar tan entretenido, y se deleitará internamente. Y es más agradable ya que a través del entusiasmo de su propia sabiduría, se dedicará con ahínco a ser diversos héroes famosos y célebres, modelos de virtud renombrados, cuya poderosa grandeza los hizo dioses, así como a asegurar su memoria en la posteridad. Así mediante su observación, estén listos para ser estimulados hacia la virtud». Esta nota proporciona varias lecciones. La descripción detallada de las figuras nos permite percibir cómo se consideraban en su momento; pudimos comparar algunas de ellas con las encontradas en el tarot. Así, si Cupido ocupa aquí el último rango entre las virtudes por su crueldad hacia los amantes, podemos decir que nuestro Amante del tarot tampoco es un símbolo muy positivo. Volveremos a ello con más detalle en la sección dedicada a esta carta. En cuanto a las exhortaciones a estar «entusiasmados con la virtud», son ricas en enseñanzas: proponen un uso donde el juego puede servir tanto de entretenimiento como de apoyo para la identificación o la meditación. Las figuras heroicas están ahí para que el jugador se identifique con ellas, y así reapropiarse de las virtudes o reprobar los vicios que representan. Esto está claramente explicado por el secretario del duque. ¿Por qué no ver un uso similar para las alegorías presentes en el tarot? ¿Significa esto que debemos reducir el tarot a este uso, al ejercicio de la virtud? Ya sabemos que no, dada la variedad y diversidad de las imágenes que parecen haberle inspirado, y dado su viejo y belicoso nombre: *trionfi*. Pero podemos mantener esta idea general: las cartas habrían sido creadas para ir más allá del simple juego de azar, también servirían como soporte de meditación. Otro juego creado más o menos al mismo tiempo encaja perfectamente en este escenario; podemos ver claramente que va más allá de simples juegos de azar para incluir juegos de construcción, se podría decir. Mencionamos el hecho de que los juegos pueden ser utilizados para educar a los príncipes para que gobiernen bien. Éste es un juego que se llama apropiadamente el «juego del gobierno del mundo». Nos interesa particularmente porque en él encontramos cartas similares al tarot, pero también los elementos que constituyen una buena educación humanística...

◆◆◆ *El tarot de Mantegna, o «el juego del gobierno del mundo»*

Este nombre ha permanecido en uso a pesar de que el juego no es ni un tarot ni una obra del pintor Mantegna, como se creía hasta el siglo XIX. Ni siquiera se trata de un juego de cartas, sino de una serie de obras grabadas, probablemente creadas hacia 1465 en Ferrara por un artista anónimo: hay cincuenta grabados divididos en cinco grupos de diez. Tenemos aquí un juego para gente educada, probablemente ese tipo de juego de mesa diseñado para animar a la gente educada a tener discusiones profundas, o un juego educativo. Lo que más apoya esta hipótesis es el soporte: estos magníficos grabados con un cincel (cuando para las cartas del tarot se prefiere el grabado en madera) se presentan en forma de simples hojas de papel, que incluyen cuatro juegos encuadernados en forma de libro. De las quince copias que se conservan actualmente, ninguna ha sido pegada para hacer cartas fáciles de manejar. El propósito de los creadores del conjunto no era la manipulación frecuente de estas imágenes. Existen varias hipótesis sobre esto último.

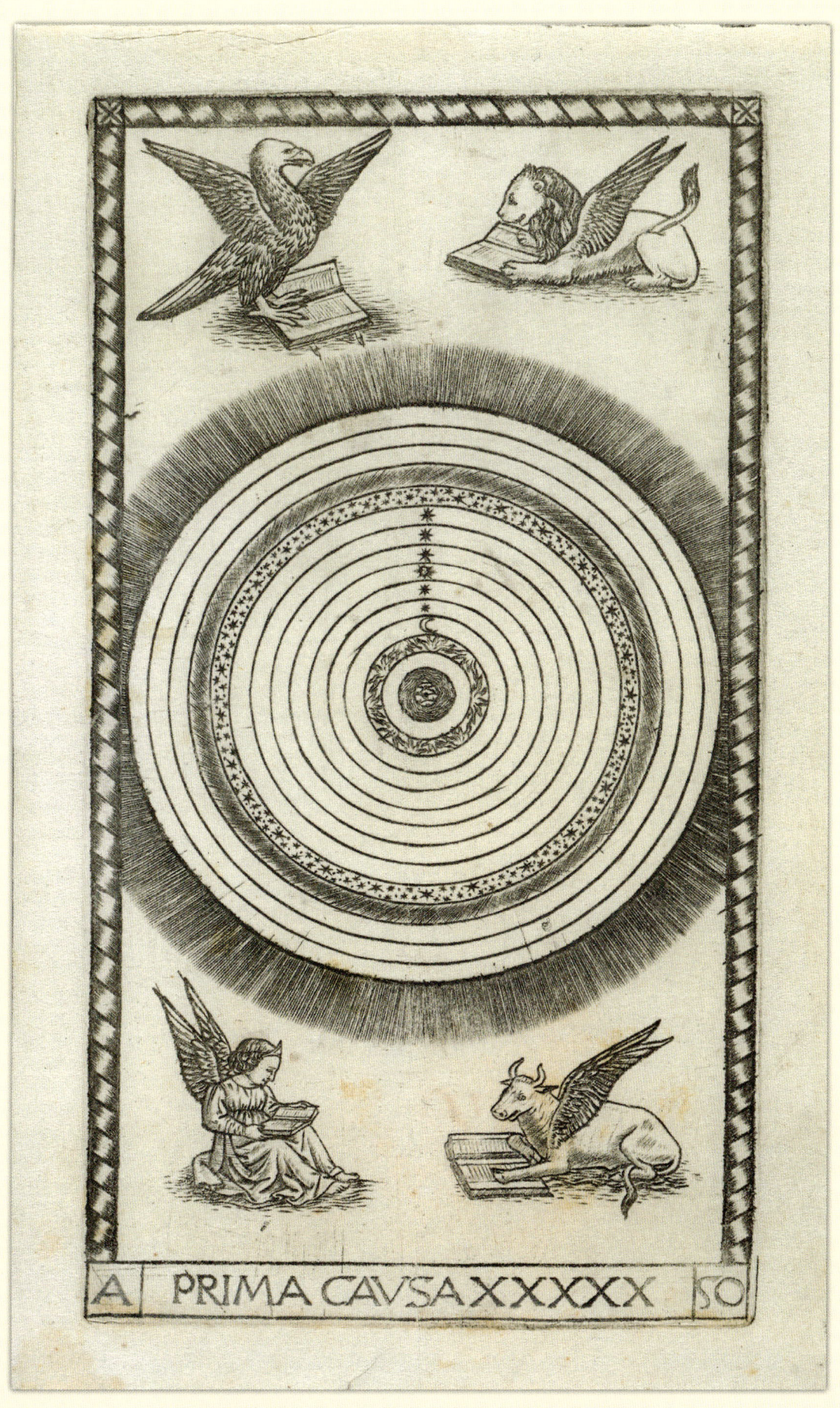

Maestro de la serie S de cartas del tarot del denominado tarot de Mantegna, *Prima Causa*, norte de Italia, hacia 1470, Museo del Louvre.

Este juego se identificó con el «juego de gobierno del mundo» inventado por el papa Pío II y los cardenales Nicolás de Cusa y Jean Bessarion, reunidos en Mantua hacia 1459. Otras hipótesis lo convierten en un juego creado por artistas o estudiosos de Ferrara. Diferentes autores han barajado distintos nombres: se dice que los grabados son obra de un artista anónimo de la escuela de Francesco Cossa, o de un pintor de cartas de la corte de Ferrara; el diseño del conjunto también podría atribuirse a un gran erudito de la época, probablemente vinculado al círculo del humanista Guarino Guarini (c. 1370-1460), que trabajó para Lionello d'Este, señor de Ferrara. Como ocurre con el tarot, tampoco es posible identificar a un creador preciso; por otra parte, en cuanto al juego de 1423, la teoría de un erudito al servicio de un gran señor es bastante plausible. De aquí a decir que el mismo tipo de personaje creó el tarot sólo hay un paso...

Como ya hemos dicho, el juego consta de cinco series de diez grabados numerados, series designadas con las letras E (o S, en otra versión del juego), D, C, B y A, ordenadas todas ellas en una jerarquía perfecta, de lo terrenal a lo celestial, del hombre más miserable (serie E, carta 1: *Misero*, el Mendigo) a Dios (serie A, carta 50: *Prima causa*, la Primera causa)... El juego comienza con la jerarquía de las condiciones humanas (serie E, imágenes 1 a 10). Continúa con el grupo de Apolo y las Musas (serie D, 11 a 20). Siguen las artes y ciencias liberales (serie C, 21 a 30), los principios y virtudes cósmicas (serie B, 31 a 40) y finalmente los planetas y las esferas celestiales (serie A, 41 a 50). Para mayor claridad, traducimos esta jerarquía y proponemos una pequeña tabla:

E – Jerarquía humana	D – Apolo y las Musas	C – Arts y ciencias liberales	B – Principios y virtudes cósmicas	A – Planetas y esferas celestes
1 El Mendigo	11 Calíope	21 Gramática	31 Iliaco	41 Luna
2 El Siervo	12 Urania	22 Lógica	32 Crónico	42 Mercurio
3 El Artesano	13 Terpsícore	23 Retórica	33 Cósmico	43 Venus
4 El Mercader	14 Erato	24 Geometría	34 Templanza	44 Sol
5 El Caballero	15 Polimnia	25 Aritmética	35 Prudencia	45 Marzo
6 El Caballero	16 Talia	26 Música	36 Fuerza	46 Júpiter
7 Dux	17 Melpomeno	27 Poesía	37 Justicia	47 Saturno
8 Rey	18 Euterpe	28 Filosofía	38 Caridad	48 Octava esfera
9 Emperador	19 Clío	29 Astrología	39 Esperanza	49 Primer motivo
10 Papa	20 Apolo	30 Teología	40 Fe	50 Primera causa

La serie E, la de la jerarquía de las condiciones humanas es la más fácil de explicar: presenta todas las situaciones que el hombre puede experimentar en la sociedad, desde las más miserables hasta la más elevada, la del representante de Dios en la tierra, el papa.

La serie D presenta a Apolo y las nueve Musas. Estas últimas, hijas de Zeus y Mnemosine (divinidad de la memoria), cantoras divinas, presiden las artes del pensamiento en todas sus formas. Poco a poco cada una recibió una función determinada: Calíope, la más poderosa de todos, poesía épica o elocuencia; Urania, astronomía; Terpsícore, danza; Erato, poesía lírica; Polimnia, pantomima; Talía, comedia; Melpómene, tragedia; Euterpe, música y Clío, historia. Están dirigidas por Apolo, el dios solar con múltiples funciones, incluyendo las de dios de la música y la poesía cuando se acompaña de las Musas.[79]

La serie C muestra las artes y ciencias liberales. Como hemos dicho, el humanismo valora la educación: la serie que aquí se presenta ofrece todas las disciplinas necesarias para llegar a ser un hombre consumado en el espíritu del Renacimiento. Éstas son las artes liberales propuestas en los libros de texto humanistas de la educación, las hemos mencionado anteriormente, junto con la poesía, filosofía y teología, que cierra la serie, y que abarca todas las demás ciencias dado el propósito divino de su estudio.

La serie B describe los principios cósmicos y las siete virtudes: las virtudes cardinales (fuerza, justi-

---

79. Véase Pierre Grimal, *Dictionnaire de la mythologie grecque et romaine*, PUF, 1976, París, págs. 42 y 304.

cia, prudencia, templanza) conocidas desde la antigüedad, complementadas por las virtudes teologales (fe, esperanza, caridad), conceptos cristianos extraídos de un pasaje del Nuevo Testamento (Primera epístola a los Corintios 1, 13). Si las representaciones de las virtudes son tradicionales, las de los principios cósmicos son nuevas: se denominan en el juego Ilíaco, el genio de la luz, Crónico, el genio del tiempo, y Cósmico, el genio del mundo.

La serie A presenta los siete planetas y esferas celestes, según una visión del mundo que todavía es medieval, inspirada en la teoría de las esferas de Aristóteles y en el sistema geocéntrico de Ptolomeo reflejado en la obra de Dante. Lo vemos resumido en la última imagen, la *Causa prima*. En el centro, la Tierra está rodeada de diferentes esferas que componen el mundo celeste: los siete planetas en movimiento (Luna, Mercurio, Venus, Sol, Marte, Júpiter, Saturno), la esfera de estrellas fijas, también llamada la «octava esfera», el noveno cielo o cristalino, el décimo cielo o primer movimiento, que impulsa todo el movimiento, y los tres círculos de la Trinidad, llamada «primera causa». Señalemos que las diez imágenes de esta serie no incluyen todo el sistema: no hay un noveno cielo.

Se sabe que el «tarot de Mantegna» se inspiró principalmente en varias obras famosas de la época: *Le Blason des couleurs* (autor anónimo), *Les Noces de Mercure et de Philologie* (de Martianus Capella, siglo V), *Deorum imaginibus libellus* (del monje inglés Alberico, siglo XII) y el *Horapolo*, un tratado griego del siglo V que intenta explicar el sistema de escritura egipcio a partir de doscientos jeroglíficos.[80] ¿Por qué citar estas referencias académicas? Para demostrar que el sistema que representa este juego es una emanación del Renacimiento italiano que nos propone el ideal siguiente: la mezcla de la cultura de la antigüedad pagana y de la religión cristiana. Por otro lado, en lo que respecta a la representación del mundo, ya sea en la jerarquía humana o celestial, todavía estamos en la mitad de la Edad Media. Incluso las referencias a los conocimientos mencionados, *trivium* y *quadrivium*, se conocían desde el siglo V: proceden de Boecio (c. 480-524), un maestro del pensamiento para toda la Edad Media. Todos los eruditos conocían a las Musas desde hacía mucho tiempo, y las virtudes se mencionan en los manuscritos medievales. Este juego es falsamente «moderno». Ciertamente y como ya hemos dicho, vemos el humanismo en las antiguas representaciones, en el estilo de su iconografía, en el hecho de que algunas de las obras que lo inspiraron fueron sin duda olvidadas en la Edad Media (probablemente cierto para el *Horapolo*, en una Edad Media que practicaba muy poco el griego). ¿Pero qué sistema muestra este juego? Un mundo jerárquico y armonioso que conduce a Dios. Entre sus figuras, varias evocan las del tarot por su nombre, su similitud iconográfica o su significado: el Emperador, el Papa, la Fuerza, la Justicia, la Templanza, la Luna, el Sol, el Rey, el Jinete, la Sota. Las representaciones del Mendigo, Venus, Marte y Saturno pueden recordar al Loco, a la Estrella, al Carro y al Ermitaño del tarot. *Prima Causa* y la figura de Júpiter pueden evocar la carta del Mundo. ¿Significa eso que este juego habría inspirado al tarot? Sabemos que no lo hizo, ya que apareció más de veinte años después del tarot más antiguo conocido. Por otro lado, las similitudes entre los dos juegos son demasiado llamativas para ignorarlas. Además, el juego de Mantegna es claramente jerárquico, a diferencia del tarot original: nos permite considerar mejor qué lugares podrían ocupar los triunfos del tarot en las representaciones de la época. Por ejemplo, el Emperador y el Papa son en el Mantegna las figuras humanas más elevadas: en el tarot, tendrán probablemente el mismo significado. ¿Por qué «probablemente»? Las figuras de los dos juegos aparecieron en épocas muy cercanas (1440 y 1465), y no olvidemos que es en Ferrara, la probable cuna de la Mantegna, donde el tarot fue mencionado por primera vez en el año 1440. Entonces, veamos al Loco: si lo asimilamos al Mendigo, ¡está en el escalafón más bajo de la concepción de las cosas! El Sirviente (¿el Criado?) es el siguiente. No asimilaremos el Mago al Artesano; algunos autores lo han hecho, pero nos parece que claramente no practican las mismas actividades: el Mago es un saltimbanqui, no un hombre trabajador. El Caballero (jinete) es el siguiente, luego viene el Rey. En el tarot, por lo tanto, se puede colocar al jinete entre la Sota y la Reina, que precede al Rey. Para el Emperador y el Papa, hemos dicho lo importantes que son: no hay hombres superiores en la tierra. Luego vienen las virtudes: Templanza, Prudencia, Fuerza, Justicia.

---

80. Referencias encontradas en *Tarot, jeu et magie,* Bibliothèque nationale, París, 1984. págs. 46-48. El *Horapollon* digitalizado se encuentra en Gallica en una versión de 1779 traducida al francés: http://gallica.bnf.fr/ark:/12148/bpt6k9612330b

Maestro de la serie S de cartas del tarot, tarot de Mantegna, el Emperador, Norte de Italia, hacia 1470, Museo del Louvre.

Las volvemos a encontrar en el mismo orden en los tarots que vienen de Ferrara; este orden variará más tarde y se convertirá en el tarot de Marsella, como ya hemos visto. Parece que la Justicia es la virtud más elevada. Considerando su jerarquía en el Mantegna, obviamente tenían un gran respeto por las virtues: vienen después de las Musas, las artes liberales y las ciencias. Ningún conocimiento es fructífero si no va acompañado de consideraciones morales y si no ocupa el lugar que le corresponde en el universo. A diferencia de nuestro tiempo, que sin duda coloca el conocimiento en primer lugar en la jerarquía de las cosas, aquí tenemos un humanismo, artes, ciencias, principios, virtudes que se articulan en un sistema más amplio: el hombre es un microcosmos en un macrocosmos. Su vida depende de su lugar en la sociedad, de su mente, de su conocimiento, de su propensión a practicar las virtudes (¡lo hemos visto con otros juegos!), pero también de las esferas celestiales, de la última serie del Mantegna y está presente en las últimas cartas del tarot: la Luna, la Estrella, el Sol, el Mundo. Éste no representa el planeta Tierra, sino que es una representación alegórica del universo.

Hay figuras del tarot que no se encuentran aquí: la Papisa, la Emperatriz, el Amante, la Rueda de la Fortuna, el Colgado, la Muerte, el Diablo, la Torre, el Juicio. Por lo tanto, los dos sistemas no pueden asimilarse completamente. Si el juego de Mantegna puede aportar luz sobre el tarot, no es suficiente. Por otro lado, los dos sistemas conservan una similitud sorprendente: el lado ascensional hacia el cielo o hacia Dios.

❖❖❖ *El tarot, ¿un modelo de ascensión a Dios?*

Cuando observamos los diferentes órdenes de los triunfos del tarot, podemos constatar este punto en común: comienzan con un hombre de baja extracción (ya sea el Mago o el Loco, si decidimos ponerlo en primer lugar, como es el caso del orden B que hemos visto arriba) y terminan con el Juicio, o con el Mundo, es decir, con dos de las concepciones más elevadas de la época, el fin de los tiempos y el universo, en el sentido de la divinidad incluyendo su creación (hemos visto a las esferas celestiales contenidas en las esferas «divinas»).

Así parece que en un tarot como el de Mantegna también hay un orden ascensional. Dos autores antiguos nos van a ayudar con esta teoría.

El historiador Thierry Depaulis ha identificado dos *discorsi* (discursos italianos) de la década de 1560 que intentan adivinar el significado de las cartas del tarot,[81] dos textos que afirman que las alegorías del tarot son nada más y nada menos que representaciones de pasos a seguir para caminar hacia Dios. Un *Discorso perchè pit trovato il Giuco, y particolarmente quello del Tarocco* (autor anónimo) distingue dos partes de la serie de triunfos: la parte «activa», debajo del Diablo, y la parte «contemplativa» encima, para el resto de las cartas, de la Estrella al Mundo. Otro tratado, escrito por Francesco Piscina en 1565, analiza los triunfos como pasos a seguir para alcanzar las cosas celestiales, representadas por el Juicio y el Mundo. Estas etapas se dividieron en tres secciones: debajo de la Rueda de la Fortuna, las figuras son el juguete de la Fortuna, es decir, de la impermanencia de las cosas; las figuras que están debajo de la Muerte un día perecerán; todas las que están encima forman parte del mundo celestial y eterno. Su sistema funciona bastante bien teniendo en cuenta los órdenes A y B de los que hablamos. El orden C, el del tarot de Marsella, no funcionaría, pues la Templanza está encima del arcano XIII. Pero los otros órdenes pueden ser coherentes con esta interpretación: comienzan con una evocación de la vida social, desde el Loco hasta el Papa, pasando por el Mago, la Papisa, la Emperatriz y el Emperador. Después viene un grupo bastante dispar donde hay figuras alegóricas que representan varias vicisitudes de la vida humana: las Virtudes, el Amante (el amor), el Carro (la victoria), la Rueda de la Fortuna, el Ermitaño (el tiempo), el Colgado (la traición), la Muerte (siempre en posición 13, sea cual sea el juego, como ya hemos visto). El grupo final, comenzando con el Diablo y terminando con el Juicio Final, expone el ascenso del infierno (el Diablo, la Torre, llamada en algunos juegos *Casa del diavolo*, «casa del diablo»), hacia la luz (el Mundo) a través de las esferas celestiales: las Estrellas, la Luna, el Sol. Plutarco decía que la Luna era la morada de los hombres buenos después de su muerte. Luego, después de su estancia en el éter del astro, morían para renacer y ascender al Sol para reencontrarse con la divinidad esperando la resurrección, si añadimos el dogma cristiano inevitable en aquel tiempo. Dante

---

81. *Le Tarot révélé, op. cit.*, págs. 68-69.

puede haber influido en esta visión de las cosas con su viaje a través de los mundos sobrenaturales que tituló *La divina comedia,* por donde atraviesa en compañía de Virgilio el infierno, el purgatorio y el cielo.

El problema es que estos sistemas de explicaciones se desarrollaron después de la aparición del tarot. Son interesantes a la hora de ayudar a darle sentido, pero no logran explicar su diseño. ¿Pueden ayudar en este caso otras obras, anteriores a su aparición? ¿Podrían haber inspirado a los creadores del tarot? No podemos obviar la obra literaria homónima del juego de los triunfos, los *Triunfos de Petrarca,* terminados en 1374.

◆◆◆ *Los Triunfos de Petrarca*

Petrarca (1304-1374) fue un destacado autor que brilló por la mayor parte de Europa Occidental. Trató de hacer revivir en la sociedad cristiana de su tiempo los ideales de la antigua Roma, exhumando toda la herencia cultural de los ancestros, a los que emuló. Estudió derecho en Bolonia, vivió en Aviñón, donde conoció a muchos personajes de todos los ámbitos de la vida. Bibliófilo y erudito, tenía una biblioteca sin igual. Fue autor y traductor, y reeditó importantes obras clásicas. Lo que más se recuerda de él es que fue uno de los primeros mediadores entre la cultura clásica y el mensaje cristiano.

En su obra encontramos el concepto de victoria, esta vez a nivel alegórico. Así, sus triunfos evocan una sucesión de carros en los que están representadas figuras alegóricas que, puestas en cierto orden, prevalecerán unas sobre otras. Al principio, el Amor aparece en un carro. Con sus rasgos formidables, triunfa sobre los dioses y los hombres; nadie se le resiste. Sin embargo, el Amor es derrotado por la Castidad; esta última, en el carro siguiente, lleva al Amor en su procesión. Entonces es derrotada por la Muerte, a su vez derrotada por la Fama, hasta que la Fama es derrotada a su vez.

Quien triunfa sobre ella es el Tiempo, al que nada resiste, excepto lo divino en la Eternidad, representada en el último carro y con el que concluye el desfile.

Las representaciones de estos poemas de Petrarca muestran hermosas similitudes con las figuras que encontraremos en las cartas del juego de los *trionfi,* un futuro tarot. Así, el Amor, con sus atributos habituales –el ángel, su arco, su aljaba–; la Castidad, representada con los atributos de la Fuerza (una columna o un león, estas dos alegorías llevan a menudo los mismos atributos); la Muerte, que aplasta a todos los hombres, incluso a los ricos y poderosos (como en la carta del tarot); la Fama con sus ángeles y trompetas, y el Tiempo, el anciano con un reloj de arena representado en las primeras cartas del tarot italiano y que se convirtió más tarde en el Ermitaño. En los atributos de la divinidad (Eternidad), reconocemos el globo terráqueo que representa el Mundo...[82] Esta noción de «triunfo» incluye también la idea de jerarquía: en el poema de Petrarca, una alegoría prevalece sobre otra porque se la considera superior. Hemos visto que las alegorías del tarot, presentadas en un orden determinado (¡aunque este orden, como hemos observado, no sea obvio!), también se podrían considerar según una jerarquía de preferencia, de valor, desde el más bajo hasta el más alto. En este caso, ¿podría Petrarca haber inspirado a los creadores del tarot? Señalemos de paso que conocía bien a los Visconti, ya que vivió en Milán y fue su embajador entre 1356 y 1361. Puede que los haya inspirado con la idea de triunfar sobre otros, pero nada está probado. Además, su sistema de representaciones se limita a seis figuras, en una jerarquía que no es la misma que la del tarot. Por ejemplo, en éste, cualquiera que sea el orden, nunca veremos que el Tiempo (o el Ermitaño) suceda a la Muerte. Así que aquí tenemos una fuente de inspiración que por sí sola no es suficiente. ¿Hay algo más en el norte de Italia a principios del siglo XV que pudiera haber inspirado a los creadores del juego de los triunfos?

---

82. Todo depende de la inspiración del iluminador que ilustrará el poema de Petrarca en cuestión. En la página siguiente, un manuscrito francés de 1500-1505. Pero se puede notar que las figuras alegóricas y sus atributos varían poco.

Los triunfos de Petrarca, *el triunfo del Amor y el triunfo de la Muerte*,
Rouen, 1500-1505, BnF *(manuscrito francés)*.

◆◆◆ *Los carros triunfales y los carnavales italianos*

Sabemos que el norte de Italia, donde nació el tarot (como por otra parte todo el Occidente cristiano de la época), era aficionado a los carnavales. Su existencia se atestigua alrededor de 1300 en las principales ciudades de Italia, Francia, Alemania e Inglaterra. En el norte de Italia, estos carnavales dieron un giro político. Las grandes familias principescas italianas los confiscaron para su propio beneficio, tomando como modelo los triunfos de la antigüedad. El término *trionfo* no sólo se refería a los antiguos desfiles que aún se podían ver en los monumentos romanos, sino también a todo tipo de procesiones en movimiento. Petrarca debió de haber visto estos desfiles, donde los delirios de la imaginación podrían presidir el desarrollo de los carros triunfales. Además, más tarde, sus poemas fueron muy ampliamente representados en los carros, como dan fe muchos documentos. En estos desfiles se podía ver de todo: escenas de la Biblia o representaciones del infierno, que eran muy populares. En este último caso, imaginemos carros gigantes con la boca abierta llenos de demonios condenados y sonrientes. También se podían ver escenas de la mitología, como el juicio de París o el triunfo de Baco y Ariadna, así como de héroes antiguos, como César o Pompeyo. Había locos, reyes, papas y alegorías, ya fuera la Fuerza o la Templanza o las edades de la vida: Infancia, Virilidad, Vejez... Para poner ejemplos más concretos, podemos citar a la duquesa Battista Sforza, que hacia 1460 fue conducida en un carro arrastrado por dos unicornios y guiada por el Amor, acompañada por la Fe, la Esperanza y la Caridad. El duque Federico da Montefeltro se puso en pie en una carroza triunfal rodeado de la Fuerza, la Justicia, la Templanza y la Prudencia. Algunos trataron de prohibir estos desfiles, origen de peleas y desórdenes, como Savonarola, quien, desde 1490 hasta 1498 en Florencia, quemó juegos de cartas, dados, libros seculares y bellas ropas, y transformó los carnavales en desfiles de flagelantes que cantaban quejas. En este estado de ánimo podremos entonces ver carros que llevan alegorías moralizantes, tales como la Rueda de la Fortuna, que recuerda la impermanencia de la condición humana; o la Muerte, que triunfa así en esta historia: «Un enorme carro, tirado por búfalos, cubierto de cortinas negras adornadas con huesos blancos y cruces, desfilaba con una enorme imagen de la muerte armada con una guadaña. Cerca de ella, a sus pies, ataúdes de los que salían, sacudiendo sus párpados, esqueletos capaces de elevarse de manera espantosa con cada redoble de tambores. Detrás del carro había escuadrones de jinetes vestidos de negro, también marcados con la cruz blanca, cada uno escoltado por cuatro escuderos que representaban la muerte, con una gran antorcha negra en las manos. La procesión avanzó por las calles, precedida por una gran bandera negra. Los muertos de los ataúdes, sobre quienes también blandían antorchas, comenzaron en cada parada con una voz miserable y terrible un miserere: «El dolor, las lágrimas y la penitencia son ahora nuestros tormentos. Esta Compañía de la Muerte grita penitencia. Hemos sido lo que vosotros sois, estaréis muertos, así como nos ves a nosotros».[83]

Como ocurre en el caso de las cartas del tarot, podemos mencionar los nombres de los artistas que crearon estas carrozas de carnaval: así, fue el pintor Piero di Cosimo (nacido alrededor de 1460) quien habría creado este sorprendente triunfo de la muerte. Jacopo di Pontorno organizó para el carnaval de 1513 uno de los mayores triunfos jamás vistos para celebrar la elección de Juan de Médicis como papa.[84] También pudo haber plasmado su creatividad en los juegos de cartas...

◆◆◆ *¿Sabemos quién creó el tarot?*

¿Qué podemos concluir de una presentación como ésta? ¿Puede este conjunto de fuentes citadas, juegos, obras, autores, arrojar luz sobre las preguntas que nos abruman sobre el nacimiento del tarot, a saber: tiene un autor concreto? ¿Fue diseñado para un propósito específico? Y si es así, ¿cuál?

En primer lugar, veamos de nuevo de qué tarot estamos hablando: estamos hablando de los tarots italianos iluminados del siglo XV, no del llamado tarot de Marsella. Cuando nos preguntamos sobre sus autores o su objetivo, podemos preguntarnos quién habría diseñado un juego con veintidós triunfos con las figuras de las que hemos hablado y cincuenta y seis cartas en cuatro palos. Por lo demás, desde la evolución de la iconografía hasta el tarot de Marsella, implicará a diferentes actores.

---

83. Referencias muy valiosas encontradas en el libro de Jacques Heers, *Fêtes des fous et carnavals,* Fayard, París, 1983, págs. 258 y 278.
84. *Ibid.*

Mientras tanto, podemos decir que sí, que el tarot probablemente tiene un autor, ya que este juego de 1423 tenía uno. Sin embargo, hasta la fecha, no ha sido probado históricamente ninguno. Todo lo que se puede determinar es un perfil de personaje que podría coincidir, es decir, después de ver la historia de este juego desde 1423 y la del «tarot de la Mantegna», un personaje culto, cercano a una corte principesca italiana del siglo XV. Hemos mencionado el nombre de Guarino Guarini, presunto autor del tarot de Mantegna: este famoso maestro estudió en Verona, Venecia, Padua y luego se instaló en Constantinopla antes de abrir una escuela en Venecia. En 1430, fue a Ferrara para convertirse en el tutor de Lionello d'Este (1407-1450), su amigo y confidente. Se convirtió en uno de los principales maestros de la Universidad de Ferrara, haciendo de esta ciudad un importante centro intelectual y formando a varios príncipes, funcionarios y maestros. Este tipo de personaje fue capaz de crear juegos educativos y sabios para los jóvenes príncipes que estaban a su cargo. Sabiendo que Ferrara es uno de los tres lugares probables de nacimiento del tarot, y que ciertamente fue creado antes de 1440, el personaje mencionado aquí es un candidato aceptable. Pero antes de asignar autores al tarot, no olvidemos comprobar lo esencial: ¿de qué tarot estamos hablando, de qué autor estamos hablando y se trata de una teoría admisible?

Examinemos por ejemplo el caso del famoso Marsilio Ficino, otro gran erudito del Renacimiento, del que volveremos a hablar cuando nos refiramos al hermetismo. Hay que mencionarlo porque hoy en día se le cita muy a menudo como el autor del tarot. Nació en 1433, así que no pudo diseñar el juego con veintidós triunfos y cincuenta y seis cartas que aparecieron por primera vez en 1440, pero algunos ensayistas dirán que él diseñó el tarot de Marsella. Se habría inspirado en el tarot italiano, que él no creó, pero habría integrado diferentes grabados, impregnados de hermetismo y neoplatonismo, en definitiva, las figuras del tarot de Marsella. Veremos dentro de unos instantes que este último, con las figuras que conocemos y los nombres de las cartas escritas en francés, apareció unos trescientos años más tarde. Hacer de Marsilio Ficino su creador es bastante peligroso.

Dado que podemos hacer suposiciones sobre el autor del tarot, vamos a tratar de determinar las más probables. Para ello, miremos antes de 1440, y más bien entre la élite alfabetizada de las tres ciudades ya mencionadas, Ferrara, Milán y Florencia. Acabamos de hablar de un tal Guarino Guarini. También mencionamos en Milán, en la década de 1420, a un hombre llamado Marziano da Tortona, otra figura de un erudito maestro, preceptor de un príncipe, Filippo Maria Visconti, de quien se convirtió en secretario y consejero. Este personaje, algo más modesto y que quizá sea más adecuado que el gran científico Guarino Guarini para crear un juego, ya ha sido citado, con documentos que lo respaldan, como el creador de la primera baraja de cartas con triunfos. ¿Podría haber creado las cartas del tarot? No podemos afirmarlo, aunque es probable. Pero no nos olvidemos de los artistas. Si no diseñaron los juegos, los pintaron; se mencionaron algunos nombres, por ejemplo, Bonifacio Bembo, un pintor cremonés de la segunda mitad del siglo XV que durante mucho tiempo fue citado por haber dibujado el tarot Visconti-Sforza, aunque hoy en día se prefiere a Francesco Zavattari, un pintor al fresco de la corte de Milán. Ya hemos mencionado cómo el arte de esta época influyó en los triunfos del tarot: frescos, iluminaciones, imágenes grabadas. Si los pintores no concibieron el juego en sí, bien pudieron crear las figuras con sus atributos.

Existían códigos precisos para estos últimos; por ejemplo, la alegoría de la Justicia representada con una espada y una balanza. Incluso había libros para guiar a los artistas en sus diseños y ayudarles a recordar estos códigos si fuera necesario. Hemos citado *Le Blason des couleurs* o el *Horapolo*. Más allá de estos pocos códigos, los pintores tenían toda la libertad para representar a papas barbudos o sin barba, hombres colgados vestidos de verde o púrpura, templanzas con alas de ángel o desnudas montando sobre un ciervo. El campo es muy amplio. Esto plantea la cuestión de quién es el creador de las imágenes que aparecen en el tarot de Marsella. Probablemente fue un grabador de cartas. ¿Quién diseñó el molde? No lo sabemos. Todo lo que podemos decir es que es muy probable que sea un francés que vivió bajo el reinado de Luis XIV, ya que los tarots más antiguos conocidos del modelo del llamado tarot de Marsella son los tarots franceses de esa época.[85]

---

85. Véanse todos los detalles de estos tarots en el capítulo III, «El tarot de Marsella, sus antepasados y descendientes».

Cabe señalar que en aquella época, en Francia, se publicó en París, en el año 1636,[86] un diccionario titulado *Iconologie ou Explication nouvelle de plusieurs images, emblèmes et autres figures hyérogliphiques des vertus, des vices, des arts, des sciences. Tirée des recherches et des figures de César Ripa, desseignées et gravées par Jacques de Bie et moralisées par J. Baudoin*, obra de un autor italiano traducida por un autor francés. Contiene todo tipo de instrucciones para representar figuras de vicios o virtudes, figuras reales o divinas y muchas otras figuras alegóricas: Amor, Muerte, Gloria... No era la única obra de este tipo publicada en Francia en esa época, y ha sido capaz de inspirar a los creadores de juegos de cartas, aunque sólo sea para ayudarles a representar figuras que todo el mundo puede reconocer con los emblemas adecuados...

En cuanto a la Italia del siglo XV, también podemos decir que los artistas que crearon las figuras del tarot probablemente no necesitaban libros que los orientaran en los códigos: las figuras creadas estaban muy extendidas en esa época. Eran comunes, incluso banales, más que las del tarot de Mantegna, por ejemplo, reservadas para una verdadera élite. El tarot emergerá rápidamente de los círculos principescos para convertirse en un juego muy popular. Que los triunfos realmente hablan a todo el mundo lo mencionamos cuando comentamos el hecho de que no tenían nombre. Las imágenes del tarot pertenecen al repertorio iconográfico de casi toda Europa en la Baja Edad Media, incluso a referencias a la antigüedad clásica, como las virtudes cardinales. Pero aparte de eso, ¿según qué sistema fueron reunidas estas imágenes? El problema sigue siendo el siguiente: ¿con qué propósito se compuso el juego de esta manera? Explicamos que algunos juegos de cartas de la época podían ser utilizados para la educación, para la reflexión. También podrían ser simples juegos de azar, que es lo que eran originalmente las secuencias de cartas. El tarot podría ser, pues, un conjunto dedicado tanto al entretenimiento como a la reflexión. Utilizamos los triunfos para triunfar sobre nuestro oponente con cartas al azar, pero los triunfos serían entonces inspiradores, figuras didácticas, para cualquier príncipe cristiano de la época e incluso para todos los públicos. ¿Por qué estas imágenes? Son tanto más curiosas cuanto que no parecen describir un sistema completo. No hay en ellas otro estado social aparte del Mago, de reyes y papas, tres virtudes cardinales en lugar de cuatro, un sistema celestial muy incompleto (dos «planetas» y una «estrella»). Precisamente, la idea sería hacer figuras fácilmente reconocibles a primera vista, no demasiados planetas, no demasiadas virtudes: necesitamos un sistema, quizás coherente, pero sobre todo obvio. No es necesario tener demasiadas cartas parecidas a fin de poder identificarlas. Esto es lo que opina Michael Dummett.[87]

Resumiendo, ¿qué podemos encontrar en estos triunfos tan obvios? De un modo desordenado, representaciones del poder (el Papa, el Emperador, la Papisa, la Emperatriz), tres virtudes cardinales (la Fuerza, la Templanza, la Justicia), alegorías cristianas (la Muerte, el Diablo, la Torre, el Juicio), grandes símbolos de la cultura popular (la Rueda de la Fortuna, el Amor, el Carro –la figura del victorioso Alejandro estaba muy extendida en esa época–, el Loco), planetas y estrellas (la Estrella, la Luna, el Sol, el Mundo). Estas cartas habrían sido inventadas por un hombre culto del entorno de la corte de Milán, Ferrara, o quizás Florencia, en el contexto cultural e histórico de las cortes principescas del norte de Italia: referencias literarias, referencias populares, los inicios del humanismo, pero también una imaginación medieval todavía muy presente, la influencia de la astrología (de la que aún no hemos hablado), la imaginación delirante que prevaleció durante las suntuosas invenciones carnavalescas: todo esto podría haber inspirado a los creadores del tarot. Ante tal abundancia, un autor del siglo XVI escribió: «¿Qué significan la Papisa, el Carro, el Traidor, la Rueda, el Jorobado, la Fuerza, la Estrella, la Luna, la Muerte, el Infierno y todo el resto de este extraño carnaval, excepto que la cabeza de este hombre [el inventor del tarot] estaba vacía, llena de humo, caprichos y cuentos ociosos?».[88]

Hemos visto cómo otros autores, en la misma época, otorgaron un significado a estas cartas. ¿Se trata sólo del que ya expusimos? Es bastante improbable que dos ensayistas más bien devotos hayan encontrado el único significado definitivo para este conjunto de signos, aunque su punto de

---

86. *Iconologie ou Explication nouvelle de plusieurs images, emblèmes et autres figures hyérogliphiques des vertus, des vices, des arts, des sciences. Tirée des recherches et des figures de César Ripa, desseignées et gravées par Jacques de Bie et moralisées par J. Baudoin,* París, 1636. Digitalizado en Gallica: http://gallica.bnf.fr/ark:/12148/bpt6k130641h.

87. *The Game of Tarot, op. cit.*, pág. 388.
88. Flavio Alberto Lollio, *Invettiva contra il Giuoco del Tarocco,* Venecia, 1550 (?), citado por Michael Dummett, *The Game of Tarot, op. cit.*, pág. 388.

vista es interesante. Sobre todo porque lo estamos viendo desde una perspectiva diametralmente opuesta. Lo que podemos decir históricamente es que no se ha encontrado un significado definitivo; únicamente un documento como el que explica el juego de 1423 podría iluminarnos por completo sobre las motivaciones de los creadores del tarot. Por lo tanto, debemos apegarnos a esta primera lista de hipótesis establecida anteriormente y añadir que todos los autores posteriores, a saber, ocultistas y tarótologos, hasta el día de hoy sólo agregarán hipótesis adicionales. Algunas delirantes, otras más verosímiles.

Expongamos modestamente la nuestra para concluir esta parte, teniendo en cuenta que es una hipótesis. El tarot bien pudo haber sido al principio un juego de azar y un juego para reflexionar. Dada su composición, se presta bien a los juegos de azar, con sus cincuenta y seis cartas similares a los juegos tradicionales y sus veintiún triunfos. Además, las reglas más antiguas del tarot que conocemos, que datan de la década de 1650, son las de un juego de azar. Al mismo tiempo, estos triunfos, que se presentan al jugador para ayudarlo a triunfar sobre su oponente, podrían, simbólicamente, ser valiosos triunfos que se le ofrecerían como soportes de meditación para ayudarlo a triunfar en la vida, ya sea un príncipe (porque, como hemos visto, este juego parece haber sido creado por primera vez para la diversión y la educación de los hombres de poder) o un hombre más modesto.

¿Cuáles serían estos valiosos triunfos para un hombre de la época? Ya hablamos de ello al referirnos a los príncipes: el poder (el Emperador), el apoyo de la Iglesia (el Papa), una esposa bien nacida (la Emperatriz), el ejercicio de ciertas facultades como la habilidad (el Mago) y ciertas virtudes (la Fuerza, la Justicia, la Templanza). Volveremos a esto más adelante, pero tengamos en cuenta, por ejemplo, que desde la Edad Media se representaron figuras de poder (reyes, obispos), es decir, personas designadas para liderar a otros, rodeados de estas virtudes,

necesarias en el arte del buen gobierno. ¿Qué debe hacer cualquier hombre de la época para gobernar bien y, en un sentido más amplio, para tener éxito en la vida? Debe ser consciente del tiempo que pasa (el Ermitaño) y la impermanencia de las cosas (la Rueda de la Fortuna), no sucumbir a la tentación y tomar el camino virtuoso (el Amante), permanecer humilde ante la idea de que la muerte se lo lleva todo, tanto a los ricos como a los poderosos (arcano XIII), a veces de una manera infame para aquellos que no son leales (el Colgado), y no olvidar nunca que la mano de Dios puede caer en cualquier momento (la Torre), temer al maligno (el Diablo) y así podrán acceder a los cielos (el Sol, la Luna, la Estrella), esperando la eternidad (el Juicio) y la gloria (el Mundo). ¡No olvidemos que los sermones y los escritos de la época desarrollaron mucho estas ideas sobre la impermanencia de la vida, la muerte que había que temer, la salvación que había que asegurarse, con abundancia de ruedas, juicios finales y esqueletos!

Ésta es nuestra teoría y también está incompleta. En nuestro desarrollo falta la Papisa, y si evocamos un juego que moralizara sobre los fines últimos o la salvación proporcionando triunfos para triunfar en la vida, ciertamente carece de figuras que en la época eran muy inspiradoras, como los santos o las santas, o, si uno teme la blasfemia, virtudes como la fe, la esperanza o la caridad, que se han eliminado, o figuras de conocimiento como en el Mantegna. A menos que la Papisa no tenga nada que ver con todo esto.

Para resumir nuevamente, podemos decir que este conjunto contiene representaciones de la condición humana desde el principio de los tiempos: poder, mujer, religión, amor, victoria, derrota (o traición), muerte, bien (virtudes), maldad, infierno, cielo, tierra, cielo, con el sol y la luna.[89] Probablemente por eso todavía nos habla hoy y hemos podido crear tantos discursos y sistemas a su alrededor. Dejemos ahora la Italia medieval para seguir la evolución del tarot y su expansión.

---

89. Arquetipos, como dirían los discípulos de Jung.

Capítulo III
El tarot de Marsella, sus antepasados y sus descendientes

*Primera edición del antiguo tarot de Marsella de Grimaud,
El Mago, París, 1930, Museo del Tarot de Bélgica.*

1

LA EXPANSIÓN DEL TAROT EN FRANCIA

◆◆◆ *¿De dónde viene la palabra «tarot»?*

Alrededor de 1500 se produjo un acontecimiento importante: el tarot cambia de nombre, no sabemos por qué. Denominado hasta entonces *trionfi*, se convirtió en *tarocchi*. Este cambio de nombre aparece en la misma fecha en dos fuentes diferentes. En 1505, los registros de las cuentas de Alfonso d'Este en Ferrara indican que el duque compra ocho juegos llamados *tarochi*. En Francia, la mención más antigua de un tarot conocido también data de 1505 en una escritura pública de Aviñón, por la cual un maestro naipero, Jean Fort, se compromete a entregar entre otras cosas «cuatro docenas de juegos de cartas comúnmente conocidas como taraux» (*quatuor duodenis quartarum vulgo appelatarum taraux*).[90]

Antes de entrar más en detalle con el progreso del tarot en la historia, detengámonos unos instantes en esta palabra que apareció sin previo aviso a principios del siglo XVI y que, desde su aparición, ha estimulado la imaginación de muchos autores en cuanto a sus raíces y su significado. En primer lugar, la cita anterior nos parece instructiva: dice *vulgo appelatarum*, es decir, «vulgarmente llamado»; en otras palabras, *taraux* es un término lingüístico vulgar. Los autores de la época hicieron la distinción entre las lenguas llamadas «vulgares» y las lenguas «clásicas», las que utilizaban todos los eruditos en humanidades y que son el latín, el griego y el hebreo. Si esta mención nos habla de «lengua vulgar», podemos entonces excluir de nuestra investigación sobre la palabra «tarot» cualquier hipótesis de raíces latinas o griegas, y por extensión de raíces de lenguas antiguas. Otra mención que data de 1512 y fue reportada en 1532 evoca este hecho de una manera aún más significativa: «De una manera bárbara, y sin tener en cuenta el latín, se le llama ahora *taroch*».[91]

En aquella época era considerado «bárbaro» todo lo que no pertenecía a la cultura clásica y humanística, que era mucho: lenguas vernáculas, cultura popular... «Bárbaro» se asocia con «vulgar» para significar, en nuestra opinión, una palabra «moderna», probablemente derivada directamente del italiano de la época, sin raíces anteriores, un neologismo, se podría decir. Así, aunque muchos autores que han escrito sobre el tarot han mencionado como un posible origen *rota*, en latín «rueda», esto es algo que nos parece que hay que descartar. Aunque se trate del latín, tenemos aquí un anagrama y no una raíz. Lo mismo es cierto para *orat* («él ora, él habla»), a veces citado. Por las mismas razones, nos parece que podemos descartar las raíces hebreas. De este modo la Torá, la ley judía, que también citan algunos autores, particularmente ocultistas, como origen de «tarot» es infundada: ¿cuál es la relación entre

---

90. Citado en Thierry Depaulis, *Le Tarot révélé, op. cit.*, págs. 29 y 36.

91. Thierry Depaulis, *op. cit.*, pág. 30.

este juego de cartas marcadamente cristiano y humanista y la tradición judía? Y si se han realizado aproximaciones entre el tarot y la cábala, son muy tardías y en cualquier caso no explican el origen de la palabra. Cabe señalar que un etimólogo italiano del siglo XVIII cita otra raíz hebrea, *tora*, que significaría «significante figura», figura significativa. Podemos también rechazar las raíces griegas por la misma razón. Durante mucho tiempo han sido las preferidas de los eruditos antiguos, pero la mayoría de ellas son muy improbables. ¿Serían capaces de aclarar la palabra bárbara «tarot»? De hecho, esto provendría del griego *hetarókoi* («compañeros»), *tarikhos* («condimento picante»... porque el juego es picante) o incluso *tarros*, otra forma de *tarsos* («fila de dedos», porque ponemos tarjetas una al lado de la otra con nuestros dedos) *tarros*. Hemos encontrado incluso un autor para quien la palabra *taroter* también tendría raíces griegas y significaría «agujerear»: las cartas del tarot son cartas con compartimentos sombreados en el reverso. Pero además de que las raíces griegas de este verbo no son verificables, lo encontramos en Francia por primera vez en el año 1642, mientras que la palabra «tarot» apareció al principio del siglo XVI. En resumen, es más probable que «taroter» provenga del «tarot» que lo contrario.

En 1781, Antoine Court de Gébelin, en línea con su visión egipcia, declaró que esta palabra es puro «egipcio antiguo»: «Su nombre está compuesto de dos palabras orientales: *tar* & *ra*, y *ro*, que significan «camino real». Volvemos a recordar que en aquella época, los jeroglíficos aún no habían sido traducidos. ¿De qué egipcio está hablando? Podemos señalar otros orígenes en esta línea de significados o conexiones extravagantes. *Tar-o* significaría «estrella» en sánscrito. Algunos autores han mencionado entre las hipótesis el *Tao*, la famosa palabra china que significa «sabiduría». Otros citan un origen gitano: *tar*, que significaría «baraja de cartas» y que vendría del indostánico *taru*. Un acercamiento que nos parece igual de débil se basaría en el origen geográfico: se podría haber inventado el «tarot» en el valle del Taro, un pequeño río del norte de Italia que fluye cerca de donde nació el juego (aunque hemos de recordar que originariamente su nombre era *trionfi*). Ignorando la verosimilitud, algunos autores van más allá, incluso hasta Birmania, en la aldea de *Taro*, o en el Tíbet, en el lago *Tarok-Tso*.[92]

Llegados al siglo XX, los investigadores se están centrando en la raíz árabe, y la propuesta más seria que podría venir de *tarh* («deducción», del verbo *taraha*, «rechazar, deducir»). Esta raíz está en el origen de las palabras «tarar», «tara» y «tarado», y el primer significado es «pesar con fines de deducción» (pesar un contenedor antes de llenarlo para deducir su peso del peso de la mercancía), y «tara» es el peso de este contenedor que se deducirá; por extensión, la tara es cualquier defecto que reduzca el valor de algo o alguien. En el tarot, sería eliminar los puntos del oponente, o jugar por deducción de nuevo, dejando de lado las cartas. Ésta es la hipótesis adoptada por Thierry Depaulis.[93] Los investigadores de la Associazione El Tarot también lo consideran plausible, añadiendo una raíz castellana, «tarea», que tiene el mismo origen árabe pero que significaría «lanzar, distribuir, tirar».[94] Esta asociación de investigadores ha desarrollado otras teorías interesantes porque se corresponden con nuestra idea de que no hay que ir a buscar raíces de la palabra «tarot» mucho más lejos que siglo XVI italiano. Por ejemplo, se cita un poema de 1494 en el que la palabra «*Taroch*» significa «loco, estúpido»; encontramos otro texto de finales del siglo XV en el que la palabra «*tarochus*» significa lo mismo. Alguien dirá que esto no tiene nada que ver con las cartas, pero tampoco las raíces que hemos visto hasta ahora. La expresión podría aplicarse al juego para decir que es un juego estúpido. Este autor italiano del siglo XVI del que hablamos, ¿acaso no menciona el hecho de que el autor del tarot es un hombre que tiene la cabeza vacía y llena de humo? Incluso añade, y es muy instructivo para nosotros, que la palabra «tarot» es una palabra «sin etimología, caprichosa y extravagante».[95] En este caso, podemos recurrir al lenguaje popular de la época; la palabra también podría derivarse del *arrocco* italiano, un verbo popular que se refiere al ataque, usado cuando atacas la torre en el ajedrez, por ejemplo: *ti arrocco* o *t'arrocco*, que significa «te ataco» o «te obligo a defenderte».

El «Tarot» podría por lo tanto venir simplemente de las exclamaciones de los jugadores en la mesa... Una mención que hemos encontrado en un diccionario etimológico y que podría ir hacia los mismos

---

92. Citado por Stuart L. Kaplan, *op. cit.* pág. 36.
93. *Le Tarot révélé, op. cit.*, págs. 42-43 El autor explica algunas de las propuestas incluidas aquí, particularmente las raíces griegas y árabes.
94. «Il significato della parola "Tarocco"» y «Dell'Etimo Tarocco», en la página web «Le Tarot, associazione culturale»: www.associazioneletarot.it
95. Flavio Alberto Lollio, *Invettiva contra il Giuoco del Taroco,* citado en Michael Dummett, *op. cit.*, pág. 388.

significados nos ha resultado del mayor interés: «tarot», palabra del siglo XVI de origen oscuro, provendría del italiano *tarocco*, derivado de *taroccare*, que significa «enfadarse» y, por extensión, «responder con un carta más fuerte».[96]

Esta sucesión de raíces y de probables significados no es exhaustiva. Hemos querido retomar únicamente los más comúnmente aceptados, desde el más serio al más imaginativo, concluyendo que a día de hoy, la pregunta «¿de dónde viene la palabra «tarot»?, aún no ha recibido una respuesta definitiva. Sin embargo, orientaremos esta conclusión de acuerdo con las dos ideas siguientes: esta palabra no tiene raíces antiguas, ya sean griegas, latinas o hebreas, y probablemente provendría, como el juego, de la Italia del siglo XV. Es una palabra «vulgar» y «bárbara», o, para usar las palabras de nuestro antiguo autor: «una palabra sin etimología, caprichosa y extraña».

Señalemos de paso que las expresiones «arcanos mayores» y «arcanos menores» para referirse a las cartas de los tarot son muy posteriores. La palabra «arcano» fue utilizada por primera vez por Paul Christian (seudónimo de Jean-Baptiste Pitois) para designar las cartas del tarot, primero en su *Homme rouge des Tuileries* (1863), donde describe las «láminas de oro» cuyo contenido constituye un arcano, en otras palabras, un secreto. En su *Histoire de la magie,* de 1870, desarrolló ampliamente este nombre, que nunca se le había ocurrido utilizar a nadie, para designar a los veintidós triunfos. Fue probablemente Papus quien introdujera la noción de arcanos mayores y menores, teniendo en cuenta estos últimos cuando mencionó el tarot adivinatorio en 1909. «Arcano» viene del *arcanum* latino que significa «secreto» y sería originalmente un término alquímico, recuperado aquí para designar las cartas del tarot adivinatorio. En cuanto a «lámina», este término fue usado por primera vez por Alliette: en sus libros describe cómo los egipcios tenían oráculos en los que utilizaban láminas de oro. Habla de láminas mayores para designar a los veintidós triunfos y de láminas menores para las otras cincuenta y seis cartas. Pero para él, cada lámina contiene un jeroglífico: mayor o menor, y este último es el portador de la enseñanza solicitada por aquel que consulta el libro de Toth. «Lámina» proviene de la *lamina* latina y se refiere a una placa plana y delgada de un material duro; así, este nombre fue dado a las cartas aludiendo a su forma.

◆◆◆ *Los tarots franceses más antiguos que se conocen*

La mención más antigua de la palabra taraux en francés proviene, como hemos dicho, de un documento notarial de Aviñón del año 1505. Pero Aviñón, en ese momento, no es francesa, es una ciudad pontificia. Es Rabelais quien tiene el honor de mencionar por primera vez en Francia el tarot en 1534, en su Gargantua, donde en el capítulo XX describe una larga lista de juegos.

Las cartas del tarot francesas más antiguas que se conocen provienen de Lyon: se trata de un tarot anónimo del cual aún quedan dos cartas, grabadas entre 1475 y 1500,[97] pero fue el tarot de Catelin Geofroy de 1557 el que marca un hito. Sólo quedan doce triunfos y tres cartas de la corte. No es de extrañar que proceda de Lyon. En esa época, Lyon era una ciudad próspera, una verdadera encrucijada por la que pasaba el tránsito de Italia a Francia tanto de ideas como de mercancías. El tarot probablemente llegó a Francia por Lyon, que adaptó los juegos italianos. Luego floreció en Lyon, París y Rouen, donde se ubicaban las principales fábricas de cartas del reino. En 1600, son los tres centros principales que se mencionan. Rouen y Lyon se denominan incluso «graneros de cartas de Europa». Rouen inunda la costa atlántica desde Escandinavia hasta Portugal, así como Inglaterra. Lyon desparrama sus miles de juegos en Saboya, el norte de Italia, Suiza, Lorena y Alemania.

Señalemos que en Marsella no hay ni un solo maestro naipero. Habrá que esperar al año 1634 para encontrar una cita del maestro naipero más antiguo de Marsella: Jean Pradines. Sabemos, además, que en el año 1642 los maestros naiperos de Lyon se quejaban que los de de Marsella falsificaban sus productos.[98] Esto confirmaría el siguiente hecho: en la forma que lo conocemos, el tarot de Marsella no fue creado en Marsella.

---

96. Jacqueline Picoche, *Dictionnaire étymologique du français,* Hachette, París, 1971.
97. Véase el Ermitaño de este tarot reproducido en el capítulo V.
98. Información encontrada en Thierry Depaulis, «Brève histoire des cartes à jouer», y Joseph Billioud, «La carte à jouer, une vieille industrie marseillaise», en *Cards & Tarots de Marseille, la donación Camoin, op. cit.*

Tarot anónimo parisino, el Mago, París, primera mitad del siglo XVIII, BnF.

Tarot anónimo parisino, el Carro, París, primera mitad del siglo XVIII, BnF.

Tarot anónimo parisino, el Emperador, París, primera mitad del siglo XVIII, BnF.

Tarot anónimo parisino, la Templanza, París, primera mitad del siglo XVIII, BnF.

Volvamos un poco al camino que pudo haber tomado para llegar al tarot que se sigue vendiendo hoy en día. El tarot de Catelin Geofroy que acabamos de citar es el tarot más antiguo conocido cuyos triunfos están numerados en el orden C antes mencionado, que es el del tarot de Marsella. Como tal, es un primer paso hacia el tarot que hoy conocemos, pero los números de los triunfos son su único punto en común. Por otra parte, no están representados de la misma manera: tenemos a un hombre ahorcado por ambos pies, por ejemplo, una muerte más bien alegre con una guadaña y una pala. Las demás cartas, sin embargo, no tienen nada que ver con las espadas, copas, bastos y oros tradicionales. Con este tarot, tenemos cuatro palos que son leones, loros, pavos reales y monos. De hecho, está comprobado que Catelin Geofroy copió el juego de un maestro naipero de Nuremberg, Virgil Solis, que lo habría grabado en 1544. Todavía se parece a aquellos hermosos juegos de fantasía alemanes de los que hemos hablado al principio de este libro. Por otra parte, el marco de los triunfos, con ribetes sombreados en los que se incluyen los números, es más bien de inspiración italiana. Este juego muestra, pues, que hubo una gran mezcla de influencias en la fabricación de las cartas. Es una pena que sea el único superviviente de una producción cartográfica que, en el siglo XVI, resultó ser muy prolífica. Esto nos lleva a una primera reflexión: el modelo del tarot llamado «tarot de Marsella» no es sencillo. Han desaparecido innumerables juegos, y con ellos una diversidad probablemente muy abundante en los siglos XVI y XVII.[99]

Otro tarot está en línea con esta diversidad y marca un segundo hito. En la primera mitad del siglo XVIII, un juego que llamaremos «tarot parisino anónimo» (porque sólo se menciona París para arrojar luz sobre su origen) sigue siendo conocido por ser el tarot conservado más antiguo con los triunfos numerados y, por primera vez, nombrados en francés. Su estilo es un poco similar al del tarot lionés del que acabamos de hablar, con una mezcla de influencias alemanas e italianas. De hecho, los triunfos se denominan en francés, mientras que los palos tienen iniciales en italiano, con S de *spade* (espadas) o F de *fante* (sota) por ejemplo. Encontramos la misma mezcla de fantasías que en los juegos alemanes, con estandartes y animales fabulosos. Los trajes, del reinado de Enrique IV (1589-1610), nos permiten situar este tarot un poco en el tiempo, y las escenas ofrecen una deliciosa mezcla de fantasía y realismo. Por ejemplo, el Mago nos permite contemplar una escena de la vida cotidiana en la que la gente apuesta y juega en las posadas, mientras que el Carro ofrece una escena completamente fantasiosa en la que un personaje vestido de emperador romano se sienta en un carro tirado por dos pájaros fabulosos que parecen cisnes. También vemos que este tarot contiene muchos escudos de armas extraídos de en un tratado de heráldica de la época, una mezcla de escudos franceses e italianos. Por último, estas primeras menciones de los triunfos en francés difieren un poco de los que conocemos: encontramos a *Le Fous* en lugar de le *Mat* (el Loco). *Atrempance* es una forma antigua de «la Templanza» utilizada a finales de la Edad Media, el Rayo se refiere a lo que llamaremos más tarde la Torre. Las ortografías son aproximadas: *Le Pandut, Linperatrice* o *Lanpereut*. Hay que recordar que en esa época, el lenguaje escrito aún no se había fijado. La Academia Francesa no aparecerá hasta 1634 con el objetivo de normalizar el francés. Su primer *Diccionario de la Academia* aparecerá en el año 1694. Mientras tanto, nuestros maestros naiperos gozarán de una flexibilidad total para nombrar sus cartas de acuerdo con sus conocimientos locales. ¿Qué nos enseñará este juego de nuevo? Que él también es una mezcla de influencias, otro juego «internacional», podríamos decir, lo que nos lleva a preguntarnos si el que dará lugar al modelo del tarot de Marsella también ha recibido influencias diversas. El hecho de haber descubierto que el tarot con veintidós triunfos y cuatro palos apareció en Italia, pero que tanto la numeración como la designación de los triunfos son francesas, puede ser suficiente para convencernos. El denominado «tarot de Marsella» es ante todo el resultado de diferentes juegos. Aunque se trata también de un modelo de juego que ha sobrevivido mejor que otros; veremos cómo.

---

99. Este tarot se puede encontrar totalmente digitalizado en esta web, que ofrece notables reproducciones de cartas antiguas: http://cards.old.no/1557-geofroy

*Tarot de Jean Noblet,
dos de oros, París, alrededor de 1650, BnF.*

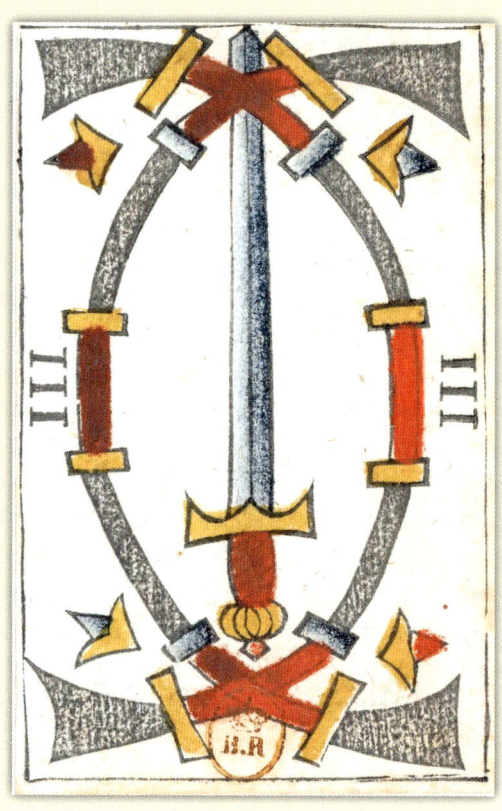

*Tarot de Jean Noblet,
tres de espadas, París, hacia 1650, BnF.*

*Tarot de Jean Noblet,
el Mundo, París, hacia 1650, BnF.*

*Tarot de Jean Noblet,
la Luna, París, alrededor de 1650, BnF.*

*Tarot de Jean Noblet,
nueve de copas, París, hacia 1650, BnF.*

Nos hallamos ante un tercer hito. En la década de 1650, un naipero parisino llamado Jean Noblet publica un tarot: es el más antiguo conocido y conservado que, por primera vez, propone el modelo que se encontrará en todos los tarots conocidos como tarots de Marsella. Se han encontrado dos escrituras notariales en las que se dice que Jean Noblet ejerció como maestro naipero en Saint-Germain-des-Prés en 1659. Está claramente citado en el dos de oros y en el dos de copas. Hemos encontrado en este tarot de pequeño tamaño (lo cual es bastante inusual para este juego) representaciones familiares a los usuarios del tarot de Marsella, ya sea en los triunfos o en los palos. Los bastos, copas, espadas y oros están representados aquí de una manera específica, una mezcla de ingenuidad y de abstracción, desconocida hasta el día de hoy. En los triunfos, la Luna, representada junto a un estanque, cangrejos de río, perros y torres es un ejemplo significativo. En el pasado, se mostraba con astrónomos que la estaban observando o con una figura femenina que la usaba como atributo. Por primera vez vemos el Sol, la estrella del día, encima de unos gemelos delante de un pequeño muro. Estos elementos simbólicos específicos no aparecen en ningún tarot anterior. En cuanto a las iniciales «IN» en el Carro, probablemente sean las de Jean Noblet.

¿Significa esto que el tarot de Marsella nació en París a mediados del siglo XVIII? Es posible, pero no es seguro. Los azares de la conservación han permitido preservar este tarot entre cientos de otros. Jean Noblet no es ciertamente el primero en haber creado un juego basado en este modelo. ¿Sabemos entonces de dónde viene?

*Tarot de Jean Noblet,
el Carro, París, hacia 1650, BnF.*

Hoja Cary, Milán, hacia 1500, biblioteca Beinecke.

◆◆◆ *Italia, otra fuente de inspiración probable*

En 1980, el investigador Michael Dummett publicó un documento excepcional: una hoja impresa con cartas del tarot sin cortar, conocidas actualmente como la «hoja de Cary» (el nombre de su último propietario privado).[100] Esta hoja es particularmente valiosa porque es el documento más antiguo conocido hasta la fecha que presenta los elementos que se encontrarán en el tarot de Jean Noblet. Procedente de Milán y de alrededor del 1500, permite comprender que los símbolos del denominado tarot de Marsella proceden sin duda alguna también de Italia. Basta con mirarlo para encontrar estos símbolos particulares; la similitud es sorprendente. Otro hallazgo muy improbable e importante confirmará esta teoría: a principios del siglo XX se encontraron seis cartas en el pozo del castillo de los Sforza en Milán, que también se parecen en todos los sentidos al mismo modelo. El Mundo, el único triunfo encontrado (las otras cartas son el seis, siete, nueve de espadas, ocho de bastos y seis de oros), presenta por primera vez esta figura en la mandorla, rodeada por el ángel, el águila, el león y el buey. Estas cartas están datadas entre los siglos XVI o XVII, sin que podamos ser más precisos. Pero representan otro hito: es este modelo procedente de Milán (de donde viene también el orden C del que hemos hablado) llegó probablemente a Francia a través de Lyon, donde fue adaptado al uso francés en el siglo XVI o XVII. Señalemos de pasada las lagunas de esta historia, pues nos invitan a ser cautelosos. En cuanto a nuestro modelo de «tarot de Marsella», tenemos un siglo y medio y dos países distintos entre la hoja de Cary (Milán, 1500) y el tarot de Jean Noblet (París, 1650), que aún no es el modelo «exitoso» que conocemos y con el que trabajarán tantos tarotistas. A partir de todo esto resulta difícil decir, por ejemplo, que el autor del tarot de Marsella naciese durante el Renacimiento italiano: no hay rastro de que este modelo circulara a lo largo de dos siglos. Únicamente podemos suponer que se elaboró en Lyon después de venir de Italia, aunque el tarot más antiguo conservado es el parisino. ¿Por qué Lyon y no París? Porque, como ya hemos dicho, Lyon era un centro de producción de cartas muy importante, además de ser un centro comercial y de intercambio cultural entre Francia e Italia. Además, era un lugar desde donde se exportaban cartas. Otro punto en la historia del tarot nos permite apoyar esta teoría. Hemos de mencionarlo cuando llegamos a la Francia del reinado de Luis XIV (1643-1715): sabemos que en ese momento, el tarot era muy poco utilizado en Francia, excepto en Provenza y en Alsacia. En la corte de Versalles, donde gustaba tanto jugar, no hay nada así, nadie habla de ello. Famosos cronistas como *Mme*. de Sévigné o Saint-Simon no lo mencionan.

Nos hallamos así ante una extraña paradoja: la Francia del siglo XVII nos ha dejado el modelo del tarot de Marsella y es una Francia que no tiene interés por el tarot. Y a medida que avanza el siglo XVII, la famosa *Enciclopedia* de Diderot y d'Alembert incluso habla del tarot como un juego ¡extranjero! Estamos en 1765: «TAROTS, término naipero, son tipos de juegos de cartas, que se utilizan en España, Alemania y otros países. Estas cartas están marcadas de forma diferente de las utilizadas en Francia; y así como las nuestras se distinguen por sus corazones, diamantes, picas y tréboles, tienen copas, oros, espadas y bastos llamados en español, copas, dineros, espadillas, bastos. El reverso de las cartas llamadas tarots está normalmente decorado con varios compartimentos». El siglo XVIII francés, cuando no se jugaba al tarot, es sin embargo el siglo de oro de las cartas del tarot de Marsella...

---

100. Conservado actualmente en la Biblioteca de la Universidad de Yale, New Haven, Estados Unidos. Publicado en *The Game of Tarot, op. cit.,* plancha fuera de texto, n.º 14.

Tarot de Jean-Pierre Payen,
el Emperador, Aviñón, 1713 (facsímil).
© Tarot de Marseille Heritage.

Tarot de Dodal,
el Emperador, Lyon, 1701-1715, BnF.

Tarot de Jean-Pierre Payen,
el Colgado, Aviñón, 1713 (facsímil).
© Tarot de Marseille Heritage.

Tarot de Dodal,
el Colgado, Lyon, 1701-1715, BnF.

El siglo de los «tarots de Marsella»

◆◆◆ *Los «tarots de Marsella» más antiguos que se conocen*

Después del tarot de Jean Noblet, veamos cuáles son los tarots más antiguos conocidos basados en este modelo y al que se parecían.

◆ **El tarot de Jean-Pierre Payen** se conoce en este momento como el segundo «tarot de Marsella» más antiguo fechado: lleva en el dos de oros la mención «IEAN PIERRE PAYEN Ano 1713». Nacido en Marsella en el año 1683, Jean-Pierre Payen se estableció en Aviñón en 1710, y murió allí en 1757. En aquella época, los maestros naiperos de Aviñón, que dependían todavía de los estados pontificios, gozaban de privilegios en los impuestos, lo que sin duda explica por qué Jean-Pierre Payen se mudó allí. Este privilegio cesó en 1754 bajo la presión de los maestros naiperos de Marsella, que lo veían como una competencia desleal. Fue entonces cuando la producción de Marsella pudo desarrollarse completamente. Mientras tanto, a principios del siglo XVIII, los tarots se producían en Aviñón, Marsella, Lyon y Dijon.[101]

El tarot de Dodal procede de Lyon. Es también famoso porque es el segundo tarot de Marsella más antiguo conocido (¡aunque no fechado!), hecho en Lyon por Jean Dodal, que es conocido por haber ejercido entre 1701 y 1715. El juego estaba destinado a la exportación a Italia, que, curiosamente, producía poco. Esta intención se encuentra indicada claramente en algunas cartas donde leemos: «F.P. LE TRANGE» (hecho para el extranjero).

Ambos tarots tienen similitudes, elementos específicos que no encontraremos en la versión más «exitosa» del tarot de Marsella (la que sigue siendo la más propagada hoy en día): *Le Mat* se llama «le Fol» (el Loco), la Emperatriz se llama «Imperatris»; inexplicablemente, el Emperador lleva en ambos juegos un 4 en numeración arábiga además del IIII en números romanos, el Papa lleva un curioso palo con un globo terráqueo, el ángel del Amante tiene los ojos vendados, el Carro, llamado aquí *Charior*, no tiene auriga, el Colgado saca curiosamente la lengua mientras muestra sus dedos... Por otro lado, su nombre está escrito de forma diferente: «Le Pendu» para Jean-Pierre Payen, «Le Pandu» para Dodal. Nos encontramos aquí ante una ortografía que aún es aproximada. El Diablo lleva un rostro en el vientre. El Mundo presenta un extraño personaje andrógino, rodeado de follaje. Podemos ver que detrás de estos juegos no están los mismos moldes, pero nos puede chocar que sus representaciones sean bastante parecidas: los dos Mundos, como otras figuras, los dos Papas o los dos Ermitaños, por ejemplo, son muy parecidos, aunque no en todos los aspectos: habíamos señalado la mención «F. P. LE TRANGE» en Dodal. Este juego también tiene otras menciones diferentes: la Papisa, por ejemplo, trae la curiosa cita «LA PANCES» (¿el pensamiento?).

En la historia de las cartas del tarot, los investigadores han clasificado las que acabamos de describir en una categoría llamada «tarots de Marsella tipo I». El «tarot de Marsella tipo II» es el que se sigue usando hoy en día.

---

101. Mucha información sobre estos tarots se encuentra en el catálogo de la exposición *Tarot, jeu et magie, op. cit.* págs. 71,73 sobre el tarot de Marsella.

◆ **El tarot de Pierre Madenié** es el ejemplar más antiguo conocido hasta el día de hoy del tarot denominado «tarot de Marsella tipo II», en otras palabras, este modelo, que también inspirará a los maestros naiperos Nicolas Conver, Grimaud o Camoin, será el que se convertirá en el favorito de los ocultistas y tarotistas. Es también el tarot de Marsella más antiguo con fecha conocida. Fue fabricado en Dijon en el año 1709. La familia Madenié estuvo activa en Dijon desde 1709 hasta 1740. Dejó otro tarot, fechado de 1739, el de Jean-Baptiste Madenié, hijo de Pierre. Si el tarot de Pierre Madenié es el más antiguo referenciado hasta la fecha, y también uno de los más hermosos por la calidad de sus grabados y colores, no nos confiemos: no sabemos si Pierre Madenié fue el creador de este modelo, que podría remontarse al siglo XVII. Quedan aún por descubrir otros más antiguos.[102] Esto relativiza de nuevo la idea de que el tarot tenga un autor conocido. Otro vacío histórico que sólo se puede llenar con suposiciones. Entre éstas, por lo tanto, se puede considerar que el autor del tarot de Marsella sería un naipero francés de la época del reinado de Luis XIV. Los nombres en francés de las cartas son la prueba elocuente para fijar la creación de este modelo de juego en Francia, es incluso la única certeza que podemos tener. Estamos hablando del reinado de Luis XIV (1643-1715), porque los juegos más antiguos de este modelo conocidos son de este período y los pocos juegos anteriores son diferentes. Y finalmente, ¿por qué un maestro naipero? Porque sabemos que fue en los talleres de maestros naiperos donde se fabricaron moldes de cartas. No tenemos ninguna fuente de información que mencione el desarrollo de los juegos de cartas en otros lugares.

Tarot de Pierre Madenié, el Mago, Dijon, 1709 (facsímil). © Tarot de Marseille Heritage..

Tarot de Pierre Madenié, el Loco, Dijon, 1709 (facsímil). © Tarot de Marseille Heritage.

---

102. En lo referente al facsímil del tarot de Pierre Madenié y la información sobre él, véase la web de Yves Reynaud y su notable trabajo en el campo de la edición y la investigación sobre los antiguos tarots de Marsella. Le agradecemos las reproducciones de sus tarots visibles aquí: www.tarot-de-marseille-heritage.com

Tarot de Pierre Madenié, el Papa, Dijon, 1709 (facsímil). © Tarot de Marseille Heritage.

Tarot de Pierre Madenié, el dos de oros, Dijon, 1709 (facsímil). © Tarot de Marseille Heritage.

Tarot de Pierre Madenié, la Torre, Dijon, 1709 (facsímil). © Tarot de Marseille Heritage.

Tarot de Pierre Madenié, el rey de bastos, Dijon, 1709 (facsímil). © Tarot de Marseille Heritage.

Molde de cartas del tarot de Marsella, lugar desconocido, siglo XVIII, BnF.

Molde de cartas del tarot de Marsella, lugar desconocido, siglo XVIII, BnF (detalle).

❖❖❖ *La vida cotidiana de los maestros naiperos franceses en el Antiguo Régimen*

¿Qué sabemos de los maestros naiperos que trabajaban en Francia en esa época? En primer lugar, podemos decir que fue un negocio que gozaba de una cierta consideración. En el año 1581, un edicto de Enrique III había instituido la constitución de los oficios en organismos y comunidades con el fin de recaudar impuestos de manera más justa. Los oficios se dividieron en cinco categorías, que iban de los mejores a los más mediocres. En la tercera categoría, donde están los oficios mediocres, nos encontramos con el «hacedor de cartas y tarots», junto con el de zapatero, carnicero o sastre. También incluye el músico, el fabricante de papel, el pintor grabador de imágenes o el escultor. Cabe señalar de paso que estas profesiones artísticas, que hoy tenemos en alta consideración –pintores, escultores, músicos–, estaban en aquella época en el mismo nivel que los artesanos que fabrican ropa o alimentos. Por ello sabemos que fue un trabajo estrechamente regulado y fuertemente gravado. A partir del siglo XVII, los maestros naiperos se sometieron a un estricto control; muchos administradores, enviados por los recaudadores de impuestos generales, estaban en sus mostradores para percibir los derechos sobre cualquier juego que se emitiera o para comprobar la conformidad de los moldes. Porque en 1701, para forzar a los maestros naiperos a pagar la nueva tasa de dieciocho denarios por juego, los administradores habían roto todos los moldes de cartas viejos y exigido a los artesanos que fueran a sus oficinas para tomar las huellas de los nuevos moldes que habían confeccionado. Disponemos de un informe que habla de una visita el 18 de mayo de 1745 a la viuda de Pierre Madenié, comerciante de cartas de la calle Notre-Dame:[103]

«En un mandato judicial, la viuda Madenié presentó a los visitantes tres moldes grabados [que contenían reyes, damas y sotas]. Más diez moldes o planchas grabadas con figuras extranjeras que se usan para imprimir cartas del tarot; es decir, seis planchas específicas para este tipo de impresión, la séptima para imprimir el tarot». El acta de la reunión informa de la entrada de las tres primeras planchas (pero no de las de las cartas del tarot) para ser destruidas y reemplazadas por los nuevos juegos

---

103. Véase Henry René d'Allemagne, *Les Cartes à jouer du XIVe au XXe siècle. op. cit.* t. 2, pág. 200. Los elementos que presentamos aquí sobre los maestros naiperos provienen de este volumen.

en vigor según los moldes del regidor. El inventario incluye 9852 barajas de cartas. En lo que respecta a los maestros naiperos, los documentos de este tipo son muy numerosos: actas, *factums*,[104] estatutos, contratos, y revelan una profesión dura y desagradecida, muy sometida a presiones administrativas. El día de un artesano local comenzaba a las cinco de la mañana y duraba catorce horas, por un salario de dieciocho a veinte sueldos al día. A pesar de estos modestos salarios, los maestros que trabajaban no siempre llegaban a recibir un beneficio neto igual al salario de sus operarios. Estas presiones las ejercía el Estado, pero también los de la propia profesión. El acceso a la maestría para un maestro naipero, estrictamente regulado desde 1594, se había convertido en algo cada vez más restrictivo: en el siglo XVIII, sólo los hijos de los maestros naiperos podrían convertirse a su vez en maestros.

Aparte del trabajo y los impuestos, sabemos que los maestros naiperos constituyeron cofradías: se trataba de asociaciones entre maestros naiperos y compañeros con fines religiosos. Por ejemplo, la cofradía de los maestros naiperos parisinos, establecidos en la iglesia del Santo Sepulcro, se constituyó bajo el patrocinio de los «Reyes Magos», porque su fiesta caía en el día de la Epifanía. Cualquier nuevo compañero que llegara del campo estaba obligado a pagar una cuota de entrada de diez libras, «por su bienvenida a la caja de la cofradía», y también a presentar una patente y un recibo. Si no había pago (se podía pagar con trabajo al servicio del maestro que lo había recibido), se le expulsaba». Se mencionan mucho las «iniciaciones» de estos maestros naiperos –aprendices, compañeros, maestros–, lo cual hace pensar en la francmasonería. ¿Cuál es la situación? Veremos más adelante el tema de masonería en Francia y sus vínculos con las cartas del tarot. Pero ya podemos decir aquí que su presencia no ha sido probada en Francia antes del año 1725. Por lo tanto, es arriesgado suponer que los maestros naiperos pertenecieran a ella antes de esa fecha. E incluso si las logias «operativas» hubieran existido en Francia antes de la aparición de la masonería «especulativa» (su forma contemporánea) en 1725, no tenemos rastros de ninguna práctica iniciática en los archivos de los maestros naiperos. Consideremos la vida y la moral de los francmasones en el siglo XVIII: también volveremos a hablar de ello, pero digamos que las logias masónicas estaban formadas por las élites sociales de Francia. Podemos dudar de que las logias que reunieron a Voltaire, Benjamín Franklin o el duque de Orleans acogieran a modestos artesanos abrumados de impuestos que trabajaban catorce horas al día y una gran parte de los cuales eran analfabetos. Si los masones adoptaron el vocabulario de las corporaciones de los oficios, incluido el de la construcción, probablemente no adoptaron a sus miembros. Al menos no en el siglo XVIII.

A pesar de las dificultades del oficio, la producción de los maestros naiperos era abundante y su trabajo meticuloso. Y en lo que se refiere a los tarots de Marsella, el tarot de Pierre Madenié es el primero de una larga lista de tarots distintos a pesar del modelo común.

Molde de cartas de un tarot de Marsella, lugar desconocido, siglo XVIII, BnF.

---

104. Un *factum* es un documento legal anterior a 1790 destinado a un juez que establece los hechos de un juicio.

◆◆◆ *Los muy numerosos tarots de Marsella*

De hecho, se conservan muchos tarots de este modelo del siglo XVIII, como, por ejemplo, el tarot de François Chosson fabricado en Marsella en el año 1736. Se trata del tarot de Marsella realmente de Marsella más antiguo que se haya conservado. François Chosson, maestro naipero marsellés, es bastante desconocido: su tarot ha sido datado, pues el 21 de abril de 1736 depositó dos copias de sobres de embalaje de tarots en la cámara sindical de maestros naiperos y en el registro de la policía de Marsella.[105] ¿Pero podemos confiar en esta fecha?

Cuando observas el dos de oros, te encuentras con algo curioso: la fecha medio borrada muestra «1672»... Es frecuente el caso de maestros naiperos que compran moldes hechos antes por otros y que borran el nombre del predecesor para registrar el suyo. En este caso, François Chosson no habría fabricado este juego, pero lo más importante es que tendríamos un juego de tarot de Marsella hecho en 1672. Por lo tanto, sería el más antiguo que se conozca después del de Jean Noblet. También sería una prueba de que el tarot de Marsella «tipo II» apareció en el siglo XVII.

Chosson no era el único maestro naipero marsellés de la época. Marsella había estado produciendo cartas desde el año 1631 (pero no antes), fecha en la que el Gobierno autorizó la presencia de maestros naiperos en Orleans, Angers, Romans y Marsella. Así, los maestros naiperos más antiguos de Marsella son Jean Pradines (1634) y Louis Ganet (1638).[106] Hubo unos cuarenta más hasta el siglo XX. Entre 1706 y 1771 había veintidós maestros naiperos diferentes en Marsella, pero sabemos que había más; no todos ellos están citados en las fuentes. Algunos de sus juegos se han conservado, como el tarot de Jean-François Tourcaty (que apareció entre 1734 y 1753) o el tarot de François Bourlion (1760).

Durante el período de máxima producción cartográfica en Marsella, a mediados del siglo XVIII, un informe del fiscal general del Parlamento de Provenza cita una producción anual de 914 000 juegos (todos los juegos de cartas combinados). En el período 1783-1789, ocho maestros naiperos produjeron alrededor de 360 000 juegos. Fue entonces cuando apareció el nombre de Mathieu Conver, padre de Nicolás Conver. Éste, citado como el autor de uno de los tarots más famosos de Marsella (porque inspiró en parte los tarots actuales, volveremos sobre ello más adelante), nació en 1784. Ejerció desde 1809 hasta 1833. Su famoso tarot Conver, fechado en 1760, no es en realidad suyo. De acuerdo con el uso generalizado en la época, heredó los moldes de cartas, o los recompró, borró el nombre del propietario anterior y escribió el suyo propio. Sin embargo, dejó la fecha original, 1760. Lo que podemos ver aquí es que su tarot es una de las muchas barajas del tarot, de las cuales dejó versiones en diferentes colores.

Esta abundancia de maestros naiperos y de cartas en Marsella puede ser una primera explicación para la supervivencia del tarot de Marsella en la actualidad. Thierry Depaulis documenta actualmente unos cuarenta tarots conservados que se fabricaron en Marsella desde el siglo XVIII hasta principios del XIX, frente a los veinticuatro de todas las demás ciudades juntas (Dijon, Grenoble, Lyon, Aviñón, Besançon).[107] Se sabe que a partir del año 1878, únicamente la casa Camoin, heredera de la casa Conver, permanecerá en Marsella. En París, en el siglo XX, las únicas casas que quedaban eran Grimaud y Catel y Farcy.[108] Fue la casa Grimaud, fundada en 1858, quien reeditó en 1930 el «antiguo Tarot de Marsella» que aún se vende hoy en día. El papel de estas casas en la publicación de las cartas del tarot en el siglo XX, y por tanto en la elección de colores y grabados para estas versiones, será fundamental. Veremos cómo.

---

105. Véase Yves Reynaud (www.tarot-de-marseille-heritage.com), informaciones encontradas en la nota explicativa de su facsímil del tarot de Marsella de François Chosson de 1736.

106. Véase «La carte à jouer, une industrie marseillaise», Joseph Billioud, en *Cartes à jouer & tarots de Marseille, la donación Camoin, op. cit.*

107. «The Tarot de Marseille - Facts and Fallacies, Part I» en *The Playing-Card,* vol. I 42, n.º 1, 2013-2014.

108. Cuando en 1963 la fábrica de Grimaud cerró sus puertas, sólo quedaban cuatro fabricantes de tarots en Francia: Camoin en Marsella, Boéchat (Héron) en Burdeos, Catel y Farcy en París, y La Ducale, más tarde France Cartes, en Nancy. Actualmente, la sociedad France Cartes distribuye la marca Grimaud. Informaciones obtenidas en Jean-Pierre Seguin, *Le Jeu de carte, op. cit.*, pág. 336.

Tarot de François Chosson,
dos de oros, Marsella, 1736 (?)
(facsímil). Tarot de Marseille Heritage..

Tarot de François Chosson,
el Juicio, Marsella, 1736 (?)
(facsímil). Tarot de Marseille Heritage.

Tarot de François Bourlion,
la Estrella, Marsella, 1760, BnF.

Tarot de Jean-François Tourcaty,
la Templanza, con notas de adivinación atribuidas
a Mlle. Lenormand, Marsella, 1734-1753, BnF.

Tarot de Nicolas Conver, el Loco,
versión 1, Marsella, 1809-1833, BnF.

Tarot de Nicolas Conver, el Loco,
versión 2, Marsella, 1809-1833, BnF.

Tarot de Nicolas Conver, reina de oros,
versión 1, Marsella, 1809-1833, BnF.

Tarot de Nicolas Conver, reina de oros,
versión 2, Marsella, 1809-1833, BnF.

Tarot piamontés de Farinone Battista,
el Loco, Italia, 1845, Museo del Tarot, Bélgica.

Tarot piamontés de F. F. Solesio,
los Amantes, Génova, 1865, BnF.

Tarot suizo de Gassmann,
rey de oros, 1850-1870, BnF.

Otro tarot suizo de Gassmann,
el Mundo, 1850-1870, BnF.

♦♦♦ *Los tarots de Marsella están lejos de ser los únicos tarots antiguos*

Mientras tanto, podemos afirmar que la supervivencia del tarot de Marsella bajo el modelo que conocemos no es algo evidente. Antes de ver mejor cómo sobrevivió, señalemos una cosa importante. Si consideramos el tarot con su estructura básica (los 22 triunfos del Loco al Mago y las 56 cartas de los cuatro palos), podemos ver rápidamente que ha habido innumerables tarots, publicados en Francia pero también en otros países, más o menos próximos al llamado modelo Marsella. Italia, donde la producción de tarot se reanudó entre 1730 y 1740, publicó muchos y variados, con triunfos nombrados en italiano como este juego de 1845, el tarot Farinone Battista, reproducido aquí por primera vez,[109] o el tarot piamontés de F. F. Solesio, que data de 1865. Suiza, donde el tarot es conocido de forma probada desde el siglo XVII, fue también prolífica en cuanto a juegos producidos y ha dejado algunos muy bellos más cercanos a los modelos que conocemos, como las dos cartas del tarot de Gassmann, fechadas entre 1850 y 1870.

Antes de continuar con el tarot de Marsella, también es importante mencionar aquí otros modelos de cartas de tarot cuya importancia es definitiva. Uno de los modelos más importantes es el llamado «tarot de Besançon». De hecho, al igual que el tarot de Marsella, este nombre hace referencia a un solo tipo de juego en el que la Papisa y el Papa han sido sustituidos por Juno y Júpiter. Apareció en el este de Francia, donde los franceses habían importado el tarot después de la captura de Estrasburgo en 1681. Según una teoría muy extendida, Juno y Júpiter fueron incluidos para no chocar con las autoridades religiosas. Creemos que también podría ser para adaptarse mejor a las poblaciones locales, con una mayoría protestante, especialmente desde que este juego se exportó con éxito a Alemania, un país luterano donde el papa no tenía lugar en absoluto. Este modelo de tarot estuvo muy extendido hasta principios del siglo XX en Alemania, Suiza e incluso en Francia. Al ser Besançon una de las últimas ciudades en haberlo producido, ha mantenido su nombre. Fue tan popular que incluso se encontró en obras de cartomancia. Así, en 1925 un libro de un tal Méry titulado *L'Art de tirer les cartes*[110] ofrece interpretaciones basadas en este tipo de tarot, afirmando que es el tarot transmitido «por los egipcios, los hebreos y más tarde por los gitanos»,[111] en resumen, el tarot «tradicional», sin preocuparse mucho de qué tarot tenía en realidad en sus manos. De hecho, en aquella época, Paul Marteau aún no había publicado en casa de Grimaud su antiguo tarot de Marsella, que se haría tan famoso. Los amantes de las cartas se deben contentar con lo que encuentran, y el tarot de «Marsella» ya no está tan extendido: en el negocio de las cartas, los tarots de fantasía han sustituido masivamente a los tarots «tradicionales». Este tipo de tarot, que apareció en Alemania a mediados del siglo XVIII (uno de los más antiguos data de 1745),[112] y en el que los palos franceses –corazones, diamantes, picas y tréboles– y los triunfos de fantasía, con animales y paisajes, se han establecido definitivamente y, por tanto, han sustituido a las cartas tradicionales del tarot en la mayoría de Europa: Alemania, Dinamarca, Suecia, el Imperio austriaco, Rusia y Francia, donde definitivamente reemplazó al viejo tarot en las mesas de juego en el siglo XX. Sólo Italia, Inglaterra y España conservan los modelos antiguos. Esto explica la diferencia entre los tarots «jugables» y los «adivinatorios». En Francia, el antiguo modelo se publicará ahora sólo para las prácticas de la cartomancia.

---

109. Tarot de la colección del Museo del Tarot de Bélgica. Muchas gracias a Guido Gillabel, director de esta colección, por permitirnos su reproducción.
110. J. Méry, *L'Art de tirer les cartes,* hermanos Garnier, París, 1925.
111. *Ibid.*, pág. 111.
112. Tarot de Johann Wolfgang Weber, Ulm, hacia 1745.

*Tarot de Besançon de Pierre Isnard,
Júpiter, 1746-1760, BnF.*

*Tarot de Besançon de Pierre Isnard,
Juno, 1746-1760, BnF.*

*Tarot de fantasía alemán de Joseph Fetscher,
triunfo número VI, 1800, BnF.*

*Tarot de fantasía alemán de Joseph Fetscher,
rey de corazones, 1800, BnF.*

Tarot de Viéville, el Diablo, París, hacia 1650, BnF.

Tarot de Viéville, el Rayo, París, hacia 1650, BnF.

Tarot flamenco de Vandenborre, el Diablo, Bruselas, 1780 (facsímil).

Tarot flamenco de Vandenborre, el Capitán Fracasse, Bruselas, 1780 (facsímil).

Tarot de Viéville, la Estrella, París, hacia 1650, BnF.

Tarot flamenco de Vandenborre, Baco, Bruselas, 1780 (facsímil).

Mencionemos también otro tipo de tarot que ha desaparecido: el llamado «tarot de Bruselas» o «tarot flamenco». Es importante porque es el heredero de una tradición del tarot poco frecuente, cuyo representante más antiguo sería el tarot de Jacques Viéville. Apareció en París entre 1643 y 1664, y también es uno de los tarots más antiguos conocidos y merece ser citado. Sin duda influenciado por el tarot boloñés, presenta figuras dibujadas de una manera muy especial: el Diablo que camina, el Rayo que cae sobre un árbol (en lugar de la Torre), la Estrella con un astrónomo, el Luna con una mujer (¿una hilandera?) sentada bajo un árbol, el Sol con un niño a caballo. Serán retomadas bajo esta forma por los principales maestros naiperos de Ruán, los principales exportadores a Bélgica (en ese momento, el sur de los Países Bajos). Allí, el juego se adaptará una vez más: en Bruselas, varios maestros naiperos del siglo XVIII reemplazarán a la Papisa y al Papa por el Capitán Fracasse, personaje arrogante de la *commedia dell'arte*, y Baco, el antiguo dios romano de vino.

¿Qué muestra esta presentación de esta vasta colección de viejos tarots, que está lejos de ser exhaustiva? Como dijimos, el tarot de Marsella no es sencillo. Para resumir, hemos visto que el llamado «tarot de Marsella» está inspirado en un modelo probablemente de Milán, y que el juego más antiguo que se ajusta a este modelo es de París y data de la década de 1650, con un modelo más exitoso en Dijon en 1709, y que está lejos de ser el único: desde el siglo XVIII han aparecido muchos otros tarots, más o menos cercanos a este modelo. Después de este breve recorrido, podemos preguntarnos por qué prevaleció hasta el día de hoy este modelo y no los otros.[113] Hemos planteado brevemente el importante papel desempeñado por los maestros naiperos en su edición, ¡y por una buena razón! No sólo fabrican o venden cartas, las crean y desempeñan un papel importante en la transmisión o no de este o aquel tipo de juego, por lo tanto, si existe una tradición conocida como «tarot de Marsella», también es gracias al importante papel desempeñado por Paul Marteau, director de la casa Grimaud en 1930.

---

[113] Tengamos en cuenta que es el tarot de Rider-Waite el que se ha impuesto en el mundo anglosajón; *véase* más adelante más información sobre este tarot allí.

3
La tradición del tarot de Marsella

❖❖❖ *Las primeras apariciones de la denominación «tarot de Marsella»*

Si han existido tantas cartas diferentes del tarot, uno puede preguntarse cuál es la procedencia del tarot de Marsella. ¿De dónde viene esta tradición, que hoy parece estar firmemente arraigada, un tarot con un modelo original, antiguo y único, receptáculo de enseñanzas particulares, un modelo inmutable, cuyos elementos perdidos deben ser recuperados, un modelo único llamado «tarot de Marsella» que habría inspirado a todos los demás?

El nombre «tarot de Marsella» apareció por primera vez en 1856 en un artículo de Romain Merlin, un gran estudioso de la historia de las cartas, que ya hemos mencionado. En este artículo sobre los juegos de cartas escrito para la Exposición Universal de 1855, cita el tarot de esta manera: «En los tarots de Besançon, la Papisa y el Papa son reemplazados por Júpiter y Juno. El tarot de Marsella no ofrece este cambio».[114] Varios autores que estudiaron el tarot en círculos ocultistas del siglo XIX retomarán este término. Tampoco fue obvio para ellos de inmediato. Así, Eliphas Lévi, que desempeñó un papel importante en la historia del tarot adivinatorio, todavía habla, en su *Histoire de la magie*, publicada en el año 1860, de «cartas del tarot italiano». Fue Papus, otro ocultista importante en esta historia, quien, en su influyente libro *Le Tarot des Bohémiens* (1889), propone el primero el nombre de «tarot de Marsella»: «El tarot italiano, el de Besançon y el de Marsella son, sin duda, los mejores que tenemos hoy en día, sobre todo el último, que reproduce muy bien el tarot simbólico primitivo». Después de la muerte de Papus, el nombre de «tarot de Marsella» fue cada vez más utilizado por los ocultistas para designar este tarot considerado como «el más rico y puro en términos de simbolismo». Algunos tarots son incluso citados como «más puros» que otros. Así, en 1896, Robert Falconnier, autor que intentó reconstruir un tarot lo más cercano posible a la tradición, escribió que «el tarot publicado en Marsella en 1760 por Conver es el que más se parece al tipo tradicional».[115]

Sin embargo, entre los años 1890 y 1930, este popular tarot de Marsella parece bastante difícil de encontrar. Como hemos dicho, los tarots «jugables» se han vuelto ampliamente disponibles en Italia desde el siglo XX. Si todavía se publican los tarots «tradicionales», son más bien los de Besançon, con Júpiter y Juno. Por eso se encuentran incluso en libros de adivinación, como el *Art de tirer les cartes*, publicado en 1925, del que ya hemos hablado. Parece ser que los tarots adivinatorios son tan difíciles de encontrar que algunos autores van más allá: proponen hacer un juego con setenta y ocho láminas de papel numeradas del 1

---

114. Referencia tomada del artículo de Thierry Depaulis «The Tarot de Marseille - Facts and Fallacies, Part I», *op. cit.* Este artículo ha inspirado en gran medida esta sección para las referencias a Eliphas Lévi, Papus y Joseph Maxwell.

115. *Les XXII Lames hermétiques du tarot divinatoire, exactement reconstituées d'après les textes sacrés et selon la tradition des mages de l'ancienne Égypte,* Librairie de l'art indépendant, París, 1896, pág. 8. Digitalizado en Gallica: http://gallica.bnf.fr/ark:/12148/bpt6k5525090q.

al 78, entendiendo que sus lectores no pueden tener unas cartas del tarot como Dios manda a su disposición. En esto siguen las indicaciones de Alliette, conocido como Etteilla, un famoso cartomántico, que indicaba a sus lectores las menciones adivinatorias y los números que debían escribirse en las cartas, que podrían ser un conjunto de cartas del tarot, pero también, aquí también, trozos de papel recortado. Pero eso ya no es suficiente. En 1923, el autor Joseph Maxwell, en su libro **La magie,** se queja: «La única edición correcta parece ser el llamado tarot de Marsella, en el que las figuras segunda y quinta son la Papisa y el Papa. Esta edición está agotada y la casa Grimaud la ha sustituido con una edición en la que la Papisa y el Papa han sido reemplazados por Júpiter y Juno».

◆◆◆ *La creación del «antiguo tarot de Marsella» de Paul Marteau*

En 1930, Paul Marteau, director de la casa Grimaud, captó el mensaje y publicó el «antiguo tarot de Marsella» que aún se utiliza hoy en día. El legado de su colección de cartas antiguas de la Bibliothèque nationale de France nos permite entender cómo creó su tarot. Encima del dos de oros tenemos «1748-Arnoult-1748», porque Grimaud había comprado la casa Lequart, que heredó la casa Arnoult con sucesivas recompras. El problema es que esta última, comprada en 1864,[116] había estado fabricando cartas desde 1820, y que existía en París en el siglo XVIII otro maestro naipero llamado Arnoult, establecido en la década de 1750. Pero nada nos permite asociar estas dos casas homónimas y no tenemos ningún rastro de ningún ejemplar de tarot fabricado por una o por otra. Lequart afirmaba haber heredado un juego del siglo XVIII. De hecho, es más probable que hiciera una copia de un tarot Conver (aún publicado por Camoin en el siglo XIX) para crear su tarot, primero por medio de plantillas y más tarde industrialmente. En 1891, Grimaud se hizo cargo de la casa Lequart y continuó con la fabricación de este tarot. El diseño familiar del tarot de 1930 es fácilmente reconocible, pero los palos no son los mismos. Sabemos también que estos juegos de la década de 1890 eran tarots de Besançon, con Júpiter y Juno. Cuando Paul Marteau publicó su tarot en 1930, retomó los dibujos de las cartas de 1890, integró una Papisa y un Papa y se inspiró en los palos de un tarot Conver publicado por Camoin durante el siglo XIX. Es muy interesante observar estos palos, que se volvieron característicos del Grimaud de 1930 y que luego fueron ampliamente comentados por los tarótologos. Por lo tanto, aparecieron originalmente en un Conver reeditado por Camoin en el siglo XIX, ¡muy posteriores a los del Conver originales! Por lo tanto, no es de extrañar que Paul Marteau también reivindicara el legado de Conver en su empresa. Porque, en resumen, si no recuperó sus moldes como estaban, recuperaba un tarot (Lequart) que se había inspirado directamente en ellos, y copiaba los palos de un tarot Conver reeditado.

Hay, pues, tres ediciones de este tarot de 1930. Podemos ver que Paul Marteau todavía estaba buscando su edición final. Las figuras del Mago y del cuatro de oros presentan diferencias que no corrige en su libro *Le Tarot de Marseille* publicado en 1949. Además, escribe extensamente sobre las flores de lis que hace tiempo que desaparecieron de su primera edición.

De todos modos, con su tarot fijó un «canon» todavía en uso, que fue ampliamente comentado, trabajado y sobre el que se ha escrito mucho. Este «canon» fue más tarde desafiado por la aparición de otro «auténtico» tarot de Marsella, el de Jodorowsky y Camoin, en 1997, que marcó el comienzo de una nueva era en la producción de tarot: hoy en día, muchos autores y editores producen sus propias cartas, como veremos a continuación.

Así, Paul Marteau publicó su tarot en 1930 para satisfacer las demandas de los ocultistas. Uno puede preguntarse por qué el tarot se convirtió en un objeto de interés para ellos. Hemos descrito ampliamente su historia y su evolución: no era evidente que se convirtiera así en uno de los principales objetos de las prácticas adivinatorias, y luego del ocultismo moderno. ¿Cómo tuvo lugar este encuentro?

---

116. La casa Arnoult fue recomprada por la empresa Charles Maurin en el año 1864, que a su vez fue comprada por Grimaud en 1872. Fuente: «The Tarot de Marseille - Facts and Fallacies, Part I», *op. cit.* pág. 24.

Tarot de Lequart, el Mago,
París, 1890, BnF.

Tarot de Lequart, el Emperador,
París, 1890, BnF.

Reedición de un tarot Conver de Camoin,
el Mago, Marsella, 1890-1900, BnF.

Reedición de un tarot Conver de Camoin,
el Emperador, Marsella, 1890-1900, BnF.

Tarot de Lequart, el Mago,
París, 1890, BnF.

Tarot de Grimaud, 1.ª edición, el Mago,
París, 1930, Museo del Tarot, Bélgica.

Tarot de Grimaud, 1.ª edición, cuatro de oros,
París, 1930, Museo del Tarot, Bélgica.

Tarot de Grimaud, 2.ª edición, cuatro de oros,
París, 1930, Museo del Tarot, Bélgica.

Tarot de Grimaud, 3.ª edición, el Mago, París, 1930, Museo del Tarot, Bélgica.

Tarot de Grimaud, edición de los años 1950-1960, el Mago, París, 1930, Museo del Tarot, Bélgica.

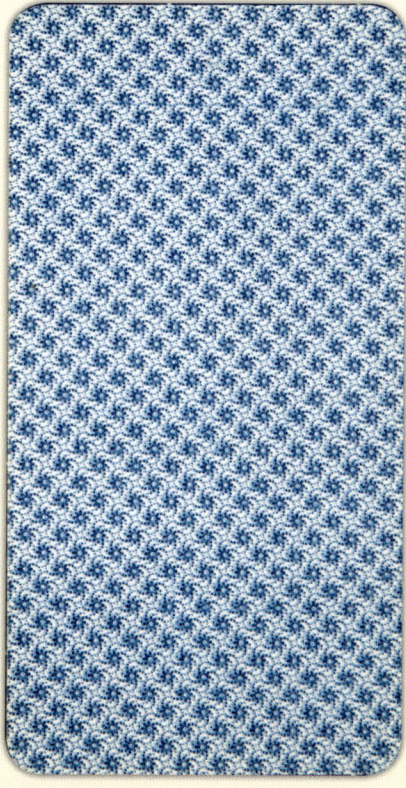

Tarot de Grimaud, 3.ª edición, el Mago, (dorso de la carta), París, 1930, Museo del Tarot, Bélgica.

Tarot de Grimaud, edición 1950-1960, el Mago (dorso de la carta), París, Museo del Tarot, Bélgica.

Capítulo IV
La historia del tarot en la historia de la adivinación

Lucas de Leyde, La tiradora de cartas, *1508-1510, Museo del Louvre (detalle).*

1

ADIVINACIÓN Y OCULTISMO EN EL SIGLO XV

◆◆◆ *Las prácticas adivinatorias de finales de la Edad Media*

Iniciamos este trabajo mencionando la borrosa frontera que hay entre los juegos de azar y la adivinación y abandonamos esta frontera en la antigüedad, mencionando los vínculos entre los juegos de dados y las prácticas adivinatorias asociadas a ellos. Después de haber hablado largo y tendido acerca de la historia de las cartas, y luego de los tarots, ahora es apropiado acercarse a su historia también desde esta frontera. Esto es tanto más importante cuanto que los vínculos entre las cartas y la adivinación son más evidentes, al menos hoy en día.

Primero volvamos a nuestra historia de adivinación y considerémosla en el tiempo. Estamos en la Edad Media. En ese momento, la concepción de la adivinación ha cambiado. En la antigüedad, se manifestaba oficialmente en los templos, como hemos visto en Egipto y Grecia. Se consideraba una práctica por derecho propio, sujeta a especulaciones filosóficas. En el Occidente cristiano no se habla realmente de adivinación, sino de un conjunto de «artes», prácticas asimiladas a la magia. Esta confusión proviene de Isidoro de Sevilla (c. 560-636), un referente del pensamiento durante toda la Edad Media. En un capítulo dedicado a los magos, cita diferentes técnicas de adivinación de la Antigüedad y así crea esta confusión: son los magos los que practican estas técnicas adivinatorias... Luego distingue entre dos tipos de adivinación, *ars* y *furor,* una distinción entre la adivinación «natural», que es una revelación que los dioses dan a los hombres en estado de «furia» (de trance, por ejemplo) o en ciertos sueños, y la adivinación «artificial», que recoge los signos y los interpreta. Parece que la adivinación se ejerció poco durante la Alta Edad Media, ni siquiera la astrología estaba muy extendida. Hay que esperar hasta los siglos XII y XIII, cuando aparecieron auténticos tratados que contenían técnicas adivinatorias, las más antiguas de las cuales fueron traducidas del árabe al latín. ¿Cuáles son?

En primer lugar, tenemos tratados de **fisiognomía,** una técnica que predice el destino del hombre en función de las características de su rostro o del aspecto general de su cuerpo. La quiromancia (lectura de las líneas de la mano) es una subcategoría de ésta. Estas populares técnicas provienen de tratados árabes que, a su vez, vienen de fuentes griegas y latinas. Incluso se le han atribuido a Aristóteles. De hecho, no hubo más de cinco tratados sobre el tema antes del siglo XV, el más famoso de los cuales forma parte del *Secret des Secrets* traducido por Philippe de Trípoli en el siglo XIII y que será copiado en numerosas ocasiones.[117]

Más tarde, muchos manuscritos mencionan la **geomancia,** una técnica adivinatoria bastante compleja de origen árabe, que procede de la interpretación de un «tema» compuesto de «casas» en las que se colocan figuras en las que se dibujan números pares o impares de puntos. Originalmente, el tema y los puntos fueron probablemente dibujados en

---

117. Véase el artículo «Adivinación» en el Dictionnaire critique de l'ésotérisme, PUF, París, 1998, págs. 430-432.

el suelo, de ahí el nombre de geomancia (la raíz *geo-* significa «tierra»). Lo mencionamos porque estaba muy difundida, particularmente en círculos cultos; se menciona ampliamente en los catálogos medievales de las bibliotecas, en escritos antiadivinatorios y en algunas obras literarias (Dante, por ejemplo).

La **oniromancia**, es decir, la interpretación de los sueños, era la práctica más común, muy extendida desde la antigüedad. La obra de uno de los oniromantes más famosos (así se llamaba a los que descifraban los sueños), Artemiodoro de Daldis, conocido como Artemiodoro de Éfeso, que vivió en el siglo II, fue constantemente consultada y copiada. Hay que decir que su tratado sobre los sueños, *Onirocriticon* o *La interpretación de los sueños*, enumera todas las historias de sueños encontradas por el autor en toda la cuenca mediterránea.[118] Pero, como en otras prácticas, observamos una ocultación a lo largo de la Alta Edad Media, también debido a la Iglesia. Si esta última no podía ignorar los sueños, les quitaba todas las funciones adivinatorias y los clasificaba en dos categorías: *somnia*, «buenos sueños» vistos por los santos, monjes o reyes buenos, enviados por Dios, el maestro de los sueños, aquellos sueños a los que se refiere la Biblia; y *fantasma*, «malos sueños» ilusorios, diabólicos y engañosos, cuyo contenido potencialmente fantasioso, libre o sexual puede ser peligroso. Con respecto a los primeros, podemos releer, por ejemplo, el bello pasaje del sueño de Jacob (Génesis, 28, 11-19); tales sueños podrían estar en el origen de experiencias extáticas o visionarias, especialmente para las mujeres. Su veracidad dependía de la «credibilidad» de la persona. Lo mismo ocurre con el **profetismo**: si todavía se reconoce un «arte de predecir el futuro», sólo los profetas, los santos, los monjes o las monjas pueden ejercerlo. El Antiguo Testamento está lleno de ellos, y en la Edad Media, las facultades proféticas fueron reconocidas en las visiones de Hildegarda de Bingen, por ejemplo. Pero en cuanto a los sueños, la Iglesia ha desacreditado la literatura onírica y sus intérpretes, porque, una vez más, el futuro pertenece sólo a Dios, y todos pueden sucumbir a las fantasías. A pesar de ello, como en el caso de las demás artes adivinatorias, la oniromancia tuvo de nuevo un éxito innegable a partir del siglo XII.[119]

En cuanto a los profetas, tuvieron una influencia sin precedentes precisamente en el momento que nos interesa: el final de una Edad Media perturbada por las guerras o la peste que necesita otras figuras capaces de iluminar e instruir a los hombres, a pesar de la idea de que el Nuevo Testamento habría terminado con el profetismo, ya que el Apocalipsis se completa con la venida de Cristo (otro argumento antiadivinatorio). Esto no impidió que la gente pudiera buscar el consejo de videntes, sanadores, hombres o mujeres inspirados. Así, las visiones de santa Brígida de Suecia (c. 1302-1373) influirían no sólo en la aristocracia y el rey de su país, sino también en el papa en Roma, donde se instalaría a partir de 1349. Sabemos que Luis XI (1423-1483) obligó a san Francisco de Paula a abandonar su cueva para convertirse en su consejero, confidente y sanador. Los laicos, a veces en privado, escribieron textos proféticos, como el famoso Cristóbal Colón, autor del *Libro de las Profecías* (1501-1502), para consolarse de la indignante intransigencia de los gobernantes españoles que le habían prohibido regresar a «las Indias».[120] Sin embargo, se marchó en 1502, después de completar su obra, en la que predijo, entre otras revelaciones, la victoria del cristianismo a través de la evangelización del Nuevo Mundo…[121]

A una escala más modesta, los **livres de pronostics** son manuscritos, los más antiguos de los cuales datan del siglo X. Escritos en latín, pero también en lenguas comunes como el francés, dan indicaciones del tiempo en cada estación para cada día del año, la abundancia de cultivos, las enfermedades que se producirán, o las guerras y epidemias. También pueden contener información más general sobre qué hacer y qué no hacer. Sobre este último punto, también se practicaban otras formas de adivinación más sencillas y populares: se observaban signos de la naturaleza, como los rayos. Además, los *livres de pronostics* podrían contener pronósticos basados en truenos según el día en que se escucharon. Esto ya no era adivinación por augurios practicada

---

118. Véase la nota completa sobre el autor y sus obras en el catálogo de la Bibliothèque nationale de France: http://catalogue.bnf.fr/ark:/12148/cb13091333g. La Interpretación digitalizada de *La interpretación de los sueños* en Gallica se encuentra en una edición de 1546 de Lyon: http://gallica.bnf.fr/ark:/12148/bpt6k8534667
119. Véase Yvonne de Sike, *Histoire de la divination: oracles, prophéties, voyances,* Larousse, París, 2001, pág. 126.
120. El 12 de octubre de 1492, Cristóbal Colón llegó a una isla que más tarde se llamaría San Salvador, pero creyó que estaba en una isla cerca de Japón, después de buscar la ruta a la India desde este este.
121. *Histoire de la divination: oracles, prophéties, voyances,* Larousse, París, 2001, pág. 125.

según las complejas reglas de los romanos, pero todavía se usaban; por lo tanto, los presagios continuaban dándose según el vuelo de las aves u otras manifestaciones simples: eclipses, tormentas o dirección de los vientos.

La adivinación con los dados siempre se ha practicado. Se encuentra en los **libros de oráculos.** Estos libros, que no siempre son fáciles de usar, siguen un patrón común: una serie de preguntas generales (que pueden referirse al éxito de un proyecto, el nacimiento de un niño, etc.) se asocian a respuestas clasificadas bajo encabezamientos designados por nombres propios, nombres de flores o animales. Así, un *Orakelbuch* impreso en Basilea en 1485 ofrece una serie de preguntas y respuestas clasificadas con diferentes figuras de animales. Esta categoría de tratados incluye *Le Livre de passetemps de la fortune des dez,* que hemos mencionado anteriormente. Y después de la aparición de las cartas, habrá libros similares en los que las aves y otros animales serán sustituidos por cartas. ¿Significa esto que la cartomancia habría nacido con estos primeros libros de hechizos? Parece que no: el mismo texto que se encuentra en el Orakelbuch del que acabamos de hablar aparece en el *Mainzer Kartenlosbuch,* publicado en Maguncia y fechado en 1505 o 1510 según las fuentes,[122] que sería el primer libro conocido que combina predicciones e imágenes de cartas. Pero si el texto es similar al de otras obras, significa que las figuras de las cartas sólo ilustran las respuestas, como las imágenes de animales anteriores, sin que exista ningún vínculo entre el texto propuesto y la imagen de la carta presentada. Si no tenemos cartomancia en el sentido estricto del término, podemos preguntarnos si este tipo de escritos no podría haber difundido la idea de asociar naipes y textos predictivos.

Esta breve presentación proporciona otra visión del contexto en el que apareció el tarot. También se puede ver que las cartas no se mencionan en los tratados de adivinación de la Baja Edad Media. Con la posible excepción de los libros de oráculos, no hay muchas asociaciones entre la adivinación y los juegos de cartas en el momento de su aparición. Excepto cuando consideramos la astrología.

❖❖❖ *Astrología y tarot*

Todavía no hemos hablado de esta práctica, reina del Occidente cristiano, y que por ello mismo merece ser mencionada por separado. La primacía de la astrología en Occidente se explica por el hecho de que los teólogos rara vez se pronuncian en contra de ella. Mientras que Tomás de Aquino y muchos predicadores condenan las prácticas adivinatorias con el argumento de que tratan de sustituir a Dios, que es el único que puede conocer el futuro, y que uno no debe tratar de evitar su destino y así evitar la voluntad divina, los astrólogos rara vez son molestados por la Inquisición. El franciscano Roger Bacon (c. 1220-1292) recomendó incluso recurrir a la astrología en la lucha contra el peligro turco. Se sabe que al rey Carlos V le encantaba esta disciplina y que una gran parte de su biblioteca consistía en libros de astrología, astronomía y adivinación. Su práctica se consideraba más bien legítima, según el refrán de Gregorio Magno (¡papa y doctor de la Iglesia!) para quien «las flechas que se prevén hieren menos». El recalcitrante Tomás de Aquino, sin embargo, está obligado a aceptar que «los astros inclinan pero no determinan». La astrología es reconocida incluso como una práctica «científica» y ocupa un lugar entre las artes liberales. Este reconocimiento proviene de la convicción de que hay un orden jerárquico de todas las cosas desde el cielo: los cielos que gobiernan el mundo ejecutan los planes de la providencia divina igual que los siervos que obedecen la voluntad del príncipe. Esta idea, que surgió con Aristóteles y sus comentaristas árabes, fue retomada en Occidente a partir del siglo XIII y se difundió ampliamente. De hecho, la astrología tal como la conocemos fue desarrollada por los griegos y luego transmitida a Occidente por los árabes. El Zodíaco, que todavía se utiliza en la actualidad se desarrolló en Grecia entre los siglos V y II a. C.[123] También fueron los griegos quienes desarrollaron las doce casas. Siete estrellas y planetas vagaban por el Zodíaco de acuerdo a la siguiente jerarquía: Saturno influyó en los lugares y tiempos universales, Júpiter en los años, Marte, el Sol, Venus y Mercurio en los meses, la Luna en los días.

¿Podría esta ciencia, tan prolífica en la era del tarot, haber influido en él? Curiosamente, respon-

---

122. Citado por Detlef Hoffmann, *Altedeutsche Spielkarten* 1500-1650, Germanisches Nationalmuseum, Nuremberg, 1993, pág. 29.

123. Sabemos, sin embargo, que la astrología se ha practicado durante más de tres mil años: apareció en Mesopotamia entre los caldeos, y luego se fusionó con las prácticas griegas. Para la historia del Zodíaco, véase Solange de Mailly Nesle, *L'Astrologie, l'histoire, les symboles, les signes,* Nathan, París, 1981, págs. 22-38.

deríamos «sí» y «no». No si se tiene en cuenta el primer tarot italiano iluminado. En efecto, ¿qué es lo que vemos en él? Ciertamente podemos observar la Luna, el Sol y lo que se llama vagamente «la Estrella», siendo la Luna representada ya sea por una figura femenina que sostiene la estrella en su mano (tarot Visconti-Sforza), o por astrónomos o astrólogos que estudian el cielo (tarot de Carlos VI). El Sol está representado ya sea por la figura de un joven con la estrella en la mano (tarot de Visconti-Sforza), o por una extraña figura giratoria (tarot de Carlos VI), o por una escena que parece representar a Diógenes en su barril hablando con un joven (tarot de Este). La Estrella está ilustrada por una figura femenina que sostiene una estrella en la mano (tarot Visconti-Sforza) o, de nuevo, por astrónomos o astrólogos que estudian el cielo. Ciertamente, tenemos cuerpos celestes, la estrella de los días y la estrella de las noches o incluso la «estrella» (?), pero pocas cosas que realmente se relacionen con el Zodíaco. Se podría decir que la astrología está generalmente representada por astrólogos. La Luna y el Sol no son suficientes para ilustrarla, ¡los encontramos en muchas representaciones! Y como están representados allí (la hilandera o Diógenes), es difícil ver a qué signo zodiacal se pueden referir. En cuanto a las demás figuras, es difícil afirmar que podamos relacionar el león de la Fuerza o el equilibrio de la Justicia con los correspondientes signos zodiacales: estos atributos han sido asociados con estas mismas alegorías desde que existen. Por otro lado, en ausencia de asociaciones definitivas, siempre es posible establecer conexiones. El león, rey de los animales, que sólo la mayor fuerza puede controlar, puede representar un poderoso y fuerte signo zodiacal de fuego: ¡todo es posible!

Tarot llamado de Carlos VI, la Luna, Norte de Italia, siglo XV, BnF.

Tarot llamado de Carlos VI, el Sol, Norte de Italia, siglo XV, BnF.

Tarot de Visconti-Sforza, la Estrella,
Milán, hacia 1452 (facsímil).

Tarot de Este, la Estrella,
Norte de Italia, siglo XV, Biblioteca Beinecke.

Tarot de Visconti-Sforza, el Sol,
Milán, hacia 1452 (facsímil).

Tarot de Este, el Sol, norte de Italia,
siglo XV, Biblioteca Beinecke.

*Calendrier des bergers,
el Aguador, París, 1499, BnF.*

*Calendrier des bergers,
los Gemelos, París, 1499, BnF.*

*Tarot de Jean Noblet, la Estrella,
París, vers 1650, BnF.*

*Tarot de Jean Noblet,
el Sol, París, vers 1650, BnF.*

La referencia a la astrología es más evidente en el tarot que llamaremos «tarot de Marsella». Por el momento, las tres cartas que representan las estrellas estaban claramente asociadas a símbolos zodiacales. La Estrella está representada por una mujer que sostiene jarras que esparcen agua en el suelo; los calendarios más antiguos representan a Acuario de esta manera. La Luna se asocia aquí con el cangrejo de río, es decir, con el signo de Cáncer, que en la Edad Media se representaba más como un cangrejo de río que como un cangrejo de mar. El Sol, por otro lado, está asociado con Géminis. Esto no es obvio a *priori:* el Sol está tradicionalmente ligado al signo de Leo, ya desde el Renacimiento. Pero un texto antiguo, *Les Astronomiques*, redescubierto por los humanistas en 1417, hace otras asociaciones con los signos zodiacales. Aquí encontramos el Sol y Géminis: «Apolo protege al tipo Géminis». Este texto de un antiguo autor, Marcus Manilius, también vincula a Minerva con Aries, a Venus con Tauro, a Mercurio con el Cangrejo, a Júpiter con el león, a Ceres con la Virgen, a Vulcano con Libra (forjada por él), Marte con Escorpio, Diana (es decir, a la Luna) con Sagitario, a Vesta con Capricornio, a Juno con Acuario y a Neptuno con Piscis.[124] Este texto reemplaza los siete planetas por doce dioses paganos cuyos nombres tomarán algunos planetas.

Reencontraremos esta mezcla de nuevas y antiguas tradiciones de la astrología en algunas obras de la época, como los frescos del palacio de la Schifanoia en Ferrara, que hacen las mismas asociaciones entre dioses, diosas y signos zodiacales. Es interesante señalar que el hombre que presidió la realización de estos frescos en 1470, Pellegrino Prisciani, profesor de astronomía en la Universidad de Ferrara e historiador de la corte, fue discípulo de Marsilio Ficino. Se vio, pues, influenciado por el hermetismo y el neoplatonismo. Esto no hace obvio el vínculo con el tarot, pero podemos ver una influencia común de estas corrientes en dos representaciones astrológicas similares sobre la obra de arte y el juego de cartas: Sol y Géminis. ¿Significa esto que Acuario, claramente representado en la Estrella, también podría estar asociado con Juno, la esposa de Júpiter? La correspondencia es un poco más probable que la asociación astrológica tradicional entre Acuario y Saturno. El problema es que no podemos ir más allá. Hay una mezcla de tradiciones astrológicas en el tarot: a diferencia del caso del Sol, la asociación de la Luna con el Cáncer (y no Sagitario, como se dijo anteriormente) es más tradicional y aún prevalece hoy en día. Esta misma tradición vincula a Acuario (claramente representado en la Estrella) con Saturno, que ya no encaja con el tarot. A menos que la Estrella del tarot de Marsella en medio de otras siete (¿siete planetas más el mundo?) sea Saturno, considerada la más importante de ellas. Pero eso parece improbable. Lo cierto es que estas dos tradiciones astrológicas que combinaban los siete planetas y los signos zodiacales (un planeta podía entonces representar dos signos) o doce dioses y los signos, existían en la Italia del siglo XV, que vio la aparición del tarot.[125]

Entre la astrología y las cartas del tarot pueden hacerse otras asociaciones muy interesantes. No en el sentido de «hay un león representado con la Fuerza, por lo tanto corresponde al signo de Leo», sino en las conexiones de significados. Así, los tratados de astrología de la época, el más famoso de los cuales es *De sphaera* (manuscrito realizado alrededor de 1460-1470 que habría pertenecido al duque Francesco Sforza), asocian las actividades humanas con la influencia de los diferentes planetas. En *De sphaera,* un personaje similar al Mago aparece entre los hijos de la Luna, el *Misero* o el Loco entre los de Saturno, los Amantes como hijos de Venus (¡y con razón!), el Papa como hijo de Júpiter o el Emperador como hijo del Sol. Cabe señalar que dista mucho de ser el único manuscrito que clasifica las actividades humanas, algunas de las cuales están representadas en el tarot, según los planetas.

Esta clasificación se puede encontrar en muchos tratados de astrología, pero también en calendarios y almanaques, o representaciones artísticas, esculturas en catedrales y grabados, con figuras similares. ¿Podemos decir entonces que hay una influencia directa sobre el tarot? Quizás más bien, y también es muy interesante, nos hallemos ante una representación similar.

Es imposible decir que un maestro grabador que creó un calendario de acuerdo a las representaciones astrológicas de su tiempo podría haber

---

124. Gwendolyn Trottein, *Les Enfants de Vénus: art et astrologie à la Renaissance*, Lagune, París, 1993, pág. 120.

125. Recordemos estas asociaciones tradicionales entre signos y planetas, válidas en el momento de la creación del tarot y también hoy: el Sol gobierna el signo de Leo; la Luna, el de Cáncer; Mercurio, los de Géminis y Virgo; Venus, los de Libra y Tauro; Marte, los de Escorpio y Aries; Júpiter, los de Sagitario y Piscis; y Saturno, los de Capricornio y Acuario. También hay que recordar que Urano fue descubierto en 1781, Neptuno en 1846 y Plutón en 1930.

influido en un maestro naipero que hizo un tarot. Sin embargo, si se representa a un Mago entre los hijos de la Luna, es decir, entre las figuras influenciadas por los aspectos principales de este astro, se puede imaginar un carácter malhumorado, engañoso y poco fiable. Y las representaciones en los tratados de astrología pueden, por lo tanto, arrojar luz sobre el significado que debe darse a las del tarot, un poco más cerca de los significados de la época. Así, en estos tratados, vemos a los hijos de la Luna, entre ellos el Mago –sujetos de modesta condición–, luchando contra las tormentas del mar, pescadores, navegantes, molineros o lavanderas. Los hijos de Saturno, como el *Misero* o el Loco, son víctimas de las vicisitudes humanas, de la guerra, del juego y de la miseria.

Vemos a los pobres, a los lisiados, o incluso a los agricultores, a los curtidores, a los carniceros, es decir, a los trabajadores más modestos, acompañados de andamios, minas y prisiones. El Papa, hijo de Júpiter, está acompañado por otros dignatarios eclesiásticos y también por eruditos, ricos mercaderes, cazadores, jinetes o peregrinos. El Emperador, con los hijos del Sol, se encuentra con personajes que juegan a juegos de habilidad, músicos, otros hombres de poder: ésta era claramente la corte de los aristócratas y sus placeres.

No olvidemos a los Amantes, hijos de Venus, y quizás al Carro, hijo de Marte, que a menudo está representado sobre un carro de guerra. Estas representaciones pueden dar una idea del valor que se dio o no a ciertos triunfos del tarot. Parece, según esta aclaración, que el Mago y el Loco podrían ser considerados como cartas malas, y el Papa y el Emperador como cartas buenas.

No se trata sólo de las representaciones de los planetas o ciertos signos del zodíaco que muestran figuras similares a las del tarot. Las representaciones de las casas astrológicas son también muy iluminadoras cuando son representadas (¡muy raramente!) por imágenes. Por ejemplo, un *Calendario de la Natividad* de Leonhard Keymann, publicado en 1515, muestra una rueda astrológica con figuras de planetas, signos y casas. Podemos ver claramente en la casa 10 a un emperador con su sempiterna corona cerrada, su globo terráqueo, su cetro, sus piernas cruzadas. Pero nos parece más sensato evitar decir: «La casa 10 es como el Emperador del tarot, seguramente hay una conexión». Parece prudente decir que la casa 10 de la astrología, que representa el medio cielo, la madurez en la vida, el reconocimiento, la ambición cumplida, el logro, está representada por un hombre de poder coronado que sostiene un globo terráqueo. En este caso, podemos acercar el Emperador a estos significados... y decir que nos encontraremos con esta figura alegórica cuando se trata de representar poder sobre las cosas, plenitud de vida, ya sea con los hijos del Sol o las casas astrológicas, o el significado de los triunfos del tarot. ¿Qué ocurre con las otras casas y las similitudes con el tarot?

Casa	Significado general	Representación antigua
1	Identidad, personalidad, ascendente	Una escena de nacimiento
2	Posesiones, bienes materiales	Un hombre que cuenta su dinero
3	Relaciones	Dos personajes que hablan
4	Hogar, familia, lugar de nacimiento	Un labrador y su hijo en el campo
5	Creación, amor, placer	Un grupo de niños
6	Trabajo, esfuerzo, enfermedad	Un hombre enfermo en cama
7	Relaciones, pareja, cónyuge	Una escena de boda frente al sacerdote
8	Muerte, herencia	El esqueleto y su guadaña
9	Espiritualidad, viajes, estudios	El papa
10	Reconocimiento, prestigio, plenitud	El emperador
11	Derecho, sociedad, asociación	La rueda de la fortuna
12	Obstáculos, crisis, dificultades	Un hombre sobre un potro de tortura

Rueda astrológica de Leonhard Keymann, 1515 (facsímil).

Recordemos rápidamente los significados de las casas en astrología, siempre actuales, y sus representaciones tradicionales antiguas, las más interesantes para nuestro tarot.[126]

Vemos que las últimas seis representaciones son comunes con el tarot. Podemos entonces, sin duda alguna, comparar sus significados. El Amante (al menos como aparece en el tarot italiano) puede asociarse con todo lo que tradicionalmente se coloca en la casa astrológica 7: enlaces externos, matrimonio, contratos. El arcano XIII puede vincularse con los significados de la casa 8: destrucción, transformación, muerte, herencia. El Papa puede simbolizar, además del poder espiritual, ideales, fe, grandes estudios, viajes, peregrinaciones. Hemos asociado el Emperador con la plenitud, con la mitad de la vida. La Rueda de la Fortuna adquiere aquí un significado bastante positivo, al estar asociada con la casa 11 con la ley, la sociedad, la amistad, las asociaciones públicas. El hombre en el potro de tortura puede asociarse al Colgado, que representaría a los juicios y los obstáculos, pero todo esto no es más que un acercamiento.

De este modo, podemos decir que la astrología ha influido en el tarot, ¡pero no totalmente! Influyó en la Estrella, la Luna y el Sol del tarot de Marsella. Está implícitamente representada junto con los astrólogos en las cartas del tarot italiano. En los demás casos, sin embargo, se pueden hacer comparaciones muy exitosas para aclarar el significado de las cartas de acuerdo con las similitudes de las representaciones. Hablamos de las representaciones tradicionales de la astrología tal como aparecieron en la época del tarot, y de las posibles conexiones. En segundo lugar, se sabe que muchos autores harán coincidir arcanos, planetas y signos zodiacales hasta el día de hoy, pero estamos entrando en las representaciones de cada uno. De hecho, cuando se comparan los autores, ninguno de sus sistemas de correspondencia está de acuerdo con otro. Podemos juzgar la poca fiabilidad de estas recientes representaciones cuando leemos Alliette/Etteilla por ejemplo: ¿por qué asoció la Templanza con Escorpio, el Sol con Cáncer y el Loco con el Sol? Dependerá de cada uno ver en las correspondencias que leemos similitudes que pueden o no decirnos algo.

En la Edad Media se practicaban con pasión otras «artes» tradicionales, como la alquimia. ¿Puede esta última prestarse a comparaciones similares con el tarot?

---

126. Información encontrada en Milan Spurek, *L'Astrologie,* Gründ, París, 1998, págs. 118-120. Representa esta rueda astrológica para las casas con figuras similares al tarot.

◆◆◆ *Alquimia, hermetismo y tarot*

La Edad Media fue aficionada a la alquimia, aunque experimentó su época dorada un poco más tarde, en los siglos XVI y XVII. Todo comenzó en el año 1144, cuando Robert de Chester tradujo del árabe al latín el *Liber de compositione alchemiae*, atribuido a Morienus, un ermitaño cristiano de Alejandría del siglo V.[127] Hugo de Santalla tradujo entre 1140 y 1150 el *Livre des secrets de la Création*, atribuido a Apolonio de Tiana y que contiene la famosa Tabla de Esmeralda.[128] La palabra «alquimia», que apareció en francés hacia 1275, proviene del árabe *al-kímiyá*, que puede tener dos raíces: provendría del copto *Chame*, que significa «negro»; del griego *khémia*, que significa «magia negra», o del griego *khumeia*, que significa «mezcla». La historia de la alquimia es compleja y los tratados de alquimia y sus autores difíciles de definir. Podemos nombrar a Miguel Escoto (c. 1175-v. 1235), autor de tres tratados; Rogelio Bacon (c. 1220-1292), que escribió treinta de ellos; Alberto Magno (c. 1200-1280), autor de una treintena de títulos; santo Tomás de Aquino (1225-1274), seis tratados; Arnau de Vilanova (c. 1240-1311), unos cincuenta y siete títulos, y Ramón Llull (c. 1235-1316), unos ochenta títulos. Cuando sabemos que Arnau de Vilanova no ha sido objeto de estudios detallados, y que Ramón Llull no es el verdadero autor de estos tratados (en sus obras auténticas condenó la alquimia), podemos medir las dificultades con las que nos encontramos para conocer bien esta práctica.[129] Recordemos muy someramente que su propósito era, mediante la obtención de la piedra filosofal, acceder a la Gran Obra, es decir, al poder de transmutar el plomo en oro. Sabemos que esta obra de descubrir el arte de transformar la materia tiene un objetivo más espiritual: el que descubre el secreto de los elementos en el trabajo alquímico se transforma a sí mismo.

Lo que nos interesa aquí es considerar si la alquimia puede haber desempeñado un papel en el desarrollo del tarot. Se trata de una idea muy extendida entre la mayoría de los ocultistas que han hablado del tarot hasta hoy. No teniendo un conocimiento profundo de los manuscritos alquímicos medievales (pero ¿acaso aquellos autores que afirman con total convicción la influencia de la alquimia lo tienen?), la evocaremos con cautela. Lo que se puede decir, mirando tanto las reproducciones de estos manuscritos como las cartas del tarot, es que hay relativamente pocos símbolos comunes. Varios autores han comparado al Colgado, con la pierna doblada detrás de él con una representación del símbolo alquímico del azufre. No hay otras representaciones directas, a menos que consideremos que la Templanza significa transmutación, o la Rueda de la Fortuna, los ciclos evolutivos de la materia. La mujer desnuda de la Estrella podría ser una ilustración de los versículos de la Tabla Esmeralda que evocan «¡El Padre de todo, el Telema de todo está aquí! Su fuerza es completa si se convierte en tierra», pero se trata sólo de una interpretación. Las dos letras «SM» en el Carro, a las que algunos autores se refieren como «azufre-mercurio», se remontan a la creación del tarot de Paul Marteau, o sea, al año 1930. Se sabe que las letras del escudo del Carro eran las iniciales del grabador del juego. La Luna y el Sol están presentes en todos los grimorios alquímicos, ilustrando la unión de los principios masculino y femenino, las bodas místicas del cielo y la tierra. Estas dos estrellas se encuentran en el tarot, pero es difícil ver una relación de causa y efecto; una vez más, sólo podemos hacer conexiones basadas en interpretaciones personales. Lo cierto es que los antiguos tratados de alquimia no hablaban del tarot. Fueron los ocultistas del siglo XIX, con Papus a la cabeza, quienes insistieron en su parentesco sin ninguna confirmación histórica. Tampoco podemos responder por la relación entre el tarot y lo que se llama hermetismo. Un recordatorio de esta vasta corriente, bastante difícil de definir, también puede ser interesante aquí. En los siglos II y III d. C., en la región de Alejandría, se escribieron unos quince tratados en griego, reunidos más tarde bajo el título general de *Corpus hermeticum*. Representan sólo una parte de un gran número de escritos que más tarde se denominaron *Hermética*, atribuidos al legendario Hermes Trismegisto. A excepción del *Asclepios*, texto cuyo original griego se perdió desde la antigüedad y que sólo sobrevivió en latín, todos los tratados del *Corpus hermeticum* fueron ignorados en la Edad Media y no fueron redescubiertos hasta el Renacimiento. Cabe señalar de paso que los alquimistas medievales tampoco eran conscientes de ello, a pesar de que la tradición medieval consi-

---

127. Según Pierre A. Riffard, *L'Ésotérisme*, Robert Laffont, París, 1990, pág. 669.
128. Artículo «Alchimie, Occident médiéval» del *Dictionnaire critique de l'ésotérisme*, op. cit. pág. 31.
129. Referencias encontradas en Robert Halleux, *Les Textes alchimiques*, Brepols, Turnhout, 1979, en *Typologie des sources du Moyen Âge occidental*, vol. 32.

deraba a Hermes como el fundador de la alquimia. Fue el famoso Marsilio Ficino el que, en la década de 1460, recibió de Cosme de Médicis la petición de traducir este *Corpus hermeticum*, cuyos textos acababan de ser redescubiertos en Macedonia. La traducción latina de Ficino apareció en 1471 y fue publicada en muchas ediciones (por lo menos veinticinco hasta 1641) y traducida a otros idiomas.[130] Vemos inmediatamente que estos textos aparecieron después de la creación del tarot, que se remonta a la década de 1440... No podrían haber influido en su concepción, al menos la de las primeras cartas del tarot italiano. ¿Pudieron influir en la creación del tarot de Marsella en su origen? Para ello, habría que conocer a su creador, que fue probablemente un maestro naipero francés durante el reinado de Luis XIV. Acabamos de ver las lagunas que aún existen en la cronología y la conservación de las cartas, que nos impiden identificar a los autores y las fuentes del llamado tarot de Marsella. A partir de este momento, cualquier acercamiento, una vez más, sólo puede ser teórico y dejado a la apreciación de autores y lectores. Por nuestra parte, sólo podemos evocar la inmensa fortuna del hermetismo a partir de la obra de Marsilio Ficino. Muchos autores escribieron apoyándose en el *Corpus hermeticum* ya en el siglo XVII, y el hermetismo se convertiría en una de las principales corrientes del esoterismo occidental junto con la cábala cristiana, la teosofía, la astrología o la alquimia. Inevitablemente, se asociará con el tarot, aunque esta asociación también data de la literatura ocultista del siglo XIX. Hemos visto cómo en el momento de la aparición del tarot, la adivinación, la alquimia y el hermetismo no lo tuvieron en cuenta. ¿Cómo se logró esta asimilación del tarot y lo que informalmente se llamará «ocultismo»? ¿Cómo entró el tarot en prácticas adivinatorias?

---

130. Artículo «Hermétisme depuis la Renaissance» del *Dictionnaire critique de l'ésotérisme, op. cit.*, págs. 609-610.

2

El nacimiento del tarot adivinatorio

◆◆◆ *La adivinación con cartas antes del siglo XVIII*

Ya hemos mencionado el *Mainzer Kartenlosbuch*, publicado en Maguncia y fechado en 1505 o 1510 según las fuentes, que sería el primer libro conocido que combina predicciones e imágenes de cartas. Había otras obras similares, y la más famosa era un libro de Francesco Marcolini da Forli, *Le Ingeniose Sorti*,[131] publicado en Venecia en 1540 (primero bajo el título *Le Sorti*), y dedicado al duque de Ferrara, Hércules d'Este. A partir de una serie de preguntas, el autor se refiere a unas doscientas combinaciones de cartas agrupadas de dos en dos, que se refieren a otras combinaciones de sonidos, compuestas de alegorías de buenas o malas acciones, que forman oráculos. Pero como dijimos antes para los libros de oráculos, de los que forma parte este tipo de trabajos, la relación entre las cartas y la adivinación es indirecta, y las cartas sirven como ilustraciones o como instrumentos para obtener puntuaciones o combinaciones, y no tienen valor predictivo como tales. De hecho, la cartomancia como arte adivinatorio es una de las disciplinas más recientes, lo cual es normal dada la aparición bastante tardía de las cartas. Sin embargo, las fuentes y los historiadores se contradicen en la aparición de la adivinación por las cartas. Para empezar, hay poca información fiable. Peucer, en su *Commentaire des principales sortes de devinations* (1553), no menciona las cartas. Paracelso (c. 1493-1541), quien examinó las diferentes maneras de conocer el futuro, no conocía la cartomancia. Dicho esto, dos ausencias no constituyen forzosamente una prueba.

Por otra parte, se dice que hacia 1450, Fernando de la Torre escribió que con los naipes, los jugadores podían «adivinar la fortuna entre ellos para saber quién es el que más ama y quién es el más deseado». Ésta sería la fecha más antigua de una conexión entre «adivinar la fortuna» y los juegos de cartas (llamados *naïpes* en Italia en ese momento). En 1506, Juan-Francisco Pico de La Mirandola, en un capítulo contra la adivinación, incluyó «imágenes representadas en una baraja de cartas» entre los diferentes tipos de «sortilegios». Un monje español, Martín de Azpilcucta (1491-1586), cita las cartas como una de las prácticas de adivinación, todas ellas condenables. Más tarde, Juan Pérez de Montalván (1602-1638) también citará a los naipes como una forma de hacer hechizos: «hechizo,

---

131. Una edición revisada, *Le Ingeniose Sorti,* compuesta para Francesco Marcolini da Forli, titulada *Giardino di Pensieri, novamente ristampate, e in novo et bellissimo ordine riformate,* Venecia, 1550, está digitalizada en: https://archive.org/details/gri_000033125008238095

que se hace con dados, cartas y muchos otros».[132] Pero estas pocas citas no indican claramente cómo se usaron las cartas, y es difícil encontrar referencias directas a la cartomancia en ellas. Por ejemplo, un cuadro de Lucas de Leiden titulado *La Tireuse de cartes* (reproducido al inicio del capítulo IV), que data de 1508-1510, indica claramente que la cartomancia ya se practicaba en esa época. También hay grabados de los siglos XVII y XVIII que representan a cartománticos. Las anécdotas también atestiguan que la lectura de cartas se practica durante este período: un pequeño asunto de brujería datado el 4 de julio de 1772 hizo que una costurera marsellesa «que durante mucho tiempo prefirió el trabajo de los llamados magos al de coser, fuera condenada, por sentencia del Parlamento de Provenza, a ser expuesta a la camisa de fuerza durante tres días consecutivos de mercado, con la cabeza cubierta con un gorro rodeado de tarots y un tamiz que pasa por el cuello y permanecer allí en este estado durante una hora cada vez, después troceados por el albacea» (la adivinación por el tamiz era otra práctica adivinatoria).[133]

Sin embargo, se sabe que en el siglo XVIII, la represión contra la brujería disminuyó. Ya bajo Luis XIV, un decreto real cita a comparecer por brujería sólo si se practicaba con la intención de dañar a otros. Esto puede haber explicado el resurgimiento de las prácticas y círculos ocultos desde finales del siglo XVII en adelante. Un manuscrito de 1750 llamado «El texto de Pratesi», que lleva el nombre del historiador que lo descubrió (porque se desconoce su autor), sería la primera lista conocida de interpretaciones adivinatorias de las cartas del tarot, acompañadas cada una de ellas de significados bastante breves.[134] Pero fue en 1770 cuando Jean-Baptiste Alliette publicó en París el primer tratado conocido sobre la cartomancia: *Etteilla, o Manière de se récréer avec un jeu de cartes, de M. ****. Todavía no habla del tarot, se limita a un «juego de piquete», un juego ordinario de treinta y dos cartas; por otra parte, su método con este juego se reproducirá en muchos libros de adivinación hasta hoy. Se convertiría en un ferviente «lector de tarot» después de descubrir el texto que Antoine Court de Gébelin publicó en 1781 sobre las cartas del tarot. Se puede decir que hasta estas fechas, la cartomancia es bastante rudimentaria. Si las prácticas se propagan, lo hacen oralmente, sin referencias ni formato, y siguen siendo prácticas populares bastante difíciles de encontrar. Probablemente se divertían echando las cartas en ferias o exposiciones. Todo se aceleró en la Francia de Luis XVI: el arte del dibujo de cartas, luego las cartas del tarot, encontró a sus dos primeros autores, Court de Gébelin (1725-1784) y Jean-Baptiste Alliette (1738-1791). Es hora de aprender más sobre estos autores y sus textos, ya que fueron los primeros en mencionar el tarot como el receptáculo de conocimientos ocultos y ancestrales y considerar que podría ser utilizado para algo más que el juego. Veamos primero en qué contexto vivieron y publicaron estos autores; de esta manera, comprenderemos mejor por qué los dos hombres se enfocaron en Egipto.

◆◆◆ *Masonería y egiptomanía en el Siglo de las Luces*

Estamos ahora en la Francia de Luis XVI (1774-1791). En esa época, también conocida como Siglo de las Luces, las mentes en efervescencia desarrollaron dos maneras de concebir el mundo. Por un lado, los enciclopedistas, con Diderot y d'Alembert, intentan racionalizar el conocimiento. *La Encyclopédie, ou Dictionnaire raisonné des sciences, des arts et des métiers,* que apareció entre 1751 y 1772, realiza un estudio sistemático de los diversos conocimientos, técnicas y artes reconocidos en la época. Así, hemos visto que las cartas del tarot se definen como «especie de naipes, que se utilizan en España, Alemania y otros países [...] tienen copas, oros, espadas y bastos». Por otro lado, este siglo de la Ilustración se apasiona por lo irracional y el culto al ocultismo en todos sus aspectos. Nunca se publicó tanto sobre alquimia, magia o cábala. Se desarrollan prácticas de magia, invocación de los espíritus, de magnetismo. Las sociedades ocultas se desarrollaron en aquella época de una manera que no tiene parangón en la historia. Como hemos dicho, la Inquisición ya no ejerce ninguna represión en Francia, sobre todo porque estos movimientos se encuentran en las élites sociales. Incluso la Iglesia ya no impone demasiado sus

---
132. Referencias encontradas en el sitio «Le Tarot, associazione culturale». Véase la presentación de la asociación sobre la cartomancia: www.associazioneletarot.it/cgi-bin/pages/cartomancy.pdf.
133. *The Revealed Tarot, op. cit.,* pág. 57.
134. Referencia citada en Paul Huson, *Mystical Origins of the Tarot: From Ancient Roots to Modern Usage, Destiny Books,* Rochester, 2004. No haber tenido acceso directamente a este documento, no garantizamos absolutamente la fiabilidad de esta referencia.

mandamientos en esta sociedad acaudalada que busca el placer de la vida y el entretenimiento en el comercio de la filosofía, el buen gusto, la literatura y las bellas artes. El siglo XVIII es el siglo de la búsqueda del conocimiento, pero también del placer y la felicidad. Estamos lejos de los días sangrientos de los Visconti, obsesionados por la salvación después de la muerte. La masonería se convirtió en un fenómeno de moda en esa época. Procedente de Escocia (ricos notables que supuestamente crearon allí la masonería en el siglo XVII),[135] luego de Inglaterra (la primera Gran Logia de Inglaterra se estableció en 1717), su presencia, como ya se ha mencionado, se atestiguó por primera vez en Francia en 1725. No sabemos demasiado sobre los detalles de su implantación; fue el discurso del caballero André Michel Ramsay en 1736 el que sentó las bases de la francmasonería francesa. Estos discretos comienzos dan paso a una abundancia de logias, movimientos, rituales y escritos. En quince años se crearon más de ciento siete logias. Los textos rituales se publicaron en las librerías ya en el siglo XVIII.[136] Estos diversos movimientos tienen una constante: la iniciación. Utilizando el lenguaje de los oficios corporativos, en este caso de los constructores, los aprendices se convierten en compañeros. Parece que estos grupos masónicos en Francia cultivan una nueva forma de sociabilidad que no excluye los placeres de la comida y de la buena compañía: los encuentros entre hermanos van a menudo precedidos de un banquete.

Para un documento masónico de la época, ésta es «una institución cuyo objetivo principal era dar a los asociados el placer de una sociedad escogida, cuyos placeres se hicieron más interesantes por medio de un ligero misterio».[137] Al mismo tiempo, a estos grupos les gusta reivindicar raíces ilustres y misteriosas. Los altos grados que aparecieron y proliferaron a lo largo del siglo y proceden de los tres primeros grados iniciales de compañeros, aprendices y maestros y cultivaron la recuperación de conocimientos y poderes perdidos. Los poseedores de estos altos rangos serían los templarios, cuya orden habría sido perpetuada en secreto por la masonería, los alquimistas, incluso los maestros de fuera de este mundo, como Cagliostro declaraba en sus memorias de 1785: «Yo no soy de ningún tiempo ni lugar; fuera del tiempo y del espacio, mi ser espiritual vive su existencia eterna».[138]

Detengámonos un momento en este extraño personaje: nos permitirá describir mejor este período paradójico, que admira tanto a los filósofos y enciclopedistas como a los magos y otros personajes misteriosos que ostentan ciertos poderes... El conde Alessandro de Cagliostro fue a París en 1775, 1781 y 1785, y rápidamente encontró su lugar en la alta sociedad parisina y masónica, un lugar que había dejado vacío otro misterioso y famoso personaje, el conde de Saint-Germain.[139] Nacido en Palermo en el año 1743 bajo el nombre de Giuseppe (Joseph) Balsamo, viajó por todas las capitales de Europa a partir de los años sesenta del siglo XVIII y muy pronto se estableció una fabulosa reputación a su alrededor: alquimista y poseedor de la piedra filosofal, dijo que era un adivino que se comunicaba con los ángeles, pero también con los demonios. En septiembre de 1780, llegó a Estrasburgo con gran pompa, precedido por muchos siervos y trajes magníficos, y fue recibido por el cardenal de Rohan. Fue presentado a la gente gravemente enferma de la ciudad, y se dice que los curó con una misteriosa bebida. En París, donde el mismo cardenal lo recibió de nuevo y le dio una considerable gratificación por el éxito de sus operaciones alquímicas, se especializó por un tiempo en la venta de sus «píldoras egipcias» y otros ungüentos y bebidas milagrosas, así como folletos con consejos y otras «cábalas nuevas» para ganar la lotería y asegurarse el éxito. Un éxito que él encarna a la perfección: el lujo de sus apartamentos y su estilo de vida plantean interrogantes a propósito del origen de su fortuna. ¡Se decía que era un descendiente de Carlos Martel o el hijo del diablo! Hay que señalar que su gran especialidad era hablar con los muertos: se dice que podía hacer aparecer a Sócrates, a Platón, a Carlomagno, a Cornelio y a otros ilustres hombres que conversaban con él de una manera familiar. Incluso se jactaba de haber reunido a los enciclopedistas y filósofos de la Ilustración que ya habían muerto para hacerlos denunciar sus actividades pasadas

---

135. En Escocia, en el siglo XVII, las logias de oficios aceptaban a los notables locales, que luego se hacían cargo de los ritos y costumbres de los verdaderos constructores. La masonería especulativa habría nacido así.
136. Información de notas personales sobre la exposición «La franc-maçonnerie» de la BnF en 2016. Se puede ver esta exposición en línea: http://expositions.bnf.fr/franc-maconnerie/index.htm
137. Artículo «Franc-maçonnerie» del *Dictionnaire critique de l'ésotérisme, op. cit.*, pág. 524.
138. *Ibid.*
139. Mago, alquimista, hacedor de milagros, de nacimiento y nombre desconocido, se llamaba a sí mismo «conde de Saint-Germain», y era conocido en París en los años 1750-1780. Murió en el año 1784.

y sus ideas falsas y vanas. En sus discursos mezclaba oraciones mágicas, invocaciones egipcias, y afirmaba tener relaciones con personajes ilustres de antiguos ritos iniciáticos.[140] En 1784 fundó el «Rito Egipcio». Denunciado durante el asunto del Collar,[141] fue encerrado en la Bastilla en 1786 y luego expulsado del reino.

Nuestro personaje es el reflejo de una época en la que se practicaba la alquimia, la teúrgia y el espiritismo. Se cultivaba una «nostalgia de los orígenes», la de la edad de oro de una humanidad primitiva al estilo de Rousseau, y de una antigüedad primitiva más allá de las normas culturales tradicionales cristiana y grecorromana. El hombre primitivo de esta antigüedad está representado como poseedor de extraordinarios conocimientos y poderes, olvidados por el hombre contemporáneo, pero que tendría la posibilidad de recuperar. Y siendo el antiguo Egipto la civilización más antigua conocida en aquella época, es la que se percibe como la más cercana a esta tradición primordial. Esta concepción de Egipto no es nueva: se remonta a la Edad Media. Cuando Marsilio Ficino editó la traducción del *Corpus hermeticum* en 1471, ya creía que estos textos contenían la sabiduría oculta de los sacerdotes egipcios. También hemos hablado de libros de referencia para esa época, que pretendían explicar los jeroglíficos, como el *Horapolo*. En el siglo XVIII, esta fascinación formaba parte de una continuidad. Sin embargo, se puede decir que alcanzó su punto álgido en ese momento. Muchos libros con discursos egipcios y que mezclan egiptofilia, alquimia y hermetismo son publicados o reimpresos. Entre los más conocidos se encuentra el *Dictionnaire mytho-hermétique* de Dom Antoine-Joseph Pernety en el año 1758, o la novela egiptofílica e iniciática del abad Jean Terrasson *Séthos, une histoire ou vie tirée des monuments, anecdotes de l'ancienne Egypte* (1731), que inspiraron muchos ritos masónicos, por ejemplo el Rito de los Arquitectos Africanos (alrededor de 1767), el Rito Egipcio de Cagliostro, o el Rito de Memphis. Finalmente, señalemos que este apetito por un pasado más o menos misterioso e iniciático no es tan incompatible con la sociedad de la época. No debemos creer que por un lado encontramos filósofos, bardos de la razón, y por otro lado, masones y otros iniciados reunidos en secreto, protegidos de la ira del poder y de la Iglesia. De hecho, en vísperas de la Revolución, cuarenta y ocho grandes señores franceses eran masones, entre ellos el duque de Orleans, el duque de La Rochefoucauld y La Fayette. Nuestro Cagliostro fue muy admirado por Luis XVI antes de verse amenazado. La prestigiosa logia de las Nueve Hermanas, de la que fue miembro Antoine Court de Gébelin, cuenta con distinguidos invitados como el astrónomo Lalande, el pintor Greuze, el escultor Houdon, el naturalista Lacépède, o Benjamin Franklin, que inició a Voltaire allí en 1778. Como bien dice un autor que citaremos a continuación,[142] «El que no se atrevió a ver más que supersticiones en las prácticas del cristianismo, admiró el malabarismo de Cagliostro; el que afirmaba no creer en la existencia de Dios, añadió fe a la edad milenaria del conde de Saint Germain; y este público, eminentemente escéptico, acudía en tropel a la tienda de horóscopos de Etteilla». Cuando Court de Gébelin publicó su *Monde primitif* entre 1773 y 1784, lejos de publicar una obra revolucionaria o vanguardista, publicó una obra de su época.[143]

---

140. Elementos «biográficos» dejados a la discreción del lector e informados por Yvonne de Sike, *Histoire de la divination: oracles, prophécies, voyances, op. cit.*, p. 199.
141. Famoso caso judicial del Antiguo Régimen que estalló en 1785 y desprestigió gravemente a la reina y a la autoridad real: el cardenal de Rohan quiso comprar un magnífico collar de diamantes para la reina María Antonieta. Se lo dio a la condesa de La Motte, que lo vendió en vez de presentárselo a la reina. La condesa denunció a Cagliostro, su cómplice, como acusado. Véase Jean de Viguerie, *Histoire et dictionnaire du temps des Lumières*, 1715-1789, Robert Laffont, París, 1995, págs. 405-409.
142. J.-B. Millet-Saint-Pierre, *véase* la nota 156.
143. Para más información sobre estos personajes y su tiempo, véase «Lumières et anti-Lumières», en *Histoire de la divination, op. cit.* págs. 193-208.

Retrato de Antoine Court de Gébelin, 1784, BnF.

Monde primitif, vol. VIII, primera página del texto sobre el tarot, 1781, Museo del Tarot, Bélgica.

◆◆◆ *Court de Gébelin* y el Monde primitif

Antoine Court de Gébelin nació probablemente en Nimes hacia 1725, en el seno de una familia protestante. Su padre, que era pastor, temiendo por sus vidas en una época todavía convulsa para los protestantes, decidió exiliarse a Suiza con su familia a partir de 1730, y fue en Lausana donde Antoine se hizo doctor en Teología en 1754. En el año 1763, tras la muerte de sus padres, decide volver a Francia. Uno de sus primeros objetivos fue defender la causa protestante ante un poder real más tolerante, actuando como intermediario de sus correligionarios. Rápidamente se abrió camino en la alta sociedad parisina: eminente autor coronado por la Academia Francesa y miembro de otras academias, censor real, científico, gramático, mitólogo, se convirtió también en masón, probablemente en 1776, de la prestigiosa logia de las Nueve Hermanas, donde frecuentó a la élite de la sociedad parisina de la época. En 1768 decidió publicar un extenso proyecto, una obra «que será la clave de todos los siglos y de todos los conocimientos humanos». Lanza las suscripciones en 1772, año en que aparece el último volumen de *la Encyclopédie,* pero su objetivo es muy distinto. A diferencia de Diderot y d'Alembert, él no desea mencionar el conocimiento de su tiempo, sino lograr, a través de una vasta síntesis, encontrar la fuente común de todo el conocimiento humano. *Monde primitif* es de su tiempo en el sentido de que encontramos la misma idea de un retorno a una fuente primitiva, un origen primordial del que necesariamente derivarían la historia y el conocimiento humano, lo que explica el éxito de la empresa. Más de mil suscriptores apoyan su proyecto, entre ellos Luis XVI, Diderot, d'Alembert, Franklin: desea publicar nueve volúmenes de unas seiscientas a setecientas páginas, a razón de un volumen por año. La publicación del *Monde primitif analysé et comparé avec le monde moderne* tuvo lugar entre 1773 y 1784. La redacción de esta inmensa obra, en la que trabaja solo (más de seis mil páginas) no le impide embarcarse en otros proyectos. En 1780, se convirtió en presidente de la nueva Sociedad Apolonia, el futuro Museo de París, una sociedad literaria cuya obra financió. A pesar de su notoriedad, o quizás por ello, se le acumulan las deudas. En 1783 enfermó. Murió el 12 de mayo de 1784; se habría desmayado después de una sesión de magnetismo con el curandero Mesmer, como señala este epitafio: «Aquí yace este pobre Gébelin, que hablaba griego, hebreo y latín, admirad todos su heroísmo, fue un mártir del magnetismo».[144] Murió solo y sin hijos, porque no estaba casado; sus bienes tuvieron que venderse para pagar sus deudas. En 1793, su tumba fue profanada y más tarde destruida.

¿Qué nos dice Antoine Court de Gébelin en su texto sobre el tarot? Ya en su volumen V, publicado en 1778 y titulado *Dictionnaire étymologique de la langue française*, definió el tarot de la siguiente manera: «TARRAUX, un juego de cartas muy conocido en Alemania, Italia y Suiza. Es un juego egipcio, como demostraremos algún día. Su nombre se compone de dos palabras orientales: *tar & ra, ro*, que significa "camino real"». El punto en común con la *Encyclopédie* es que también escribe que el tarot se usa más en el extranjero; la *Encyclopédie* cita «España, Alemania y otros países». Esto confirma la idea de que en ese momento el tarot no se utiliza tanto en Francia. El otro elemento de su definición se debe puramente a su idea: el tarot sería un juego egipcio cuyo nombre está compuesto por dos palabras orientales. En 1778, anunció que demostraría esto más tarde.

Fue en 1781 cuando publicó su volumen VIII del *Monde primitif*, sobre el tema «la historia, el blasón, las monedas, los juegos», en el que exponía su teoría sobre el tarot en un capítulo titulado «El juego del tarot» (págs. 365-394). A continuación otro capítulo: «Investigación sobre las cartas del tarot y la adivinación de cartas del tarot por el Sr. C. de M.***» (págs. 395-410). Estas iniciales se refieren en realidad al conde de Mellet (1727-1804), un masón como él, a quien probablemente conoció hacia 1775-1776, en el momento en que descubrió el tarot. En efecto, en su artículo I, Court de Gébelin cuenta su visita a una amiga, una tal señora «C. d'H», que le había hablado de una maravillosa baraja de cartas llamada «Les Tarots» (de hecho, era la señora Helvétius, que dirigía un famoso salón desde 1771 y que frecuentaba a otros francmasones): «Invitada hace algunos años a visitar a una dama de nuestros amigos, a Madame C. d'H., que viene de Alemania o Suiza, la encontramos ocupada jugando este juego con otras personas.

»—Estamos jugando a un juego que probablemente no conozcas...

»—Puede ser; ¿cuál es?

»—El Juego del Tarot...

»—Tuve la oportunidad de verlo cuando era muy joven, pero no tengo ni idea...

»—Es una rapsodia de las figuras más extrañas y extravagantes: he aquí hay una, por ejemplo.

»Nos esmeramos para elegir la más cargada de figuras, que no tuviera ninguna conexión con su nombre, es el Mundo: le pongo los ojos encima e inmediatamente reconozco la Alegoría: todos dejan su juego para venir a ver esta maravillosa carta donde veo lo que nunca habían visto antes: cada uno me mostrará otra: en un cuarto de hora recorrimos todo el juego, se explicó, se declaró egipcio y como no era el juego de nuestra imaginación sino el efecto de las relaciones elegidas y sensibles de este juego con todo lo que sabemos de las ideas egipcias, nos prometimos compartirlas algún día con el público [...] un libro egipcio que escapó a la barbarie, a los estragos de los tiempos, a los incendios accidentales y a los voluntarios, y a una ignorancia más desastrosa aún. Resultado necesario de la forma frívola y ligera de este libro, algo que le ha permitido triunfar en todas las épocas y llagar hasta nosotros con una fidelidad poco frecuente: la misma ignorancia de lo que representa en la que hemos estado hasta ahora aquí ha sido un feliz salvoconducto que le ha permitido atravesar tranquilamente cada siglo sin que nadie haya pensado en hacerlo desaparecer».

Así es como empezó todo según esta historia. Revela varias cosas muy interesantes. En primer lugar, parece que Court de Gébelin se encontró una noche con un tarot que reconoció como «un libro egipcio» y que hasta entonces nadie tenía ni idea de lo que significaba. En otras palabras, si uno se pregunta si Court de Gébelin pudo haber sido iniciado en algún simbolismo alrededor del tarot por otras personas, en su logia masónica, por ejemplo, claramente no lo parece. Lo dice él mismo

---

144. Elementos biográficos encontrados en Antoine Court de Gébelin, *Le Tarot, présenté et commenté* por Jean-Marie Lhôte, Berg International, París, 1983. Véase la biografía completa de Court de Gébelin, págs. 9-68.

justo antes de contar su visita a su amigo y su descubrimiento: «Si este juego, que siempre ha sido mudo para todos los que lo conocen, se ha desarrollado ante nuestros ojos, no ha sido el efecto de ninguna meditación profunda ni el deseo de esclarecer su caos: no pensamos en el momento anterior». Más adelante habla de su visita, de su descubrimiento de este juego, ve alegorías en él que reconoce e identifica como «egipcias». Otra pista es que escribe que nadie conoce este juego. Es difícil decir después de eso que Court de Gébelin habría recibido la herencia de una larga tradición sobre el tarot; y ¿por qué se atrevería a revelar un secreto tan bien guardado? Por otro lado, parece que no era el único que estaba extasiado ante este «juego egipcio». Su texto habla claramente de un descubrimiento compartido donde «en un cuarto de hora [¡la conclusión se hace rápidamente!] el juego fue jugado, explicado y declarado egipcio». Además, dos de ellos retomarán y desarrollarán esta idea de un tarot egipcio en *Monde primitif*, él y el conde de Mellet. No se puede decir que fuera una idea del propio Court de Gébelin, pero claramente tampoco era una idea compartida, por ejemplo, a través de su logia masónica. Además, sabemos que el culto a Egipto no era parte del trabajo esencial de la logia de las Nueve Hermanas. También sabemos que no era necesario iniciarse en un grupo en particular para sucumbir ante la egiptomanía del ambiente. Court de Gébelin y sus amigos pudieron asociar el tarot y Egipto por sí mismos. No faltó el contexto para inspirarlos, como se mencionó anteriormente. Y los libros sobre «Egipto» eran numerosos.

Afortunadamente para nosotros, la biblioteca de Antoine Court de Gébelin fue inventariada y luego vendida a su muerte, de acuerdo con un uso bastante generalizado en la época. Sabemos qué leía.[145] Es interesante señalar que su biblioteca, que contenía setecientos setenta y cinco libros, no es tanto la de un ocultista como la de un intelectual curioso y un científico. No contiene demasiadas obras de alquimia o hermetismo. Por otro lado, hay libros sobre la «historia de Egipto» o los «jeroglíficos». Algunos son antiguos, por ejemplo, el de Pierre Langlois (París, 1583): *Discours des hiéroglyphes egyptiens, emblémes, devises et armoiries, ensemble LIV tableaux hiéroglyphiques avec interprétations des songes et prodiges;* o el de Jean Pierius Valerian (Lyon, 1576):[146] *Commentaires hiéroglyphiques ou Images des choses*. También hay libros de historia más recientes, por ejemplo, los de un tal Fourmant (París, 1747) *Réflexions sur l'origine, l'histoire, la succession des anciens peuples Chaldéens, Hébreux, Phéniciens, Égyptiens, Grec, etc.* Sería difícil establecer aquí una lista exhaustiva. Sin embargo, podemos ver qué tipo de documentos se usaron para documentar a nuestro amigo para desarrollar su *Monde primitif*. Estos títulos han sido citados aquí porque son muy reveladores. Podemos encontrar la misma abundancia de disciplinas diferentes que se mezclan en grupos, donde consideramos que tienen su lugar: así, podemos ver «jeroglíficos», lemas y escudos mezclados en obras elaboradas en una época en la que la búsqueda del conocimiento admite tanto un cierto rigor (como para las obras de traducción, por ejemplo) como una cierta fantasía a la hora de desarrollar teorías, discursos o escritos históricos sobre los orígenes de los pueblos. En la época de Jean Pierius Valerianus (siglo XV), la historia y los mitos están mezclados; en la época de Court de Gébelin, bajo el pretexto de la racionalidad, se siguen cultivando confusiones similares. Afirmar que el tarot es egipcio no es ningún problema para nadie. No es oculto, no es misterioso, no es increíble. Se trata de un conocimiento que se comparte en una obra de naturaleza enciclopédica, en un momento en que la arqueología está en su infancia, cuando los jeroglíficos aún no han sido descifrados, ¡cuando Egipto apenas ha sido explorado![147]

¿Cómo es que en este caso Court de Gébelin pudo ver en el tarot un conjunto de jeroglíficos egipcios? Para entenderlo mejor, echemos un vistazo más de cerca a uno de los libros que pudo consultar. Tomemos *Le Livre des figures hiéroglyphiques* de Nicolás Flamel (de hecho, sólo atribuido a Nicolás Flamel, que nunca habría escrito un libro), publicado en Francia en 1612.[148] En este libro, el autor propone «la explicación de las figuras jeroglíficas puestas por mí, Nicolás Flamel escribiente en el cementerio de los Inocentes en el cuarto arco». A

---

145. Los aficionados pueden encontrar el catálogo completo de la biblioteca de Antoine Court de Gébelin en la Bibliothèque nationale de France. Véase, en el catálogo en línea de la BnF, un folleto titulado «Vente (Livres). 1786-06-26. París». Disponible en: http://catalogue.bnf.fr/ark:/12148/cb36533281s

146. De hecho, Giovan Pietro Pierio Valeriano (1477-1560), un humanista italiano, cuya obra se encuentra bajo el título común de *Les Hiéroglyphiques*.

147. La piedra de Rosetta fue descubierta en 1799 durante la campaña egipcia. En 1862, el explorador John Hanning Speke pensó que había encontrado las fuentes del Nilo cuando descubrió el lago Victoria.

148. *Le Livre des figures hiéroglyphiques*, Laurent d'Houry, París, 1612. Digitalizado en un libro de 1682 en Gallica: http://gallica.bnf.fr/ark:/12148/bpt6k81627j

Nicolas Flamel, Le Livre des figures hiéroglyphiques *(ilustración principal), París, 1682, BnF.*

continuación, el autor propone una ilustración de las figuras jeroglíficas que pretende explicar.

Los «jeroglíficos» de los que habla son simplemente las figuras de un modesto pórtico de un cementerio feudal,[149] como muchos de aquella época. ¿Deberíamos sorprendernos? No demasiado. De hecho, para el autor, «figuras jeroglíficas» se refiere a figuras misteriosas, antiguas y herméticas (sobre todo porque se trata de un libro de alquimia), y no a las inscripciones encontradas en Lúxor. Son figuras relacionadas con un pasado misterioso y lejano que hay que interpretar. El Egipto del que hablamos, y del que habla el autor, es en realidad un concepto, una utopía, es el *Monde primitif* tan alabado por Court de Gébelin, no es sólo el Egipto de los faraones. De hecho, según las épocas y los autores, «Egipto» se asociará a todo tipo de figuras o símbolos susceptibles de contener conocimientos antiguos y ocultos: tenemos aquí figuras feudales, en las representaciones del siglo XIX esta vez mucho más egipcias, ya que los ocultistas viven en una época que ha visto las pirámides. En la época de Court de Gébelin, este Egipto primitivo todavía podía llevar ornamentos feudales, y esto tampoco resulta sorprendente: el período feudal era tan lejano e inaccesible para los eruditos que vivían bajo Luis XVI como lo podía ser para nosotros, e incluso más. Como hemos dicho, su conocimiento histórico está en su infancia. En resumen, si el autor de este libro de 1612 pudo ver en este pórtico medieval (cuya figura principal es un juicio final) un conjunto de jeroglíficos cuyos misterios se propone desentrañar, ya no nos sorprendería la propuesta de la Court de Gébelin de ver en las cartas algo parecido. Por otra parte, en su tiempo, en 1781, el antiguo Egipto (el «verdadero») entró en el campo histórico: los autores tienen, por lo tanto, la posibilidad de contemplar los símbolos medievales y glosar sobre Osiris. Esto es exactamente lo que harán Court de Gébelin y sus seguidores.

Cuando continuamos leyendo sobre el tarot, observamos más este entusiasmo egipcio que una conexión con una larga tradición oculta, hermética o alquímica. Se basa en una declaración, como ya informamos en nuestra introducción: «Si oímos anunciar que todavía hay un libro de los antiguos egipcios hoy, uno de sus Libros escapó de las llamas [...], este hecho es muy cierto, sin embargo: este libro egipcio es la única parte que queda de sus magníficas bibliotecas y existe hoy en día [...]. Este libro está compuesto por LXXVII láminas o pinturas, incluso LXXVIII, divididas en V clases, que ofrecen objetos tan variados como divertidos e instructivos: este libro es en resumen el juego de cartas del tarot, un juego desconocido ciertamente en París, pero muy conocido en Italia, en Alemania, incluso en Provenza, y tan extraño por las figuras que cada una de sus cartas ofrece como por su multitud». No debemos esperar encontrar mayores revelaciones en este texto. El autor continúa mencionando el origen del tarot «que se pierde en la noche de los tiempos», pero que «la forma, la disposición de este juego y las figuras que ofrece son tan manifiestamente alegóricas y estas alegorías están tan en conformidad con la doctrina civil, filosófica y religiosa de los antiguos egipcios, que no podemos dejar de reconocerlo como un trabajo de este pueblo de sabios»: que sólo ellos podían ser los inventores, rivales a este respecto de los indios que inventaron el juego del ajedrez». A continuación se describen los triunfos acompañándolos con grabados «para que nuestros lectores puedan seguirnos». Sabemos que estos grabados bastante rudimentarios fueron realizados a petición suya por uno de sus amigos. Sin embargo, demuestran que este tarot frente al cual Court de Gébelin cayó extasiado era en realidad un tarot del tipo de Marsella. No sabemos cuál. Lo cierto es que no pudo haber visto un juego de Nicolas Conver (que aún no había nacido); y dada la multiplicidad de tarots publicados, sólo se puede plantear una hipótesis recordando los maestros naiperos en ejercicio hacia 1775: pudo haber visto un tarot de Jean-François Tourcaty, de François Bourlion...

En cuanto a los comentarios sobre los triunfos, nos encontramos con otras declaraciones sobre

---

149. El cementerio de los Inocentes fue uno de los principales cementerios del centro de París, destruido antes de la Revolución.

Representaciones del Tarot en Monde primitif, *1781, Museo del Tarot de Bélgica.*

Egipto. Así, el Papa y la Papisa se asocian con el «Sumo Sacerdote y la Suma Sacerdotisa», argumentando que «entre los egipcios los líderes del sacerdocio están casados». Si estas cartas fueran una invención de los modernos, no habría ninguna Suma Sacerdotisa, mucho menos bajo el nombre de Papisa, como los maestros naiperos alemanes[150] la han llamado ridículamente». El Carro es denominado «carro de Osiris triunfante», con el argumento de que «Osiris avanza a continuación; aparece en forma de rey triunfante, con el cetro en la mano, la corona en la cabeza: está en su carro de guerrero, tirado por dos caballos blancos. Nadie ignora que Osiris era la gran divinidad de los egipcios, la misma que la de todos los pueblos sabeos, o el Sol, el símbolo físico de la divinidad suprema invisible pero manifestada en esta obra maestra de la naturaleza. Se había perdido durante el invierno; reaparece en la primavera con un nuevo resplandor, habiendo triunfado sobre todo lo que le hizo la guerra». Citamos todo el pasaje de nuestro autor a propósito del Carro para darnos cuenta mejor de que sus descripciones en el tarot van poco más allá de algunas afirmaciones. Equipara el Carro con Osiris sin decir nada más. A continuación, se describen los otros triunfos, con contenidos similares.[151] Las cartas son citadas en el orden y denominaciones siguientes:

- N.º 0: El Loco.
- N.º I: El Trilero o el Mago.
- N.ºˢ II, III, IV, V: Los jefes de sociedad; Rey y Reina, Sumo Sacerdote y Suma Sacerdotisa.
- N.º VII: Osiris triunfante.
- N.º VI: El Matrimonio.
- N.ºˢ VIII, XI, XII, XIII (sic): Las cuatro virtudes cardinales.
- N.ºˢ VIIII o IX: El Sabio o el Buscador de la Verda y la Justicia.

---

150. Sabemos perfectamente que ningún maestro naipero alemán ha puesto nombre a las cartas del tarot.

151. La mayoría de los significados dados a las cartas por la Court de Gébelin se transcriben en este libro en la sección titulada «Breve historia de los arcanos mayores».

- N.º XIX: El Sol.
- N.º XVIII: La Luna.
- N.º XVII: La Canícula.
- N.º XIII: La Muerte.
- N.º XV: El Tifón.
- N.º XVI: La Torre o el Castillo de Plutón.
- N.º X: La Rueda de la Fortuna.
- N.º XX: pintura mal llamada «el Juicio».
- N.º XXI: el Tiempo, mal llamado «el Mundo».

Court de Gébelin parece haber escogido este orden según una secuencia propia: así, Osiris sucede al Papa (o Sumo Sacerdote) porque el autor describe la triple cruz del Papa como un «monumento absolutamente egipcio [...] tiene una relación con el triple Falo que se paseaba en la famosa fiesta de las Pamilias en la que se alegraban de haber encontrado a Osiris». Después «Osiris avanza a continuación». El Sol, la Luna y la Estrella (el autor llama a esta última «Canícula») siguen a la «sórdida linterna del Ermitaño». Pero no explica por qué la Rueda de la Fortuna sucede a la Torre. También es difícil saber por qué este hijo de un pastor que estudió la Biblia se niega a ver el Juicio en la carta XX, quizás para permanecer fiel a su sistema: «Quitad estas tumbas, esta carta también sirve para designar la Creación que llegó al comienzo de los tiempos que indica el n.º XXI». Pero podemos ver con esto que él quiere más expresar sus ideas que ver lo que encontramos con un poco más de seguridad en un tarot: son difíciles de negar las representaciones del Juicio, del Emperador con el escudo de armas del Santo Imperio Romano, o del Papa, cabeza de la Iglesia Católica Romana, con su tiara, su bendición Ubi et Orbi y su triple cruz... El autor continúa su presentación describiendo los cuatro colores como «relacionados con los cuatro estados entre los que están divididos los egipcios»: «La espada designa al soberano y a la nobleza militar, la copa al clero o el sacerdocio, el basto a la maza de Hércules, la agricultura [¿qué relación entre el héroe griego, Egipto y la agricultura?], los oros el comercio, que se realiza con dinero».

A esto le sigue un desarrollo según el cual el juego es egipcio porque se basa en el número sagrado siete (cada palo tiene dos veces siete cartas, los triunfos son tres veces siete, hay un total de setenta y siete cartas, contando el Loco como cero): «Por lo tanto, este juego sólo puede haber sido inventado por los egipcios, ya que se basa en el número siete. [...] inventado por un hombre de genio, antes o después del ajedrez y que combina la utilidad con el placer, ha llegado a nosotros a través de todos los siglos: ha sobrevivido a la ruina entera de Egipto». Para ello, añade el autor, fue traído de Egipto a Roma en la época del Imperio romano: «Se trajeron de allí sus ceremonias y el culto a Isis; por lo tanto, el juego en cuestión». A continuación, el autor desarrolla la etimología egipcia de la palabra «tarot», antes de describir de la manera más exotérica posible cómo se juega este juego. Desarrolla en el artículo siguiente cómo el tarot también puede ser considerado un juego de geografía política: dado que los juegos de cartas instructivos para aprender historia y geografía estaban de moda, es posible que existieran libros para emparejar las cartas y los países del mundo. Court de Gébelin cita también un «catálogo de libros italianos» en el que veía «el título de un libro en el que la geografía se relaciona con el juego de cartas del tarot». A continuación, hace coincidir varias cartas con países de Asia, África o Europa. Continúa desarrollando la relación entre el tarot «y un monumento chino» cuya descripción le fue comunicada por un hombre llamado Bertin,[152] y luego habla de la relación del tarot con los torneos caballerescos, porque «al principio los caballeros de los torneos se dividían en cuatro bandas [...] en correspondencia con los cuatro colores de las cartas del tarot». Concluye describiendo los juegos de cartas españoles (con copas, espadas, bastos y oros) y las cartas francesas. Nos pareció necesario desarrollar aquí la esencia de lo que dijo este autor, tan importante en la historia del tarot. Todo parte de él y, sin embargo: ¡nada hay menos esotérico que estas descripciones del tarot! Ni siquiera hay interpretaciones adivinatorias. Podemos sorprendernos con razón de que haya supuesto la semilla de lo que vino después. Los únicos recuerdos que tenemos hoy de Court de Gébelin son los del tarot, el resto de su obra monumental ha sido olvidado. Y si consideramos el tarot, no parece que escribiera cosas muy esenciales para entenderlo o ni siguiera para revelarlo.

Entonces, ¿por qué se lo sigue citando como referente sobre el tema aun hoy en día? El hecho es, como hemos dicho, que fue el primero en hablar

---

152. Henri Léonard Jean-Baptiste Bertin (1720-1792), estadista que recibía informes de los misioneros que estaban en China, registrados en *Mémoires concernant l'histoire, les sciences, les arts, les mœurs, les usages, etc. des Chinois*, a partir de 1776.

del tarot de forma diferente. Entonces, y esto es lo más importante, otros autores tomarán rápidamente el relevo para desarrollar la idea de que el tarot es mucho más que un juego de cartas. Si no hubieran tratado también el tema después de Court de Gébelin, es probable que su texto sobre el tarot hubiera sido olvidado, así como el que dedica a los blasones o su diccionario etimológico. Además, si estos autores desarrollaron esta idea, mencionada en el primer capítulo, de un tarot que es en verdad el «libro de Toth» y que contendría conocimientos ocultos, y si pudo crecer y desarrollarse, es porque escribieron en una época, a finales del siglo XVIII, donde tal idea pudo sembrarse en un terreno muy fértil: los misterios de Egipto, como hemos visto, eran tan populares entonces como la cartomancia. El tarot como «el libro de Toth» tenía un futuro brillante por delante.

◆◆◆ *El conde de Mellet*

En la misma época, el colaborador de Gébelin, el conde de Mellet, retoma la idea de un tarot egipcio y escribe lo siguiente en el *Monde primitif*. Pero esa vez se extenderá sobre la naturaleza oculta y adivinatoria del tarot y sobre la forma en que los «sabios de Egipto utilizan las pinturas sagradas para predecir el futuro». Hemos olvidado un poco a este autor, que sin embargo desempeña un papel al menos tan importante como el de Court de Gébelin en la historia del tarot. Es cierto que no fue él quien publicó el *Monde primitif* y que sólo aparece en esta obra bajo el seudónimo M. le C. de M.***, quizás porque este militar, antes que nada señor y hombre de armas, no estaba públicamente deseoso de que lo asociaran con ningún tipo de trabajo… Nunca lo sabremos. Louis-Raphaël-Lucrèce de Mellet (1727-1804) fue masón, como Court de Gébelin, pero, a diferencia de él, fue aristócrata y militar de muy alto rango: caballero, señor, conde, coronel, gobernador, mariscal, teniente general de los ejércitos del rey, gran cruz de la Orden Real y militar de San Luis.[153] Él fue el primero en asociar realmente la adivinación y el tarot. Además, su contribución se titula *Recherches sur les tarots et sur la divination par les cartes des tarots*;[154] está dividida en ocho capítulos: «Libro de Toth; Este juego se aplicaba a la adivinación; Nombres de varias cartas conservadas por los españoles; Atributos mitológicos de muchos otros; Comparación de estos atributos con los valores asignados a las cartas modernas para la adivinación; Cómo se utilizan para consultar los oráculos; Es una gran parte de la sabiduría antigua; Cartas con las que los adivinos asocian los pronósticos». ¿Qué nos dice el conde de Mellet a lo largo de estos capítulos? En primer lugar, él también nos dice que el tarot es egipcio, pero desarrolla la idea de que es el «libro de Toth»: «El deseo de aprender se desarrolla en el corazón del hombre a medida que su mente adquiere nuevos conocimientos: la necesidad de preservarlos y el deseo de transmitirlos hace que se considere a Toth o Mercurio su inventor. Estos caracteres […] son muchas de imágenes reales con las que se pintaban en nuestros ojos las cosas de las que queremos hablar. Es natural que el inventor de estas imágenes fuera el primer historiador: de hecho, se considera que Toth pintó a los dioses, es decir, los actos del Todopoderoso, o la Creación. Este Libro parece haber sido llamado A-ROSCH; A, doctrina y ciencia; y ROSCH, Mercurio, que, unido al Artículo T, significa Tablas de la Doctrina de Mercurio, pero como *Rosch* también significa *Principio*, esta palabra *Ta-Rosch* estaba particularmente dedicada a su cosmogonía […]. Esta antigua cosmogonía, este libro de *Ta-Rosh*, con algunas ligeras alteraciones, parece habernos llegado en las cartas que todavía llevan este nombre […]. Los árabes comunicaron este libro o juego a los españoles, y los soldados de Carloquinto (Carlos V) lo llevaron a Alemania». También nos enteramos de que este libro está compuesto por veintidós pinturas, lo que demuestra que cuando el conde de Mellet habla del tarot, sólo tiene en cuenta los arcanos mayores. Luego los describe según un sistema completamente diferente al de Court de Gébelin (notemos de pasada que su intento de explicar etimológicamente la palabra «tarot» también difiere del autor anterior). Divide el tarot en tres series de siete cartas tituladas «Siglo de Oro, Siglo de Plata, Siglo de Bronce o Siglo de Hierro». Cabe recordar que esta división cronológica era común para los historiadores antiguos, siendo la Edad de Oro este período mítico del paraíso perdido, la Edad de la Plata, el tiempo en que las cosas comenzaron a degenerar, la Edad de Bronce y luego la de Hierro (el autor redujo los dos períodos a uno para que correspondiera al tarot) siendo nuestro tiempo, el tiempo en que el mal apareció (bronce) y en que puede proliferar (hierro). En estas tres series, las

---
153. Jean-Marie Lhôte, *Le Tarot, op. cit.* pág. 144.
154. *Monde primitif, op. cit.* págs. 395-410.

cartas se describen desde la vigésimo primera, «el Universo» (= el Mundo), hasta la primera, «el Mago». La vigésimo segunda carta, que el conde de Mellet llama «la Locura», ya que está «sin número como sin poder», no forma parte de esta clasificación. El autor explica esta progresión en la dirección opuesta por el hecho de que la escritura egipcia se leía de derecha a izquierda, «la carta veintiuno, que sólo estaba numerada con números modernos, es sin embargo la primera». El conde de Mellet, por lo tanto, nombra y clasifica las cartas del tarot de la siguiente manera:

✦ **Primera serie, Siglo de Oro.** La 21.ª o 1.ª carta «representa el Universo a través de la diosa Isis en un óvalo, o un huevo, con las cuatro estaciones en las cuatro esquinas, Hombre o Ángel, Águila, Buey y León». Carta 20.ª: El Juicio, o «la Creación del Hombre». 19.ª: La Creación del Sol «que ilumina la unión del hombre y la mujer [...], este signo se ha convertido en el de Géminis». 18.ª: La creación de la Luna «y los animales terrestres expresados por un lobo y un perro». 17.ª: La creación de estrellas y peces «representados por las estrellas y Acuario». 16.ª: La Torre derrocada «o el Paraíso terrenal, del cual hombre y mujer son expulsados por la espada de fuego unida a la caída del granizo». 15.ª: El Diablo o Tifón «viene a perturbar la inocencia del hombre y a acabar con la edad de **oro**».

✦ **Segunda serie, Siglo de Plata.** 14.ª: El ángel de la Templanza «viene a instruir al hombre para que evite la muerte a la que acaba de ser condenado». 13.ª: Muerte. 12.ª: «Los accidentes que atacan la vida humana representados por un hombre colgado del pie, para evitarlos es necesario en este mundo caminar con Prudencia». 11.ª: La Fuerza viene al rescate de la Prudencia y mata al león, símbolo de la tierra no cultivada y salvaje. 10.ª: La Rueda de la Fortuna. 9.ª: El Ermitaño o el Sabio «buscando justicia en la tierra». 8.ª: La Justicia.

✦ **Tercera serie, Siglo de Bronce o Hierro.** 7.ª: El Carro de guerra «expresa las batallas del Siglo de Bronce, anuncia los crímenes del Siglo de Hierro». 6.ª: El Hombre «pintado flotando entre el vicio y la virtud ya no es conducido por la razón». 5.ª: Júpiter «con un rayo en su mano amenaza la tierra y amenazará a los reyes en su ira». 4.ª: El Rey «armado con un garrote que la ignorancia convertiría más tarde en un globo imperial». 3.ª: La Reina. 2.ª: «El Orgullo de los poderosos representados por los pavos reales sobre los que Juno, mostrando el Cielo y la Tierra, anuncia una religión terrestre o Idolatría». 1.ª: El Mago «sujetando la vara de los Magos engaña la credulidad de los Pueblos».

Podemos darnos cuenta inmediatamente de que el juego descrito aquí no es un tarot de Marsella, sino un tarot de Besançon, con Júpiter y Juno en lugar del Papa y la Papisa. Por lo tanto, parece que la búsqueda de la más alta antigüedad para interpretar el tarot no impide la búsqueda de un juego específico; aparentemente, cualquier juego de tarot parece funcionar. Parece que la fidelidad a las cartas comentadas tampoco interesa a estos autores: las renombran a su propia discreción, ignorando sus nombres, utilizando el argumento de que estas cartas fueron nombradas así por error. Más tarde, los cartománticos harán lo mismo: los libros de cartomancia que proponen leer cartas del tarot en el siglo XIX contienen muchos juegos diferentes, algunos reescritos y rehechos desde cero, siendo el más célebre el famoso tarot de Etteilla, que ya no tendrá mucho que ver con el tarot de Marsella.

Mientras tanto, volvamos a nuestro autor y a su sistema: la idea era clasificar las cartas del tarot, darles un significado, pero también hacer de ellas una especie de esquema que explicara el mundo. Pero ¿cómo podría tal cosmogonía, que puede parecer bastante coherente, servir para la adivinación? El autor resuelve el problema explicando cómo los egipcios inventaron nuevos personajes, inspirándose en las herramientas que utilizaban en sus ceremonias sagradas: «tienen adivinación por las copas, hacen maravillas con sus palos, consultan talismanes o piedras grabadas, adivinan cosas futuras con espadas, flechas, hachas, y finalmente con armas en general [...]. Estos cuatro caracteres, una vez reunidos en las pinturas sagradas, deben haber dado esperanza a las mayores luces y a la fortuita combinación obtenida al mezclar estas pinturas con frases que los magos leían o interpretaban como sentencias del Destino [...] y entre las diferentes pinturas había algunas felices y otras desafortunadas según la posición, el número de símbolos y sus ornamentos los hacían adecuados para anunciar la felicidad o el infortunio. Después de haber vuelto a poner las suites o arcanos menores (las «pinturas») en el sistema, el conde denunció la ignorancia de sus contemporáneos que «al no saber leer los jeroglíficos han eliminado todas estas pinturas (es decir, suprimieron los arcanos menores), y cambiaron a los nombres de copa, basto, oro y espada, de los cuales no conocen ni la etimología ni la expresión, los han sustituido por los de corazón, diamante, trébol, pica». De esta manera, nuestro autor puede recuperar los métodos tradicionales de cartomancia gracias a los juegos de cartas ordinarios que ya existían en su tiempo y aplicarlos al tarot. Así, dice que según «nuestros adivinos que no saben leer los jeroglíficos [...] los corazones (copas) anuncian la felicidad, los tréboles (oros) la fortuna, las espadas (espadas) la desgracia, los *carreaux* (bastos) la indiferencia y el campo». Desarrolla el significado de las cartas según las tradiciones de la época, por ejemplo «el nueve de picas es una carta fatal» (así que el nueve de espadas también es una carta fatal). Luego invita al lector, y ésta es su gran contribución, a tirar las cartas dividiendo el juego en dos: los triunfos o arcanos mayores por un lado, y los menores por el otro. Es decir, tenemos aquí, en su texto, la propuesta más antigua conocida para una tirada de tarot.

El texto en cuestión resulta bastante confuso. Propone alinear las cartas según un método de conteo que llega hasta catorce, y luego interpretarlas según las combinaciones de figuras y sobre todo de números. Luego hay un ejemplo de cómo interpretar un sueño. El conde de Mellet aprovecha la ocasión para citar a José, hijo de Jacob, que interpretó con el libro de Toth los sueños del faraón, un ejemplo bíblico fácil de encontrar que aprovecha en su arte adivinatorio egipcio. También proporciona algunos elementos adivinatorios sobre las cartas del tarot mencionados en su ejemplo de tirada, que son, por tanto, también los primeros de su tipo en relación con el tarot, sin que Court de Gébelin haya dado ninguno. Pero estos elementos son bastante limitados: «El Sol respondiendo al Gimel (Géminis) significa en este sentido retribución, felicidad. La Fortuna significa estado, ley, ciencia. El Loco no expresa nada por sí mismo [...] es simplemente un signo, una marca. Tifón (el Diablo) anuncia inconsistencia, error, fe violada, crimen. La muerte [...] indica la acción de barrer; en efecto, la muerte barre con todo». Éstas son las únicas indicaciones que se proporcionan, además de las que se dan para las cartas ordinarias, que se reducen en este texto a treinta y dos naipes. Por lo tanto, no tenemos suficiente para interpretar todo un tarot. El sistema expuesto por el autor, como hemos visto, no es demasiado útil para dar un significado adivinatorio a las cartas. Sólo podemos deducir que algunas son indudablemente positivas (como el Juicio o la «Creación del Hombre») o negativas (el Mago que «engaña la credulidad de los pueblos»).

Hemos de recordar que, al fin y al cabo, el conde de Mellet, como Court de Gébelin, no es ningún cartomántico. Uno es un aristócrata de alto rango y un hombre de guerra, por lo que es sorprendente que este soldado de carrera sea el primero en haber dejado un texto de tarot adivinatorio. El otro es un hombre de letras al que apenas le gusta el ocultismo. Ambos presentan teorías y sistemas en un libro enciclopédico, por lo que parece que su objetivo es más bien reunir objetos o prácticas dispersos (juegos, blasones...) y encontrar su «antigüedad». Éste es el objetivo declarado del *Monde primitif*. Lo que el texto también indica es que la cartomancia ya está en uso en su tiempo: el conde de Mellet habla de adivinos que han perdido el significado original de las cartas y propone encontrar ese significado de nuevo en el espíritu de este libro. Sabemos que uno de los más famosos de ellos, Jean-Baptiste Alliette, conocido como Etteilla, ya había publicado en París en 1770 un libro de cartomancia: *Etteilla, o Manière de se récréer avec un jeu de cartes,* de M.***. Cuando escribió este libro, seguramente no sabía más sobre el tarot que sus contemporáneos. ¡Probablemente estaba frustrado por contentarse con un juego de treinta y dos cartas! La lectura del texto publicado en *Monde Primitif* en 1781 le debe haber parecido llena de oportunidades. ¡Qué brillante idea mezclar el tarot, un conjunto de setenta y ocho cartas que contienen figuras más o menos misteriosas, con las prácticas de la cartomancia ya en uso! El conde de Mellet tuvo esta idea, y Jean-Baptiste Alliette la desarrolló, llevando el tarot a la edad de oro de la cartomancia.

Antes de pasar a esta Edad de Oro, nos ha parecido apropiado dejar aquí una transcripción modernizada (¡y probada!) de la huella del conde de Mellet, dada la confusión de su texto original, y también dado que se trata de la tirada de tarot más antigua conocida. Los amantes de las tiradas adivinatorias podrán apreciarlo.

◆◆◆ Tirada de tarot según el método del conde de Mellet (1781)

Esta tirada requiere de dos personas. Una toma los arcanos mayores, la otra los arcanos menores. Después de que cada una de ellas haya mezclado sus mazos de cartas y los haya dado a la otra para que las corte, empiezan a contar juntas hasta el número catorce. La persona que cuenta los arcanos menores mantiene las cartas boca arriba: si aparece «una carta en su rango natural», es decir, que lleva el número acabado de pronunciar (por ejemplo, si al decir «tres» se pone sobre la mesa un tres de bastos), aparta la carta. Las cartas de la corte tienen los siguientes rangos: 11 para las sotas, 12 para los caballos, 13 para reinas, 14 para reyes. La persona que cuenta los arcanos mayores mantiene las cartas boca abajo. Cuando se aparta un arcano menor, le da la vuelta a la carta que tenga en la mano en ese momento (en nuestro ejemplo, será el arcano que sostiene cuando se diga tres «tres»). El arcano menor se colocará sobre el arcano mayor. Entonces es necesario anotar el binomio obtenido, porque el arcano mayor que salió debe ponerse de nuevo en el juego «para que el libro del Destino esté siempre completo» y el conteo continúe hasta catorce. La operación debe repetirse otras tres veces de la misma manera, lo que supone cuatro conteos de catorce. De este modo, podremos obtener al final cuatro conjuntos compuestos por un número aleatorio de pares, o incluso tres, o dos conjuntos, o ninguno en absoluto si los recuentos no han llegado a ninguna parte. En los conjuntos también podemos ver que se repite un arcano mayor. Una vez que los recuentos se completen, podemos colocar por comodidad todas las cartas en la mesa según las notas tomadas.

Para la interpretación, el autor declara entonces que se debe:

—Leer interpretando «la infelicidad o la felicidad que cada una de ellas presagia combinada con lo que anuncia la carta que le corresponde». Por lo tanto, será necesario interpretar cada combinación de un arcano mayor y un arcano menor. A la vista de las indicaciones resumidas de interpretaciones dadas en el texto original, podemos utilizar un manual de tarot moderno.

—Multiplicar el número del arcano mayor por el número del arcano menor que le corresponde, lo que dará una indicación del «poder en más o en menos», la infelicidad o la felicidad expresadas.

Para la tirada que da como ejemplo, el autor especifica también que se pueden leer los números de los arcanos menores que han aparecido y sumarlos para cada conjunto: la suma total dará una indicación de la de todo el conjunto. Por ejemplo, un conjunto que consiste en el siete de bastos, el cinco de oros y el ocho de espadas (veinte en total) se considerará como más importante que cualquier otro compuesto sólo por el dos de oros (dos en total). Esta indicación también puede utilizarse para indicar un período: en el ejemplo dado por el autor, siete pueden ser siete años. Cabe señalar que para calcular ese total, las cartas de la corte tendrán como valores: 1 para sotas, 2 para caballos, 3 para las reinas, 4 para los reyes.

La falta de resultados en las cuentas, por ejemplo, si una pregunta no obtiene una respuesta, o el hecho de que haya conjuntos más o menos importantes dependiendo de las preguntas también pueden ser elementos de interpretación. Parece que el interés de esta tirada puede consistir en el hecho de que no planeamos por adelantado el número de cartas que se aparecerán.

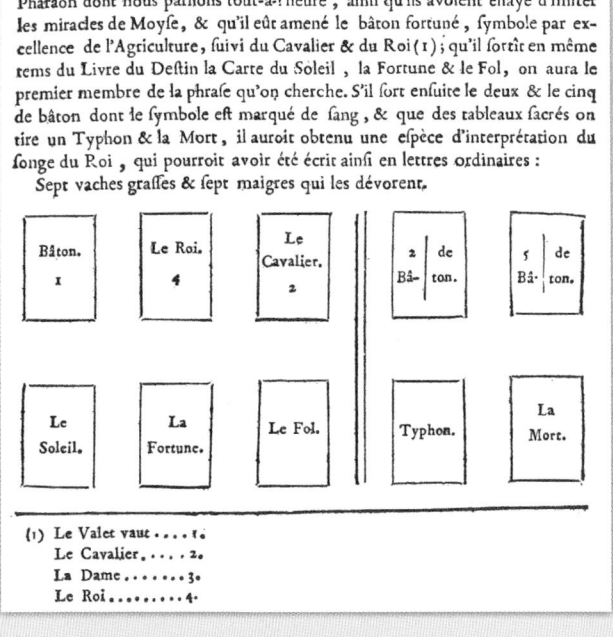

Extracto del *Monde primitif,* ejemplo dado con el dibujo del conde de Mellet, volumen VIII, pág. 406 (facsímil).

3

La edad de oro de la cartomancia

◆◆◆ *El esquivo Alliette, llamado Etteilla*

En este momento, un hombre que no es el conde de Mellet está escribiendo sobre cartas. En 1770, como dijimos, Jean-Baptiste Alliette, conocido como Etteilla, ya había publicado *Etteilla, o Manière de se récréer avec un jeu de cartes*, de M.***, que es nada más y nada menos que el primer tratado de cartomancia conocido. El anagrama «Etteilla» (su nombre al revés) parece haber sido al principio para él el nombre de la carta treinta y tres para añadir en su método de lectura de un juego de treinta y dos cartas, más una carta en blanco por ambos lados y que representaría al consultante. Luego conservó el pseudónimo. ¿Quién es Alliette? Tenemos poca información sobre él. Afirma que ya en el año 1753 intentaba descubrir el secreto de las cartas, y que el tarot al que llamaba «libro precioso» le era familiar desde 1757. A veces se le presenta como fabricante de pelucas, como peluquero, y se llama a sí mismo profesor de álgebra. Apenas sabemos más. Sin embargo, su reputación era inmensa, tanto en vida como después de su muerte, casi hasta hoy. En 1857, un hombre llamado J.-B. Millet Saint-Pierre, que estaba investigando a nuestro misterioso adivino, dijo que estaba muy decepcionado y no encontró nada en las biografías. Pero también dijo que una noche, por casualidad, se encontró con un «anciano muy lozano y muy alegre, un «residuo» del Antiguo Régimen, que había estado entre los jóvenes que hicieron triunfar a Voltaire después de la tercera representación de Irene». Cuando le habló de los adivinos y de sus dificultades para recibir a sus consultantes en su casa debido a su modesto alojamiento, el anciano le respondió:

—Háblame de Etteilla, él había superado esta dificultad; todo lo que teníamos que hacer era enviarle por escrito, con el precio fijado, cuatro indicaciones, para recibir al día siguiente un horóscopo de la mejor calidad.

—¡Caramba! ¿Conociste a Etteilla? —exclamó inmediatamente nuestro autor.

—No —respondió el anciano—, nunca lo he visto, pero he conocido a mucha gente que le ha consultado oralmente, e incluso a algunos que estaban siguiendo su curso de adivinación. Sus oyentes eran buena gente y, convencidos o no, parecían muy satisfechos con él.

Así, concluye nuestro autor, «Alliette o Etteilla había ocupado la atención de un público distinguido; su nombre profesional era citado como autoridad, ¡y yo no lograba saber nada de él!».[155] Su resentimiento resume exactamente lo que ocurre con este

---

155. Esta extravagante historia está disponible en Gallica bajo el título «Recherches sur le dernier sorcier et la dernière école de magie», de J.-B. Millet-Saint-Pierre en *Recueil des publications de la Société havraise d'études diverses*. Véase la edición de 1857, págs. 431-483. Los principales elementos biográficos citados en esta sección se han extraído de ella: http://gallica.bnf.fr/ark:/12148/bpt6k55447214

personaje: su posteridad es próspera, pero no se sabe casi nada de él.

Se cree que nació alrededor de 1738, aunque no es seguro, y su rastro se perdió en 1791. De él queda una bibliografía bastante confusa y un tarot del que hasta hace poco no hemos estado seguros de que fuera realmente suyo. El autor de nuestra historia continúa, y nos cuenta que tuvo la suerte de haber obtenido publicaciones de Etteilla o de su escuela, títulos originales, cartas, horóscopos, manuscritos del propio mago o de algunos de sus discípulos, así como un cuaderno de notas tomadas durante sus conferencias públicas. «Estos papeles fueron encontrados después de la muerte de un hombre ya anciano al que conocía bien [...]. Sólo entonces se supo que el difunto había sido uno de los seguidores del libro de Toth». ¿Qué más dice este autor, a partir de lo que encontró? Que en 1753 un profesor de álgebra deambulaba por París y decidió buscar otro *modus vivendi* tirando las cartas. En ese año, publicó un *Abrégé de la cartonomancie*.[156] Pero, no satisfecho con lo que había aprendido de una tiradora de cartas, habría empezado a buscar el arte de la presciencia en el estudio de la antigüedad. Según los escritos de uno de sus discípulos (Jealel, que escribió una *Necrología de Etteilla*), hizo largos y penosos viajes para encontrarse con los adivinos de toda Europa. De hecho, según nuestro autor, durante varios años intentó compensar la insuficiencia de su exigua educación con estudios que le dieran la apariencia de un mago profundo. Se puso al corriente de todo lo que se había escrito hasta entonces sobre las ciencias ocultas, se hizo pasar por un filósofo cabalista, que practicaba la astrología, la alquimia, la quiromancia y la «cartonomancia», término acuñado por Alliette porque, según él, los jeroglíficos estaban pintados sobre cartones. Algunos autores dicen que era masón, pero no hay pruebas que lo demuestren. En cualquier caso, sus estudios dieron sus frutos, ya que pudo ampliar su público «con mucha audacia, gran habilidad y, sobre todo, una forma de conversación que le era propia». Siendo serio y más bien taciturno, rara vez terminaba la frase que había comenzado, pero este modo de ser, causado sin duda por la falta de medios de expresión, por la debilidad de palabra, pasó a los ojos de la mayoría de los asistentes como prueba de profundidad. Pero deslumbraba fácilmente en cuanto recurría a los números para establecer que no había casualidad en los acontecimientos y que todo sigue una regla primordial y constante; sostenía una doctrina similar a la de Demócrito y Empédocles, discípulos de Pitágoras, que veían en los números los principios de las cosas. Etteilla destacó en los juegos matemáticos y en las combinaciones de números. Sin embargo, nuestro biógrafo y varios otros autores han denunciado su escasa educación y sus libros rudimentarios y mal escritos. Eliphas Lévi, otro autor que escribió sobre el tarot y al que volveremos, decía que lo despreciaba: «Etteilla o Alliette, preocupado sólo por su sistema de adivinación y el beneficio material que podía obtener de él, Alliette, un expeluquero que nunca había aprendido francés ni ortografía, pretendía reformar y apropiarse así del libro de Toth».[157] Sus libros, sin ortografía correcta serán, sin embargo, un gran éxito, probablemente como resultado de ello. En efecto, el *Monde primitif*, que Alliette supo aprovechar tan bien, era una obra sabia y ambiciosa, además de costosa. Él publicó libros pequeños, que eran más accesibles.

Sin embargo, no era un mago barato; no se contentaba con una clientela de sirvientes o gente común. Los precios que publicó en los periódicos de la época para sus cursos y consultas lo atestiguan: «Una simple conversación con Etteilla costaba con 3 libras; una lección de magia sabia 3 libras. Las series de horóscopos, grandes, medianos o pequeños, cuestan 100 libras, 50 libras o 24 libras respectivamente. Entonces, si los clientes, después de haber tenido conocimiento del horóscopo, querían recibir información adicional, tenían que pagar 3 libras, o 6 libras para preguntas adicionales. La explicación de un sueño costaba 6 libras. 12 libras para obtener el nombre de su genio, su naturaleza, sus cualidades, su poder relativo a la vida del consultor. Lo que era mucho más caro era conseguir un talismán que pudiera proteger a su dueño de tal o cual peligro: dependiendo de la potencia del talismán, exigía de 8 a 10 luises. Mucho mejor. Etteilla admitía suscriptores a precio fijo. Por 30 libras al mes, él sería el doctor de la mente de la persona que confiaba en él y, por este pequeño honorario, estábamos casi seguros de estar libres de todas las maldades que un genio malicioso podría hacer».[158] El autor de esta información concluye: «Como podemos ver, Etteilla fue un gran hombre. Hábil, audaz, embustero y lleno

---

156. Citado en «Recherches sur le dernier sorcier et la dernière école de magie», *op. cit.* pág. 439. El título de esta obra provendría de un manuscrito de correspondencia privada.
157. Eliphas Lévi, *Dogme et rituel de la haute magie, op. cit.,* pág. 341.
158. En *Le Journal des débats politiques et littéraires,* París, 21 de diciembre de 1905. Digitalizado en Gallica: http://gallica.bnf.fr/ark:/12148/bpt6k482162d

Horóscopo manuscrito de Etteilla, que se encuentra en «Recherches sur le dernier sorcier et la dernière école de magie», BnF (facsímil).

de conocimientos, pronto adquirió una reputación universal». Para dar una idea de la cantidad de los honorarios cobrados, basta recordar el salario diario de un artesano que fabricase cartas: de dieciocho a veinte centavos al día, y una libra equivalía a unos veinte o veinticinco centavos.[159] Por lo tanto, podemos considerar que, por una conversación, un trabajador tenía que pagar más de tres días de salario. A la muerte de Etteilla, sin embargo, parece que sus alumnos lamentaron la desaparición de un hombre extraordinario. Su discípulo Jealel dijo de él en su opúsculo: «Entre los grandes hombres que ilustraron este siglo XVIII estaba nuestro maestro [...] ya no está entre nosotros, hermanos míos [...]. ¡Etteilla ya no existe! Su espíritu se cierne sobre sus discípulos afligidos, su genio planea sobre nuestras cabezas, está observando cómo usaremos las lecciones que nos ha dado [...]. Etteilla ya no está: Etteilla ha sucumbido bajo el peso de las noches en vela y las fatigas. ¡Posteridad! ¡Tú juzgarás si Etteilla merecía o no los honores del panteón francés!». Nuestro biógrafo informa que en los manuscritos escritos por sus alumnos encontramos un afecto sincero: «Es una verdadera pérdida para los amantes de la ciencia y para toda la raza humana por las luces que empezaba a derramar. Estaba empezando a tratar con una cierta intimidad a este filósofo único, y me sentía halagado de adquirir pronto la inteligencia de sus obras».[160] Otra carta va en el mismo sentido: «La muerte de Etteilla, un hombre verdaderamente culto y buen amigo, es una pérdida irreparable».[161] Nuestro autor cita también la fecha exacta de la muerte del maestro, el 12 de diciembre de 1791, fecha que se encuentra en una carta de uno de sus discípulos, un hombre llamado Hugand (el famoso Jealel), fechada el 7 de mayo de 1792. Esta información nos parece creíble e interesante, sobre todo porque la fecha de la muerte de Etteilla todavía está en duda.

¿Qué trabajos nos dejó? Como hemos visto, su bibliografía es bastante confusa. No todos los autores están de acuerdo en qué obras publicó. Por nuestra parte, vamos a detenernos en las relacionadas con el tarot y las cartas porque hemos de señalar que también escribió otros libros de astrología, o de remedios.[162] Sobre el tema que nos interesa, publicó principalmente:

—*Etteilla, ou Manière de se récréer avec un jeu de cartes par* M.***, Lesclapart, París, 1770.

---

159. D'Allemagne, tomo II, *op. cit.* pág. 66.

160. Carta de M... de 21 de marzo de 1792, citada en *Recueil des publications de la Société havraise d'études diverses, op. cit.*, pág. 474.

161. Carta de M. de Bourecueille del 5 de marzo de 1792, citada en *ibid.*, p. 475.

162. Ver Jacques Halbronn, *Etteilla, l'Astrologie du livre de Toth* (1785) seguido de *Recherches sur l'histoire de l'astrologie et du tarot,* La Grande Conjonction, París, 1993.

—*Etteilla ou Instruction sur l'art de tirer les cartes*, París, edición del autor, 1770.

—*Etteilla, ou la Seule Manière de tirer les cartes, revue, corrigée et augmentée par l'auteur sur son premier manuscrit*, Lesclapart, Ámsterdam y se encuentra en París, en Segault's, 1773.

—*Manière de se récréer avec le jeu de cartes nommées tarots por Etteilla*, Amsterdam y se encuentra en París. Su libro principal sobre el tarot se publicó en forma de cuatro cuadernos organizados en torno a las virtudes: Justicia para el primer cuaderno, Fortaleza para el segundo, Templanza para el tercero y Prudencia para el cuarto. Los libros 1 y 3 fueron publicados en 1783, los libros 2 y 4 en 1785.

¿Compuso un tarot él mismo? ¿Es el autor de este juego que ahora se llama *le Grand Etteilla* y que él mismo llamó el libro de Toth? Una vez más, la respuesta no es obvia. Durante mucho tiempo, todos los tarots que conocíamos fueron posteriores a su muerte en 1791. Sabemos que al principio era reacio a publicar un juego; en su tercer cuaderno, le explicaba al lector cómo elaborar su propio juego a partir de sus instrucciones: «Es útil tener ante los ojos el juego de cartas llamado tarot y sin preocuparse por el orden que tengo para los números y la interpretación que doy a los jeroglíficos, hay que escribir uno y otro en cada una de las cartas de acuerdo con el plan que les indiqué para tener una idea completa de este libro de Toth que contiene todo el Universo».[163] Otro de sus libros también afirma: «La intención del autor era hacer grabar los 78 jeroglíficos del libro de Toth lo más parecidos a los originales, pero habiendo asumido los costes, el cansancio, los gustos de la época, prefirió dejar esta soberbia empresa a la posteridad».[164] Más tarde, en el año 1789, decidió grabar todo un juego creando un club de suscripción llamado «Société des interprètes du livre de Toth» (que publicó en 1791 un *Dictionnaire synonimique du livre de Toth*). En marzo de 1789, Etteilla obtuvo un privilegio general para todas sus publicaciones y al mismo tiempo entregó a sus corresponsales el libro de Toth, setenta y ocho cartas finamente realizadas con talla dulce y coloreadas a pincel. Una de ellas, la carta 28, lleva la siguiente inscripción: «Etteilla, profesor de álgebra, renovador de la cartomancia y editor de las incorrecciones modernas de este antiguo libro de Toth; vive en la calle de l'Oseille, n.º 48 de París». De hecho, ésta es la prueba de que sí publicó un tarot. Es el despreciativo Eliphas Lévi quien cita esta carta y la describe en detalle en el año 1856, por lo que tenía el juego original en su mano, un juego, cuyas copias más antiguas probablemente datan del año 1791: la carta n.º 28 lleva exactamente la misma mención, pero el nombre y la dirección han sido borrados y reemplazados por los de su discípulo Odoucet escritos con pluma. Encontramos en su lugar: «Odoucet, profesor de álgebra, renovador de la cartonomancia y editor de las incorrecciones modernas de este antiguo libro de Toth; vive en calle Sainte-Anne, n.º 11 en París». Otra prueba de que Etteilla fue efectivamente el autor de este juego es el descubrimiento muy reciente, en el fondo de grabadores del siglo XVIII de la Biblioteca nacional de Francia, de ocho planchas de cartas sin cortar grabadas por Pierre-François Basan tituladas «*Livre de Toth ou Collection précieuse des tableaux de la Doctrine de Mercure dans laquelle se trouve le chemin royal de la vie humaine*». La carta n.º 28 de esta serie de grabados, fechada en 1788, lleva las mismas referencias que el anterior: «Etteilla, profesor de álgebra...». Las cartas son idénticas a las de 1791, pero no están coloreadas.

Este tarot de Etteilla generará una gran cantidad de imitaciones. En primer lugar, el «Gran Etteilla», que los investigadores llamarán Etteilla tipo I, II o III.[165] El tipo I es más o menos conforme al original. El tipo II, también conocido como «tarot egipcio, Gran Etteilla II», data de la segunda mitad del siglo XIX. El «Gran Etteilla tipo III», que se llama principalmente «Grand jeu de l'oracle des dames», apareció después de 1890. Fue diseñado por Guillaume Regamay y litografiado por Haugard-Maugé.[166] La mejor manera de reconocer estos juegos es ver la iconografía de la carta 12, la Prudencia. El tipo I es reconocible por tener una iconografía cercana a la original, con una mujer que camina con cuidado para evitar una serpiente. El tipo II se caracteriza por una ilustración cambiada para la Prudencia: está representada por una mujer con un espejo, de acuerdo con la tradición clásica; también hay una Templanza de acuerdo con la tradi-

---

163. *Manière de se récréer avec le jeu de cartes nommées tarots, troisième cahier*, Ámsterdam, París, 1783, pág. 4.
164. *Ibid.* Cita *Petit avant-tout, ayant quelque rapport à l'art de la divination*, 1773, pág. 124, que está en la parte superior de su *Etteilla ou la seule manière de tirer les cartes*.
165. Thierry Depaulis, *Le Tarot révélé, op. cit.* pág. 61.
166. *Le Tarot, jeu et magie, op. cit.* págs. 133-137 para Alliette y sus tarots. Nótese que el facsímil publicado actualmente por Grimaud es del tipo I, en una reconstrucción de 1910. El facsímil publicado por Dusserre bajo el nombre «tarot égyptien, grand jeu de l'oracle des dames» es del tipo III.

Tarot de Etteilla original titulado «Le livre de Toth», grabado de 1788, BnF.

ción iconográfica del siglo XVII con una correa en la mano y un elefante. Estas representaciones más clásicas hacen que este juego sea más popular. Por último, el tipo III puede identificarse por su Prudencia sobre un fondo rojo adornado (fondo que también se encuentra en la carta N.º 5).

¿Cuál es la aportación de Etteilla en comparación con los autores anteriores? A diferencia de ellos, era un adivino. Ya había trabajado en la adivinación con cartas ordinarias antes de crear su propio sistema. Además, su actitud era ambigua con respecto a la de Court de Gébelin: lo veneraba, pero al mismo tiempo quería que se supiera que no le debía todo.

Por otro lado, todos sus libros contienen la misma obsesión con el antiguo Egipto. Su tarot se llama también «tarot egipcio», y sus obras pronto tomarán el título de «Jeu des tarots ou le Livre de Toth» que quiso darles al principio, pero que la censura, dice, rechazó. Al principio tuvo que contentarse con *Manière de se récréer avec un jeu de cartes nommées tarot*. Su primer cuaderno indica claramente que es la clave de los setenta y ocho jeroglíficos del libro de Toth, y que el autor de

«esta traducción enseña desde 1757 que el original se basa en la ciencia de los números practicada por los pueblos antiguos, y creyó necesario romper el silencio que ha guardado hasta ahora para seguir el rastro y el apoyo del señor Court de Gébelin», lo que implica que es de la misma opinión que este último, pero que habría conocido el origen egipcio del tarot antes que él... Sigue un largo desarrollo sobre la creación del tarot por parte de los sabios egipcios: el tarot, o, su nombre real, el libro de Toth, creado por «diecisiete magos», «en el año 1828 de la Creación, 171 años después del Diluvio y finalmente escrito hoy hace 3953 años»; así que el tarot se habría creado en el año 2170 a. C. (sic). Por otro lado, Etteilla señaló que «casi todos los jeroglíficos están alterados y que el número que tienen los egipcios está absolutamente confundido», y propuso devolver a los jeroglíficos sus verdaderos números.

Aquí es donde se alejó de Court de Gébelin y del tarot tradicional para crear su propio juego.

Lo que le valió la fama es que fue el primero en escribir un conjunto de interpretaciones completo para las setenta y ocho cartas. Hemos olvidado un

Gran Etteilla tipo I,
la Prudencia,
H. Pussey, París,
1880-1890, BnF.

Gran Etteilla tipo II,
la Prudencia,
Delorme, París,
1850-1890, BnF.

Gran Etteilla tipo III,
la Prudencia,
Delarue, París,
1890-1900, BnF.

poco su gran influencia en la cartomancia francesa hasta el siglo XX. Esta influencia sólo disminuirá después de las publicaciones de Paul Marteau, con las que el «auténtico» tarot de Marsella se convertirá en el heredero de la sabiduría ancestral. Mientras tanto, la mayoría de los libros sobre cartomancia, a lo largo del siglo XIX y parte del siglo XX, citarán diferentes métodos, la mayoría de los cuales fueron inspirados por *Etteilla*, ya sea para leer cartas comunes o su propio tarot. Es ampliamente citado en periódicos y catálogos de venta de libros y juegos; una multitud de autores se aprovecharán de él, como Elie Alta (seudónimo Gervais Bouchet) que en el año 1899 escribió *Le Tarot Égyptien, ses symboles, ses nombres, son alphabet. Comment on lit le tarot. L'œuvre d'Etteilla restitué*, donde se decía que el propio nombre que llevaba era una garantía de seriedad. Hemos visto que el tarot de la Etteilla existe en al menos tres grandes ediciones, pero no hemos mencionado muchos otros juegos inspirados en él, como el «Pequeño Etteilla»,[167] un juego de treinta y tres cartas, inspirado en su método de 1770 con un juego de cartas ordinario de treinta y dos cartas más una carta blanca. ¿Cómo se compone su famoso tarot, que inspiró a tantos adivinos? Los «triunfos» se numeran siempre del 1 al 21, pero en un orden y denominación completamente diferentes: la primera carta, que representa al consultante, no tiene equivalente en el tarot, el Papa ha sido borrado pura y simplemente (a menos que el consultante lo imagine); en el lugar número 13, el autor admite descaradamente que ha sustituido la Muerte por el Matrimonio, y ha colocado a esta última en el número 17, porque refleja el pensamiento de los egipcios de que «el matrimonio es el nacimiento, y que el nacimiento es el espíritu de la muerte y éste es el espíritu de la vida»,[168] y otras disposiciones similares, cuyas discrepancias con el tarot de Marsella muestra claramente el cuadro siguiente.

Las otras cartas (arcanos menores) fueron numeradas del 22 al 77 (por ejemplo, el cinco de bastos es el número 31), el Mat o el Loco termina la partida con el número 78.

---

167. *Le Petit Etteilla ou l'Art de tirer les cartes d'après les plus célèbres cartomanciers, orné de 33 gravures*, Blocquel et Castiaux, Lille, 1826. Digitalizado en Gallica: http://gallica.bnf.fr/ark:/12148/btv1b10527480w
168. *Manière de se récréer avec le jeu de cartes nommées tarots*, tercer cuaderno, *op. cit.* pág. 9.

Tarot d'Etteilla	Tarot de Marsella
1 - Etteilla / el consultante / el caos	No hay carta equivalente
2 - Rayo / fuego / luz	XIX - El Sol
3 - Propuesta / agua / plantas	XVIII - La Luna
4 - Despojo / aire / cielo	XVII - La Estrella
5 - Viaje / tierra / el hombre y los cuadrúpedos	XXI - El Mundo
6 - El día / la noche / las estrellas	III - La Emperatriz
7 - Apoyo / protección / pájaros y peces	IIII - El Emperador
8 - Etteilla / el consultante / el descanso	II - El Papa o Juno
9 - La Justicia / el abogado / la justicia	VIII - La Justicia
10 - Templanza / el sacerdote / la templanza	XIII - La Templanza
11 - La Fuerza / el soberano / la fuerza	XI - La Fuerza
12 - La Prudencia / el pueblo / la prudencia	XII - El Colgado
13 - Matrimonio / unión / el sumo sacerdote	VI - El Amante
14 - Fuerza mayor / fuerza menor / el diablo	XV - El Diablo
15 - enfermedad / enfermedad / el mago o el titiritero	I - El Mago
16 - El Juicio / el juicio / el juicio final	XX - El Juicio
17 - La Mortalidad / la nada / la muerte	XIII - La Muerte
18 - El Traidor / el devoto falso / el capuchino	VIIII - El Ermitaño
19 - La Miseria / la prisión / el templo golpeado	XVI - La Torre
20 – La Fortuna / aumento / la Rueda de la Fortuna	X - La Rueda de la Fortuna
21 - Disensión / la arrogancia / el déspota africano	VII - El Carro
78 - Locura / la locura / locura o alquimista	Le Mat o el Loco

Las cartas del 22 al 77 también tienen significado: por ejemplo, el cuatro de espadas se llama «soledad» y lleva la mención invertida «economía».[169] Cada carta del juego original de Etteilla tiene dos denominaciones; una tercera se añadirá en ediciones posteriores, que ya no serán suyas. En esta tabla, que utiliza sólo veintidós cartas para establecer equivalencias con los veintidós arcanos mayores (como el propio autor los da), notamos en primer lugar el significado escrito en la parte superior de la carta, en segundo lugar el de la parte inferior de la carta y en tercer lugar es el nombre que aparece en los lados en ediciones posteriores. Debe tenerse en cuenta que, para algunas cartas, este nombre puede seguir siendo similar al tarot tradicional, por ejemplo, el Diablo o la Templanza. Por otro lado, algunos nombres están completamente inventados; por ejemplo, la carta con una luna se llama «las Plantas». También hay que tener en cuenta que cuando describió por primera vez las cartas del tarot en su libro de 1783,[170] Etteilla no cita todas las menciones que se grabarían en las cartas, para estas veintidós cartas, puso un solo significado (el primero en la tabla), y para las otras cincuenta y seis, dos (derecha e invertida).

Encontramos en su sistema una idea que parece similar a la del conde de Mellet: las cartas que comienzan el juego evocan la creación del mundo y luego el descanso (¿el octavo día?). Están seguidas por un grupo de cartas formadas por las virtudes. El último grupo también parece agrupar cartas, más bien fatales, vinculadas al destino humano: enfermedad, juicio, muerte, traición, miseria…, pero también la unión y la rueda de la fortuna. Parece que las virtudes son las cartas que unen la tierra y el cielo, la humanidad caída y Dios. Pero el objetivo de Etteilla no es tanto hacer cosmogonía como proponer un sistema completo de adivinación. Cada carta de su tarot tiene dos significados adivinatorios, para ser utilizados más tarde en los métodos de tirada que propone en su tercer cuaderno.

---

169. El juego completo con las instrucciones originales de Etteilla se reproduce en el apéndice al final de este libro.

170. *Manière de se récréer avec le jeu de cartes nommées tarots, troisième cahier, op. cit.*, págs. 5-22.

Tiradas del Tarot según Etteilla, tercer cuaderno (1783)

Los ignorantes proceden mal en todo lo que hacen; pero no ocurre lo mismo con los hombres instruidos; así que los egipcios tomaban el libro de Toth, lo mezclaban de arriba abajo sin que vieran los jeroglíficos y hacían que sus consultantes cortaran este libro por la mitad y tomaran la primera carta y la pusieran en B, la segunda en A, y la tercera en B. La cuarta en B, la quinta en A, la sexta en B. Finalmente, la séptima en B, y así hasta el final para que en A hubiera *veintiséis cartas* y en B *cincuenta y dos*. Con las cincuenta y dos comenzaban la misma operación de nuevo (en D, C) y así en C quedaban *diecisiete cartas* y en D, *treinta y cinco*. Entonces dejaban de lado las diecisiete; y con las treinta y cinco restantes volvían a empezar la operación, F, E, de modo que llegaban a E *once cartas* y a F *veinticuatro*. Resulta que A = 26. B = 0. C = 17. D = 0. E = 11. F = 24; pero estas últimas no se interpretaban (nótese que en cada operación siempre es necesario mezclarlas boca abajo y cortar).[171]

Así, tomando A, leían carta a carta (de derecha a izquierda pues el espíritu se debe enteramente a sus partes) lo que anunciaban y luego tomaban la primera y la dejaban hablar con la vigésimo sexta carta. Cuando acababan, interpretaban C y finalmente E. Su segunda operación consistía en tirar tres veces siete cartas disponiéndolas de esta manera:

7. 6. 5. 4. 3. 2. 1. A
7. 6. 5. 4. 3. 2. 1. B
7. 6. 5. 4. 3. 2. 1. C

Si «A» no contestaba a sus preguntas, retiraba otras siete cartas: 7. 6. 5. 4. 3. 2. 1. A. Si aún no contestaba, retiraba siete cartas más: 7. 6. 5. 4. 3. 2. 1 «A» para «C», si no hubiera encontrado una solución, o un pronóstico afirmativo. Si estas repeticiones no dicen nada, instan a los consultantes a rezar a los dioses, cambiar su comportamiento y finalmente regresar al día siguiente o unos días después.

Su tercera operación era considerable y debía ser considerada. Después de haber mezclado y cortado las setenta y ocho cartas, formaban dos columnas y un capitel que apoyaban en la parte superior de las columnas, y luego, sin doblarlas hacia abajo en las cartas, formaban una rueda observando en este paso quitar el 1 o el 8 según el sexo que los consultaba, 1 para un hombre, 8 para una mujer. Cuando llegaban, colocaban este primer u octavo jeroglífico en el centro, tal como lo vemos así como la figura completa.

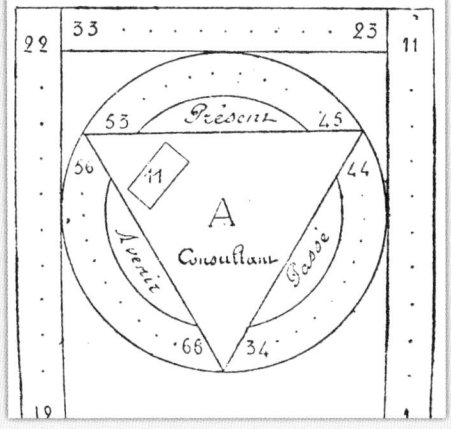

Diagrama explicativo del dibujo de Alliette, tomado de su tercer libro (facsímil).

La primera carta que aparecía la ponía en el 1, y así sucesivamente hasta las 11. La duodécima carta la ponía en número 12 y así hacía con las demás hasta el 22, etc. 1. 11. 34. 44. era el pasado; 12. 22. 45. 55. era el futuro, y 23. 33. 56. 66. era el presente.

Los egipcios explicaban todas las divisiones una tras otra, empezando por el pasado, luego el presente y finalmente el futuro. Por lo tanto, tomaban la carta del consultante (8 o 1), 34 y 1 y seguían este camino hasta el 8 (o 1), 44 y 11, así como el presente y el futuro.

Pero después de estas tres operaciones, hacían una cuarta si el hombre sólo tenía una pregunta que hacer y que era correcta (porque eran enemigos de todo lo que era vicioso o podía conducir a ello). Sólo tiraban de cinco cartas de la A a la E; si no respondía, tiraban de diez cartas más y las ordenaban así:

5. 4. 3. 2. 1.
E. D. C. B. A.
10. 9. 8. 7. 6.

Y las explicaban yendo de 1 a 5, de A a E, y de 6 a 10, y, como ya he dicho, si estas diez cartas no hablaban todavía, entonces pedían a los consultantes que volvieran otro día, urgiéndolos a adorar más y más a los dioses y a amar a sus semejantes o a su prójimo.

---

171. Se puede observar que esta cuenta atrás no funciona: la letra E siempre da como resultado 12, por lo que es necesario quitar la última carta y colocarla en F.

◆◆◆ *La fortuna de las cartas*

Los autores que acabamos de mencionar han inaugurado dos tendencias que continuarán en la historia del tarot.

Por un lado, después de Etteilla, la cartomancia continúa como tal, es decir, asistimos a la publicación de muchos libros que ofrecen tiradas de cartas para leer el futuro y responder a las preguntas de los consultantes. Estas obras son de varios tipos: encontramos algunas que ofrecen impresiones de cartas ordinarias o tarots (y podemos decir inmediatamente que las impresiones de tarots son poco frecuentes en el siglo XIX), u otras que ofrecen impresiones del sistema *Etteilla*, por ejemplo *Le Grand Etteilla* o *l'Art de tirer les cartes de Julia Orsini*, sibila del suburbio de Saint-Germain (París, alrededor de 1850; Julia Orsini es en realidad Simon Blocquel). La mayoría de las veces, los libros de cartas ofrecen abundantes de impresiones de varios juegos: cartas, a veces tarots, tarots de Etteilla, etc. También hay nuevos juegos y oráculos específicos publicados con sus correspondientes obras, creados especialmente para la cartomancia, siendo el más famoso el de Marie-Anne Adélaïde Lenormand (1772-1843), la famosa «sibila de los salones», porque parece que la cartomancia es más específicamente femenina. La mayoría de los libros se dirigen a un público femenino, como muy gentilmente afirma esta introducción al *Petit Oracle des dames*: «Puesto que el amor y la ternura dieron origen a la adivinación, debe haber sido necesariamente en el sexo femenino al que tuvo que tener acceso».[172] Algunos autores no dudan en tomar un seudónimo femenino (lo cual es bastante poco frecuente en esta época, y es muy revelador de la feminización de esta práctica), como Simon Blocquel, que se hace pasar por una sibila del barrio de Saint-Germain, como acabamos de ver.

Por otra parte, después de Court de Gébelin, vemos el surgimiento de todo un movimiento oculto y especulativo en torno al tarot iniciático, su verdad, lo que contendría en términos de enseñanzas a transmitir a los discípulos; un movimiento cuyos autores no están necesariamente interesados en las «echadoras de cartas», e incluso las miran con cierto desdén. La búsqueda de la verdad y la sabiduría es aquí un asunto de hombres, iniciados, maestros y magos. En este contexto, el tarot se convierte en un soporte para las consideraciones ocultistas y filosóficas: Eliphas Lévi, uno de los primeros en escribir sobre el carácter oculto del tarot después de Court de Gébelin, no dará ninguna indicación adivinatoria, simplemente especulará largamente sobre el «libro de Hermes». Además, el eminente Papus escribió dos libros sobre el tarot, uno de ellos en un sentido «iniciático y esotérico», *Le Tarot des Bohémiens* (1889), y el otro sobre *Le Tarot divinatoire* (1909). Su introducción en este segundo título es clara sobre el desprecio de los ocultistas por las «echadoras de cartas». Incluso se plantea si se pueden echar las cartas con el tarot, como si no fuera tan obvio. Y añade: «Estudiar las tiradas de cartas para un escritor supuestamente serio, ¡qué horror!». Esto revela mucho sobre la actitud de los ocultistas hacia la cartomancia. Papus es una excepción al escribir, y éste es el propósito de su libro: «Ningún estudio es un horror, y hemos aprendido muchas cosas curiosas al estudiar el tarot adivinatorio».[173]

Se puede decir que estos dos enfoques se encontrarán en la segunda mitad del siglo XX: la mayoría de los autores tenderán a hacer del tarot una herramienta de adivinación o meditación. Hasta entonces, también se puede decir que no hay muchos autores que hayan escrito sobre el tarot oculto o iniciático en Francia: en el siglo XIX y a principios del siglo XX, Eliphas Lévi, Paul Christian, Papus y Oswald Wirth fueron los pocos autores importantes en este campo; volveremos sobre ellos más adelante. Mientras tanto, veamos cuál es la situación de la cartomancia.

Como hemos dicho, los libros publicados en esa época no están dedicados específicamente a las cartas del tarot. De hecho, la práctica de la adivinación sólo por el tarot es tardía. A lo largo del siglo XIX, las obras de cartomancia mezclan las prácticas. Algunas incluso hablan de la cartomancia en un contexto más amplio donde se mencionan otras mancias, como este título publicado en 1899, por ejemplo: *Les Sciences mystérieuses: les lignes de la main, l'écriture, la physionomie, l'étude de la tête, les secrets des cartes, étude nouvelle.*[174] Y como dice el autor de este libro, «es muy difícil obtener los tarots auténticos y las cartas muy especiales de las

---

172. «Le Petit Oracle des dames ou Récréation du curieux» contiene 75 figuras de color que forman el conjunto completo de 52 cartas con la forma de echar las cartas, tanto con esta baraja como con las cartas ordinarias, viuda Gueffier, París, 1807. Digitalizado en Gallica: http://gallica.bnf.fr/ark:/12148/btv1b105208415

173. Papus, *Le Tarot divinatoire*, Librairie hermétique, París, 1909, pág. 2.

174. *Les Sciences mystérieuses, op. cit.* Este libro puede ser consultado con provecho si deseamos descubrir los viejos métodos de la cartomancia. Está digitalizado en Gallica: http://gallica.bnf.fr/ark:/12148/bpt6k204009w

verdaderas cartománticas, y nuestro objetivo es permitir que cada uno de nuestras lectoras pueda dibujar sus propias cartas». Una vez más, vemos que la cartomancia y otras prácticas adivinatorias se dirigen a un público femenino, pero también que el tarot no es a menudo el centro de atención, y que son las cartas corrientes las que se ofrecen con más frecuencia. En algunos libros, incluso está escrito que el tarot es de difícil acceso, caro y, sobre todo, que la práctica de este juego «difícil, secreto y a veces peligroso»[175] está reservada para los videntes profesionales.

La mayoría de los libros, por lo tanto, ofrecen tiradas para juegos de 32 y 52 cartas. Con el mazo de 32 cartas se proponen principalmente tres métodos: el método francés, el método italiano y el método de Etteilla. El primero ofrece varias tiradas, con 3, 7 o 15 cartas (éste sería el método más comúnmente utilizado), o con 21 cartas. Estos métodos de tiradas se clasifican en [...] «recto e invertido» como para las asociaciones de cartas. En el caso de las asociaciones, se proponen páginas muy largas para aclarar el significado de las combinaciones («siete de corazones y diez de picas significan...») o encuentros de cartas del mismo valor («tres jotas significan...»). Se puede observar de inmediato que estos significados son lo más variados posible, cada autor tiene los suyos: un rey de diamantes podría ser para algunos un «hombre altanero y arrogante», para otros un «hombre de campo o un hombre rubio». Esto muestra la abundancia de información y la complejidad que pueden conllevar este tipo de escritos. En algunos libros incluso hay tablas de significados para las mismas cartas que cambian, dependiendo de si se tiran con barajas de 52 o de 32 cartas, o con cartas del tarot. Esto nos recuerda a *L'Art de tirer les cartes* de Méry, que ya hemos mencionado, que propone tres conjuntos de significados diferentes. Así, para el rey de corazones, nos da, en la lista de significados del juego de 52 cartas, un hombre casado, y en la de 32, un matrimonio, ¡lo cual es significativamente diferente! Para el rey de copas del tarot, habla de un hombre rubio y de un buen matrimonio. Este libro también proporciona tablas de significados para las combinaciones de cartas y para cuando son del mismo color... Es difícil, pues, reportar sobre esta abundancia de dibujos y significados de cartas. Esto puede explicar en parte por qué las tiradas adivinatorias después de la década de 1970 volvieron principalmente a las cartas del tarot, con una preferencia por las tiradas con los arcanos mayores. Todavía existen manuales para tirar las cartas comunes hoy en día, pero son mucho más escasos. Podemos añadir aquí que algunos autores, como Papus, proponen utilizar los arcanos menores de las cartas correspondientes del tarot para realizar todas estas tiradas. Dejamos a modo de ejemplo la tirada que más comúnmente se utilizará de entre todos estos métodos. Nos dará una idea de lo que eran.

---

175. Delpha, *Le Nouvel Art de tirer les cartes,* Guy Le Prat, París, 1946.

Método francés, interpretación por quince

Esta tirada se realiza con una baraja de 32 cartas. Se pueden usar los 32 arcanos menores correspondientes, es decir, los siete, ocho, nueve, diez, ases, reyes, reinas y jotas de los cuatro palos. Las copas reemplazarán a los corazones, los tréboles a los bastos, las espadas a las picas, los oros a los diamantes.

Después de mezclar y cortar, formar dos montones de 16 cartas cada uno. Pide al consultante que elija uno de los dos. Deja a un lado, para la sorpresa, la primera carta de este montón, y reparte las otras 15 de izquierda a derecha. Si la carta que representa al consultante no está presente, repítelo, esta carta puede ser el rey de corazones o de diamantes para un hombre rubio, el rey de picas o bastos para un hombre moreno, las sotas para los jóvenes, la dama de corazones o diamantes para una mujer rubia y la dama de picas o tréboles para una mujer morena.

Primero observa el conjunto y considera las cartas similares: reyes, damas, etc., luego cuenta desde el consultante de siete en siete e interpreta cada séptima carta hasta que hayas regresado al punto de partida.

Termina formando tres montones de 5 cartas cada uno con las 15 cartas. Toma la primera carta de cada montón y junta estas 3 cartas a la que se ha reservado para la sorpresa. Ahora tienes cuatro montones de 4 cartas cada uno. El consultante designará uno para sí mismo, otro para lo inesperado, otro para su casa y otro para la sorpresa. Interpretar cada montón por separado.

Para la interpretación de las 32 cartas, pueden utilizarse los significados correspondientes que aparecen en el apéndice A. Alternativamente, el libro *Les Sciences mystérieuses* digitalizado en Gallica (*véanse* las referencias en la bibliografía del apéndice C) ofrece interpretaciones de cartas y asociaciones. Por defecto, se pueden utilizar las interpretaciones de los arcanos menores de un manual de tarotología.

Juego de cartas llamado «pequeño Etteilla», reina de tréboles, Grimaud y Chartier, París, 1860, BnF.

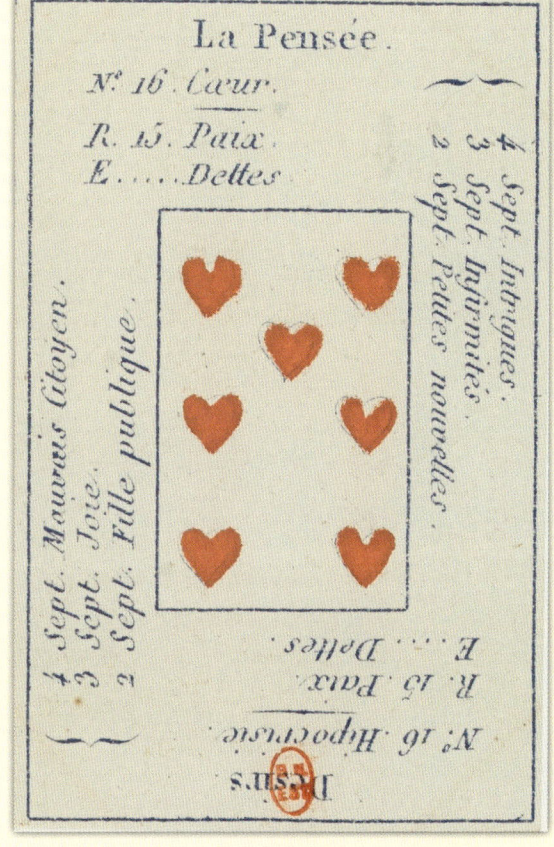

Juego de cartas llamado «pequeño Etteilla», siete de corazones, Grimaud y Chartier, París, 1860, BnF.

Juego adivinatorio revolucionario, el Rey, París, 1791, BnF.

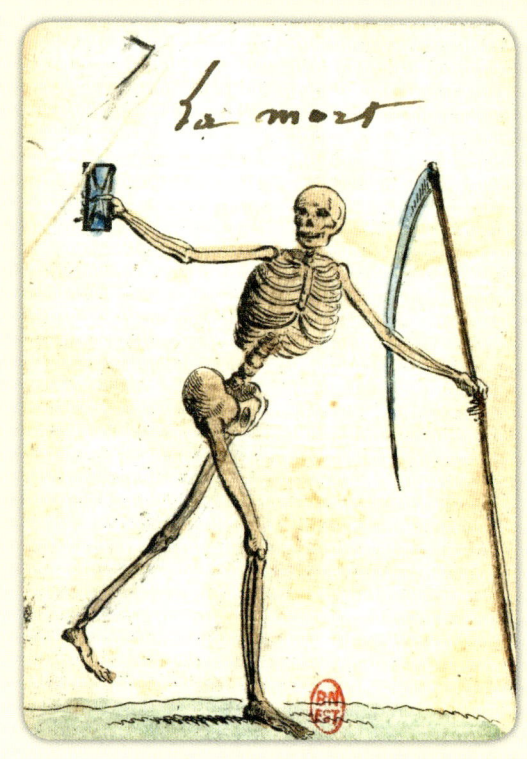

Juego adivinatorio revolucionario, la Muerte, París, 1791, BnF.

Juego adivinatorio de 1830, reina de corazones, BnF.

Juego adivinatorio de 1830, reina de tréboles, BnF.

❖❖❖ *Variedad y éxito de los juegos adivinatorios*

Además de los libros de cartomancia basados en juegos de cartas ordinarios, y a veces (raramente) las cartas del tarot, también hay muchos juegos que sólo están destinados a la adivinación. Conocemos *El gran Etteilla*, o *libro de Toth*, *El pequeño Etteilla*, pero hay muchos otros, en la mayor parte de los cuales se puede reconocer la influencia de Etteilla. Estos juegos aparecieron durante la Revolución Francesa. En el año 1791, tenemos un «juego adivinatorio revolucionario» con figuras del rey (Luis XVI), el traidor, el joven, la mujer llorona o intrigante...[176] Podemos, pues, preguntarnos qué significan las figuras de Ulises o Aquiles. Encontramos, sin embargo, algunas que nos son familiares: la Muerte y su esqueleto sempiterno con su guadaña, la Justicia, la Fortuna. Otras son diferentes aunque fáciles de interpretar: la Victoria, prisión, abundancia, fiesta... Este delicioso juego está lejos de ser el único. Hay otros, con títulos evocadores: *Jeu du petit oracle* (París, 1795-1799), *Le Petit Oracle des dames ou Récréation des curieux* (París, 1807), *Le Devin des âges:* explicación de la edad de una persona (1800-1850), *Le Livre du destin* (1865), *Jeu du petit sorcier* (1870-1880), *Le Destin antique* (1865-1880), *Oracle symbolique* (1890, *Le Jeu du petit oracle* (1890-1900)... También hay muchos sin títulos específicos: la Biblioteca nacional ha referenciado sesenta y ocho que van de los años 1789 a los años 1920, y ciertamente no es el única que los posee.

Esto significa que la moda de los oráculos y otros juegos de adivinación específicos, tan extendidos hoy en día, no es nueva... Muchos de ellos proponen facilitar el trabajo del cartomántico, asociando una imagen que lleva un significado, una mención con su significado y una pequeña carta que sigue siendo un icono. Así, este hermoso juego adivinatorio de los años 1830-1880, que fue reimpreso por Grimaud bajo el título *Livre du destin* (1890-1899), combina una imagen que representa a una mujer, llamada «una mujer rubia», y una dama de corazones, y otra imagen de una mujer llamada «una mujer morena» y una dama de tréboles. Nos encontramos después con significados tradicionales de la cartomancia: una carta llamada «enfermedad» representa así a un pobre hombre acostado con un nueve de picas, una carta llamada «regalo o sorpresa» donde se ve a un galán llevando flores acompañado por un ocho de tréboles. Otros pequeños juegos de este tipo combinan imágenes adivinatorias, imágenes de cartas y figuras inspiradas en el tarot, la mayoría de las veces el tarot de Etteilla. Así, en el pequeño oráculo de las damas hay una curiosa mezcla: por ejemplo, en la carta n.º 10, a la derecha, podemos ver una Templanza asociada a un cuatro de corazones, y a la izquierda una representación de la Noche. La carta n.º 1, llamada el «Viaje», en la que reconocemos nuestra figura del Mundo rodeada por el águila, el hombre, el león y el toro, va acompañada del ocho de diamantes y de la mención «Tierra». De hecho, estas figuras del tarot están directamente inspiradas en el tarot de Etteilla, pero en un orden y, para algunos, con significados diferentes.

En esta parte dedicada a los oráculos, no podemos omitir el oráculo de Belline. Marcel Belline (1924-1994) fue un conocido vidente que ejerció en París desde el año 1955. Explica que supuestamente encontró en el desván de una de sus consultantes, en un cofre, unas cartas que fueron dibujadas entre 1845 y 1865 por Jules Charles Ernest Billaudot, conocido como el «Mago Edmond» (1829-1881). Belline las hizo publicar en 1961 por Grimaud, dos años después de su libro *Comment je suis devenu voyant* (1959). Belline publicó muchas otras obras en la década de 1970 (*Histoires extraordinaires d'un voyant*, *Un voyant à la recherche du temps futur*...). Y todo lo que se refiere a él y al juego que lleva su nombre aparece después de 1959. Preferimos dejarle por el momento la autoría de este juego, probablemente uno de los oráculos más famosos de Francia hoy en día. Sin embargo, cabe señalar que Belline legó sus archivos al Museo de Artes y Tradiciones Populares de París y que ya están disponibles en el Mucem de Marsella. En estos archivos hay documentos que hacen referencia al Mago Edmond, algunos de los cuales probablemente le pertenecieron. Ciertamente, permitirán encontrar los dibujos originales de Edmond y ver mejor cómo fue capaz de inspirar a Belline, su oráculo y su tarot.[177]

---

176. *Jeu divinatoire révolutionnaire*, París, 1791. Escaneado en Gallica: http://gallica.bnf.fr/ark:/12148/btv1b10510967c

177. Encontramos esta documentación en el sitio web de Mucem: www.mucem.org. En la pestaña «Collections», simplemente escriba «Belline» para ver todas las referencias que aparecen. Dado el descubrimiento muy reciente de esta información, no pudimos explorar esos fondos hasta estudiar el manuscrito.

Pequeño oráculo de las damas, la Templanza, viuda Gueffier, París, 1807, BnF.

Pequeño oráculo de las damas, el Viaje (el Mundo), viuda Gueffier, París, 1807, BnF.

Gran juego de la Srta. Lenormand, reina de corazones, París, 1835, BnF.

Gran juego de la Srta. Lenormand, cinco de tréboles, París, 1835, BnF.

❖❖❖ *La Srta. Lenormand, la sibila de los salones*

Si algunos pequeños juegos adivinatorios aspiran a iluminar los significados de las cartas, es curioso constatar que el más famoso de ellos, el juego de la señorita Lenormand, es cuando menos oscuro cuando uno intenta, a primera vista, considerar en una carta dos imágenes adivinatorias y un icono de carta asociado con representaciones de constelaciones celestiales y una planta, ¡todo sin mencionar el significado! Sin embargo, este juego ha sido un gran éxito hasta el día de hoy, probablemente debido a la notable personalidad de la famosa cartomántica, que sustituirá a Alliette a la hora de dar sus predicciones en la alta sociedad de París. Marie-Anne Adélaïde Lenormand había adquirido su reputación de gran adivina gracias a la emperatriz Josefina, que la consultaba. Sin embargo, venía de la nada. En 1790, a la edad de diecinueve años, esta «muchacha gorda, con una educación descuidada»[178] se fue a París para hacer fortuna. Se forjó una reputación: «A base de esforzarse con el juego del piquet, leyendo día y noche montones de libros que explicaban los juegos de cartas, los horóscopos y los sueños, estudiando las fantasías publicadas por Alliette sobre los juegos de cartas y el arte de encontrar cosas escondidas en los tarots, había conseguido un balbuceo que imponía». Aquella época revolucionaria era el período ideal, intensamente turbulento, en el que todos, perseguidos por revolucionarios o representantes del nuevo régimen, buscaban en la adivinación respuestas a sus incertidumbres. Al haber fallecido Alliette –que había lanzado esta moda–, en el año 1791, era fácil ocupar su lugar. Según sus memorias, la señorita Lenormand conoció a Josefina, la futura emperatriz, en una prisión revolucionaria y le predijo su fabuloso destino. Parece que después de la Revolución, la emperatriz no la olvidó: la invitó a Malmaison el 2 de mayo de 1801. La adivina le habría profetizado una gloria extraordinaria gracias a su marido, que más tarde la traicionaría. Después de Josefina, toda la élite de la época, incluido el propio Napoleón, habría consultado a la Sibila de Saint-Germain. Ésta habría tenido una notable influencia política al asesorar a gente poderosa, incluyendo a Talleyrand. Fouché la hizo arrestar el 11 de diciembre de 1809, después de haber profetizado a Josefina que se divorciaría. El boletín de la policía del 16 de diciembre de 1809 mencionaba que «hacía el horóscopo de los personajes más altos y ganaba más de veinte mil francos al año con esta profesión». Su popularidad se explica también por una actividad editorial bastante intensa: un juego adivinatorio, muchos libros, un periódico y el anuncio de profecías bastante inquietantes. En su libro publicado en 1814 *Les Souvenirs prophétiques d'une sibylle, sur les causes secrètes de son arrestation, le 11 décembre 1809*, anuncia la Restauración, una profecía que le habría inspirado el «genio protector de Francia». Sin embargo, la Restauración comenzó el 6 de abril del mismo año. Nadie puede decir cuándo escribió exactamente esta profecía... Lo que es seguro es el impacto que tuvo, así como el de sus otras revelaciones. Cuando la señorita Lenormand murió en 1843, su popularidad era inmensa.

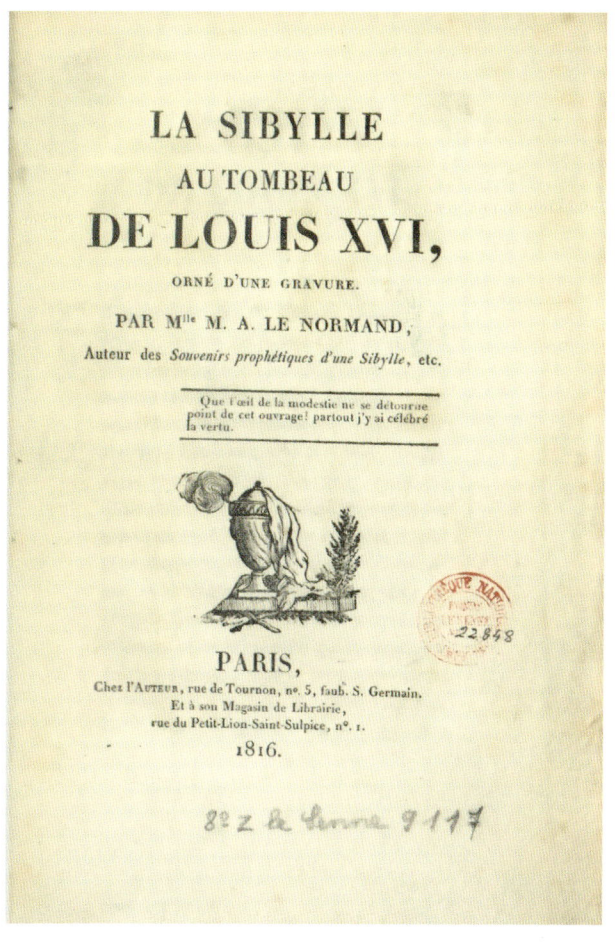

Libro publicado por la Srta. Lenormand, París, 1816, BnF.

---

178. Según Yvonne de Sike, *Histoire de la divination: oracles, prophéties, voyances, op. cit.*, págs. 214-215, de donde extraemos los elementos biográficos de la adivina.

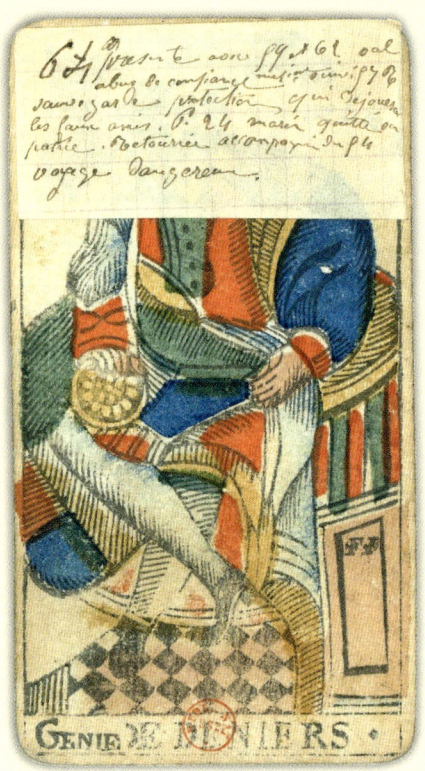

*Juego de François Isnard retocado en la Revolución,
el rey convertido en genio, 1792-1799, BnF
(se añaden menciones adivinatorias).*

*Juego de François Isnard retocado en la Revolución,
el Sol, 1792-1799, BnF
(se añaden menciones adivinatorias).*

*Juego de François Isnard retocado a la Revolución,
la Luna, 1792-1799, BnF
(menciones adivinatorias añadidas).*

*Juego de François Isnard retocado a la Revolución,
sota convertida en Igualdad, 1792-1799,
BnF (menciones adivinatorias añadidas).*

Podemos ver que el tarot, aparte del «tarot» de Etteilla, está bastante ausente de la cartomancia del siglo XIX. Sin embargo, a veces aparece de forma indirecta. Así, hay un ejemplo muy interesante de un tarot originalmente grabado por François Isnard (c. 1695-1765) y modificado durante la Revolución. Estas modificaciones, de paso, pueden informarnos sobre el destino de las cartas del tarot de la época: los nombres de «reyes», «reinas», «emperador», «emperatriz», son reemplazados por «genio» para los reyes, «libertad» para las reinas, «igualdad» para las sotas; el Emperador se ha convertido en «abuelo» y la Emperatriz en «abuela». Júpiter y Juno, que aparecen en los tarots de Besançon, están allí para reemplazar al Papa y a la Papisa desde antes de la Revolución. Este tarot también lleva menciones adivinatorias. Y cuando lo miramos más de cerca, encontramos el sistema de numeración del sempiterno Alliette, que va de 1 a 78 y termina en el Loco. De hecho, el usuario que lo anotó probablemente siguió las instrucciones del adivino, quien dijo que se numerara y nombrara cualquier juego de 78 cartas de cartón, cartas del tarot o piezas cortadas. Pero más adelante, las referencias interpretativas parecen seguir la inspiración de la persona que las escribió. También podemos ver que priman sobre las imágenes, que parecen gozar de poca consideración.

Estamos muy lejos del apego contemporáneo a las imágenes lo más «auténticas» posible. Este tarot con menciones adivinatorias es una rareza. De hecho, a lo largo del siglo XIX, el tarot siguió un camino diferente al de la cartomancia: fueron los ocultistas los que se apoderaron de él y escribieron largo y tendido sobre él. Transformado en un libro sagrado que contiene una verdad oculta, volverá más tarde a las prácticas adivinatorias con esta nueva identidad. El primer autor que habló así del tarot en el siglo XIX fue Eliphas Lévi. Antes de hablar de este último y del aspecto oculto del tarot, mencionaremos aquí un grabado tradicionalmente utilizado desde el siglo XIX.

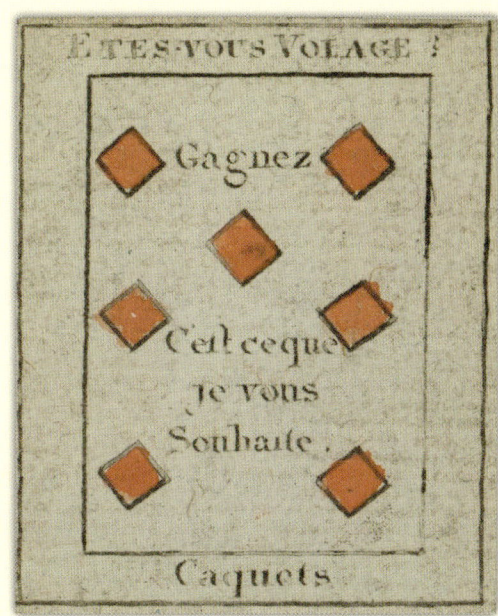

Juego adivinatorio de 1770-1820, siete de diamantes, BnF

Juego adivinatorio de 1770-1820, rey de picas, BnF.

Tirada del tarot según el método gitano
(según *El Libro Negro*, Hortensio Flamel, 1866)

Este método de los gitanos es una adaptación de las casas astrológicas al tarot.

Coge todas las cartas, y después de barajarlas bien, haz 12 montones de 4 cartas cada uno. Pon aparte las otras cartas.

Pregunta al primer montón todas las cuestiones relacionadas con la vida del hombre, su constitución, su temperamento, su cuerpo, sus costumbres y la duración de la vida.

Al segundo montón, su fortuna o pobreza, sus posesiones, negocios o empresas.

Al tercer montón, su familia, parientes o aliados.

Al cuarto montón, sus bienes raíces, herederos, tesoros escondidos y ganancias que esperamos.

Al quinto montón: el amor, el embarazo de la mujer, el nacimiento, el sexo y el número de hijos, las relaciones amorosas y los robos domésticos.

Al sexto montón, las enfermedades, sus causas, su tratamiento y curación.

Al séptimo montón, el matrimonio y las enemistades.

Al octavo montón, la muerte.

Al noveno montón, ciencias, artes, oficios y las diferentes profesiones humanas.

Al décimo montón, todo lo que tenga relación con el gobierno y la administración del estado.

Al undécimo montón, la amistad, la beneficencia y los sentimientos generosos.

Al duodécimo montón, los males, los dolores y las persecuciones de todo tipo.

Para resolver una pregunta, no basta con tomar un solo montón, hay que coger tres para formar el trígono. Hay cuatro de estos trígonos, a saber:

1	5	9
2	6	10
3	7	11
4	8	12

Supongamos, por ejemplo, que la pregunta es: «¿Es una persona amada por otra?». Esta pregunta pertenece al quinto montón. Tómalo y pon las cuatro cartas seguidas. Luego toma el noveno montón y coloca las cartas debajo de él. Finalmente toma el primer montón y vuelve a poner las cartas debajo de él, en la tercera línea.

Falta la interpretación.

El contenido de las doce casas ha sido citado aquí según el autor de la impresión, el lector podrá enriquecer su interpretación de las doce casas con otras indicaciones, inspirándose, por ejemplo, en un manual de astrología.

Paul Marteau (1949) propone profundizar en la tirada de las doce casas astrológicas (que él llama «tirada horoscópica») de la siguiente manera:

Esta tirada usa las setenta y ocho cartas del tarot.

Haz doce montones de cuatro cartas cada uno: con todas las cartas, mezcladas desde el principio, haz que el consultante saque doce cartas, una para cada casa astrológica, y esto sucesivamente cuatro veces seguidas, de modo que cada casa contenga cuatro cartas.

Las casas deben estar dispuestas de acuerdo con el siguiente diagrama:

8	7	6	5	4	3	2	1
12		11		10		9	

Cada una de estas series de cuatro cartas da la apariencia de cada casa, es decir, el reflejo del estado en el que se encuentra el consultante en relación con ellas. Cada serie de doce cartas superpuestas corresponde, a partir de las siguientes:

1 - a la parte física;

2 - a la parte pasional;

3 - a la parte psíquica;

4 - a la parte mental.

El consultante extraerá entonces doce cartas, y de nuevo las dispondrá de derecha a izquierda, para averiguar las relaciones de una casa con las otras casas. Esto también informa de los movimientos y eventos que pueden ocurrir.

En resumen, las primeras cuarenta y ocho cartas formarán el estado estático, las cartas adicionales darán los eventos que las atravesarán. 48 + 12 = 60. Las dieciocho cartas restantes tendrán que ser retiradas a medida que se realicen desarrollos útiles para ser entregados a las casas interesadas. Una regla muy importante que hay que observar es la reacción de las casas entre sí. Para hacerlo, es esencial entender completamente el significado de las doce casas. En la interpretación de las cartas es necesario estudiarlas lo más minuciosamente posible, estudiar la actitud de los personajes, reflejando su actividad o pasividad, los palos que intensifican una respuesta por sus correspondencias con lo físico, lo psíquico o lo mental, etc.».

4

Cuando el tarot se vuelve oculto

◆◆◆ *Eliphas Lévi, el tarot y la cábala*

Eliphas Lévi, cuyo nombre real era Alphonse-Louis Constant (1810-1875), fue el principal autor de la tradición esotérica del tarot. Fue él quien lo convirtió en un objeto oculto. Ya hemos explicado por qué, en nuestra opinión, Antoine Court de Gébelin, que propuso la idea de un tarot egipcio, no era un ocultista. Además, la palabra «ocultismo» no apareció hasta 1842 en el *Dictionnaire des mots nouveaux* de Jean-Baptiste Richard de Radonvilliers. Eso significa que se trata de un concepto reciente. Desde hace mucho tiempo indiferenciado de la palabra «esoterismo» (que apareció en 1828),[179] podría definirse como una corriente de pensamiento, uno de cuyos objetivos principales sería revivir las antiguas iniciaciones, los conocimientos antiguos (los de los egipcios, los hebreos, etc.), más allá de las divisiones históricas y en reacción a la modernidad racionalista y materialista.

Ciertamente, esta idea de una Edad de Oro, la única cuna auténtica de la ciencia y la religión, no es nueva, es precisamente la de Court de Gébelin. Pero con Eliphas Lévi, adquiere todo su significado y se cumple. De hecho, Lévi puede ser identificado como uno de los fundadores del movimiento ocultista francés. Papus y otros autores acabaron formando un conjunto complejo y elaborado, donde se entrelazan la alquimia, la astrología, el hermetismo, la cábala y el tarot. Este movimiento, que floreció en la década de 1880, también arraigó en la sociedad de la época, una era de romanticismo, socialismo, feminismo, espiritismo, iluminismo... El lector puede sorprenderse por la reconciliación realizada entre todas estas tendencias en la misma frase, pero la idea es la siguiente: frente a las visiones tradicionales –materialismo, catolicismo–, el siglo XIX fue testigo de una proliferación de pensamientos, escritos, o incluso movimientos y nuevos grupos en todos los campos: ciencia, política, arte, literatura o religión. Nunca hemos visto tantas ideas, Iglesias, movimientos artísticos o partidos políticos nuevos. Nuestros ocultistas, que sueñan con dar forma a un nuevo mundo de acuerdo con la sabiduría ancestral, tienen un lugar perfecto en él. Y también sus escritos, que explican una vez más la fortuna del tarot, considerado esta vez como una puerta a las luces del pasado. Lévi, un exclérigo que abandonó la Iglesia cuando se enamoró en 1836 (estudió hebreo, al mismo tiempo que griego y latín en el seminario), encarna perfectamente todas estas tendencias que parecen contradictorias: inspirado por su amor a Flora Tristán, dedicó toda su vida al feminismo y al socialismo (que en

---

179. La palabra «esoterismo», que apareció en lengua francesa en 1828, podría significar «conocimiento secreto reservado a una élite y transmitido de manera oculta». Para más información sobre estas dos palabras, véase «Occultisme, Occident moderne» y «Occident moderne» en *Dictionnaire critique de l'ésotérisme, op. cit.,* págs. 964-967 y 961-963, artículos de los que se han extraído las definiciones anteriores.

aquellos días se llamaba «igualitarismo»), pero esto no le impidió convertirse en un ocultista ferviente a partir de 1854. En esa fecha, se refugió en Londres, después del hundimiento de su segundo matrimonio y de varios encarcelamientos a raíz de escritos considerados escandalosos: en su *Bible de la liberté*, había absuelto al diablo de la libertad adquirida por el hombre a través de él. Este libro, incautado y destruido, nunca fue publicado durante su vida. El autor se sumergió entonces en círculos ocultos y regresó transformado, habiendo adoptado el nombre de Eliphas Lévi Zayed, una traducción hebrea de su nombre.

En 1856 publicó su *Dogme et rituel de la haute magie*. Con este libro, es el primero en asociar todas estas tradiciones con el tarot, deseando ir mucho más lejos que Alliette, ese «expeluquero» según él, que «pretendía reformar y apropiarse así del libro de Toth» y cuyo «trabajo ha hecho caer en el campo de la magia vulgar y las echadoras de cartas el antiguo libro descubierto por Court de Gébelin». Vemos aquí el desprecio de los ocultistas por la cartomancia. ¡Sobrestiman que el tarot! Leví dice incluso que «sin el tarot, la magia de los antiguos es un libro cerrado para nosotros, es imposible penetrar en ninguno de los grandes místicos de la cábala». Observemos de paso que cuando habla del tarot, no sabemos qué tarot es. Su libro está mal ilustrado; creemos que le hubiera gustado publicar un tarot, pero no alcanzó a acabar su proyecto. Sólo tenemos dos representaciones inspiradas por él, el Carro y el Diablo, que inspirarán sobremanera a los ocultistas posteriores, y en primer lugar a Oswald Wirth para su tarot. Vemos que, al igual que los otros autores que hemos mencionado, Lévi no está muy preocupado por el tarot de Marsella. Para él se trata sobre todo de crear imágenes que correspondan a su sistema.

Dogma y ritual de alta magia, el Carro de Hermes, hermanos Chacornac, París, BnF (copia de una edición de 1930).

Dogma y ritual de alta magia, Clave Apocalíptica, hermanos Chacornac, París, BnF (copia de una edición de 1930).

Eliphas Lévi es, por lo tanto, el primero que relacionará el tarot y la cábala. Antes de continuar, volvamos a la cábala. Originalmente, esta palabra proviene de la qabbala hebrea, que significa «tradición transmitida». Se remonta a dos textos principales: el *Libro de la Claridad* o *Sefer ha-Bahir*, también conocido como el Bahir (las primeras citas se remontan al último tercio del siglo XII), y el *Libro del Esplendor* o *Sefer ha-Zohar*, comúnmente conocido como el Zohar, obra en parte de Moisés de León que data del último cuarto del siglo XIII. En el Bahir se evocan las propiedades de lo divino, y los *logoi* (o *ma'amarot*, las «palabras»), o cómo en diez *logoi* Dios creó el universo. Es en el Zohar donde se mencionarán las famosas sefirot (más tarde asociadas por algunos autores al tarot) que constituyen la esencia, o los órganos, los atributos de la Divinidad. Si tuviéramos que encontrar una definición sencilla, podríamos decir que la cábala trata de la naturaleza de Dios y sus emanaciones divinas.[180]

En su búsqueda de fuentes originales, los humanistas cristianos integraron en el siglo XV el hebreo en sus estudios. También buscaban una comprensión más profunda del Antiguo Testamento. Fue Pico della Mirandola (1463-1494) quien lanzó este movimiento para el estudio de la cábala, que pronto se llamará «cábala cristiana». Los autores, muy numerosos, se sucederán en el tema. Pero es Eliphas Lévi el primero que establece la conexión con el tarot. Además, en el siglo XIX, sólo los representantes del ocultismo francés seguían estudiando la cábala, que sin embargo había tenido muchos seguidores en Europa desde el siglo XV. Según la cábala, el mundo fue creado con diez números y veintidós letras, las veintidós letras sagradas del alfabeto hebreo. De ahí a emparejarlas con los veintidós arcanos del tarot, sólo hay un paso. Puede que incluso nos parezca curioso que Eliphas Lévi tardara hasta el año 1856 en hacerlo. En efecto, los numerosos autores antiguos, cabalistas o no, no hablan del tarot. Court de Gébelin y Alliette lo había convertido en un receptáculo de conocimientos ocultos en 1781, y no olvidemos que no es considerado como objeto de estudio de pleno derecho hasta... Lévi.

Podríamos imaginar que el autor del tarot del siglo XV, probablemente un humanista ilustrado y cercano a las cortes principescas, como hemos visto, podría haberse inspirado en un manuscrito cabalístico para tener la idea de crear veintidós triunfos. Todo el mundo es libre, una vez más, de presentar teorías que, por desgracia, no pueden ser apoyadas por ninguna fuente. Pero hacer esta conexión entre un elemento tan sagrado como las veintidós letras del alfabeto hebreo, los atributos de lo divino y alegorías cristianas populares y típicamente occidentales nos parece arriesgado. No olvidemos que en el siglo XV, el tarot era despreciado en los sermones. Únicamente es considerado como un atributo de la divinidad a partir del siglo XIX por nuestros ocultistas. Sólo entonces se hace posible el acercamiento.

También es necesario especificar de qué acercamientos estamos hablando. Se puede decir que los veintidós arcanes mayores corresponden a las veintidós letras del alfabeto hebreo, pero esta correspondencia varía según los autores. Nuestro autor, más tarde Papus y Oswald Wirth después de él, comienzan la lista con Aleph y el Mago, colocando al Loco en la vigésimo primera posición y el Mundo en la vigésimo segunda. Otros autores, como Arthur Edward Waite y sus seguidores en la tradición anglosajona, comienzan la lista con Aleph y el Loco, lo que desplaza toda la lista de correspondencias: la segunda letra, Beth, se refiere a la Papisa entre los franceses, el Mago en Waite, etc. El lector debe entonces considerar qué correspondencia tiene más significado para él.

Después de Eliphas Lévi, muchos autores han retomado sus teorías. Hemos olvidado un poco su abundante obra; en total unos cuarenta títulos: *Histoire de la magie* (1859), *La Clef des grands mystères* (1861), *Philosophie occulte* (1862), *Le Livre des splendeurs*. Influyó en otros autores ocultistas, pero también en los románticos: Baudelaire, Nerval, Hugo. Con respecto al tema que nos ocupa, cabe destacar su influencia sobre Paul Christian, su discípulo, seudónimo de Jean-Baptiste Pitois (1811-1877), quien publicó *L'Homme rouge des Tuileries* en 1863, y luego *Histoire de la magie* en 1870. A este último le debemos el uso del término «arcano», que más tarde será ampliamente difundido. Christian también desarrolló una imaginería egipcia del tarot que influirá en sus lectores, incluyendo a Robert Falconnier. Éste, que era actor de comedia francesa, publicó en 1896 *Les XXII Lames hermétiques du tarot divi-*

---

180. Informaciones tomadas del *Dictionnaire critique de l'ésotérisme, op. cit.,* pág. 702.

natoire: exactement reconstituées d'après les textes sacrés et selon la tradition des mages de l'ancienne Égypte. Este libro va acompañado de un tarot enteramente dibujado por el autor a partir, según él, de «los caracteres cuneiformes asirio-caldeos y de los textos de los papiros antiguos». De hecho, a finales del siglo XIX, la egiptología se había extendido. Los museos estaban llenos de antigüedades egipcias, los jeroglíficos habían sido traducidos. Lejos de verlo como un posible desafío a los orígenes egipcios del tarot, Robert Falconnier vio una oportunidad adicional: la de crear un tarot lo más cercano posible a sus antiguas raíces. Fue al Louvre y luego al Museo Británico para estudiar a fondo papiros, tablillas y estatuas. Creó su tarot a partir de sus bocetos y luego creyó sinceramente que había encontrado el tarot auténtico... De hecho, podemos divertirnos con este bonito juego que combina torpemente dos iconografías que no tienen nada que entre sí. Un faraón cruza sus piernas, un esqueleto (algo que nunca se representó en la época de los faraones) sigue barriendo el Mundo, un Juicio con un ángel con una la trompeta que despierta a los muertos envueltos en sus sudarios.

Constataremos, más tarde, que este desarrollo de la egiptología moderna puede haber tenido un impacto en estos orígenes «egipcios» del tarot. Cada vez se editarán menos cartas con iconografía egipcia, y el tarot de Marsella reaparecerá... Mientras tanto, las teorías de Eliphas Lévi continuaron encontrando quien las emulara. Entre sus emuladores, Oswald Wirth, otro nombre importante en la historia del tarot.

Robert Falconnier, Les XXII Lames hermétiques du tarot divinatoire, *el Emperador, Librairie de l'art indépendant, París, 1896, BnF.*

Robert Falconnier, Les XXII Lames hermétiques du tarot divinatoire, *el Juicio, Librairie de l'art indépendant, París, 1896, BnF.*

♦♦♦ *Oswald Wirth*

Oswald Wirth (1860-1943) es conocido por haber publicado en el año 1927 *Le Tarot des imagiers du Moyen Âge*, su libro más famoso, en medio de una prolífica bibliografía (cerca de diecinueve títulos), dedicada en gran parte a la masonería. Este libro iba acompañado de un tarot que él mismo había diseñado. Este tarot se podía encontrar desde 1889, publicado en París con una tirada de trescientos cincuenta ejemplares bajo el título «Les 22 arcanes du tarot kabbalistique». Aparece reproducido en el libro de Papus *Le Tarot des Bohémiens:* cada vez que se describe un arcano, un grabado que representa el tarot dibujado por Oswald Wirth acompaña a un grabado del tarot de Marsella. Porque el joven, además de su talento como dibujante, ocupaba un buen lugar en los círculos ocultos parisinos. Masón desde el año 1884, secretario del ocultista Stanislas de Guaïta (1861-1897) a partir de 1886, se inspiró tanto en los consejos de su maestro y amigo como en los escritos de Eliphas Lévi para reconstituir un tarot «auténtico». En particular, vemos las letras del alfabeto hebreo mencionadas en cada arcano; esto puede explicar por qué para Wirth el tarot constaba sólo de los veintidós arcanos mayores. También retomó las dos ilustraciones que representan el Carro y el Diablo, así como la Rueda de la Fortuna que Lévi había publicado en su *Dogme et rituel de la haute magie.* Etteilla también quiso publicar un «tarot auténticamente egipcio», pero ésta es la primera vez que se edita un tarot ocultista.

En el año 1926, Oswald Wirth reeditó una versión enriquecida del tarot que acompañará a su libro. Es también uno de los primeros autores que ha reconciliado las partes «oculta» y «adivinatoria» del tarot. En su libro, en efecto, encontramos en primer lugar sus comentarios ocultos o filosóficos, en particular sobre las correspondencias entre la alquimia, luego los símbolos masónicos y el tarot; pero también encontramos una parte de «interpretaciones adivinatorias» al final del capítulo dedicado a cada arcano. Un capítulo se titula «El tarot aplicado a la adivinación», que incluye la famosa «tirada de la cruz» que se ha hecho famosa entre los practicantes de tarot. ¡Una fama justificada, cuando vemos lo complejas que se habían vuelto las tiradas de cartas...! En este libro, por lo tanto, parece que la complejidad de las interpretaciones cabalísticas coexiste con un método de consulta del tarot «que se distingue tanto por su lógica como por su extrema simplicidad», como dice el propio autor. También informa de que este método le fue indicado por Stanislas de Guaïta, que lo obtuvo de Joseph Péladan.

Oswald Wirth, juego de tarot cabalístico llamado de los imagineros de la Edad Media, el Carro, 1889, BnF..

Oswald Wirth, juego de tarot cabalístico llamado de los imagineros de la Edad Media, el Diablo, 1889, BnF.

Oswald Wirth, juego de tarot cabalístico basado en imágenes medievales, la Rueda de la Fortuna, 1889, BnF.

Oswald Wirth, juego de tarot cabalístico basado en imágenes medievales, la Templanza, 1889, BnF.

Tirada en cruz de Oswald Wirth (1927)

Plantear correctamente la pregunta es de capital importancia cuando la adivinación debe centrarse en un tema específico, en lugar de lanzarse al turbio reino de la adivinación de la buenaventura. «Dime qué me va a pasar» no es una fórmula aceptable. El consultante siempre ha de llevar su pregunta de vuelta al presente tanto como sea posible. ¿Desea conocer la decisión que debe tomar? ¿Se equivoca o tiene razón al perseverar en este o aquel proyecto? ¿Puede esperar tener éxito en lo que acaba de empezar? ¿Debería temer el fracaso y actuar en consecuencia? ¿Merece esta persona su confianza?...

La pregunta se resuelve de acuerdo con el adivino, éste sólo baraja un juego con los veintidós arcanos. La respuesta la proporcionan cuatro arcanos extraídos sucesivamente del tarot, que son extendidos delante del consultante en forma de cruz. El primer arcano que aparezca se considera afirmativo, aboga a favor de la causa e indica de manera general lo que está a favor. Por el contrario, el segundo arcano es negativo y representa lo que está en contra. El tercer arcano representa al juez que discute el caso y determina la sentencia, se sienta en la parte superior de la cruz. La sentencia, o solución, es pronunciada por el último arcano, el cual es colocado en el fondo de la cruz. Un quinto arcano completa la iluminación del oráculo, al cual sintetiza, ya que depende de los cuatro arcanos que salieron: basta con sumar los números de estos cuatro arcanos para obtener, ya sea directamente o por reducción teosófica, el número del quinto. Si el total obtenido es igual a 22, el arcano sintético es el Loco; si la suma excede de veintidós, sus dos dígitos sumados indican el arcano sintético, por ejemplo 23 corresponde a 2 + 3 = 5.

Paul Marteau (1949) propone las siguientes disposiciones para la tirada en cruz:

1.ª carta, a la izquierda, será la carta del consultante.

2.ª carta, a la derecha, representará el mundo exterior.

3.ª carta, arriba, simboliza ayuda psicológica o moral.

4.ª carta, abajo, corresponde al logro sobre el que podemos construir.

5.ª carta, en el centro, refleja la pregunta.

◆◆◆ *Papus*

En 1889, Papus publicó sus propias teorías sobre el tarot en *Le Tarot des Bohémiens*, ilustrado por Oswald Wirth. Habría mucho que decir sobre este «Balzac del ocultismo», expresión que debemos a su hijo Philippe Encausse, quien escribió su biografía en 1949. Papus, cuyo verdadero nombre era Gérard Encausse (1865-1916), fue en realidad un autor muy prolífico: dejó doscientos sesenta títulos, los más importantes de los cuales son el *Traité élémentaire de science occulte* (1888) y el *Traité méthodique de science occulte* (1891). Sacó su seudónimo del *Nuctéméron*, un libro secreto que Eliphas Lévi afirmaba haber recibido de Apolonio de Tiana y que publicó en su *Dogme et rituel de la haute magie:* Papus era el genio de la medicina. Nuestro autor lo eligió porque él mismo se graduó como médico en el año 1894. Además, consideraba a Nizier-Anthelme Philippe, conocido como el Maestro Philippe (1849-1905), famoso sanador, como «su maestro espiritual». Papus reconoció a otro maestro, un «maestro intelectual», en Alexandre Saint-Yves d'Alveydre (1842-1909), otro eminente ocultista.

Además de su prolífica actividad editorial, Papus acumuló títulos y actividades: Gran Maestro de la Orden de Memphis-Misraim en 1908, presidente de la Orden Cabalística de la Rosa-Cruz, martinista (1882), teósofo (1887, renunció en 1890), fundador del Grupo Independiente de Estudios Esotéricos en París (1890), de la Orden Martinista (1891) y de varias revistas, incluidas *L'Initiation* y *Le Voile d'Isis*.[181] Como hemos visto anteriormente, publicó dos libros sobre el tarot: *Le Tarot des Bohémiens* (1889) y *Le Tarot divinatoire* (1909) no queriendo excluir nada de su estudio. De hecho, cuando consideramos el tarot que dejó disponible para el lector con su libro, ilustrado por Jean-Gabriel Goulinat (donde invita al lector a cortarlo y pegarlo en trozos de cartón para usarlo), vemos que ha acumulado todas las consideraciones posibles. En el centro está «la figura jeroglífica reconstituida a partir de los documentos más auténticos que hemos podido recopilar». En los dibujos se detecta la influencia de Robert Falconnier. Encontramos el número del arcano en la parte superior, luego a la izquierda su correspondencia con el signo del arcano en los alfabetos francés (así, el arcano VIII correspondería a letra h...), hebreo, sánscrito y egipcio, luego «el signo del alfabeto *watan* del arqueómetro de Saint-Yves», y debajo del nombre del arcano seguido de los tres sentidos «espiritual, moral, alquímico y físico». Esta última mención es la que se usa para la adivinación. Papus entregó el tarot «en orden»: encontramos los veintidós arcanos mayores en el orden habitual, seguidos de los menores, siempre numerados de acuerdo con las indicaciones del inevitable Etteilla, con sus menciones adivinatorias. Y por una buena razón: Papus fue el único ocultista que los consideró. En cuanto a su tarot, podemos observar que aquí tenemos nuevamente uno creado por su autor y que, una vez más, estamos lejos del tarot de Marsella.

Tarot de Papus en Le Tarot divinatoire, *el Carro, Librairie Hermétique, París, 1909 (facsímil).*

---

181. Artículos biográficos encontrados en Peter. A. Riffard, *L'Ésoterisme, op. cit.*, pág. 807.

Tiradas de tarot según el método de Papus (1909)

Tirada rápida

Toma los arcanos menores y separa del resto los palos relacionados con la consulta solicitada. Si se trata de un negocio lo que vamos a emprender, toma los bastos.

Si es una cuestión de amor, toma las copas; si es un juicio o una disputa, toma las espadas; si es un asunto de dinero, toma los oros.

Baraja las cartas y pídele al consultante que corte. Luego toma las primeras 4 cartas y disponlas en forma de cruz sin mirarlas de la siguiente manera, como indican los números:

$$\begin{matrix} & 2 & \\ 1 & & 3 \\ & 4 & \end{matrix}$$

A continuación, toma los arcanos mayores (que siempre deben estar separados de los arcanos menores), barájalos y córtalos. Una vez hecho esto, dale a escoger al consultante 7 cartas de los arcanos mayores, y que te las dé sin mirarlas. Baraja estas 7 cartas y córtalas.

Toma las primeras 3 cartas y sin mirarlas disponlas en forma de triángulo, en el siguiente orden:

$$\begin{matrix} I & II \\ & III \end{matrix}$$

De este modo obtendrás la figura siguiente:

$$\begin{matrix} & 2 & \\ I & & II \\ 1 & & 3 \\ & III & \\ & 4 & \end{matrix}$$

Entonces, levanta tus cartas para verlas y lee el significado de los oráculos.

La carta colocada en el número 1 indica el comienzo, la que se coloca en el número 2 indica el apogeo, la que está que en el número 3 los obstáculos, y la que está en el número 4 la caída (sinónimo aquí de finalización). Los arcanos mayores ubicados en I indican lo que influyó en el pasado del asunto, en II indican qué influye en su presente. Finalmente, el que está en el III corresponde a lo que influirá en el futuro y lo determinará.

Tarot de Papus en Le Tarot divinatoire, la Estrella, Librairie Hermétique, París, 1909 (facsímil).

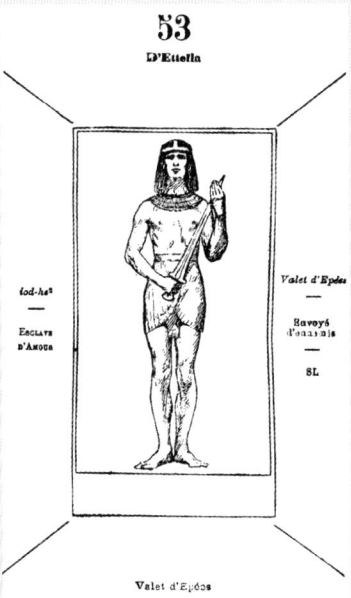

Tarot de Papus en Le Tarot divinatoire, sota de espadas Librairie Hermétique, París, 1909 (facsímil).

Método desarrollado

Mezcla los arcanos menores y haz que los corten.

Toma las primeras 12 cartas del juego y colócalas en un círculo, de la siguiente manera:

```
           10
        11    9
        12      8
       1         7
        2       6
         3    5
            4
```

Mezcla los arcanos mayores y córtalos. Luego haz que la persona que está consultando escoja 7 cartas. Toma las primeras 4 de estas cartas y colócalas delante de las cartas colocadas en los números 1, 10, 7, 4; sus lugares son I, II, III, y IV. Finalmente, se colocan las últimas 3 en un triángulo en el centro de la figura, en las ubicaciones V, VI y VII. En el centro de esta figura, se coloca la carta que representa al consultante (ubicación +): el Mago para el consultor, la Papisa para la consultante. Si esta carta sale en la tirada, ponla en el centro y reemplázala por una nueva carta de los arcanos mayores elegida por el consultante. Obtendrás así la siguiente figura general:[182]

Los 12 arcanos menores indican las diferentes fases por las que pasa la vida del consultante o la evolución del evento durante los cuatro períodos principales: inicio, indicado por el arcano mayor I, que muestra su carácter, apogeo (arcano II), declive u obstáculo (arcano III), caída (arcano IV). Finalmente, los 3 arcanos mayores en el centro indican el carácter especial del horóscopo en el pasado (V), presente (VI) y futuro (VII). El futuro se indica en los arcanos menores por las cartas colocadas del 7 al 12, el pasado por las colocadas del 1 al 4, y el presente por las colocadas del 4 al 7.

Hemos resumido y adaptado esta tirada tal y como aparece en el libro de Papus para que el lector pueda leerla como fue creada por el autor. Sin embargo, nos parece que sería mucho más significativo colocar los arcanos menores y leerlos, no en el sentido indicado anteriormente, sino en la dirección opuesta: así, el pasado, el presente y el futuro de los arcanos mayores y menores se ubicarían en los mismos lugares. La tirada puede ganar calidad en su interpretación.

El significado de las cartas según Papus se encuentra al final de este libro. Para los arcanos mayores, *véase* el capítulo sobre su historia (capítulo V). Para los arcanos menores, *véase* al final del libro la interpretación de las setenta y ocho cartas según Alliette (apéndice A, Papus usó los mismos significados para estos arcanos).

182. Diagrama original de un facsímil del *Tarot divinatoire de Papus,* Librairie Hermétique, París, 1909.

Podemos mencionar otras creaciones de esta época, como el tarot jeroglífico egipcio de la señora Dulora de La Haye (1897), en el que encontramos alegorías cuidadosamente enmarcadas con explicaciones, y cuyo estilo difiere de la inspiración anticuada a pesar del título. Jean Chaboseau dibujó un tarot que publicó al mismo tiempo que su libro en el año 1946: *Le Tarot, essai d'interprétation selon les principes de l'hermétisme.* Los autores anteriores que se detuvieron demasiado en los arcanos mayores y sus relaciones con la cábala.

Según él, decidió desarrollar explicaciones sobre el tarot en relación con la alquimia y el hermetismo, acompañadas de un juego de setenta y ocho cartas. Esta vez, las ilustraciones del juego evocan la Edad Media. Llegamos ya a un momento en que la moda del tarot egipcio empieza a perder fuerza en Francia.

Por otra parte, estas ideas de los ocultistas franceses se difundirán ampliamente entre los autores anglosajones.

Tarot jeroglífico egipcio de la Sra. Dulora de La Haye, la Estrella, París, 1897, Museo del Tarot, Bélgica.

Tarot jeroglífico egipcio de la Sra. Dulora de La Haye, el Diablo, París, 1897, Museo del Tarot, Bélgica.

Tarot hermético de Jean Chaboseau, la Papisa, París, 1946, Museo del Tarot, Bélgica..

Tarot hermético de Jean Chaboseau, el Loco, París, 1946, Museo del Tarot, Bélgica.

◆◆◆ *La tradición anglosajona*

A menudo olvidamos la considerable influencia de la tradición anglosajona del tarot en el mundo, cómo fue influenciada por los ocultistas franceses del siglo XX y cómo comenzó a brillar por sí misma con sus propios autores y tarots, el más famoso de los cuales, el Rider-Waite, está mucho más extendido que el de Marsella.[183]

Todo comenzó en la Inglaterra del siglo XIX. En 1888, un pequeño grupo de teósofos dirigidos por Samuel Liddell Mathers –conocido como MacGregor–, William Wynn Westcott y William Robert Woodman fundaron la Orden Hermética del Amanecer Dorado. El Amanecer Dorado sintetizó una amplia gama de información de muchas fuentes: cábala, astrología, neoplatonismo, cristianismo esotérico, masonería, magia medieval, mitos paganos y muchos otros. Todo esto con la idea de elevar el nivel de conciencia del hombre para que pudiera convertirse en un verdadero mago, en el sentido de un hombre que ha adquirido poder sobre las cosas a través del conocimiento y la conciencia.

Según Paul Christian, los arcanos mayores proporcionaban las líneas principales del desarrollo de un mago. El Amanecer Dorado desarrolló en gran medida esta idea y creó rituales poderosos y complejos que combinan todas estas nociones con el uso del tarot. De este movimiento surgió la figura de Arthur Edward Waite (1857-1942): traductor de Eliphas Lévi y Papus, antiguo miembro del Amanecer Dorado que dirigió la orden durante algún tiempo, es autor de un libro, *The Pictorial Key to the Tarot*,* que apareció en 1910 con un juego completamente rediseñado. Quería un tarot adaptado al mundo anglosajón y de acuerdo con su propia visión. Normalmente se lo conoce con el doble nombre de Waite y su editor inglés, Rider. Sin embargo, su producción fue confiada a Pamela Colman Smith, otra miembro del Amanecer Dorado, quien, a pesar de su trabajo, no recibió ningún derecho sobre él, mientras que las reediciones de este tarot se han multiplicado hasta el día de hoy. En Estados Unidos, fue durante mucho tiempo uno de los pocos que se publicaban; una autora estadounidense incluso explica que ella comenzó el tarot en la década de 1970 con el tarot Rider-Waite no sólo por gusto, sino también porque era el único disponible en ese momento.[184] Desde Inglaterra, el movimiento ocultista se había establecido en Estados Unidos, donde experimentó un auge sin precedentes. Otro tarot emblemático es el tarot de Toth, también conocido como el «Tarot de Crowley». Éste, que no se publicó hasta el año 1969, reproduce sin embargo setenta y ocho cuadros pintados entre 1938 y 1942 por Frieda Harris (1877-1962), esposa de un diputado británico, sir Percy Harris. Este juego estaría más cerca del trabajo del Amanecer Dorado que el tarot Rider-Waite. Sin embargo, este último es citado por algunos autores como «el juego más influyente de nuestro tiempo». No tenemos suficientes pruebas para juzgar esto. Lo cierto es que, en Francia, donde se encuentra el tarot de Marsella, esta producción anglófona no es muy conocida.

Tarot de A.E. Waite, el Carro y los tres de oros, © AGM-Urania Koenigsfurt-Urania Verlag.

---

183. Para los aficionados, el mejor libro sobre la tradición anglosajona del tarot oculto es sin duda el de Ronald Decker y Michael Dummett, *A History of the Occult Tarot*, Duckworth, Londres, 2002.

* Hay traducción española: *Las claves del Tarot*, Ediciones Obelisco, Barcelona, 2020.

184. Rachel Pollack, *La Bible du Tarot*, ADA, Varennes, 2010, para la traducción al francés.

◆◆◆ *La abundancia de contenidos editoriales franceses a partir de los años ochenta*

Desde la publicación del antiguo tarot de Marsella por parte de Paul Marteau, director de la casa Grimaud, en 1930, acompañado de su libro *Le Tarot de Marseille* en 1949, Francia se ha convertido en el «conservatorio» del tarot tradicional de Marsella. A partir de entonces, la gran mayoría de la producción editorial francesa gira en torno a este «tarot de Marsella», empezando por el tarot de Grimaud, que mantendrá el monopolio durante mucho tiempo. Más tarde, otros autores irán en busca del «auténtico tarot de Marsella». Alejandro Jodorowsky fue uno de los primeros; en 1997 publicó con Philippe Camoin un tarot de Marsella «restaurado», una creación informática basada en decenas de modelos antiguos de tarot. Alejándose definitivamente de los antiguos ocultistas y de la adivinación, introdujo un enfoque original del tarot, abriendo el camino a nuevas prácticas que pueden describirse como «psicológicas» con su libro *La Voie du tarot*, escrito a cuatro manos con Marianne Costa, que apareció en el año 2004. Otros autores han creado métodos originales de práctica tarotológica o con cartas de tarot, como Georges Colleuil, que publicó una guía práctica, el *Référentiel de naissance*, de 1984, y el tarot de Marrakech. Estos autores inauguraron una época en la que la práctica de las cartas del tarot se había liberado completamente. Actualmente, todo el mundo puede crear su propio juego, su propio método, abrir su propia escuela. Usamos el tarot para predecir el futuro, pero también para muchas otras cosas: meditamos con el tarot,[185] hacemos psicología con el tarot,[186] hacemos gestión con el tarot,[187] hacemos taichí con el tarot,[188] hacemos narraciones con el tarot, hacemos música, escribimos poemas, pintamos... Estudiamos el tarot a la luz de los arquetipos junguianos, intentamos explorar nuestro inconsciente con las cartas que aparecen por el fenómeno de la sincronicidad. El tarot se ha convertido en una herramienta para el desarrollo personal. Los títulos de los libros son muy reveladores de este fenómeno: *Tarot, les clés du féminin sacré, outil d'éveil pour explorer l'âme féminine; Le Tarot, voie de l'amour, s'accepter, se comprendre et s'aimer grâce au tarot; Le Tarot, outil de développement personnel...*[189]

Pero la faceta oculta y esotérica del tarot sigue existiendo, representada por ejemplo por el libro *Méditations sur les 22 arcanes majeurs du tarot*, publicado por primera vez en Alemania en 1972 por un autor «anónimo», que no fue otro que Valentín Tomberg (1900-1973); este libro, a pesar de su título, es menos una obra sobre el tarot que una colección de meditaciones inspiradas por el gnosticismo cristiano. También podemos mencionar a Edmond Delcamp y *Le Tarot initiatique, symbolique et ésotérique* (1962). La faceta adivinatoria sigue siendo muy poderosa: la mayoría de los libros publicados sobre el tarot versan sobre este tema. Incluso se ha convertido en la herramienta de adivinación más importante utilizada hoy en día, muy por delante de las prácticas ancestrales, como, por ejemplo, la quiromancia. Hay docenas de títulos: *Votre destinée par les tarots; Le Tarot et votre avenir; Tarot: prédiction et divination.*[190]

Por todas estas razones, la producción editorial en torno al tarot es actualmente considerable. Hay más de 566 libros inventariados por la Biblioteca nacional de Francia bajo las palabras clave «adivinación por el tarot» y publicados en Francia entre 1970 y 2015. Cada año se publican entre diez y quince nuevos títulos dedicados al tarot, y de nuevo aquí únicamente estamos hablando de Francia, y sólo de la producción impresa. Cuando buscamos las mismas palabras clave en el catálogo de la BnF, incluidas las publicaciones extranjeras, encontramos 629 títulos, y el desglose por fechas es muy significativo. Así, hay: para 1700-1799, dos títulos; 1800-1899, catorce títulos; 1900-1999, trescientos títulos (incluyendo sólo diecisiete antes de 1980); 2000-2099, trescientos catorce títulos. Es decir, a principios de la década de 2000 se publicaron tantos libros sobre el tarot como los siglos XIX y XX juntos, y ni siquiera estamos hablando de los contenidos de las demás grandes bibliotecas, por ejemplo, las anglosajonas.

---

185. Gisèle Freyssinet, *Le Tarot de Marseille, exercices et meditations, pratiques personnelles*, París, 1994.
186. Simone Berno, *Tarot et psychologie des profondeurs*, Dangles, Saint-Jean-de-Braye, 1995.
187. Michel Giffard, *Le Tarot: outil de gestion*, Éditions Artulen, París, 1990.
188. Master Long y Valérie Baudin, *Taï chi, qi-gong et tarot énergie*, Livres & images, Cannes, 1998.
189. Lorraine Couture, *Tarot, les clés du féminin sacré, un outil d'éveil pour explorer l'âme féminine*, Éditions Trajectoire, Toulouse, 2011. Claude Darche, *Le Tarot, voie de l'amour, s'accepter, se comprendre et s'aimer*, Éditions du Rocher, París, 2000. Nina Montagero, *Le Tarot, outil de développement personnel*, Indigo Montangero, Montreux, 2003.
190. Louise Beni, *Votre destinée par les tarots*, De Vecchi, París, 1994. Didier Colin, *Le Tarot et votre avenir: 5000 réponses immédiates à vos questions*, Hachette, París, 1990. Susyn Blair-Hunt, *Tarot: prédiction et divination, trois niveaux de sens dévoilé*, ADA, Varennes, 2012.

Hay una moda similar con respecto a las barajas. Cada vez más autores o editores publican cartas de tarot, ediciones que han sido posibles gracias al final del monopolio de los maestros naiperos en el año 1945. A partir de entonces, todo el mundo puede editar cartas. En Francia e Italia, los facsímiles de tarots antiguos o las reconstrucciones de tarots históricos son cada vez más buscados: queremos tener los tarots más antiguos conocidos en las mejores reproducciones posibles, en una preocupación por la autenticidad, esta vez más cerca de la historia. Las ediciones de facsímiles de las antiguas cartas del tarot de Marsella de Yves Reynaud, con notas históricas sobre los maestros naiperos, son un buen ejemplo.[191] Hay otras editoriales, como Il Meneghello, que publica facsímiles de cartas históricas del tarot italiano. Además, abundan las creaciones originales de las cartas del tarot, ya sean esotéricas o artísticas: Tarot persa, tarot masónico, psicológico, caprichoso, sacerdotal, telúrico, James Bond, los constructores del santuario, la Iglesia de la Luz...[192] Si añadimos los oráculos, la lista puede extenderse indefinidamente: oráculo de los ángeles, oráculo de los arcángeles, oráculo de los arcángeles y maestros ascendidos...[193]

¿Qué podemos decir de semejante abundancia? Podríamos considerar que se alinea con la gran popularidad de la cartomancia en el siglo XIX y que ambas son completamente contemporáneas. De hecho, por un lado, la actual abundancia de tarots es un legado de estos antiguos autores que acabamos de mencionar. Sin ellos, el tarot adivinatorio, simbólico, iniciático, esotérico, probablemente no existiría; se podría pensar que es una obviedad, pero no lo es tanto. Vimos, durante este viaje a través de la historia del tarot, cómo este juego de cartas italiano no estaba automáticamente predestinado a convertirse en la herramienta de adivinación tan popular como lo es hoy en día. Podríamos incluso burlarnos un poco de la historia y preguntarnos: ¿habríamos conocido el tarot si Court de Gébelin y Alliette no hubieran vivido? Pero, por otro lado, su trabajo ha sido superado, es decir, su idea principal sobre los orígenes egipcios del tarot está siendo cuestionada gradualmente, pero al mismo tiempo, la mayoría de los usuarios del tarot siguen considerando que transmite un conocimiento muy antiguo y misterioso que provendría de los sabios iniciados. Si el tarot no es el libro de Toth, no importa, sigue siendo un vehículo que conduce a la sabiduría.

Museo del Tarot de Bélgica por Guido Gillabel, departamento de tarot contemporáneo.

---

191. Véase su página web del Tarot de Marsella: www.tarot-de-marseille-heritage.com
192. Referencias encontradas en Stuart L. Kaplan, *The Great Tarot Encyclopedia, op. cit.*
193. Mencionamos tres oráculos de Doreen Virtue, una autora muy prolífica en este campo.

Y, fortalecido por esta idea, nuestro tiempo, deseoso de conocer lo ancestral, ha multiplicado las preguntas con el tono que le es propio: su cuestionamiento se ha enriquecido con un sinfín de conocimientos, nociones, aprehensiones de cosas que no existían en la época de Court de Gébelin o de Papus. Rico en conocimientos renovados por nuevas disciplinas (psicoanálisis, etnología...), el hombre trata de explorarse a sí mismo. Con todo esto, se ha abierto a una perspectiva más global del mundo, incluso del universo. En un nivel más metafísico, los viejos dogmas y las concepciones han sido barridos para dar paso a un vertiginoso vacío donde todo es posible. En consecuencia, el acceso a los conocimientos ancestrales, después de haber sido despreciados, se ha renovado con esta apertura: nos encontramos con antropólogos que se convierten en chamanes o psicoanalistas que hacen retiros espirituales.

Búsqueda de sentido, acceso ilimitado al conocimiento: todo ello repercute en la historia del tarot. Lo hemos dicho, le pedimos todo: el conocimiento de uno mismo, del inconsciente, del karma, de la sanación, de la sabiduría, inspiración... Y para responder a estas demandas, escribimos sobre ello aprovechando esta base inigualable de conocimiento, muy ampliamente difundida por la tecnología contemporánea. Todo esto explica esta abundancia de contenidos editoriales, y ni siquiera hemos mencionado el mundo digital, es decir, la caja de Pandora. La multiplicidad de sitios, blogs, bases de datos, foros, artículos y talleres disponibles también atestiguan la inmensa riqueza contemporánea del tarot y contribuyen a alimentarla.

Hoy en día, el tarot está prosperando en una era que se está buscando a sí misma. Así que todavía tiene un futuro brillante por delante. En cuanto a su historia, ¿qué podemos concluir aquí? Utilizando un cierto lenguaje contemporáneo: ¿hemos alcanzado nuestros objetivos? Esperamos que algunos de ellos sí. Queríamos compartir el conocimiento de los historiadores sobre las cartas del tarot, para informar sobre lo que podría ser probado o probable en este campo, para iluminar a

Tarot de Conver reeditado par Camoin, Marsella, 1890-1900, Museo del Tarot de Bélgica.

cualquier amigo del tarot con unas cuantas bases más concluyentes. Así, cualquiera que haya leído este libro sabrá cuándo se hicieron las cartas más antiguas conocidas del tarot y quiénes fueron los primeros autores que contribuyeron a convertirlo en un pilar del ocultismo moderno. Habrá explorado posibles vías en cuanto a su origen, o el de los símbolos que transmite, y enriquecido su cuestionamiento con nociones más amplias tomadas de la historia de los juegos o del esoterismo. También hemos podido admirar las cartas auténticas del tarot antiguo para conocerlas mejor, así como las épocas en las que nacieron. Finalmente, hemos podido descubrir estas viejas huellas de los primeros libros sobre el tarot. Por otro lado, y éste es el límite de la historia, como disciplina en la que hemos elegido permanecer, el lector no habrá podido encontrar la respuesta a esta persistente pregunta: ¿sabemos finalmente de dónde viene el tarot, quién lo creó y por qué? No, porque no hay un conocimiento seguro sobre esto, debido a la falta de fuentes confiables. Sólo podemos confiar en los ensayistas y en las hipótesis que proponen y tenerlos en cuenta. Las respuestas que encontremos serán entonces de un orden diferente.

A aquel que practica tanto la historia como el tarot sólo le queda resignarse a cargar con este irritante misterio durante mucho tiempo. Pero el misterio despierta la curiosidad y la imaginación. Abre el deseo de buscar cada vez más, estimula la reflexión, el deseo de comprender, de proponer ideas, de crear sistemas de representación. Si hubiera existido un documento histórico cierto que revelara al autor del tarot y su intención, como aquel documento de la década de 1420 que describe otro juego que parece tan cercano en el tiempo y en el espacio, ¿qué haríamos con este mítico juego? ¿No es mejor seguir preguntándonos sobre ello, y así crear y aprender en torno a él por siempre? ¿No es esa la cuestión?

Capítulo V
Pequeña historia de los arcanos mayores

Balthasar van den Bosch, copia del Prestidigitador *de Jérôme Bosch, Rijksmuseum.*

El propósito de este capítulo es, en cierta manera a modo de conclusión, dejar elementos significativos para comprender mejor lo que se encuentra en los veintidós arcanos mayores. Detallar la iconografía, el simbolismo, la evolución y el significado de cada carta a la luz de los documentos históricos requeriría un libro entero. Proponemos aquí dar para cada carta una ficha de datos que contenga varios elementos. Primero, en iconografía, se proponen dos tarots para cada arcano. Buscamos la mayor diversidad posible con un objetivo comprobado: devolver a la luz del día las cartas olvidadas del tarot, y también mostrar su infinita diversidad, en imágenes, colores, símbolos y representaciones. A continuación, se darán las diferentes denominaciones encontradas para la carta, desde la más antigua (la primera siempre será la del texto más antiguo que mencionaba las ventajas del tarot, del que hemos hablado), hasta la del tarot de Marsella. Luego indicaremos los diferentes números que lleva la carta en los diferentes órdenes del tarot encontrados, comenzando siempre citando el texto más antiguo conocido que menciona el orden de los triunfos, luego los órdenes A, B, C, que hemos detallado para que conste en el capítulo II: así, la Papisa no siempre fue el arcano II, ocupa el lugar IV en el texto más antiguo sobre triunfos, y III en el orden B. Esto sólo se citará si el orden varía respecto al que conocemos; por ejemplo, el orden C no se cita porque es el que usamos como referencia. Entonces, nos pareció importante dar la etimología y el significado principal del nombre de la carta como se da en el tarot de Marsella: el estudio de las palabras ha sido a menudo descuidado en favor de las imágenes y los símbolos, sin embargo, ¡puede ser muy significativo!

Continuaremos con explicaciones históricas para entender mejor el contenido de la carta. Cabe señalar que si nos acercamos al significado de ciertos símbolos en esta sección, es también en un contexto histórico: por lo tanto, estos símbolos pueden ser descritos de forma únicamente negativa o positiva, porque así es como fueron percibidos en un momento dado. La idea es aclarar el significado de la carta, pero como puede haber sido en la mente de los creadores del tarot, no en la nuestra. Con el mismo espíritu, un conjunto de significados adivinatorios escritos por los autores principales (queríamos respetar los textos originales en la medida de lo posible) completa la ficha y permitirá una mejor comprensión de cómo estos últimos consideraban la carta. Estos significados podrían acompañar, por ejemplo, a los grabados antiguos que hemos propuesto en este libro; incluso han sido seleccionados en parte para este fin: hemos elegido a estos autores tanto por su importancia histórica como para acompañar los grabados que proponen. Así, mencionamos aquí las interpretaciones que Court de Gébelin y el conde de Mellet dieron en el *Monde primitif* en 1781, las de Alliette en su *Manière de se récréer avec le jeu de cartes nommées tarots* (tercer cuaderno publicado en 1783), las de Oswald Wirth en *Le Tarot divinatoire* (1909), las de Oswald Wirth en su *Tarot des imagiers du Moyen Âge* (1927) y las de Paul Marteau en *Le Tarot de Marseille* (1949). Cabe señalar que Court de Gébelin no siempre da un significado a las cartas que describe, pero hemos preferido conservar su texto por su influencia, acompañado de las raras interpretaciones adivinatorias que el conde de Mellet dejó para explicar una tirada. En cuanto a Alliette, sus interpretaciones están acompañadas por los números que él mismo asignó a las cartas, que hemos preferido conservar para ser fieles a su texto, aunque nos parezca curioso, por ejemplo, que el Carro lleve el número XXI.

El Loco (le Mat)

Diferentes denominaciones: *Il Matto, le Fou, le Fol, le Mat*.

Otros rangos ocupados en el tarot: Ninguno, ninguna numeración.

Etimología y significado de la palabra «mat»: Proviene del árabe *māt*, que significa «muerte» y se refiere al rey del ajedrez que ya no puede dejar su lugar sin ser tomado, según la famosa fórmula «jaque mate», o menos frecuentemente «el rey es mat». Por extensión, el adjetivo «mat» en francés, que apareció en el siglo XII, significa «masacrado, afligido». Vendría del bajo latín *mattum* (siglo XI): «caído, derrotado, afligido, humillado». «Quien yace en el calor, quien muere arrepentido y quien está muerto» (*Roman d'Alexandre*, 1180). Quienquiera que haya nombrado las cartas del tarot en francés probablemente confundió la traducción del Matto italiano, que significa «el loco», con el rey sometido a jaque y mate. O la confusión entre la locura y la noción de muerte, perdición, aflicción. La palabra «loco» proviene del *follis* latino clásico (que apareció alrededor de 1080 en la *Canción de Roland*): «fuelle para el fuego»; «además de inflado»; «globo lleno de aire»; «monedero de cuero», que por metáfora ha tomado el significado de «idiota, tonto, irrazonable». Recordemos la expresión «¡Qué fardo!». *Mat* también significa en francés moderno, y es muy revelador: «aburrido, no brillante, que no resuena».

Tarot llamado de Carlos VI, el Loco, norte de Italia, siglo XV, BnF.

Tarot en miniatura llamado «Tarot Arnoult», el Loco, 1850-1900, BnF.

◆◆◆ *A propósito del Loco*

Si bien las representaciones de locos son muy comunes en el arte, manuscritos y grabados, esta iconografía de un bufón aislado que camina solo por el campo con un perro, un palo y ropas desgarradas, parece propia del tarot de Marsella. Ni siquiera aparece en cartas anteriores del tarot. Aquí vemos una mezcla entre la figura del bufón, por un lado, con su sombrero de burro y sus cascabeles, y el hombre errante, por otro. La pobreza y el vagabundeo eran muy a menudo representados por personajes acompañados por perros y que llevaban una bolsa y un palo, con ropas andrajosas, como se veía en las representaciones del hijo pródigo, por ejemplo. Pero, curiosamente, nuestro vagabundo lleva un disfraz de bufón, mientras que los bufones nunca fueron representados de esta manera. En ambos casos, la locura preside, es decir, la pérdida de la razón, del sentido común, y en ambos casos es un personaje que está fuera de los caminos trillados, ya sea en un sentido más positivo (el bufón) o más negativo (el vagabundo).

Los bufones no aparecieron hasta el siglo XIV, pero más tarde se encontraron en todas partes, entre reyes y príncipes, pero también entre señores y obispos. Algunos bufones –actores, de hecho (profesión censurable en la época)–, también alquilan sus servicios a una burguesía o a una hermandad para la fiesta de un santo patrón. Siempre se los encuentra con sus trajes de locos, con capuchas y cascabeles. En la corte, el loco es el que tiene un cierto poder sobre el rey, el privilegio de decir lo que otros no pueden decirle: es un contrapeso a la cortesía. Y si no se caracteriza por una deformidad (enano, jorobado), está sin embargo grotescamente vestido: cascabeles, fraustrina, sombrero de burro (el burro simboliza la ignorancia, los bajos instintos del hombre). De manera más general, estos atributos acompañan a cualquier personaje que represente desorientación, locura. Muchas Biblias de los siglos XIV y XV presentan al loco, llamado «necio», para ilustrar el salmo 52: «El loco dijo en su corazón: no hay Dios». Por extensión, cualquier personaje vestido así puede representar también las faltas humanas, la estupidez, como en el famoso libro de Sebastian Brandt *La Nef des fous* (1494), o el hombre de moral trastornada que causa escándalo por sus apetitos sexuales; esta asociación de locura y sexualidad se encuentra en algunos tarots. El loco entonces se convierte en un personaje habitado por el mal, por Satanás. Su apariencia asusta, también su aspecto de enfermo: ya no tiene ropa decente, a veces sale desnudo de sus convulsiones. Le tiran piedras, basura. Hay que señalar que el perro que lo acompaña acentúa este aspecto: simbólicamente, el lado más bien dañino prevaleció, fue visto como un animal impuro y sucio, lo que condujo a la llegada de enfermedades. Su simbolismo es similar al del chivo expiatorio, el que es responsable de las faltas de la comunidad y luego es rechazado. El perro aparece a menudo cerca de vagabundos en el arte renacentista, una forma realista de demostrar que se utilizaban para ahuyentar a los que se acercaban a las casas para mendigar o robar.

Los mitos del judío errante, del hijo pródigo, de Roberto el Diablo o de san Roque se pueden relacionar con esta carta.

Las representaciones del loco son por lo tanto esencialmente negativas, y es lo que encontraremos en la mayoría de los antiguos significados adivinatorios de esta carta. En efecto, la rara interpretación positiva que consiste en decir que «lo que es locura a los ojos de los hombres es sabiduría a los ojos de Dios» la encontramos muy poco en el momento de la creación del tarot. Sólo los autores contemporáneos lo aceptarán.

◆◆◆ *Significados adivinatorios*

1781, Court de Gébelin: n.º 0, cero, el Loco

«Camina muy rápido como un loco que es, llevando tras de sí su pequeño fardo, y se imagina a sí mismo escapando de un Tigre que le muerde en el culo: en cuanto su trasero, es el emblema de sus faltas que no quiere ver; y este Tigre, el de su remordimiento que le sigue al galope, y que salta arriba y abajo detrás de él [...]. En cuanto a este triunfo, lo llamamos Cero, y siempre lo colocaremos en el juego después del XXI, porque cuenta cuando está solo y no tiene otro valor que el que da a los demás, precisamente como nuestro cero: mostrando que nada existe sin su locura».

1783, Alliette: n.º 0, el Loco a la Locura

«Esta carta es la única que nunca tuvo un número, porque difícilmente es posible asignar un número a nuestras queridas locuras. Significa locura».

Para Alliette, si la carta está invertida, el pronóstico es menos grave. Así, si el Loco significa «locura», el Loco invertido significa una locura de menor importancia. Esta indicación se aplica a las otras veintidós cartas.

1909, Papus: n.º 0 o 21, la Muerte

Significado espiritual: ruptura de las comunicaciones divinas. Significado moral o alquímico: ceguera moral. Significado físico (que también puede ser usado para adivinación): la materia. Significado adivinatorio: impulso. Locura.

1927, Oswald Wirth: XXII, el Loco

Impulsividad, inconsciencia, alienación, influencia lunar pasiva.

EN POSITIVO. Pasividad, abandono absoluto, descanso, renuncia a toda resistencia, temeridad, inocencia, irresponsabilidad. Mediumnidad, instinto. Abstención, nada que hacer.

EN NEGATIVO. Nulidad, incapacidad de razonar y dirigir, abandono a impulsos ciegos, automatismo. Trastorno inconsciente, extravagancia. Castigo inevitable por actos sin sentido, remordimiento vano. Aniquilación

1949, Paul Marteau: el Loco

Esta carta debe ser considerada como el número XXII en caso de adición.

SIGNIFICADO ELEMENTAL. El hombre que camina por el camino de la evolución con descuido y sin detenerse, llevando el peso de sus logros buenos o malos, estimulado por el tintineo de los pensamientos, las preocupaciones del momento o los instintos inferiores, hasta el momento en que sepa cómo lograr el equilibrio representado por la carta «el Mundo».

SIGNIFICADO CONCRETO. El nombre «el Loco» (Mat) que se le ha dado tiene el significado que se le ha dado al ajedrez, es decir, «encerrado». De hecho, está abrumado por la carga que no puede soportar, empujado por el perro, estimulado por los cascabeles, obsesionado por las preocupaciones del camino, la obligación de caminar y la limitación de las circunstancias que encontrará en el camino. Es también el despreocupado en el sentido de que no es consciente de los obstáculos de la vida y sólo los verá sucesivamente.

MENTAL (inteligencia). Indeterminación debido a la multiplicidad de preocupaciones que surgirán y de las que sólo es consciente a medias. Idea en proceso de transformación. Un consejo incierto.

ANÍMICO (pasiones emocionales). Vicisitud de sentimientos, incertidumbre en los compromisos, sentimientos vulgares sin duración.

FÍSICO (el lado utilitario de la vida). Inconsciencia, falta de orden, descuido de la palabra dada, inseguridad, partida o desplazamiento. Abandono voluntario de bienes materiales. Un caso lánguido. Salud: linfatismo, hinchazón, absceso.

INVERTIDA. El Loco, al ser un personaje en movimiento, significa que ha caído o que ha sido detenido en su marcha. Abandono forzado de bienes materiales y caída sin retorno ni esperanza. Complicaciones, desperdicio, inconsistencia.

I. El Mago *(le Bateleur)*

Diferentes denominaciones: *Il Bagatella, il Bagatello, le Bateleur.* El Mago.

Otros rangos ocupados en el tarot: Siempre el I.

Etimología y significado de la palabra «bateleur»: Palabra que apareció en el siglo XIII, procedente del francés antiguo *baastel*, que significa «instrumentos y trucos de escamoteo». Se refiere a una persona que realiza acrobacias, escapismo, trucos de fuerza en ferias y plazas públicas. Sinónimo de «prestidigitador», «acróbata», podría dar «mago» por extensión. Y más aún, este último nombre es el que se mantuvo para los tarots anglosajones, pero en un sentido diferente. En tres de los diccionarios antiguos (1694, 1787, 1798), la definición dada es «juego de manos». Furetière fue más lejos, y la primera definición que dio de *Basteleur, basteleuse* fue «charlatán», luego «bailarín de corte, bufón», e indicó que esta palabra podría provenir del galo *basto*, que significaría «engaño». En cuanto a la palabra italiana «Bagatella», puede traducirse como «algo sin importancia» (una nimiedad).

Tarot de Grimaud, el Mago, París, 1891, BnF.

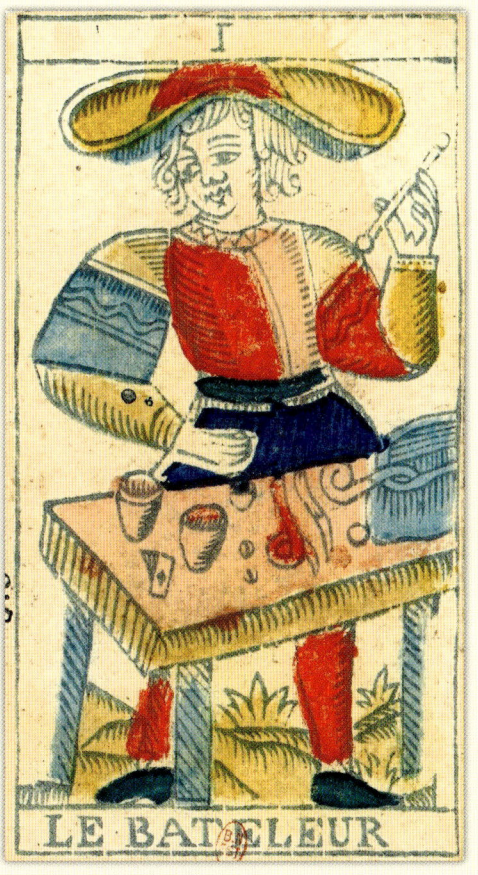

Tarot de A. G. Zoya, el Mago, 1834-1852, BnF.

◆◆◆ A propósito del Mago

Lo que se deduce de estas definiciones es la naturaleza peyorativa, charlatán, mentiroso, embaucador. Como bien dice esta inscripción, que comenta una representación de un embaucador entre 1475 y 1480 y que reproducimos al principio de este capítulo): «Aquellos que, gracias a la bolsa de trucos, hacen que la gente escupa cosas curiosas en la mesa con sus engañosas trampas. Así que nunca confíes en ellos, te arrepentirás». Al igual que con el Loco, nos enfrentamos a un personaje despreciado en la sociedad de la Edad Media y de la era moderna. Además, como todas las profesiones relacionadas con el entretenimiento, es una profesión maldita desde la antigüedad: el derecho romano ya consideraba que actuar en el escenario con fines de lucro era una ocupación infame. Malabaristas, actores y feriantes fueron asimilados a las categorías más bajas de la población de la misma manera que las prostitutas, los lisiados o los mendigos. Para santo Tomás de Aquino, no hay duda de que los malabaristas, narradores y actores serán condenados y conocerán los tormentos del infierno. Además, en lo que respecta a nuestro mago, vemos que su actividad consiste en deslizar una pequeña bola bajo una, dos o tres tazas, y luego invitar a una persona a que intente encontrarla por turnos, tomando las apuestas. Pero cuando se pone en juego una gran cantidad de dinero, las manos del malabarista se mueven mucho más rápido, haciendo desaparecer la bola, y la persona pierde su apuesta. Las apuestas también se hacen con los dados: si el mago ya ejerce una profesión reprobable, también practica una actividad igualmente reprobable, porque apostar con dados está condenado.

Así, el Supremo Sacerdote o el Mago de algunas cartas del tarot moderno tiene sus raíces en el artista público, o incluso en el estafador. Además, en los tratados de astrología renacentista, donde las actividades humanas están asociadas a los planetas, el Mago es un «hijo de la Luna», una estrella engañosa. Entonces la imagen del Mago del tarot de Marsella se hizo más refinada: solo en su mesa de juego, cuyos símbolos se convirtieron en la figuración de los cuatro palos, adquirió este gran sombrero asociado por los ocultistas con la lemniscata, símbolo del infinito. Pero observemos que este símbolo apareció en la historia de las matemáticas en 1655, y el tarot de Jean Noblet con el Mago con este sombrero, alrededor de 1650. Los mismos ocultistas lo convirtieron en sacerdote, y más tarde en mago; así fue como lo encontramos en el tarot de la Etteilla, y más tarde en el tarot anglosajón.

Una ascensión tarótica como ésta se encuentra en los significados divinatorios. En 1807, el *Pequeño oráculo de las damas* la convirtió en un oráculo de mal agüero, emblema del aburrimiento, de la enfermedad, que indica que la vida es sólo una ilusión, una estafa. Pero la imagen del Mago pronto mejorará...

◆◆◆ Significados adivinatorios

1781, Court de Gébelin: n.º I, el Jugador de cubiletes, o Mago

«Lo reconocemos en su mesa cubierta de dados, vasos, cuchillos, fardos... Por la vara de Jacob o la vara de los Magos, por la bola que sostiene entre sus dedos y que hará desaparecer. Su cabeza indica que toda la vida es sólo un sueño, un caos: que es como un juego de azar perpetuo o el choque de mil circunstancias que nunca dependieron de nosotros, y en las que cualquier administración general tiene una gran influencia para muchos».

1783, Alliette: n.º 15, el Mago

«Significa enfermedades; por el contrario, una vez considerado como Mago, significa salud. Este jeroglífico está bien alterado, era un mago».

1909, Papus: 1, el Mago

Significado espiritual: esencia o principio divinos. Significado moral o alquímico: la tierra. Significado físico (que también puede ser utilizado para la adivinación): hombre, padre. Significado adivinatorio: el consultante.

1927, Oswald Wirth: I, le Bateleur

Punto de partida, la causa primera, influencia mercurial.

EN POSITIVO. Destreza, habilidad, finura diplomática, elocuencia, convincente, mente alerta, inteligencia rápida, hombre de negocios inquieto.

EN NEGATIVO. Vendedor persuasivo, sugestionador, ilusionista, intrigante, prepotente, político, charlatán, impostor, mentiroso, estafador, explotador de ingenuos. Agitación vana, falta de escrúpulos.

1949, Paul Marteau: carta I, el Mago

SIGNIFICADO ELEMENTAL. El Mago representa al Hombre en presencia de la Naturaleza, con el poder de manejar sus corrientes.

SIGNIFICADO CONCRETO. Significa la capacidad de hacer malabarismos con varios objetos, es decir, de manejar las circunstancias con habilidad y de tomar una decisión adecuada.

MENTAL (inteligencia). Facilidad de combinación, apropiación inteligente de los elementos, de los sujetos que vienen a la mente.

ANÍMICO (pasiones emocionales). Psíquico material, es decir, tendente a la búsqueda de la sensación, representada por el vigor del personaje y por su calidad de creador. Generosidad combinada con amabilidad. Fertilidad en todas las direcciones.

FÍSICO (el lado utilitario de la vida). Tendencia a dispersarse en la acción, falta de unidad en las operaciones. Dudas. Indecisión. Incertidumbre en los acontecimientos. Salud: fuerte vitalidad y poder sobre enfermedades mentales o nerviosas, obsesión o neurastenia. Esta carta da una tendencia favorable, pero, al no ser formal, no indica curación. Para saberlo, hay que considerar la carta siguiente.

INVERTIDA. Discusiones, disputas que pueden volverse violentas. Orientación defectuosa en la acción, operaciones desafortunadas.

II. La Papisa

Diferentes denominaciones: *La Papessa*, la Papisa. *La Pances* (tarot de Dodal, 1701), Juno (tarot de Besançon), Capitán Fracasse (tarot de Bruselas), la Primavera (tarot revolucionario), la Gran Sacerdotisa, Isis, el Orgullo.

Otros rangos ocupados en el tarot: Número IV en la lista más antigua de triunfos y número III en el orden B.

Etimología y significado de la palabra «papisa»: Apareció alrededor de 1450, del latín medieval *papissa*, viene de *papa* que significa «papa». Papisa: mujer papa.

Tarot de Visconti-Sforza, la Papisa, Milán, hacia 1452 (facsímil).

Tarot de Dodal, la Papisa, Lyon, 1701-1715, BnF.

♦♦♦ *A propósito de la Papisa*

Las múltiples denominaciones nos muestran la perplejidad que esta carta puede sugerir. Es, sin duda, la más controvertida de las cartas del tarot y por una buena razón, ¡una papisa es algo que no existe! Podemos replicar inmediatamente que la Justicia y la Fuerza son alegorías y que tampoco existen. Pero ¿por qué esta figura, que podría ser también una alegoría de la fe, de la Iglesia o incluso de la prudencia (éstas fueron representadas muy a menudo en la forma de una mujer religiosa que sostenía un libro), recibió el nombre de papisa? ¿En referencia al mito de la papisa Juana? En efecto, según la tradición popular, una mujer ocupó el trono de san Pedro bajo el nombre de Juan VIII en el año 854, durante dos años, cinco meses y nueve días, entre los papas León IV y Benedicto III. Un tal Sigeberto de Gemblours (c. 1030-1112) dice que «este Juan era una mujer». Martín de Troppau (más conocido como Martinus Polonus) habla de ella en escritos que tienen más o menos el valor de una crónica oficial del papado, fijando la leyenda a pesar de su ausencia de fundamentos históricos, ya que no hay ninguna brecha entre León IV y Benedicto III. Esta leyenda floreció a lo largo de la Edad Media; un busto de una papisa apareció en la cúpula de Siena entre los de los dos papas. Se dice que una estatua fue erigida en Roma en el mismo lugar donde, embarazada de un hombre conocido, dio a luz a plena luz del día en medio de una procesión, lo que reveló el subterfugio. La gente furiosa y el clero la mataron con el fruto de su engaño, y la habrían enterrado en el mismo lugar. Las guías «turísticas» de Roma de 1548 y 1550 indicaron esta plaza y esta estatua, de la que Lutero se habría reído cuando visitó la capital romana en 1510: «Me sorprende que los papas sean víctimas de tales estatuas, pero Dios los ciega para que podamos ver lo que es el papado: una farsa y un simple engaño y obra del diablo». Nosotros también podemos sorprendernos de que la Iglesia haya permitido que se cuente esta historia, y podemos preguntarnos si la Papisa del tarot es una alegoría de la fe o de la Iglesia, o por el contrario una imagen satírica contra ella. A esta imagen de una mujer con un libro en la mano y con atributos religiosos se le podrían haber atribuido estas denominaciones mucho menos perturbadoras: fe, prudencia, sabiduría... En efecto, las representaciones de los propios papas (las más antiguas de las cuales datan del siglo XIII) son poco frecuentes en el arte medieval y renacentista, ya que se consideran blasfemas. Sólo las vemos en crónicas poco comunes, como ésta de la que hablamos. Y, además, vemos representaciones de la Iglesia en forma de mujer que lleva una tiara, una llave y un libro, como aparece en la basílica de San Pedro en Roma. Representaciones similares se pueden encontrar en las cartas más antiguas del tarot.

También puede representar a la prudencia: la cuarta virtud cardinal que faltaba en el tarot está ilustrada en algunas obras como una mujer que sostiene un libro; por ejemplo, un manuscrito del siglo XV que contiene indicaciones para el iluminador sobre las cuatro virtudes cardinales indica que la prudencia debe representarse con «una señora sentada en una silla y que sostiene un libro abierto».[194] El arte de los siglos XV y XVI también presentaba a la Virgen María de esta manera. Esta carta podría representar también la fe, personificada en el tarot de Visconti por santa Inés de Bohemia, religiosa de la Orden de las Clarisas (la mujer de la carta lleva su traje) y abuela de Bianca Maria Visconti.

En cualquier caso, la Papisa es molesta. Como hemos visto, en los tarots de la Europa protestante, los tarots de Besançon, se convierte en Juno; en los tarots de Flandes, se convierte en una figura de la *commedia dell'arte*, el Capitán Fracasse, que entonces estaría a favor de una representación de la fe o de la Iglesia, dada la disposición de los protestantes a borrarla. Los tarots ocultos la conservan pero la convierten en una gran sacerdotisa. Court de Gébelin es el primero en llamarla así en su *Monde Primitif*, quizás más por su fuerte apego a la causa protestante que por su referencia a Egipto, pero así es como triunfará en el mundo anglosajón (también protestante), como devota de Isis. Hoy en día, la Papisa sólo sobrevive en el tarot de Marsella.

---

194. Hermano Laurent d'Orléans, *Le Livre des vices et des vertus ou Somme le Roi*.

♦♦♦ *Significados adivinatorios*

1781, Court de Gébelin: n.ᵒˢ V y II, Sumo Sacerdote y Suma Sacerdotisa, los Líderes espirituales de la sociedad

«El n.º V representa al jefe de los hierofantes o al Sumo Sacerdote; el n.º II a la Suma Sacerdotisa o a su esposa: se sabe que entre los egipcios, los líderes del sacerdocio estaban casados. Si estas cartas fueran un invento de los modernos, no habría ninguna Suma Sacerdotisa, mucho menos bajo el nombre de Papisa, como los maestros naiperos alemanes la han llamado ridículamente. Los maestros naiperos italianos o alemanes que trajeron este juego a sus conocimientos, hicieron de estos dos personajes, a los que los antiguos dieron el nombre de Padre y Madre, o podríamos decir Abad y Abadesa, palabras orientales que significan lo mismo, los hicieron, como dije, un Papa y una Papisa. La Suma Sacerdotisa está sentada en un sillón: está vestida con un traje largo con una especie de velo detrás de la cabeza que cruza su estómago; tiene una doble corona con dos cuernos como la que debería llevar Isis y tiene un libro abierto en su regazo».

1783, Alliette: n.º 8 – el autor no nombra la carta

«Esta carta, o mejor aún, este jeroglífico, como los dos anteriores, ya no se parece en nada a lo que era entre los primeros egipcios. En esta carta vemos hoy una Juno o una Papisa o una Doncella española. Significa la mujer por la cual los oráculos del libro de Toth están siendo cuestionados».

1909, Papus: 2, la Papisa

Significado espiritual: la sustancia divina. Significado moral o alquímico: aire. Significado físico (que también se puede utilizar para la adivinación): la mujer, la madre. Significado adivinatorio: la consultante.

1927, Oswald Wirth: II, la Papisa

Misterio, intuición, piedad, influencia pasiva de Saturno.

EN POSITIVO. La reserva, la discreción, el silencio, la meditación, la fe, la paciencia, la expectativa confiada, el sentimiento religioso, la resignación, las cosas ocultas favorables. Se requiere inercia.

EN NEGATIVO. Intenciones ocultas, ocultación, hipocresía, ayuda equivocada, inacción, pereza. Intolerancia, resentimientos, disposiciones hostiles o indiferentes, absorción mística.

1949, Paul Marteau: carta II, la Papisa

SIGNIFICADO ELEMENTAL. La Papisa representa a la naturaleza, con sus misteriosas riquezas, que el hombre debe revelar e interpretar.

SIGNIFICADO CONCRETO. El principio superior de la naturaleza, es decir, la materia santificada.

MENTAL (inteligencia). Esta carta es muy rica en ideas. Resuelve problemas, pero no los sugiere.

ANÍMICO (pasiones emocionales). Ella es fría, amistosa, acogedora, pero no afectuosa.

FÍSICO (el lado utilitario de la vida). Situación asegurada, fuerza sobre los acontecimientos, revelación de cosas ocultas, seguridad de triunfo sobre el mal. Salud: buena salud, pesadez.

INVERTIDA. Se hace más pesada, más pasiva; ya no se puede recurrir a ella, es una carga. Las intuiciones que tuvo invierten su significado y se vuelven falsas. Retraso, parada, pesadez para alcanzar las cosas.

III. La Emperatriz

Diferentes denominaciones: *Imperatrix*, Emperatriz. *Linperatry* (tarot de Viéville), *Lemperatris* (tarot de Noblet), *la Grande Mère* (tarot revolucionario).

Otros rangos ocupados en el tarot: Número II en la lista más antigua de triunfos y orden B.

Etimología y significado de la palabra «emperatriz»: Aparece en la lengua francesa en el año 1482; esta palabra proviene del latín *imperatrix* y significa «esposa de un emperador» o «soberana de un imperio».

Tarot Visconti di Modrone,
la Emperatriz, Milán, 1441, biblioteca Beinecke

Tarot de Grimaud,
la Emperatriz, París, 1930, BnF.

◆◆◆ *A propósito de la Emperatriz*

Si bien hay mucho que decir sobre el rico contenido histórico, simbólico o controvertido de algunas cartas, la Emperatriz plantea un problema en el sentido de que sólo podemos decir una cosa: es la esposa del Emperador. Históricamente, y también en la mentalidad de la época, no significaba mucho más. En las cartas del tarot, está representada de una manera bastante estandarizada: una mujer joven, ricamente vestida (especialmente en las cartas del tarot de Visconti) y adornada con los atributos de su marido, la corona, el escudo con el águila, y el cetro con el globo terráqueo coronado por una cruz (*véase* el Emperador para las explicaciones de estos elementos). Con esta carta, tan pobre en sentido histórico, lo cual ya es revelador en sí mismo, podríamos evocar la condición de la mujer en los tiempos medievales y modernos: una mujer sólo tiene valor en relación con la familia de la que procede y por lo que aportará a la familia a la que estará unida. Uno se casa con una mujer porque unirse a su familia es ventajoso, o por su dote, y porque es fértil para dar herederos potenciales. Las emperatrices históricas, es decir, las que se casaron con los emperadores del Sacro Imperio Romano y, por extensión, todas las mujeres de alta alcurnia de la época, estaban destinadas a casarse tan pronto como llegaban a la pubertad con un marido que a menudo era mayor que ellas, según acuerdos que beneficiaban a ambas familias. Había que casarlas a una edad temprana debido a los riesgos asociados con la maternidad (una mujer mayor tenía menos probabilidades de tener hijos viables, y treinta años en ese momento ya era una edad muy avanzada). Hemos visto matrimonios con niñas de nueve años. Luego, la vida de una emperatriz consistía en dos cosas: dar a luz y aparentar. El trabajo de algunos historiadores ha mostrado admirablemente el destino de estas mujeres que pasaron la mitad de sus vidas en embarazos y partos sucesivos, arriesgando la vida con cada parto.[195] En efecto, hubo emperatrices extraordinarias que realmente gobernaron, siendo la más famosa María Teresa de Austria (1717-1780), pero la mayoría de las veces, como muchas princesas de su tiempo, no hicieron historia. ¿Quién recuerda hoy a Bárbara de Cillei, una princesa eslovena veinticuatro años más joven que su marido, el emperador Segismundo, coronado en 1433?

Cabe señalar que la emperatriz que aparece en los dos tarots de Visconti es sin duda un retrato de Bianca Maria Visconti, que retrata a una mujer rica en su tiempo: con vestidos de oro y joyas, y que tuvo que casarse con Francesco Sforza a la edad de catorce años. Afortunadamente para ella, su matrimonio fue feliz. Sabía cómo lidiar con ello, era una mujer inteligente, educada y con carácter, un hermoso retrato para una Emperatriz.

Las representaciones del tarot reflejan esta escasa consideración: no cambian mucho. Esto también es evidente en los significados bastante limitados dados a esta carta. Los de Paul Marteau son particularmente significativos.

◆◆◆ *Significados adivinatorios*

1781, Court de Gébelin: n.ᵒˢ IV y III, Rey y Reina, los líderes temporales de la sociedad

«El n.º IV representa al Rey, y el III a la Reina. Ambos tienen como atributo el águila en un escudo y el cetro rematado por un globo tautificado o coronado con una cruz, llamada *Thau*, el signo por excelencia. El Rey está de perfil, la Reina, de frente: ambos están sentados en un trono. La Reina está vestida con un vestido que arrastra, el respaldo de su trono está elevado: el Rey está como en una góndola o en una silla de concha, con las piernas cruzadas. Su corona es semicircular y está coronada por una perla con una cruz. La de la Reina termina en un pico. El rey tiene una orden de caballería».

1783, Alliette: n.º 6, la Emperatriz

«Significa que algo malo es bueno, o que lo que nos ha perjudicado se convertirá en algo útil para nosotros. Nuestro inestimable Anticuario verificará qué es lo que está equivocado: este Jeroglífico es moderno; en uno de los otros tres cuadernos demostraré que fue originalmente el cuarto día de la Creación».

1909, Papus: 3, la Emperatriz

Significado espiritual: la naturaleza divina. Significado moral o alquímico: el agua, el mercurio de los sabios. Significado físico (que también puede ser utilizado para la adivinación): la generación. Significado adivinatorio: acción. Iniciativa

---

195. Véase, bajo la dirección de Georges Duby y Michelle Perrot, *Histoire des femmes en Occident,* Plon, París, 1991.

1927, Oswald Wirth: III, la Emperatriz

Sabiduría, discernimiento, idealización, influencia solar intelectual.

EN POSITIVO. Comprensión, inteligencia, instrucción, encanto, afabilidad, elegancia, distinción, cortesía. Dominación por el espíritu, abundancia, riqueza. Civilización.

EN NEGATIVO. Afectación, pose, coquetería, vanidad, pretensión, desdén, frivolidad, lujo, prodigalidad. Sensibilidad a los halagos, falta de refinamiento, modales de nuevo rico.

1949, Paul Marteau: Carta III, la Emperatriz

SIGNIFICADO ELEMENTAL. La Emperatriz representa el poder fecundo de la materia puesta a disposición del hombre para sus creaciones.

SIGNIFICADO CONCRETO. El poder pasivo del mundo material.

MENTAL (inteligencia). Penetración en la materia a través del conocimiento de las cosas prácticas.

ANÍMICO (pasiones emocionales). Penetración en las almas de los seres. Pensamiento fértil y creativo.

FÍSICO (el lado utilitario de la vida). Esperanza, equilibrio. Soluciones a problemas. Mejora e inversión de la situación. Poder de acción irresistible y continuo.

INVERTIDA. Disensiones, discusiones en todos los planos, todo se confunde y se vuelve confuso. Retraso en la realización de cualquier evento que sea, sin embargo, inevitable.

IIII. El Emperador

Diferentes denominaciones: *Imperator, Imperatore,* Emperador. *Lanpereur* (tarot de Viéville), *Lemperur* (tarot de Noblet), el Abuelo (tarot revolucionario).

Otros rangos ocupados en el tarot: Número III en la lista más antigua de triunfos. De lo contrario, siempre en el IIII.

Etimología y significado de la palabra «emperador»: Palabra que apareció en lengua francesa en 1080 (en la *Chanson de Roland*), proviene del latín *imperator*. También aparece bajo este nombre latino en los nombres de los triunfos. Éste es el título dado desde el emperador Augusto (63 a. C.-14 d. C.) al poseedor del poder supremo en el Imperio romano. Desde Carlomagno, este título se refiere a la cabeza del Imperio de Occidente, es decir, el Santo Imperio Romano Germánico.

Tarot de Bourlion,
el Emperador, Marsella, 1760, BnF.

Tarot de Carrajat,
el Emperador, 1834-1852, BnF.

◆◆◆ A propósito del Emperador

La carta acumula todas las representaciones tradicionales que designan a un emperador en el espíritu de su tiempo. Así, a pesar de este título tan concreto, tenemos aquí una figura alegórica que representa el poder absoluto sobre el mundo. De hecho, nuestro emperador acumula todos los signos de poder posibles. En primer lugar, tiene barba y es de edad madura: desde la Edad Media en adelante, Carlomagno, el emperador por excelencia, siempre estuvo representado de esta manera por más que fuera imberbe. Además, el escudo amarillo con el águila en negro es muy claramente el escudo de armas del Santo Imperio Romano Germánico: aparece en todas las cartas de tarot antiguas; Nicolás Conver cambiará el color en el siglo XIX a escudo azul y águila amarilla, como otros después de él, como Grimaud, lo que hace olvidar el significado preciso del blasón representado en este escudo. Desde la antigüedad, el águila es el ave asociada al poder; ave de reyes, rey de las aves, es el atributo de Zeus. Se convirtió así en el emblema de los Césares y en un importante emblema militar del Imperio romano. Incluso está asociada con Dios en la Biblia, con las figuras del buey, el hombre y el león en la visión de Ezequiel, y luego en todas las representaciones de gloria. Este escudo aparece en algunas cartas del tarot italiano, incluidas las de los Visconti, y no en otras, como las de Carlos VI; está basado simplemente en la lealtad de las familias principescas al Santo Imperio: los Visconti, que habían comprado su título ducal al emperador a precio de oro, querían honrarlo, pero Ferrara, de la que salieron algunas cartas del tarot, era un estado pontificio, por lo tanto, enemigo. ¡No se trata de mostrar el escudo del imperio! La representación imperial es entonces más abstracta. Además, el globo terráqueo puede bastar: es un símbolo de poder que sólo tiene el emperador, porque representa el globo, el mundo, que el emperador tiene en su mano… Como dice el historiógrafo de Odón III, uno de los primeros emperadores medievales: «Por el don de Dios, augusto emperador del mundo, señor de los señores del mundo». ¡Nunca veremos a un rey llevando este globo terráqueo! El cetro, por otro lado, es un atributo compartido con los reyes, como símbolo de poder; se origina en el bastón de mando. La corona, otro atributo común a los reyes, aquí está cerrada. En el tarot, toma una curiosa forma que parece representar un casco de guerra, cayendo por la espalda para proteger el cuello como si fuera el casco de Minerva. Finalmente, las piernas cruzadas también caracterizan a los hombres de poder, reyes o emperadores; en el ejercicio de funciones específicas, simbolizan el poder judicial de los reyes. Parece que el uso proviene de la posición ritualmente prescrita para los jueces superiores en el antiguo derecho alemán. Así, en un antiguo código, dice: «El juez debe sentarse en su asiento magistral como un león airado, y pasar su pierna derecha sobre su pierna izquierda. Cuando no logra formar un juicio preciso de un caso, cruza su pierna izquierda sobre la derecha, y luego su pierna derecha sobre la izquierda, una, dos, tres veces seguidas». Esta postura no apareció hasta el siglo XII. En términos más generales, podría simbolizar a un monarca en acción en el ejercicio de su poder, cuando se deja llevar, cuando condena a un culpable, cuando presenta una espada a un caballero. Porque hay también figuras reales majestuosas cuyos pies descansan naturalmente en el suelo, en la serenidad de su omnipotencia. Sin embargo, los tratados de buenos modales insisten en el hecho de que poner una pierna sobre la otra es incívico, «sólo pertenece a los grandes señores y maestros».

Con todos estos elementos, podemos considerar que este triunfo fue probablemente percibido como una «buena carta». Además, como hemos visto con la astrología, una figura imperial similar podría simbolizar el medio cielo, es decir, el apogeo de una vida, mientras que el emperador se encuentra como un hijo del Sol con otras figuras de poder y acomodadas.

◆◆◆ Significados adivinatorios

1781, Court de Gébelin: n.ᵒˢ IV y III, Rey y Reina, los líderes temporales de la sociedad

Véase la Emperatriz.

1783, Alliette: n.º 7, el Emperador

«El Emperador significa apoyo».

1909, Papus: 4, el Emperador

Significado espiritual: la forma. Sentido moral o alquímico: el fuego, la cruz filosófica. Sentido físico (que también puede ser usado para adivinación): autoridad, protección. Sentido adivinatorio: voluntad.

1927, Oswald Wirth: IV, el Emperador

La firmeza, el positivismo, el poder ejecutivo, la influencia de Saturno-Marte.

EN POSITIVO. Derecho, rigor, certeza, fijación, realización, energía perseverante, voluntad inquebrantable, ejecución de lo resuelto. Potente protector.

EN NEGATIVO. Oposición tenaz, terquedad, prejuicios hostiles, oposición tenaz, empresa frustrada, gobierno contra uno mismo, alto riesgo de fracaso. Tiranía, absolutismo.

1949, Paul Marteau: carta IIII, el Emperador

SIGNIFICADO ELEMENTAL. El Emperador representa las energías materiales necesarias para que el hombre pueda dar una realidad momentánea a sus fugaces creaciones.

SIGNIFICADO CONCRETO. El nombre de la carta del «Emperador» indica el que juzga la acción y tiene el poder de realización. Desde un punto de vista utilitario, es una carta de contribuciones prácticas y consejos útiles.

MENTAL (inteligencia). Inteligencia equilibrada que no excede el nivel utilitario.

ANÍMICO (pasiones emocionales). Acuerdo, paz, comprensión, unión de sentimientos.

FÍSICO (el lado utilitario de la vida). Bienes pasajeros, energía transitoria. Firma de contratos, fusiones de empresas, situación concedida. Salud: salud equilibrada pero tendencia a la sobrecarga.

INVERTIDA. Resultados contrarios a los anteriores, todo se invierte, perturbación del equilibrio. Caída, pérdida de bienes, salud o dominación.

V. El Papa

Diferentes denominaciones: *Il Papa*, el Papa. El Sumo Sacerdote, Júpiter, Baco.

Otros rangos ocupados en el tarot: Siempre en el número V.

Etimología y significado de la palabra «Papa»: Palabra de finales del siglo XI, que proviene del latín *papa* y que designa inequívocamente a la cabeza de la Iglesia Católica Romana. Es la misma palabra con la que la que cariñosamente nos referimos al padre, que se convirtió en el siglo III en el título de honor de los obispos, y luego, a partir del siglo V, en el del obispo único de Roma.

Tarot de Jean-François Tourcaty, el Papa, Marsella, 1734-1753, BnF.

Tarot de Vergnano, el Papa, Italia, 1830, BnF.

◆◆◆ A propósito del Papa

Después del Emperador, figura del poder temporal absoluto, está el Papa, figura del poder espiritual absoluto, al menos para los europeos de la Baja Edad Media. Es difícil decir más sobre el significado de esta carta. Podemos, sin embargo, detallarlo como se propone en el tarot de Marsella, porque está representado en él con una iconografía que no es la de todos los papas. Barbudo, lleva el *biregnum* o el *triregnum*, es decir, una diadema con dos o tres coronas (según las cartas del tarot), señal de su autoridad tanto temporal como espiritual (el *triregnum* designaría a los tres poderes: pontificio, imperial y real). Este objeto litúrgico, cuya forma ha variado a lo largo de los siglos, sitúa por tanto a nuestro sumo pontífice tal como está representado en el tarot después de año 1303, fecha de la aparición del *biregnum*. El uso de guantes como objeto litúrgico no es anterior al siglo X, se mencionaron por primera vez en el año 915. La barba, sobre todo, no carece de significado. Desde Clemente XI (es decir, desde 1700), todos los papas están afeitados. Entre Clemente VII (1523-1534) e Inocencio XII (muerto en 1700), todos los papas tenían barba, mientras que antes, entre 1362 y 1503, todos aparecían afeitados de nuevo, excepto Clemente VII de Aviñón (1387-1394). Incluso antes, en el siglo XIII, ya tenían barba. Estos detalles podrían permitir localizar la iconografía de nuestro papa del tarot: un papa del siglo XVI o XVII, ¿es, por lo tanto, una imagen elaborada en esa época? O, quizá, como en el caso del Emperador, la barba es una representación simbólica de poder y madurez, también un signo de virtud y sabiduría, que puede encontrarse en las representaciones de Dios Padre, y luego de Cristo, que a veces también se representan con una tiara papal. El Papa del tarot da la llamada bendición latina, con los dedos índice y corazón, doblando los otros dedos. Esta bendición, también conocida como *urbi et orbi*, está reservada al sumo pontífice, porque expresa una universalidad, dirigiéndose a los cristianos de Roma (*urbs, urbis*, «ciudad», aquí se refiere a Roma, la ciudad por excelencia, capital del mundo) y del mundo (*orbs, orbis*, «círculo», se refiere al mundo, con referencia a la forma circular de la Tierra).

Por lo que se refiere al tarot, la figura pontificia, que resulta molesta en los países protestantes, ha sido sustituida por la de Júpiter (además, por otra parte, en *De sphaera* y otros tratados astrológicos que asocian las actividades humanas a los planetas, encontramos al Papa asociado con Júpiter) o por la de Baco. Tampoco en este caso se puede dudar, en lo que se refiere al tarot, del aspecto beneficioso de la carta.

◆◆◆ Significados adivinatorios

1781, Court de Gébelin: n.ᵒˢ V y II, Sumo Sacerdote y Suma Sacerdotisa, los líderes espirituales de la sociedad

Véase la Papisa para la introducción común a ambos. «El Sumo Sacerdote está vestido con una larga túnica con un gran abrigo que sostiene un broche: lleva la triple tiara: con una mano se apoya en un cetro de triple cruz; y con la otra, da con dos dedos la bendición extendida a dos personajes que se pueden ver de rodillas. En cuanto al cetro de la triple cruz, es un monumento absolutamente egipcio: lo vemos en la mesa de Isis bajo la letra TT; un precioso monumento que ya hemos hecho grabar en toda su extensión para regalarlo al público un día de éstos. Está relacionado con el triple Falo que se paseaba en la famosa fiesta de las Pamilias, donde la gente se alegraba de haber encontrado a Osiris, símbolo de la regeneración de las plantas y de toda la naturaleza».

1783, Alliette

Esta carta no está incluida en el sistema de numeración inventado por Alliette. Como se refiere a una carta n.º 1, que representa al consultante, al cual no nombra (mientras que la carta n.º 8, para él, representa a la consultante, y se refiere a la Papisa o a Juno), se puede entonces utilizar por defecto al Papa para esta carta si se desea utilizar un tarot completo, y numerarla según las instrucciones del autor. En este caso, se le asigna el número 1 y se le llama «el consultante», luego el resto se numera de acuerdo con las instrucciones dejadas por Alliette, que se encuentran completas en el apéndice A al final de este libro.

1909, Papus: 5, el Papa

Significado espiritual: el magnetismo universal (ciencia del bien y del mal). Sentido moral o alquímico: la quintaesencia. Significado físico (que también puede ser usado para adivinación): religión. Significado adivinatorio: inspiración.

1927, Oswald Wirth: V, el Papa

Deber, moralidad, conciencia, influencia de Júpiter.

EN POSITIVO. Autoridad moral, sacerdocio social, observancia del decoro, respetabilidad, enseñanza, consejo justo, benevolencia, generosidad indulgente, perdón. Mansedumbre.

EN NEGATIVO. Pontífice pomposo, moralista estrecho, metafísico dogmático, maestro en su clase, teórico estrecho, hereje, predicador ampuloso. Un asesor sin sentido práctico.

1949, Paul Marteau: carta V, el Papa

SIGNIFICADO ELEMENTAL. Para la humanidad, la obligación de referirse en sus acciones a las enseñanzas divinas y de subordinarse a las leyes divinas.

SIGNIFICADO CONCRETO. El nombre de la carta, «el Papa», representa al que recibe la inspiración divina y juzga y enseña con absoluta equidad.

MENTAL (inteligencia). El Papa representa una forma activa de inteligencia humana que da sólo soluciones lógicas.

ANIMAL (pasiones emocionales). Sensación poderosa, afecto sólido, solicitud que no se deja llevar por el sentimentalismo, indica el sentimiento normal como debe ser en la circunstancia que lo acompaña.

FÍSICO (el lado utilitario de la vida). Equilibrio, seguridad en la situación y salud. Secreto revelado. Vocación religiosa o científica.

INVERTIDA. La carta del Papa al revés es muy mala, indica a los seres abandonados a su juicio e instinto, en la oscuridad, ya que no tienen apoyo espiritual. Proyecto retrasado, vocación tardía.

VI. El Enamorado

Diferentes denominaciones: *L'Amore,* Amante, *Lamoureux, Lamoureux,* el Enamorado.

Otros rangos ocupados en el tarot: Número VII en la lista más antigua de triunfo y número VIII en el orden B.

Etimología y significado de la palabra «*amoureux*»: Apareció en francés en 1220; procede del vulgar latín *amorosus,* que proviene del antiguo *amor* occitano y del *amor* latino. Amor como nombre propio es uno de los nombres de Cupido.

Tarot de Marsella anónimo, el Amante, 1850, BnF.

Tarot de Conver reeditado por Camoin, Marsella, 1890-1899, BnF.

❖❖❖ Sobre el Enamorado

Desde la época romana, encontramos a un par de enamorados representados en floreros o frescos, a menudo en presencia de una tercera persona y un Cupido. En las primeras cartas del tarot italiano, es simplemente esta representación: una pareja se une bajo la benevolente égida de Cupido. Esto es aún más evidente para el primer tarot de Visconti, que probablemente representa con esta carta el matrimonio de Bianca Maria Visconti con Francesco Sforza. En términos más generales, éstos pueden ser los hijos de Venus en *De sphaera* y otros tratados similares: en estas representaciones astrológicas de las actividades humanas bajo la égida de los planetas, encontramos parejas con Venus y Cupido en el aire.

Pero con la iconografía que encontramos más tarde en el tarot de Marsella, nos hallamos ante una alegoría diferente. Allí, un joven, siempre con Cupido encima de él, parece estar debatiéndose en la elección entre dos mujeres. Esta imagen está indudablemente inspirada en la parábola de Pródico, contada por Jenofonte en sus recuerdos de Sócrates: «Hércules, cuando llegó a la pubertad (así que esta historia se refiere a un joven, como podemos ver en la carta), que es la edad dada por la naturaleza para elegir el modo de vida en el que cada uno entrará, se retiró a la soledad, y allí, sentado, viendo frente a sí mismo los dos caminos, el del placer y el de la virtud, meditó durante mucho tiempo sobre el que debería tomar. [...] De repente, a la izquierda y a la derecha, caída del cielo, de mayor estatura que los mortales, se le unió la Virtud, y allí la enemiga de la Virtud, la Voluptuosidad. El vicio y la virtud están a su lado, quitándose la ropa y tratando de atraerlo, cada uno por su cuenta». La vieja cita: «Colocado en el medio, no sé qué camino tomar» puede aplicarse al relato de Pródico. Esta parábola fue muy popular durante la Edad Media y en el Renacimiento, especialmente en los tratados educativos donde se invitaba a los estudiantes a elegir el camino correcto. Las historias de debates *entre la Voluptuosidad y la Virtud están muy extendidas en la literatura popular,* donde la Voluptuosidad se compara con María Magdalena, la bella Helena, Cleopatra y el lugar donde cautivó a Atlas, África, India, Sardanápalo y los filósofos antiguos. La Virtud le replica que Afrodita fue la causa de la caída del reino de los Partos, Sodoma, Corinto... y que ella misma está en el origen de la gloria de Hércules, Alejandro, Virgilio, Aristóteles, Platón... En estas historias, el camino equivocado que conduce a la perdición es el de la izquierda, el camino correcto el de la derecha. En los tratados de iconografía, la Virtud se representa a menudo coronada con laureles, y tiene un aspecto bastante duro; el Vicio, por otra parte, adopta a menudo el aire de una encantadora doncella coronada con flores para engañar mejor a los ingenuos. Así, podemos reconocer en la carta del tarot que lleva a nuestro estudiante por el camino correcto: el que está a nuestra izquierda (pero a la derecha del joven, por lo tanto, es el camino correcto). Y reconocemos la tentación a nuestra derecha, por lo tanto a la izquierda del joven (el camino de perdición), para quien la materia, a pesar de todo, no parece tan obvia. Hay que decir que Cupido preside sobre sus dudas, y fue mal considerado en su momento. Los autores se refieren a él como un dios cruel, engañoso, inconstante, capaz de transformar a los pobres amantes en antorchas ardientes y hacerlos perder toda medida.

Sin duda, éste es también el mensaje de esta carta, que probablemente se interpretará negativamente al principio. En el juego de los años 1420 del que hablamos, Cupido es el más bajo de los triunfos. Y en *La Nave de los locos* (1494), su descripción es a la vez sabrosa y elocuente: «Yo soy Venus con un culo de paja, el primero en un estofado de locos, mi encanto atrae a todos los tontos, y yo encabrono a quien yo quiera [...]. Así que mi hijo es ciego, porque los galanes no ven lo que hacen. Mi hijo nunca es lo suficientemente mayor para ser un hombre, la gente galante tiene sueños llorones. Tan ciego es el amante, que cree que pasa desapercibido. Es la peor de todas las hierbas locas, es el sombrero que aguanta mejor».

❖❖❖ Significados adivinatorios

1781, Court de Gébelin: n.ᵒˢ VI, el Matrimonio

«Un joven y una joven se dan su confianza mutua: un sacerdote los bendice, el Amor los atraviesa con sus dardos [...]. Vemos en las *Antiquités* de Boissard un monumento de la misma naturaleza para ilustrar la unión conyugal; pero está compuesto sólo por tres figuras. El Enamorado y la Enamorada que se entregan su fidelidad: el Amor entre dos sirve de testimonio y de sacerdote. Este cuadro se titula *Fidei Simulacrum, Tableau de la foi conjugale:* los personajes son designados por estos hermosos nombres: Verdad, Honor y Amor. Huelga decir que la Verdad aquí se refiere a la mujer y no al hombre, no sólo porque esta palabra es del género femenino, sino porque la fidelidad constante es más esencial en la mujer».

1783, Alliette: n.º 13, el Matrimonio

«Este jeroglífico es uno de los más difundidos por los egipcios. Ellos dijeron: "El matrimonio es una voluntad absoluta del Creador y quienquiera que interrumpa su acuerdo, o desvíe su progresión, no vivirá en este mundo o en el otro…". Significa Matrimonio».

1909, Papus: 6, el Enamorado

Significado espiritual: la creación. Significado moral o alquímico: el dios universal. Significado físico (que también puede ser utilizado para la adivinación): libertad. Significado adivinatorio: amor.

1927, Oswald Wirth: VI, el Enamorado

Sentimiento, libre albedrío, las pruebas, la doble influencia de Venus o más precisamente de Ishtar, estrella de la mañana guerrera, luego enamorada como el astro de la noche.

EN POSITIVO. Determinismo voluntario, elección, anhelos, aspiraciones, deseos. Revisión, deliberación, responsabilidad. Afectos, simpatías.

EN NEGATIVO. La prueba debe ser sometida a la duda, a la irresolución. Tentación peligrosa, riesgo de ser seducido, mala conducta, libertinaje, debilidad, falta de heroísmo.

1949, Paul Marteau: carta VI, el Enamorado

SIGNIFICADO ELEMENTAL. Representa el estímulo del deseo, que incita al hombre a unirse a lo universal, en armonía o en desequilibrio, según se sacrifique por sí mismo o quiera absorberlo para su beneficio.

SIGNIFICADO CONCRETO. La intervención de la polaridad sexual del ser humano en toda la actividad que está llamado a manifestar, su acción en el discernimiento que se ve obligado a realizar para llevar su vida.

MENTAL (inteligencia). Amor por las formas bellas en las artes plásticas.

ANÍMICO (pasiones emocionales). Las devociones y los sacrificios.

FÍSICO (el lado utilitario de la vida). Deseos, amor, sacrificio en casa, así como cualquier sentimiento fuerte a nivel físico. Carta de la unión, del matrimonio. En algunos casos, infidelidad o una decisión que tomar.

INVERTIDA. Desorden, división (en lugar de fusión), ruptura, divorcio.

VII. El Carro

Diferentes denominaciones: *Lo Caro triumfale, Carro Triomphale, il Carro,* el Carro.

Otros rangos ocupados en el tarot: Número VIII en la lista más antigua de triunfos, número X en orden A, número VIII en el tarot de Jacques Viéville.

Etimología y significado de la palabra «carro»: Apareció en francés en 1268; *chariot*, carruaje, que viene del *carrus* latino cuyo significado inicial es «carruaje de cuatro ruedas». La definición del término «carro» es la de un vehículo de cuatro ruedas utilizado para el transporte de cargas. Puede parecer curioso a este respecto que la palabra francesa elegida para nombrar esta carta evoca más un carruaje que un verdadero carro de guerra. Puede haber habido, como ocurre en el caso de *le Mat*, una traducción defectuosa de la palabra italiana.

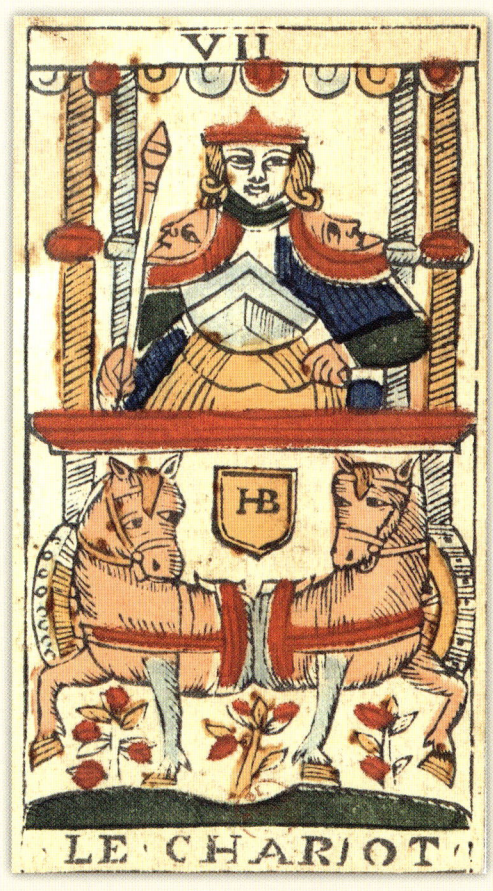

Tarot de Besançon anónimo, el Carro, 1794, BnF.

Tarot de Viéville, el Carro, París, 1650, BnF.

◆◆◆ A propósito del Carro

Court de Gébelin y los seguidores de su teoría vieron en él la imagen del dios rey Osiris en su carro triunfal, aunque en el antiguo Egipto no parece que existieran tales imágenes vistas desde el frente. Lo que es seguro es que el uso de la imagen del héroe triunfante de pie en un carro es tan antigua como el uso de carros de guerra, ya sea Osiris, Marte o cualquier otro vencedor. Séneca se refiere a ello: «cuando el ganador se levantó en su magnífico carro». Por supuesto, también pensamos en César desfilando victorioso en Roma, con un esclavo que sostiene sobre su cabeza la corona de laureles. En el momento en que apareció el tarot, Marte era a menudo representado de esta manera. Más tarde, esta imaginería se utilizó en el arte clásico francés, que a menudo representaba al Sol en su carroza, en Versalles, por ejemplo. Esta imagen también puede referirse, por supuesto, a los *trionfi* de los que hemos hablado: esas carrozas de carnaval con múltiples representaciones, de las que se deriva el nombre de nuestro juego. Además, algunas cartas del tarot italiano antiguo no siempre muestran la imagen de un guerrero vencedor en la carta del Carro: a veces son mujeres de pie en el carro. Dicho esto, la imagen del guerrero es la que con el tiempo prevalecerá: tenemos aquí claramente un príncipe con una corona y un bastón de mando. Además, en el tarot anónimo parisino reproducido en la página 90, es probable que sea el guerrero entre los guerreros, Alejandro Magno, quien esté representado en ese curioso carro tirado por pájaros, según esta leyenda bien conocida en la Edad Media como alegoría del orgullo: «Cuando Alejandro Magno, en su gira triunfal por Oriente, llegó al final de la tierra, quiso estar seguro de que allí, en realidad, se tocaban el cielo y la tierra. Para este propósito tenía dos pájaros gigantes de esta región atrapados en redes, los sometió a un yugo y los hizo atar a una canasta. Alejandro subió allí, con una lanza en la mano, en cuya punta se encontraba un trozo de carne de caballo. La sostuvo ante las cabezas de los grifos, quienes, cebados, extendieron sus alas y volaron hacia el cielo. A mitad de camino apareció un hombre pájaro que, con terribles amenazas, instó al rey a abandonar su proyecto. Alejandro, aunque con pesar, bajó su lanza. Los grifos cambiaron su curso y planearon hacia la tierra».[196]

También se puede observar la armadura, que puede parecer curiosa con estas hombreras decoradas con dos caras; pero este tipo de decoración se ha encontrado en armaduras desde el Renacimiento, en una época en la que se convirtió más en un objeto pomposo que en un atuendo de guerra y las lanzas enemigas eran menos propensas a aferrarse a ornamentos innecesarios y peligrosos. En cuanto a la insignia, en las cartas del tarot se refiere a menudo al nombre del maestro naipero: así, el tarot de Pierre Isnard lo inscribe claramente. Desafortunadamente, la mayoría de las veces tenemos que conformarnos con unas iniciales cuyos nombres no encontramos, como «VT» (T de Tourcaty?) en el tarot de Nicolás Conver. Algunos autores ven en este carro una alegoría del alma como la describe Platón: un carro tirado por dos caballos y conducido por un conductor: los caballos representan los deseos antagónicos del hombre y el conductor personifica la razón.[197] Pero aquí ya estamos entrando en el campo de la interpretación. El significado más bien positivo de esta carta puede ser considerado como algo ligado al triunfo, con todo lo que esta palabra implica. Así es como los autores posteriores también consideraron esa carta, excepto Alliette. Sin duda incomodado por los problemas de Paris, que su descripción evoca muy bien, no parecía gustarle mucho...

◆◆◆ Significado adivinatorio

1781, Court de Gébelin: n.º VII, Osiris triunfante

«Osiris entonces avanza; aparece en la forma de un rey triunfante, el cetro en mano, la corona en la cabeza: está en su carro de guerra, tirado por dos caballos blancos. Nadie ignora que Osiris era la gran deidad de los egipcios, la misma que la de todos los pueblos sabeos, o el símbolo físico del Sol de la Divinidad Suprema invisible, pero que se manifiesta en esta obra maestra de la naturaleza. Se había perdido durante el invierno; regresó con la primavera con un nuevo resplandor, habiendo triunfado sobre todo lo que le hizo la guerra».

1783, Alliette: n.º 21, el Carro

«Significa ruido, discusión, disensión, desorden: los pequeños, probablemente enfadados con los

---

196. Van Rijnberk, *op. cit.*, pág. 122.

197. Van Rijnberk, *op. cit.*, pág. 122.

carros, dicen con una única voz que no es ni bueno ni agradable ser salpicados como barbos y aplastados como pulgas».

1909, Papus: 7, el Carro

Significado Espiritual: espíritu y forma. Significado moral o alquímico: victoria y triunfo. Significado físico (que también puede ser usado para adivinación): propiedad. Significado adivinatorio: triunfo. Protección de la Providencia.

1927, Oswald Wirth: VII, el Carro

Triunfo, control, superioridad, influencia solar marciana.

EN POSITIVO. Éxito legítimo, merecido avance, talento, aptitudes, habilidades implementadas. Tacto gubernamental, diplomacia aplicada, liderazgo competente, conciliación de antagonismos. Progreso, movilidad, viajes en la tierra.

EN NEGATIVO. Ambiciones injustificadas, falta de talento, situación usurpada, gobierno ilegítimo, dictadura, concesiones perjudiciales, oportunismo peligroso, preocupaciones de liderazgo, preocupaciones, exceso de trabajo, actividad febril sin descanso.

1949, Paul Marteau: carta VII, el Carro

SIGNIFICADO ELEMENTAL. El peligroso viaje del hombre a través de la materia para alcanzar la espiritualidad, a través del ejercicio de sus poderes y el control de sus pasiones.

SIGNIFICADO CONCRETO. Las corrientes materiales que impulsan al hombre y lo obligan a estar siempre en movimiento.

MENTAL (inteligencia). Realización, pero sin gestación ni inspiración; en otras palabras, una puesta al día.

ANÍMICO (pasiones emocionales). Afecto demostrado, protector, beneficioso, servicial.

FÍSICO (el lado utilitario de la vida). Actividad importante, velocidad en las acciones. Buena salud, fuerza, hiperactividad. Desde el punto de vista monetario: gastos o ganancias, movimiento de fondos. También significa noticias inesperadas, conquista. Propaganda por palabra y, dependiendo de su lugar, buenas palabras o calumnia.

INVERTIDA. Carta equivocada; indica desórdenes en todas las cosas por mala actividad cuyos efectos son difíciles de corregir. Accidente temible. Malas noticias.

VIII. La Justicia

Diferentes denominaciones: La Justicia, *Ciusticia, Yustice, Iusticia, la Justice.*

Otros rangos ocupados en el tarot: Número XX en la lista más antigua de triunfos, número XX en el orden B, número VII en el tarot de Jacques Viéville.

Etimología y significado de la palabra «justicia»: Palabra de finales del siglo XI procedente del latín *justitia,* de la familia de *jus, juris,* «ley», que significa una justa apreciación y respeto de los derechos y méritos de cada individuo.

Tarot de Arnoux-Amphoux, la Justicia, 1801, BnF.

Tarot de Carolina Beltramo, la Justicia, Turín, 1870-1882, BnF.

✦✦✦ A propósito de la Justicia

Para el Padre de la Iglesia Gregorio Magno (c. 540-604), que fue el primero en establecer una clasificación precisa de las virtudes y de los vicios en Occidente, las cuatro virtudes cardinales, la prudencia, la justicia, la fortaleza y la templanza, constituyen los sólidos cimientos del edificio espiritual. Santo Tomás de Aquino retoma la fórmula de san Gregorio explicando que las virtudes cardinales son a la vez el eje y la base a partir de los cuales se articula la existencia humana: «Por eso llamamos propiamente cardinales a las virtudes sobre las que gira y está fundamentada la vida moral». De hecho, estas cuatro virtudes ya estarían enumeradas en *La República* de Platón. Más tarde, los Padres de la Iglesia las integrarán en el dogma y las representaciones cristianas, y añadirán tres virtudes teologales: la fe, la esperanza y la caridad. Tendrán un gran éxito en las representaciones artísticas del Occidente medieval y del Renacimiento. Personificadas en forma de figuras femeninas, cada una con atributos iconográficos específicos, constituyen un fundamento de enseñanza destinado a guiar a los fieles hacia la salvación. Así, si las representaciones de virtudes y vicios de la capilla de los Scrovegni de Padua de Giotto (1303-1305) siguen siendo famosas, encontramos también en el arte románico estas figuras femeninas alegóricas que deben recordar a los fieles lo que deben hacer. También en los manuscritos, las cuatro figuras femeninas a menudo enmarcan a las figuras del gobierno, literalmente: parecen apoyarlas y recordarles que sin ellas no se ejerce ninguna autoridad. Los tratados sobre las virtudes están escritos para la edificación de las personas de poder; estas virtudes se encuentran en las alegorías del Buen Gobierno.

La Justicia, en su representación, ya sea en el arte o en el tarot, ha heredado los atributos de la divinidad griega Temis: la espada y la balanza, que son, según Aristóteles, las dos formas en que se puede considerar la justicia. La espada representa su poder de distribución, el equilibrio, su misión equilibradora. Estos atributos son más famosos con la figura del arcángel san Miguel, un ángel psicopompo encargado de pesar las almas de los difuntos antes de recompensarlos según sus acciones. Luego aparece, con más frecuencia, con una balanza en la mano izquierda y una espada flamígera en la derecha.

En el tarot, la figura de la Justicia cambiará muy poco, excepto por el orden de las cartas de los triunfos: siempre nombradas de la misma manera y representadas con los mismos atributos, lo vemos en el vigésimo lugar en algunos juegos, probablemente para acompañar la carta del Juicio Final. Este triunfo probablemente no se percibe como una mala carta. Como las otras virtudes, es sin duda una invitación a reproducir lo que es. En efecto, la vieja interpretación de «según lo que hagas, espera sufrir las consecuencias» será llevada por la Torre en los antiguos significados.

✦✦✦ Significados adivinatorios

1781, Court de Gébelin: n.ᵒˢ VIII, XI, XII, XIIII, las cuatro Virtudes Cardinales

N.º VIII, Justicia. «Es una Reina, es Astrea sentada en su trono, sosteniendo una daga en una mano y una balanza en la otra».

1783, Alliette: n.º 9, la Justicia

«Significa ecuanimidad. Ejemplo: C, B, A, sea Júpiter A, la Justicia B y cualquier figura C... En Júpiter, B hará justicia en la figura C. Al contrario, A, B, C, será C quien hará justicia a A». No olvidemos que para Alliette, el tarot se lee de derecha a izquierda.

Nota: el problema en este ejemplo de Alliette es que Júpiter en el tarot de Besançon (o el Papa del tarot de Marsella) es la única carta que él no menciona en ninguna parte de su sistema. No se supone que aparezca en él (véase nuestra tabla de equivalencias entre el tarot de Marsella y el tarot de Etteilla).

1909, Papus: 8, la Justicia

Significado espiritual: equilibrio universal. Significado moral o alquímico: distribución. Significado físico (que también puede ser usado para adivinar): justicia. Significado adivinatorio: justicia.

1927, Oswald Wirth: VIII, Justicia

Orden, regularidad, método, equilibrio, plácida influencia lunar.

EN POSITIVO. Estabilidad, conservadurismo, organización, funcionamiento normal. Derecho, disciplina, lógica, coordinación, adaptación a las necesidades, opiniones, moderadas, sentido práctico, razón, administración, economía, obediencia.

EN NEGATIVO. Aburguesamiento, sumisión a las costumbres, falta de iniciativa, esclavitud de los textos, funcionalismo, papeleo. Gendarmería, desafíos legales, juicios, disputas, explotación por parte de las fuerzas del orden.

1949, Paul Marteau: carta VIII, la Justicia

SIGNIFICADO ELEMENTAL. El Juicio impuesto al hombre por su profunda conciencia para apreciar el equilibrio y el desequilibrio generado por sus acciones, con sus consecuencias felices o desafortunadas.

SIGNIFICADO CONCRETO. Juicio de las actividades que el hombre ha llevado a cabo para bien o para mal durante su travesía en el mundo material, indicado por la carta anterior.

MENTAL (inteligencia). Claridad de juicio, consejos sobre cómo evaluar con precisión, cómo hacer el balance correcto y cómo evaluar las eventualidades.

ANÍMICO (pasiones emocionales). Sequía, contribución estricta de lo que se debe, posibilidad de romper el lazo emocional, divorcio, separación. Esta carta es un principio de rigor.

FÍSICO (el lado utilitario de la vida). Juicio, rehabilitación, justicia hecha. Equilibrio en la salud, pero con plétora, debido a la inmovilidad de la carta.

INVERTIDA. Pérdida, condena injusta, juicio con condena. Gran desorden, gente que sufre de amargura.

VIIII. El Ermitaño

Diferentes denominaciones: *Il Gobbo, Tempo, I Vecchio, Vielart,* el Ermitaño. El Sabio, el Buscador de la Verdad, el Capuchino.

Otros rangos ocupados en el tarot: Número XI en la lista más antigua de triunfos, número XI en el orden B, número XI en el tarot de Jacques Viéville.

Etimología y significado de la palabra «ermitaño»: Palabra que apareció en la lengua francesa en el siglo XII, proviene del latín cristiano *eremita,* palabra que a su vez proviene del griego *erémités,* que significa «del desierto» o «que vive en soledad» y se deriva de *erémos,* «desierto».

Tarot de Lyon anónimo del siglo XV, el Ermitaño, BnF.

Tarot de J. Jerger, el Capuchino, 1820-1845, BnF.

❖❖❖ *A propósito del Ermitaño*

Cuando observamos las antiguas denominaciones que se han atribuido a esta carta, vemos que no tomó inmediatamente el nombre de Ermitaño con los significados asociados a él, los de un hombre sabio que se retira a la soledad voluntariamente. Su nombre original era *«il Gobbo»*, «el Jorobado», luego *«il Vecchio»*, «el anciano», denominación que se encuentra en Francia en el tarot de Jacques Viéville con el *Vielart*, y también *Tempo*, «el tiempo». Vemos aquí que su significado original se refería más bien a los estragos del tiempo sobre el hombre, es decir, la vejez, y a las series de pruebas que la acompañan, como la deformación del cuerpo representada por el término *Gobbo*, «jorobado». Además, las primeras cartas del tarot italiano muestran a un anciano con un reloj de arena, una representación tradicional del tiempo, que a menudo se encuentra en las obras del Renacimiento, la mayoría de las veces con los rasgos del dios Saturno. En definitiva, esta figura muestra o bien al terrible dios que devora a sus hijos, o bien las consecuencias de su obra, y en ambos casos el anciano, el reloj de arena, a veces afligido por las muletas o por un palo en el que apoya al andar. En algunos de los tratados astrológicos que hemos mencionado, los hijos de Saturno son retratados como hombres abrumados por el mal, no sólo la vejez, sino también la guerra y la miseria. En el tarot de Mantegna, la figura del Misero que comienza el juego podría fácilmente vincularse al Ermitaño del tarot o al Loco.

Más tarde, los tarots franceses más antiguos hicieron de este personaje un ermitaño, o Hermitaño, con H, como se escribió en la Francia de Luis XIV. *El Dictionnaire universel* de Furetière (1690) define al ermitaño como «un hombre devoto que se ha retirado a la soledad para dedicarse mejor a la contemplación y liberarse de los asuntos del mundo». Después del hombre víctima del tiempo, vemos al hombre sabio que se retira del mundo, aún viejo y con un bastón, pero llevando una linterna. Esta linterna y este ermitaño bien podrían ser una alusión a Diógenes de Sinope, el filósofo griego del siglo IV a. C. que sorprendía a la gente con su forma de vida marcada por la completa miseria. Se dice que andaba por las ciudades con su linterna gritando: «¡Estoy buscando un hombre!», implicaba un hombre digno de ese nombre.

En el arte, lo vemos representado a menudo con una linterna, así como con un bastón y un perro: atributos del vagabundeo, que también se encuentran el Loco. Cabe señalar que un tarot renacentista italiano muestra claramente a Diógenes, esta vez en su famoso barril, en la no menos famosa escena en la que le dice a Alejandro Magno, que fue a visitarlo: «¡Apártate de mi sol!», una hermosa lección de humildad para el mayor conquistador de la antigüedad al que se le dice que está haciendo sombra a alguien. Pero el Diógenes de este tarot aparece en la carta que simboliza el sol. En términos más generales, esta carta podrá representar cualquier figura de un religioso solitario en peregrinación, ya que a menudo el bastón es el atributo de los peregrinos. Las imágenes de monjes o peregrinos con bastones en las manos son legión en manuscritos iluminados o grabados de la Edad Media. Además, en algunas cartas, el ermitaño se denomina «el Capuchino», probablemente en referencia a la capucha usada por el anciano, así como por los monjes de esta orden. Y para las cartas más antiguas del tarot francés, como la de Catelin Geofroy (1557) o la carta anónima del tarot parisino (siglo XVII), podemos ver claramente a un monje con un rosario o un cinturón de cuerda. Cabe señalar que la barba es una señal flagrante de eremitismo. Cuando recordamos la vida de los padres del desierto que se retiraron al monte Athos, uno de los primeros lugares de retiro cristianos conocidos, sabemos que una regla prohibía el acceso a la montaña a «todas las hembras, todas las mujeres, todos los eunucos y todos los rostros lisos», es decir, no a los individuos prepúberes, sino a los hombres afeitados. Dejarse crecer la barba y el pelo marcaba así un abandono del cuerpo y una ruptura con el mundo profano.

El primer significado de la carta, el del hombre que fue víctima de los estragos del tiempo, fue olvidado por los autores que escribieron sobre el tarot. En vez de eso, escogieron la del sabio. Así, el significado indudablemente negativo que los creadores italianos del juego dieron a este triunfo, rápidamente dio paso a un significado más «espiritual».

❖❖❖ *Significados adivinatorios*

1781, Court de Gébelin: n.º VIIII o IX, el Sabio o el Buscador de la Verdad y de lo Justo

«El n.º IX representa a un venerable filósofo con un abrigo largo y una capucha sobre sus hombros.

Camina inclinado sobre su bastón y sostiene una linterna con la mano izquierda. Es el sabio que busca la justicia y la virtud. Así que imaginamos, según esta pintura egipcia, la historia de Diógenes con la linterna en su mano que está buscando a un hombre en medio de la tarde. [...] Los maestros naiperos han hecho de este sabio hombre un ermitaño. Esto está muy bien visto; los filósofos viven voluntariamente retirados, o no son aptos para la frivolidad de este siglo. Heráclito pasó por loco a los ojos de sus conciudadanos: en Oriente, además, dedicarse a la ciencia especulativa o *hermetizarse* es casi lo mismo. Los ermitaños egipcios no tenían nada que reprochar a este respecto a los de la India, y a los talapones de Siam son o han sido todos ellos druidas».

1783, Alliette: n.º 18, El Ermitaño

«Los egipcios, como dicen los provenzales, sólo adoptaban la capucha cuando habían alcanzado el primer grado de Ciencia y Sabiduría humana; estos filósofos fueron incluso obligados a hacerlo por sus contemporáneos y sus discípulos, para que, siguiendo la idea vulgar, los corpúsculos de lo sublime no fueran tan libremente exaltados. Hoy en día esta carta significa un hipócrita, un traidor».

1909, Papus: 9, El Ermitaño

Significado espiritual: los genios protectores. Significado moral o alquímico: la iniciación. Significado físico (que también puede utilizarse para la adivinación): la prudencia. Significado adivinatorio: prudencia.

1927, Oswald Wirth: IX, el Ermitaño

Prudencia, reserva, restricción, influencia saturnina.

EN POSITIVO. Aislamiento, concentración, silencio, profundización, meditación, estudio. Austeridad, continencia, sobriedad, discreción. Médico experimentado, ocultista que esconde sus secretos.

EN NEGATIVO. Timidez, misantropía, silencio, circunspección exagerada, falta de sociabilidad, carácter de «oso». Avaricia, pobreza, celibato, castidad. Conspirador oscuro.

1949, Paul Marteau: carta VIIII, el Ermitaño

SIGNIFICADO ELEMENTAL. El Hombre en busca de la Verdad en calma y paciencia.

SIGNIFICADO CONCRETO. Se le dio el nombre de «el Ermitaño» como representación de la retirada hacia uno mismo para examinar el resultado de las actividades que la Justicia ha sancionado.

MENTAL (inteligencia). Proporciona luz para iluminar y resolver cualquier problema. Aclaración que vendrá espontáneamente.

ANÍMICO (pasiones emocionales). Proporciona una solución. Coordinación, acercamiento de afinidades. También significa precaución, no con la idea del miedo, sino para construir mejor.

FÍSICO (el lado utilitario de la vida). Un secreto que será revelado, una luz que será derramada sobre los proyectos que aún están ocultos.

INVERTIDA. Oscuridad, idea errónea de la situación, dificultad para subir por la corriente.

X. La Rueda de la Fortuna

Diferentes denominaciones: *La Rotta, la Ruota,* Rueda de la Fortuna.

Otros rangos ocupados en el tarot: Número X en la lista más antigua de triunfos, número XI (?) en el orden A, de lo contrario, siempre en el X.

Etimología y significado de la expresión «rueda de la fortuna»: «rueda» proviene del latín *rota*. La «fortuna» viene de *fortuna,* palabra latina que significa «destino, casualidad, suerte o infortunio», y que, en plural (y es interesante señalarlo), se refiere a bienes, riqueza. Aparecida en francés en el siglo XII, esta palabra se refería al poder (en referencia a la antigua divinidad) que se supone que distribuye la felicidad o la desgracia sin regla aparente.

Tarot anónimo parisino, la Rueda de la Fortuna, siglo XVIII, BnF.

Tarot de Rochus Schar, la Rueda de la Fortuna, 1750, BnF.

❖❖❖ A propósito de la Rueda de la Fortuna

Habría mucho que decir sobre esta alegoría, que ciertamente tuvo fortuna en la cultura occidental y en la iconografía desde el principio de la Edad Media. Sus representaciones son incontables. Fue en la Edad Media cuando la rueda cíclica del destino se asoció a una figura femenina que la movía para dar este conjunto iconográfico específico: la rueda de la fortuna. La más antigua que se conoce apareció en un manuscrito escrito a finales del siglo XI. En una colección colectiva de tratados de Boecio (*Institution Aritmética*), Isidoro de Sevilla, Beda el Venerable y Gerberto de Aurillac, un poema de dieciséis versos sobre la Fortuna acompaña a dos dibujos; en uno de ellos se corona el personaje de la parte superior de la rueda y las inscripciones comentan la imagen: *regnabo, regno, renavi, sum sine regno*, «Reinaré, reino, reiné, no tengo reino». Estas palabras que acompañan a cada uno de los cuatro personajes que cuelgan de la rueda se encuentran en muchas representaciones de esta rueda que simbolizan la impermanencia humana.

La rueda por sí misma y su significado se remontan mucho más atrás; desde la antigüedad griega, el filósofo Anacreonte (c. 550-c. 470 a. C.) escribió: «La vida humana rueda inestable como los radios de una rueda de carreta». También podemos ver la rueda de la Parca, en la cual el hilo de la vida humana es enrollado, desenrollado, tejido y cortado por las hermanas del destino, la rueda como la rueca que representa símbolos obvios de la naturaleza cíclica de la vida. Fortuna, deidad romana del destino o de la suerte, asimilada a la diosa griega Tique, fue recuperada como figura alegórica de la contingencia, del azar y del juego por el Occidente cristiano, probablemente gracias a la obra de Boecio (480-524), para quien la fortuna no se opone a la Providencia divina, sino que está disociada de ella. La rueda que maneja es sólo el tiempo de la historia profana, de la ascensión y caída de los poderes seculares, el tiempo circular y sin sentido. Éste es indudablemente el significado con el que la encontramos en el tarot, primero exactamente como en los manuscritos medievales, con una mujer ciega moviendo una rueda. Más tarde en las cartas del tarot, la mujer desaparece y luego desaparecen las figuras humanas, que gradualmente dan paso a animales. Atributos animales comenzaron a aparecer en los humanos alrededor de la rueda: orejas de burro, colas..., luego los animales los reemplazaron. Los que se eligieron, una mezcla de perros, monos y conejos, son alegorías de la estupidez humana, la que cree dueña del destino por haber llegado a la cima de algo, y que ni siquiera se da cuenta de que es sólo el juguete inconsciente de una rueda sobre la que no tiene ningún control.

Actualmente tendemos a otorgar un significado positivo a la Rueda de la Fortuna: suerte, fortuna en el sentido de oportunidad. Para los autores antiguos, no hay duda de que esta carta proponía meditar sobre la desgracia humana; ¡su significado es indudablemente negativo! Como bien dice el texto de *Carmina Burana* (siglo XIII) «Oh, Fortuna», recogido en la famosa cantata de Carl Orff: «Oh, Fortuna que cambias de estado como la luna: creces y decreces alternativamente. La vida detestable a veces persiste, a veces mediante el juego ejercita el valor del alma, se disuelve como el hielo, ya sea la miseria o el poder. Cruel y frívolo destino, eres una rueda giratoria».

❖❖❖ Significados adivinatorios

1781, Court de Gébelin: n.º X, la Rueda de la Fortuna

«Vemos aquí personajes humanos en forma de monos, perros, conejos que se levantan por turnos sobre esta rueda a la que están unidos: se dice que es una sátira contra la fortuna y contra los que sube rápidamente y que deja caer con la misma velocidad».

1781, Conde de Mellet: Fortuna o la letra Lamed

Significa gobierno, ley, ciencia.

1783, Alliette: n.º 20, la Rueda de la Fortuna

«Aumentan los medios y la fortuna. Sin embargo, hay que tener en cuenta que siempre que aparezca en la tirada, no se debe creer que nos pertenece; finalmente, es importante consultar dónde está colocada».

1909, Papus: 10, la Rueda de la Fortuna

Significado Espiritual: el reino de Dios. Significado moral o alquímico: orden. Significado físico (que también puede ser

1927, Oswald Wirth: X, la Rueda de la Fortuna

Alternativas del destino, la inestabilidad, las influencias lunomercuriales.

EN POSITIVO. La sagacidad, la presencia de la mente sin dejar escapar buenas oportunidades, la iniciativa feliz, la adivinación práctica, la suerte, el azar, el éxito casual, como que te toque la lotería. Espontaneidad, disposición inventiva, vivacidad, buen humor.

EN NEGATIVO. Descuido, especulación, apuestas, abandono aleatorio, inseguridad. Falta de seriedad, improvisación, carácter bohemio. Situación inestable, retrocesos, ganancias y pérdidas. Aventuras, riesgos, fortuna menor.

1949, Paul Marteau: la carta X, la Rueda de la Fortuna

SIGNIFICADO ELEMENTAL. El hombre en los actos del presente, que tienen su fuente en las obras periódicas del pasado y que prepara las del futuro, a las que la Divinidad dará un resultado beneficioso, cualesquiera que sean sus vicisitudes.

SIGNIFICADO CONCRETO. Un ciclo cuyo retorno al origen trae consigo la experiencia adquirida durante su viaje, una experiencia que resultará en circunstancias favorables o perjudiciales.

MENTAL (inteligencia). Lógico, la rueda evoca equilibrio y regularidad. Un juicio sano y equilibrado.

ANÍMICO (pasiones emocionales). Aportación, animación y refuerzo de sentimientos. FÍSICO (el lado utilitario de la vida). Cualesquiera que sean los acontecimientos que ocurren en la vida del consultante, no son estables, se mueven hacia una evolución, un cambio necesariamente feliz, porque el mapa no es un mapa retrógrado. Seguridad en duda. Salud: buena circulación. Para una boda: actividad de realización.

INVERTIDA. La transformación será difícil, pero aun así se hará. No es malo, sino que se retrasa por la inversión de las corrientes.

XI. La Fuerza

Diferentes denominaciones: *La Fortezza*, la Fuerza.

Otros rangos ocupados en el tarot: Número IX en la lista más antigua de triunfos, órdenes A, y B y en el tarot de Jacques Viéville, en XI sólo en el orden C.

Etimología y significado de la palabra «fuerza»: Aparece en lengua francesa en el siglo XI, procede del latín *fortia, de fortis*: «fuerte».

Tarot de Ferdinando Gumppemberg, la Fuerza, Milán, 1830, BnF.

Gran Etteilla, la Fuerza, 1850-1875, BnF.

◆◆◆ *A propósito de la Fuerza*

El significado de la palabra «fuerza» ha cambiado poco con respecto a su etimología y es inequívoco. Estamos aquí ante otra virtud cardinal, la que da poder sobre uno mismo, sobre el mundo, sobre los demás, poder a menudo asociado a la fuerza física. En las cartas del tarot, las alegorías de la Fuerza están representadas por una mujer que rompe una columna o controla un león. En ambos casos, se refiere a los héroes míticos más fuertes que existen. En el Antiguo Testamento, es Sansón quien derrota al león o rompe las columnas del templo de los filisteos. En la mitología grecorromana, es Hércules quien derrota al león de Nemea con sus propias manos, y es él quien se encuentra excepcionalmente en el tarot de Visconti. Las representaciones de figuras humanas con la boca de un gran león en ambas manos son antiguas: en el yacimiento troyano se ha encontrado un fragmento del siglo VII a. C. que muestra una escena de este tipo. En la Edad Media, encontraremos esta figura de Sansón abriendo la boca del león, como en una estatua de bronce tirolés del siglo XII donde aparece en cuclillas sobre el animal, acompañado de la inscripción «Los brazos de Sansón han domesticado las fauces del león». Más tarde, una figura femenina alegórica será representada en la misma postura que la bestia.

Una de las pocas referencias textuales conocidas a la Fuerza es muy reveladora; la *Somme du roi Saint Louis* en 1295 describe esta figura: «Aquí ha de estar una dama de pie sosteniendo un león... El nombre de la dama es Fuerza». ¿Por qué un león? Porque para la gente de la Edad Media, es el animal más fuerte y poderoso de la creación, ninguna otra bestia puede reemplazarlo. Aquel que puede derrotar al león puede derrotar a las fuerzas naturales más poderosas de la naturaleza. Algunos autores han querido ver en el animal representado en las cartas del tarot un perro grande, pero esto es inequívoco: todas las antiguas representaciones de la Fuerza representan un león. Por extensión, algunas obras de arte de la Baja Edad Media que representan mujeres y leones, o a veces mujeres con una columna, son alegorías de la castidad: permanecer casto es una vez más vencer las poderosas fuerzas de la naturaleza o, en otras palabras, seguir siendo dueño de nuestra propia naturaleza. Derrotar al león también significa, además de dominar su poder, apropiarse de él.

Como dice Jesús en el Evangelio apócrifo de Tomás: «Bienaventurado este león que el hombre comerá para que el león se haga hombre. Pero maldito es el hombre al que el león comerá para que el león se convierta en un hombre».

En el tarot de Carlos VI, aparece un halo negro de forma curiosa alrededor de la cabeza de la Fuerza (y las otras dos virtudes, *véase* la Justicia, página 56), era una forma de diferenciar entre las figuras de los santos y las figuras alegóricas cuando estaban presentes en las mismas imágenes, los santos llevaban un halo redondo. En cuanto al sombrero, es considerado un símbolo del infinito por los autores contemporáneos, como ya dijimos con el Mago, el descubrimiento de la lemniscata en la historia de las matemáticas se remonta a 1655, y también que se hizo más famosa con el matemático Jacques Bernoulli en 1694. El tarot ya existía en esa época.

Como el nombre de la carta, los significados adivinatorios variarán poco: poder, fuerza, fuerza moral. Sin duda, este triunfo fue considerado positivo desde el principio.

◆◆◆ *Significados adivinatorios*

1781, Court de Gébelin: n.os VIII, XI, XII, XIIII, las cuatro Virtudes Cardinales

N.º XI, la Fuerza. «Es una mujer que se ha hecho dueña de un león y que le abre la boca con la misma facilidad con que se la abriría a su pequeño spaniel; tiene un sombrero de pastor en la cabeza».

1783, Alliette: N.º 11, la Fuerza

«Sea C, B, A, A el consultante, B la Fuerza, C un rival del consultante; este último será derrotado. Sea B, C, A, ante las amenazas de A, C buscará la fuerza de B y derrotará a A. Este verdadero jeroglífico así como los dos anteriores y siguientes vienen directamente de los egipcios, si exceptuamos que al pasar a manos de los griegos, árabes, los primeros pueblos anglófonos y españoles, finalmente los romanos, los alemanes, etc., han sido alterados, así como en general casi todos los números transpuestos, como demuestro y pruebo obviamente en todo el libro. Significa la Fuerza».

1909, Papus: 11, la Fuerza

Significado Espiritual: la fuerza divina. Significado moral o alquímico: fuerza moral. Significado físico (que también puede ser utilizado para la adivinación): fuerza humana. Significado adivinatorio: fuerza.

1927, Oswald Wirth: XI, la Fuerza

Virtud, el coraje, el poder anímico, la influencia de Júpiter-Marte.

EN POSITIVO. Energía moral, calma, intrepidez, espíritu que domina la materia. Inteligencia domando la brutalidad. La subyugación de las pasiones. Éxito industrial.

EN NEGATIVO. Ira, impaciencia, ardor desmesurado, insensibilidad, crueldad, lucha, guerra, conquista violenta, cirugía, vehemencia, discordia, fuego.

1949, Paul Marteau: carta XI, la Fuerza

SIGNIFICADO ELEMENTAL. La Fuerza representa, entre las potencias del hombre, la que es fruto de sus esfuerzos y que puede ejercer plenamente en todos los niveles, cuando la pone en armonía con las leyes divinas.

SIGNIFICADO CONCRETO. Poder personal sobre la materia.

MENTAL (inteligencia). Da gran poder para liberar lo verdadero de lo falso, lo útil de lo inútil, y claridad precisa en el juicio.

ANIMAL (pasiones emocionales). Dominación de las pasiones, poder de conquista. Protección afectuosa.

FÍSICO (el lado utilitario de la vida). La voluntad de superar los acontecimientos y el control de la situación cuando tenemos la razón. Poder de dirigir en cualquier asunto material.

INVERTIDA. El hombre ya no es el dueño de su fuerza; es brutal, está fuera de control, o se deja llevar y no la usa. Acontecimientos o personas lo derribarán, su fuerza será aniquilada y será víctima de fuerzas superiores.

XII. El Colgado

Diferentes denominaciones: *Il Traditore, lo Impichato, le Pandut,* el Colgado.

Otros rangos ocupados en el tarot: Siempre el número XII, cualquiera que sea el tarot.

Etimología y significado de la palabra «colgado» *(Pendu):* palabra que apareció en el siglo XIII, proviene del latín *pendere*. El interés no es tanto su etimología en francés como el hecho de que la carta haya cambiado de nombre: las antiguas denominaciones italianas la designan como *il Traditore,* es decir, «el traidor».

Tarot conocido como de Carlos VI, el colgado, Norte de Italia, siglo XV, BnF.

Tarot de Gassmann, el Colgado, Suiza, 1850-1870, BnF.

◆◆◆ *A propósito del Colgado*

Las antiguas denominaciones italianas designan esta carta como *il Traditore,* «el traidor», o lo *Impichato,* «el ahorcado». Y por una buena razón: colgar de un pie era un castigo de la Italia urbana medieval tardía infligido a los traidores. Era un castigo simbólico conocido como «pintura infamante», o «pintura de la infamia». El culpable suele estar representado boca abajo, colgado de un pie, con inscripciones en verso o prosa que indican su identidad y los delitos por los que fue estigmatizado. Desde finales del siglo XV, en toda Europa, las imágenes infamantes fueron acompañadas por la ejecución *in effigie,* «ejecución en efigie». La de Sigismondo Malatesta es famosa. Fue condenado en 1462 por herejía, crimen de lesa majestad contra el papa y alta traición: en una gran pira erigida en las escaleras de San Pedro, su retrato fue quemado. No nos engañemos: la naturaleza simbólica de la sentencia no le quitó nada a su seriedad. El individuo expuesto así públicamente no sólo era desterrado de la ciudad, sino que su memoria también estaba destinada a desaparecer.

Sin embargo, *la fama,* la reputación pública, es de vital importancia en la Edad Media. Condiciona toda la vida de un individuo en el Señorío, la ciudad, la parroquia o la familia. Es una garantía en las compras, los contratos o los testimonios. Perder la *fama* es convertirse para siempre en un paria, en un ciudadano de categoría inferior, en un «malhechor». Así, el crimen denunciado por la exhibición concierne en particular a las personas culpables de mala conducta, juramentos falsos, traición o mala moral. Las raras representaciones artísticas de personas colgadas de la horca por un pie se refieren a usureros e idólatras torturados en el infierno de esta manera, porque la idolatría era percibida como la más horrible de las traiciones: se reniega, por lo tanto se traiciona a Dios mismo. En el tímpano de la iglesia abacial de Sainte-Foy de Conques, vemos a un prestamista colgado de los pies por los demonios; en la famosa representación del infierno de Giovanni da Módena, los idólatras están representados de esta manera. En cuanto a las representaciones religiosas, a veces existen, por otro lado, las de los mártires de los primeros cristianos condenados a ser colgados de un pie, pero se hacía de humillar a la víctima lo máximo posible. Eusebio nos dice que colgaban así a las mujeres «de tal manera que se revelaban sus partes íntimas para que se mostrara el mayor desprecio posible por la santa religión de Cristo», o que «los mártires eran simplemente suspendidos por un pie mientras que, para otros, se añadía el humo de un combustible húmedo con malos olores, como excrementos de animales, para aumentar su sufrimiento». Es más bien esta interpretación de pureza o de sacrificio la que los autores modernos del tarot preferirán mantener. Pero probablemente no sea por su significado primigenio por lo que los creadores de este juego querían dar con esta figura del *Traditore.*

De hecho, entre el inmenso arsenal que la humanidad ha puesto en marcha para hacer sufrir a su prójimo, este tipo de tortura apenas ha existido en la realidad. En julio de 1557, tres soldados de Bapaume fueron acusados de intentar entregar la plaza a los franceses. Los colgaron de los pies en tres caminos diferentes que conducían a Arras, mientras que sus cabezas eran expuestas en las murallas de la ciudad. Pero incluso si estas personas desafortunadas realmente sufrieron esta condena, todavía estamos aquí en el sistema de tortura por representación que se generalizó a finales de la Edad Media.

Incluso condenado a muerte, el culpable sigue siendo condenado a una infame exposición después de su muerte, ya sea de cabezas, cuerpos enrodados vivos o quemados. Y en lo que respecta a la horca, el ahorcamiento es la pena de muerte más común que se practicaba en aquella época, uniéndose al infame sistema de ejecución por exhibición, porque la horca es el castigo de los plebeyos (mientras que los nobles son decapitados) o de los delincuentes particularmente despreciados. De hecho, los colgados se pudren en la horca sin un entierro cristiano. Además de al olvido, están condenados al castigo eterno.

Esto significa que el ahorcamiento está condenado a la abyección y que, en lo que respecta a las representaciones taróticas, están sin duda lejos del origen de lo que los autores contemporáneos dirán sobre el ahorcado, transformándolo en Prudencia o dándole la palma del martirio: no, no es un mártir que se sacrifica a sí mismo, es un innoble traidor, es la escoria de la humanidad.

♦♦♦ *Significados adivinatorios*

1781, Court de Gébelin: n.ᵒˢ VIII, XI, XII, XIIII, las cuatro Virtudes Cardinales

N.º XII, Prudencia. «La Prudencia es una de las cuatro virtudes cardinales, ¿pudieron los egipcios olvidarla en este retrato de la vida humana? Sin embargo, no se encuentra en este juego. Vemos en su lugar, bajo el número XII, entre la Fuerza y la Templanza, a un hombre colgado de los pies; pero ¿qué hace allí este colgado? Es la obra de un desafortunado y presuntuoso maestro naipero que, sin comprender la belleza de la alegoría que encierra esta pintura, se encargó de corregirla y, de la misma manera, de desfigurarla por completo. El título de esta carta es, por lo tanto, el hombre suspendido de un pie, *pede suspendo*: el maestro naipero, sin saber lo que significa, lo convirtió en un hombre colgado de sus pies. Entonces nos preguntamos, ¿por qué un hombre ahorcado en este juego?, y no dejamos de decir que es el castigo justo para el inventor del juego por haber representado a una Papisa».

1783, Alliette: n.º 12, la Prudencia

«Tacha absolutamente el feo nombre del ahorcado que la ignorancia más indignante ha dado a esta preciosa virtud. La Prudencia, en algún lugar de donde proviene esta carta en la tirada, es un sabio consejo para operar con prudencia, ya que se reconoce que el prejuicio y la ignorancia convierten en un crimen nuestros actos más loables cuando no sienten el camino que tomamos para llevar al hombre grosero a una vida honesta y útil para la sociedad. Significa Prudencia».

1909, Papus: 12, el Colgado

Significado Espiritual: finalización. Significado moral o alquímico: sacrificio moral. Significado físico (que también puede ser usado para adivinación): sacrificio físico. Significado adivinatorio: juicio. Sacrificio.

1927, Oswald Wirth: XII, el Colgado

Abnegación, sacrificio hecho, influencia de la Luna y Venus.

EN POSITIVO. Desinterés, olvido de sí mismo, devoción, sumisión al deber, patriotismo, sueños generosos, apostolado, filantropía, donación. Ideas generalizadas sobre el futuro. Semillas.

EN NEGATIVO. Buenos propósitos no cumplidos, proyectos no cumplidos, planes bien concebidos, pero aún teóricos, promesas no cumplidas, amor no compartido, buenos sentimientos explotados, «buenismo», impotencia para alcanzar los resultados. Pérdidas.

1949, Paul Marteau: carta XII, el Colgado

SIGNIFICADO ELEMENTAL. El hombre que invirtió su acción para dirigirla hacia lo espiritual, con un sentimiento de expectación, de abnegación.

SIGNIFICADO CONCRETO. Un juicio que prepara una transición, una transformación, una transición de lo concreto a lo abstracto y, en consecuencia, un estado de ineficacia, un cese del poder de acción.

MENTAL (inteligencia). Posibilidades muy diversas, recordatorio del pasado, presente y futuro ante decisiones a tomar, lo que da como resultado la vacilación. Esta carta indica cosas que no están suficientemente maduras; no concluye.

ANÍMICO (pasiones emocionales). Falta de determinación, indecisión en la elección emocional.

FÍSICO (el lado utilitario de la vida). Abandono de algo, renuncia, proyecto cuestionable. Impotencia momentánea en acción. Si comenzamos un negocio, permanecerá inactivo y sólo se podrá realizar con ayuda.

INVERTIDA. Posible éxito, pero cojo, en un proyecto, más bien de orden sentimental en la naturaleza, sin reconocimiento o placer. Reticencia y proyecto oculto.

XIII. La Muerte

Diferentes denominaciones: *La Morte*, la Muerte.

Otros rangos ocupados en el tarot: Siempre el número XIII, sea cual sea el tarot.

Etimología y significado de la palabra «muerte»: Del *latín mors, mortis*. No hay un sentido particular en la etimología para significar la Gran Guadañera, pero lo que se puede decir es que los primeros autores que escribieron sobre el tarot no dudaron en nombrarla: por eso en la sección «significados adivinatorios» de abajo, se llama «Muerte». Los autores contemporáneos, por su parte, se refieren a ella como «Arcano XIII».

Tarot de Lequart, la Muerte, París, 1890, BnF.

Tarot piamontés, la Muerte, 1830, BnF.

A propósito de la Muerte

En el siglo XIII, cinco poemas evocan una conversación entre tres muertos y tres vivos. Citan a tres jóvenes señores, más tarde tres reyes, que se dirigen a un cementerio. De repente, aparecen tres muertos. Los cadáveres mantienen una conversación moralizante y didáctica con los vivos, cuyo tema puede resumirse de la siguiente manera: «Fuimos hombres como vosotros, pronto seréis lo que ahora somos nosotros».

Desde la antigüedad romana, hay textos que invitan al lector a considerar la frágil brevedad de la vida. Así, en el *Satiricón* de Petronio, leemos: «¡Oh, miseria! ¡Oh, piedad! ¡Que el hombre entero no es nada! ¡Qué frágil es, ay, el tejido de su vida! Tal será tu estado y el mío en la casa de Plutón: vivamos, pues, mientras nos invite la edad para disfrutar...». En el Occidente cristiano, esta advertencia adquiere un considerable desarrollo literario e iconográfico, invitando al meditador a no disfrutar de la vida, sino a prepararse para su fin, no sólo inevitable, sino dispuesto a fundirse en él en cualquier momento. Las ilustraciones del relato anterior, los «Tres muertos y tres vivos», se multiplican: los tres muertos se representan primero como hombres delgados, luego como esqueletos completamente demacrados, «huesos secos», como se describe en el libro de Ezequiel (37, 4). Varios autores, la mayoría de ellos desconocidos, han compuesto poemas en varios idiomas (latín, francés, español...) llamados danzas de la muerte o danzas macabras, donde un muerto, o la Muerte, invita a los vivos de todos los escalafones de la sociedad humana (incluso reyes y papas) a ir con él o ella a participar en su danza y acompañarlo en la otra vida. Pronto, el esqueleto llegó a representar la idea abstracta de la muerte, y ya no un cadáver en particular: personifica la muerte, menos como una simple alegoría que como un agente sobrenatural que se sustituyó a sí mismo por ángeles, santos o demonios para llevar a cabo las órdenes de Dios. Pronto triunfó, aplastando a sus víctimas sin que lo supieran. Este triunfo de la Muerte fue formidable en las obras de arte a partir de finales del siglo XVII, y sin duda inspiró a los autores del tarot. Para captar el efecto sorprendente de esta Muerte triunfante, el lector puede escribir en un motor de búsqueda «triunfo de la muerte» y dejarse llevar por un vertiginoso conjunto de angustiosas obras antiguas, llenas de esqueletos que han venido a cosechar cadáveres.

La peste negra de la década de 1340, que afectó a más de una cuarta parte de la población del Occidente cristiano, sigue presente, tanto en su carácter traumático como por su carácter endémico. El *Triunfo de la Muerte* de Pieter Brueghel el Viejo es una pintura particularmente llamativa, llena de esqueletos que buscan hacer morir a la mayor cantidad posible de vivos de todas las maneras posibles.

Más moderadamente, si se puede decir así, el triunfo del esqueleto psicopompo (es decir, el que nos acompaña en el más allá) se explica por el creciente éxito del estudio de la anatomía durante el Renacimiento: los artistas se entregan de corazón para representar al difunto más auténticamente posible, un movimiento realista que alcanzará su apogeo con las figuras desolladas de Fragonard. Así, la representación de la Muerte por un esqueleto es relativamente reciente. En la antigüedad fueron Hermes, Anubis o Mercurio quienes acompañaron al difunto a la otra vida. Esto significa que algunos tarots «egipcios» pueden haberse acercado al ridículo anacronismo evocando a un segador esquelético rodeado de jeroglíficos, la escritura de una civilización que practicaba la momificación y cuyas almas eran escoltadas por el dios con cabeza del chacal.

En la era cristiana, eran los santos, los ángeles de la guarda o los demonios los que, en el momento de la muerte, venían a enfrentarse en torno al alma del moribundo; el más fuerte podía prevalecer. En cuanto a los cadáveres, permanecieron durante mucho tiempo representados como figuras dormidas, como los famosos yacentes que aún se pueden admirar en las iglesias medievales.

La guadaña es un instrumento agrícola cuyo uso se remonta a la noche de los tiempos. Por otro lado, su asociación con el esqueleto también es reciente. En las imágenes antiguas, el esqueleto se equipa primero con una serie de herramientas diferentes: pala, tijeras, daga, gaita, espada. A menudo, el instrumento caracteriza la profesión de la persona que la Muerte quiere llevarse. Entonces la guadaña aparece con el esqueleto, especialmente en la obra de Petrarca, y este poderoso instrumento, que tiene una pesada carga simbólica, refuerza aún más el alcance de esta alegoría de la muerte. De hecho, la guadaña viene primero de la Biblia. Ya en el Antiguo Testamento, el profeta Joel atribuye a Dios Padre una guadaña u hoz con la que troncharán a los gentiles (4, 11-13). Mateo (13, 39) atribuye la hoz a los ángeles que vendrán y cortarán la cizaña que son los hijos del Maligno. En el Apocalipsis(14, 14-16), el hijo del hombre se sienta en una nube, con una hoz afilada en su mano. La mitología griega tampoco se queda atrás, evocando a Cronos (equivalente a Saturno), una figura alegórica del Tiempo que devora a sus hijos y siega todo lo que se le presenta. El atributo de la hoz le ha valido a Saturno el nombre de «Falciger» entre los poetas latinos: «el que lleva la hoz».

A esta pesada carga simbólica se añade el número 13, considerado maléfico, hasta tal punto que, en el pasado, cuando trece personas estaban a la mesa, la superstición afirmaba que uno de ellos moriría en el transcurso del año; esta consideración se basaba probablemente en el hecho de que en la Última Cena, los participantes eran trece.

Las imágenes del tarot reflejan nada más y nada menos que las tradiciones que acabamos de mencionar: no se ven añadidos posteriores en las cartas. Pero ¿qué más podemos añadir ante tal imagen? Los primeros autores del tarot tendrán un ligero problema para darle un significado más positivo. En cualquier caso, la idea de transformación probablemente no formaba parte del imaginario del siglo XV para esta representación: «prepárate para lo inevitable que te vendrá de repente» es, sin duda, la primera idea que transmite.

♦♦♦ *Significados adivinatorios*

1781, Court de Gébelin: n.º XIII, la Muerte

«El n.º XIII representa la Muerte: aniquila a los humanos, a los reyes y reinas, a los grandes y a los pequeños; nada puede resistirse a su fatídica guadaña. No es de extrañar que se coloque bajo este número; el número trece siempre fue considerado como una desgracia. [...] Añadamos que tampoco es de extrañar que los egipcios hayan insertado la Muerte en un juego que sólo debería despertar ideas agradables: este juego era un juego de guerra, por lo que la Muerte debe entrar en él: así es como la partida de ajedrez termina en jaque y mate, por así decirlo, *Sha mat*, la muerte del rey».

1781, conde de Mellet

«Muerte o *Thet* indica la acción de barrer: en efecto, la Muerte es una terrible barrendera».

1783, Alliette: n.º 17, la Muerte

«Obsérvese que la muerte debe venir; pero no debemos confundirnos. Significa muerte o casi en la carta siguiente, que es más a menudo un desconocido, o un proyecto, o una prueba, o sólo una *pequeña visita de cortesía*, y en este caso, tanto mejor».

1909, Papus: 13, la Muerte

Significado espiritual: inmortalidad por el cambio. Significado moral o alquímico: muerte y renacimiento. Significado físico (que también puede ser utilizado para la adivinación): la transmutación de las fuerzas. Significado adivinatorio: muerte.

1927, Oswald Wirth: XIII, la Muerte

Fatalidad inevitable, fin necesario, desencanto, influencia activa de Saturno.

EN POSITIVO. Profundización, agudeza intelectual, metafísica, desilusión, discernimiento severo, sabiduría desilusionada, desapego, resignación.

EN NEGATIVO. Fecha límite fatal, falla inevitable no causada por la víctima. Desaliento, pesimismo, conversión absoluta, cese para comenzar de nuevo en modo diametralmente opuesto.

1949, Paul Marteau: carta XIII, la Muerte

SIGNIFICADO ELEMENTAL. Los cambios en los estados de conciencia del Hombre que acompañan el paso de un ciclo completo a la entrada en otro de una naturaleza diferente.

SIGNIFICADO CONCRETO. Esta carta no tiene nombre, su imagen representa clásicamente la muerte; la muerte, que no existe, no puede ser nombrada. Su verdadero significado es la transmutación.

MENTAL (inteligencia). Renovación de ideas, total o parcial, porque algo sucederá y lo transformará todo, como un fenómeno de catálisis donde un nuevo cuerpo modifica completamente la acción de los cuerpos en su presencia.

ANIMAL (pasiones emocionales). La lejanía, la dispersión en el afecto, el desarraigo de un sentimiento, de una esperanza.

FÍSICO (el lado utilitario de la vida). La Muerte, detener algo, inmovilidad. En caso de hacer algo, una transformación completa.

INVERTIDA. Estancamiento en la salud, la muerte se puede prevenir, pero la enfermedad es incurable. Según las cartas que la rodean, significa muerte, cuyos efectos continúan más allá de ella, en actos malvados.

XIIII. La Templanza

Diferentes denominaciones: *Temperanz, Temperantia, la Temperanzi, Lemperance, Atrempance,* la Templanza.

Otros rangos ocupados en el tarot: Número VI en la lista más antigua de triunfos, número VII en el orden A, número VI en el orden B.

Etimología y significado de la palabra «templanza»: Apareció en francés antiguo en forma de *temprance*, del latín *temperancia*, que designa la virtud cardinal y significa «moderación en los placeres de los sentidos».

Tarot de Nicolas Conver, la Templanza,
París, 1930, BnF.

Tarot de Grimaud, la Templanza,
Marsella, 1809-1833, BnF.

❖❖❖ *A propósito de la Templanza*

Como ocurre con las otras virtudes cardinales, la templanza apareció en *La República*. Platón explica que controla la inclinación a la lujuria. Su etimología es inequívoca: desde el principio, el nombre de templanza se define por esta moderación de placer sensual. En la *Summa Theologica*, Tomás de Aquino escribe: «La templanza implica moderación, que consiste principalmente en la moderación de las pasiones que tienden hacia los bienes de los sentidos [...]. La persona que se modera de esta manera es, por lo tanto, la que se obliga a resistir la atracción de las pasiones y los placeres, especialmente de naturaleza sensual, cuando se vuelven excesivos». Además, en los *Sermones de ludo cum aliis* (el primer texto que cita el orden de los triunfos), la Templanza viene después del Amante como una virtud que enseña a moderar el ardor de las pasiones. Como las demás virtudes, tendrá mucho éxito en las representaciones iconográficas, enmarcando de la misma manera las figuras de los santos o de los hombres de poder, o representada en las iglesias para guiar a los hombres por el camino correcto. Por otra parte, cabe preguntarse de dónde proviene esta representación particular de una mujer que vierte un líquido de una jarra a otra, y sobre todo, ¿por qué, a diferencia de las otras dos virtudes del tarot, se la representa como un ángel? La imagen de una mujer vertiendo un licor es una alegoría muy común en la Edad Media para simbolizar la virtud de la Templanza. Pone agua en su vino, se dice coloquialmente. Esta imagen se remonta al relato evangélico de las bodas de Caná: un siervo, por orden de Cristo, vierte el agua de una jarra en un ánfora donde se convierte en vino. Este milagro, representado por la imagen del sirviente que vierte el agua, ya está simbolizado en las ánforas utilizadas para la misa desde los primeros siglos del cristianismo. Excepto que éste no es el significado de la Templanza: no transforma el agua en vino, atempera el vino con agua. Las representaciones de las bodas de Caná podrían haber sido utilizadas para representarla, pero no son el origen de esta alegoría. La diosa mitológica Hebe también era representada a menudo vertiendo un líquido en una taza con una jarra, pero era la diosa que velaba por la «comodidad doméstica» de los dioses olímpicos, es decir, les servía el néctar y la ambrosía. Así, al igual que en las bodas de Caná, esta figura podría inspirar las representaciones de nuestra virtud con sus jarras, pero no está en su origen.

De hecho, esta alegoría está claramente asociada originariamente a la moderación de los placeres sensuales: atempera el vino con agua, y éste es su significado básico. Su representación pudo haber sido creada según este significado, sin una figura mítica que la inspirara, y es también, sin duda, lo que inspiró la figura angelical del tarot: ¡los ángeles son las criaturas más puras de la creación, las criaturas más lejanas de la concupiscencia terrenal! Algunas obras muy representativas muestran alegorías en las que un ángel prevalece sobre un león, como una estatua en la basílica de la Santa Cruz de Florencia: el ángel medita, apoyándose en silencio en la feroz bestia dócil, yaciendo a sus pies. Aquí, lo que abruma al león no es la fuerza física, es la pureza.

❖❖❖ *Significados adivinatorios*

1781, Court de Gébelin: n.ᵒˢ VIII, XI, XII, XIIII, las cuatro Virtudes Cardinales

N.º XIIII, la Templanza. «Es una mujer alada que pasa agua de un jarrón a otro para templar el licor que contiene».

1783, Alliette: n.º 10, la Templanza

«Significa o anuncia que debemos moderarnos. En el tema indicado en la carta siguiente, ya sea para el plano físico o para el moral; los extremos en uno y otro caso son contrarios a la razón humana, e incluso a la ley que nos indica la sabia Naturaleza, en los movimientos generales».

1909, Papus: 14, la Templanza

Sentido espiritual: reversibilidad. Significado moral o alquímico: la armonía de lo mixto. Significado físico (que también se puede utilizar para adivinar): la templanza. Significado adivinatorio: templanza. Economía.

1927, Oswald Wirth: XIV, la Templanza

Serenidad, frialdad, adaptación, influencia Mercurio-Luna.

EN POSITIVO. Acomodación, filosofía práctica, feliz descuido, aceptación de los acontecimientos, flexibilidad, adaptabilidad, sociabilidad, educabilidad, transformación adaptativa.

EN NEGATIVO. Indiferencia, falta de personalidad, plasticidad pasiva, inconsistencia, cambio de humor. Tendencia a dejarse llevar, sumisión a la moda y a los prejuicios. Los resultados no están de acuerdo con las aspiraciones, el flujo no está influenciado, las cosas van por buen camino.

1949, Paul Marteau: carta XIIII, la Templanza

SIGNIFICADO ELEMENTAL. El trabajo de adaptación ante una nueva actividad, el trabajo de mezcla que el hombre hace para ajustar nuevamente, y en un campo más amplio, las energías materiales a las energías espirituales.

SIGNIFICADO CONCRETO. Actúa como conciliador en todas las cosas.

MENTAL (inteligencia). Aporta el espíritu de conciliación, la ausencia de pasión en el juez; da el sentido profundo de las cosas, como representando un principio eterno, una personalidad psicológica, no imponiendo una idea de fijeza, de ser plástico, es decir, de moverse, con adaptación a las circunstancias.

ANÍMICO (pasiones emocionales). Los seres se reúnen por afinidad; bajo la influencia de esta carta, son felices, pero no evolucionan y no se liberan unos a otros.

FÍSICO (el lado utilitario de la vida). En los negocios, la conciliación, sopesamos los pros y los contras, encontramos compromisos, pero no sabemos si el éxito coronará el negocio; reflexión, una decisión que no se toma inmediatamente.

INVERTIDA. El desorden, el desacuerdo, pero la dilación y la vacilación se anularán.

XV. El Diablo

Diferentes denominaciones: *Diavolo*, Plutón, *Dyable*, el Diablo.

Otros rangos ocupados en el tarot: Número XIV en la lista más antigua de los triunfos y en el orden B.

Etimología y significado de la palabra «diablo»: Del latín *diabolus*, una palabra que procede del griego, los traductores del Antiguo Testamento al griego han utilizado diábolos, «el que divide». El nombre hebreo de este jefe de los demonios es «Satanás», que significa «adversario, acusador». «Lucifer», o «Phosphoros», significa «el que trae la luz»; es sinónimo del diablo, pero más precisamente en el sentido de príncipe de las luces, el amado arcángel de Dios que se puso a la cabeza de los ángeles rebeldes, caídos y desterrados del cielo, y que fue arrojado con todos los que los seguían al «lago de fuego y azufre», la primera evocación del infierno cristiano, según Mateo. «Belcebú» significa «señor del estiércol» o «señor de la casa suprema», es decir, del infierno subterráneo, del reino de los muertos. Ésta es probablemente la razón por la que a veces se le llama Plutón en algunas evocaciones del tarot. El nombre «Belcebú» es sin duda una distorsión peyorativa del de *Ba'al Zebub*, un dios filisteo mencionado en el Antiguo Testamento.

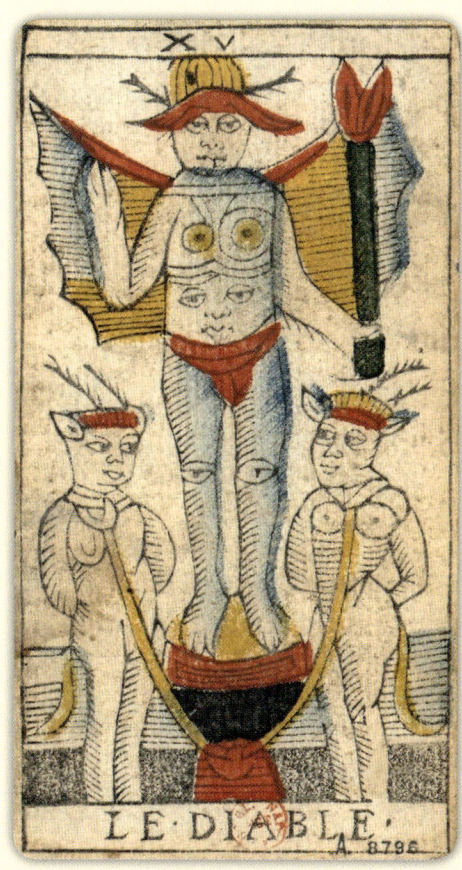

Tarot de Jean Payen, el Diablo, Avignon, 1743, BnF.

Tarot suizo de Gassmann, el Diablo, Marsella, 1850-1870, BnF.

◆◆◆ A propósito del Diablo

El diablo se define como la personificación del mal según el dogma cristiano. Sin embargo, su papel en la Biblia no está bien definido. La serpiente del Génesis no está claramente designada como el mismo Satanás, aunque el anatema se lanza a la serpiente como tal: «Serás maldita entre todas las bestias, te arrastrarás sobre el pecho y el pie de la mujer aplastará tu cabeza» (Génesis 3, 1-24). Las otras manifestaciones demoníacas del Antiguo Testamento están inspiradas principalmente por demonios orientales, probablemente a raíz del contacto con los babilonios. Hay demonios que asolan el mundo físico y matan a los hombres, como Asmodeo en el libro de Tobías (3, 7-8). Con el cristianismo, el diablo se convierte en el rey del mundo terrenal y sus tentaciones. Lo vemos tentando a Jesús en el desierto poniendo a sus pies todas las riquezas del mundo (Mateo 4, 1-11). La Edad Media lo representó primero como una serpiente, luego como un dragón, en referencia al dragón del Apocalipsis. Más tarde, la representación del diablo toma una forma antropomórfica y bestial, sin duda, bajo la influencia de logias mitológicas paganas, ya sean romanas o bárbaras. De aquí viene el hombre con cuernos, patas de cabra y otros atributos de la bestialidad. Así, se parece a Pan, un dios griego con los pies hendidos, y su procesión de sátiros libertinos; o Charu, el dios etrusco del inframundo con alas de murciélago, dientes afilados y garras curvas. El diablo se encuentra representado así en los manuscritos alemanes y anglosajones del siglo X. Y así es como aparece en el tarot. Con el tiempo, este carácter bestial se acentúa, con la idea de que el diablo ya no es el mal que encontramos en la naturaleza (como los demonios destructivos de Babilonia), sino el que sale del corazón del hombre y de sus pasiones egoístas. El cristianismo le ha otorgado la paternidad de las prácticas adivinatorias y de todos los que las ejercen: magos, adivinos, pitonisas, nigromantes, brujas. Caín, Platón, Alejandro Magno, Rómulo y Remo, el mago Merlín, el hada Melusina, Lutero, todos nacieron, se dice, por demonios íncubos (demonios masculinos).

Al final de la Edad Media, el diablo, que se había convertido en un modelo de horror, es el que recibe en su casa a los pecadores que no se han arrepentido. Extrañamente, aquí estaría en su lugar, en el nivel divino, para el castigo de los malvados. A partir del Renacimiento en adelante, el diablo ya no era odioso ni deforme. Sin duda, bajo la influencia del retorno del arte a los antiguos cánones, se convirtió en un atleta, un fauno o una alegoría. Los siglos XVII y XVIII casi ya no lo representan. La Iglesia, sin duda para contrarrestar más eficazmente la influencia de la Reforma, prefiere mostrar modelos de santidad a seguir que demonios sonrientes a los que hay que temer. En el siglo XIX, el diablo se convirtió en un héroe romántico que ocupó su lugar de rebelión contra Dios: era el Fausto de Goethe. Un cronista del siglo XIX[198] cuestiona la legitimidad de tal representación: «Es el joven pálido, con la cabeza inclinada y el pelo negro, cuya voluptuosidad se mezcla con la tristeza. Sueña, abandonado en un lecho de nubes; parece que también sufre de no creer más. ¿Podría ser esto un progreso del arte, y el mal debería parecernos tan hermoso?».

Se puede observar que, en las representaciones artísticas de los vicios, la cuerda alrededor del cuello es una alegoría de la infidelidad, en el sentido religioso del término, la del infiel opuesto al creyente. En la capilla Scrovegni de Padua, Giotto pintó una figura masculina, el infiel, que tiene un ídolo con rasgos femeninos. Le puso la cuerda alrededor del cuello, que podría simbolizar la idolatría, para que le dé la espalda a la verdad.

Está claro que el diablo del tarot ha permanecido similar al diablo de los cristianos de la Edad Media: el tentador bestial. Podemos preguntarnos por qué este rol y esta imagen han permanecido tan fijos. Los primeros comentaristas del tarot no saldrán de esta representación tradicional.

◆◆◆ Significados adivinatorios

1781, Court de Gébelin: n.º XV, Tifón

«El n.º XV representa a un famoso personaje egipcio, Tifón, hermano de Osiris e Isis, el Principio del mal, el gran Demonio del Infierno: tiene alas de murciélago, pies y manos de arpía; en la cabeza, unos horribles cuernos de ciervo: lo hicimos tan feo como pudimos, tan malvado como pudimos. A sus pies hay dos pequeños diablillos con orejas largas, una cola grande, con las manos atadas a la espalda: ellos mismos están atados por el cue-

---

198. A. M. Renée, en *La Chronique française, revue de la littérature et des sciences*, París, n.º 1, junio de 1837.

llo con una cuerda que llega hasta el pedestal de Tifón: es porque no suelta a los que le pertenecen; le gustan los que son suyos».

1781, conde de Mellet

«El tifón o *Zain* anuncia inconsistencia, error, fe violada, crimen.

1783, Alliette: n.º 14, el Diablo

«Los egipcios, con esta palabra, «diablo» o «demonio», no se refieren a espíritus infernales encadenados en el abismo, sino a un hombre cuyo conocimiento supera ampliamente al de los demás; por último, a un hombre que lo conoce todo por don divino, o por un estudio interminable. Tales son los brahmanes, los gimnosofistas, los druidas, etc. Esta carta significa fuerza mayor en todo lo que concierne a las cosas de la vida humana».

1909, Papus: 15, el Diablo

Sentido espiritual: destino. Sentido moral o alquímico: la serpiente mágica (el agente mágico). Sentido físico (que también puede ser utilizado para la adivinación): vida física. Significado adivinatorio: fuerza mayor. Enfermedad.

1927, Oswald Wirth: XV, el Diablo

Desorden, pasión, rutina, conjunción de Marte y Venus.

EN POSITIVO. Atracciones sexuales, deseos apasionados, acción mágica, magnetismo, taumaturgia fluida, poder oculto, ejercicio de influencias misteriosas. Actividad que lo hace inaccesible a la hechicería.

EN NEGATIVO. Desorden, sobreexcitación, lubricidad, lujuria, complicación, tonterías, intrigas, uso de medios ilícitos, hechicería, fascinación sufrida, esclavitud de los sentidos, debilidad que da paso a influencias no deseadas, egoísmo.

1949, Paul Marteau: carta XV, el Diablo

SIGNIFICADO ELEMENTAL: Representa una forma de actividad humana, la mezcla de materia, de la cual el hombre se convertirá en esclavo, después de haber obtenido un éxito efímero, o liberándose a sí mismo por los poderes del conocimiento de acuerdo a sus metas egoístas, o evolución material.

SIGNIFICADO CONCRETO. El hombre que actúa en la materia por su propio poder, sin apoyo espiritual, de modo que está sujeto a la tentación de transgredir la moralidad cósmica y ceder a sus instintos. Por lo tanto, la hoja significa éxito en el material a través del esfuerzo directo y el consejo de la razón o el abandono a la fatalidad.

MENTAL (inteligencia). Gran actividad egoísta sin preocupación por la justicia, esta carta no tiene ningún significado práctico en el plano espiritual.

ANIMAL (pasiones emocionales). Pluralidad, diversidad, inconstancia, porque buscamos en todas las direcciones y devolvemos todo a nosotros mismos, sin preocuparnos por los demás. Libertinaje.

FÍSICO (el lado utilitario de la vida). Gran influencia en este plano, especialmente en el campo material, en la realización concreta. Gran poder de control sobre los demás. Sin embargo, es una carta deficiente en lo físico, cuando significa triunfo, se obtiene por medios inadecuados. En el ámbito emocional, es la conquista de un ser físico mediante procedimientos condenables e inescrupulosos, que conducen a la destrucción de otros seres, pero que tienen como resultado el éxito. Pero es una carta que anuncia el castigo, anuncia que el triunfo será momentáneo y seguido de su castigo. Como enfermedad, indica una gran inestabilidad nerviosa.

INVERTIDA. Su acción tiene una base muy mala con los efectos más maléficos. Desorden, reversión, negocios sospechosos o sin salida.

XVI. La Torre (Maison-Dieu)

Diferentes denominaciones: *La Casa del diavolo, la Sagitta, Foco, la Casa di Plutone, Foudre,* la Torre.

Otros rangos ocupados en el tarot: Número XV en la lista más antigua de triunfos y en el orden B.

Etimología y significado del nombre «Maison-Dieu»: *«Maison»* proviene del latín *mansio,* que significa «estancia, lugar de estancia». Esta palabra también se refiere a todas las personas de la misma casa, es decir, de la misma familia. Es sinónimo de «hotel», que tiene el mismo significado, tanto de estancia como de linaje: «Para poner el reino en manos del hotel de Anjou y de la corona de Francia de la que procede, adoptó al rey Luis III», leemos en un diccionario etimológico. Pero en los diccionarios antiguos, «hotel» se definía más bien como «casa, morada, vivienda» y *hotel-Dieu,* u *domus dei,* como el principal hospital en varias ciudades, siendo esta palabra sinónimo de «casa-Dios». Por lo tanto, el nombre tradicional francés de esta carta por sí solo es interesante: uno puede preguntarse por qué esta torre alcanzada por el rayo lleva el nombre de un hospital. ¿Es ahí donde irá a parar la gente desafortunada que ha sido golpeada por un rayo? El término *«Maison-Dieu»* sólo se encuentra en los tarots de Marsella. Anteriormente, había varias otras denominaciones, que son igualmente interesantes para entender mejor el significado de esta carta. Además, probablemente podemos decir que es la carta con más nombres diferentes. El Rayo es el que encontramos más a menudo en los demás tarots, luego Foco (Fuego), Sagitta (Flecha), y también, interesante en más de un sentido, *la Casa del diavolo* y *la Casa di Plutone:* la Casa del Diablo y la Casa de Plutón.

Tarot anónimo parisino, el Rayo, siglo XVIII, BnF..

Tarot boloñés, la Torre, siglo XVIII, BnF.

◆◆◆ *A propósito de la Torre*

Los nombres antiguos de esta carta hacen referencia al infierno, a la morada subterránea de los muertos condenados. La casa del diablo o de Plutón (otro nombre dado al diablo) indica claramente el lugar donde éste se aloja. Y ciertamente es el infierno lo que vemos en el tarot anónimo parisino. Tal vez el maestro naipero francés que más tarde escribió la mención «*Maison-Dieu*» vio el hospital como el mismo tipo de lugar infernal (¡y en el siglo XVII, era muy cierto!). En cualquier caso, todas las interpretaciones relacionadas con esta carta son negativas, ya sea que se refieran a ella como un lugar infernal, sea el que sea, o como un rayo o fuego, es decir, como el castigo divino que pulveriza la tierra desde lo alto del cielo. El rayo, una calamidad natural, se convierte en una alegoría de la destrucción querida por Dios como castigo por la maldad y el orgullo de los hombres. También puede verse como una referencia a la Torre de Babel, cuyos constructores fueron dispersados por Dios para castigarlos por su vanidad por querer construir esta torre tan alta como el cielo (Génesis 11, 1-9). Pero no se menciona la destrucción de la torre en el relato bíblico, y en las obras que la representan, la vemos más como una construcción inacabada que como algo alcanzado por un rayo. Más bien, podemos ver en esta representación una alusión a Sodoma y Gomorra, arrasadas por el azufre y el fuego que venían del cielo para castigar la depravación de sus habitantes. Pero, más ciertamente, esta torre lleva a la destrucción de Babilonia, como se informa en Apocalipsis (23), «la madre de las prostitutas y de las abominaciones de la tierra», a menudo representada como invadida por los demonios y luego destruida. ¡Es decir, una vez más, uno de los lugares más abominables que hay! Si Dios se está quedando en alguna parte, ciertamente no está aquí, y podemos preguntarnos una vez más sobre este nombre francés de «*Maison-Dieu*» para la *Casa del diavolo*. Estamos lejos de la visión más bien tranquila y edulcorada, se podría decir, que se da en el tarot de Marsella, donde el relámpago casi parece una pluma. De hecho, cuando observamos las cartas más antiguas del tarot de Marsella, podemos ver mejor que se trata de fuego (el mismo dibujo está coloreado de amarillo). En los manuscritos medievales, la devastación de Babilonia se representaba a menudo con una torre destruida y burbujas de colores que representaban el granizo, siendo este último y el relámpago los dos símbolos preferidos para representar cualquier tipo de fuerza destructiva brutal que venga de los cielos. Y esta fuerza no sólo golpea a Babilonia o Sodoma: ¡cuidado con los tontos! Como dice Sebastian Brant en *La Nave de los locos* (1494): «Aquel que está demasiado seguro de alcanzar la salvación, de retener la suerte sin que se le escape, un día será golpeado por un rayo. El martillo de relámpago os está esperando en el techo, porque la buena fortuna está grabada con inconstancia». En cuanto al tarot, las interpretaciones permanecerán durante mucho tiempo teñidas de esto: «¡Cuidado!»

◆◆◆ *Significados adivinatorios*

1781, Court de Gébelin: n.º XVI, Maison-Dieu o el castillo de Plutón

«Por el momento, tenemos aquí una lección contra la codicia. Esta pintura representa una torre, que se llama la *Maison-Dieu*, es decir, la Casa por excelencia; es una torre llena de oro; es el castillo de Plutón: cae en ruinas y los adolescentes caen aplastados bajo sus escombros. A este propósito no podemos ignorar la historia de aquel príncipe egipcio del que habla Herodoto y al que llama Rhampsinit que, habiendo hecho construir una gran torre de piedra para guardar sus tesoros y de la que sólo él tenía la llave, se da cuenta, sin embargo, de que estos están disminuyendo a simple vista [...]. Los ladrones eran los dos hijos del arquitecto que había sido utilizado por Rhampsinit. Le roban al príncipe y luego se arrojan desde la torre hacia abajo: así es como se los representa aquí».

1783, Alliette: n.º 19, la Maison-Dieu

«Como vemos que esta casa se parece a la torre de Montgommery que acaba de ser demolida, o al pequeño *châtelet* que acaba de ser demolido, es justo no hacer de ella, como haría el ignorante, el Templo del Eterno. Así, como testificaron los egipcios, que nunca la llamaron Casa-Dios, sino Casa de los Castigos de Dios. Significa prisión, miseria».

1909, Papus: 16, la Maison-Dieu

Significado espiritual: destrucción por antagonismo. Sentido moral o alquímico: equilibrio material interrumpido. Sentido físico (que también puede ser utilizado para la adivinación): ruina. Desastre. Significado adivinatorio: ruina. Decepción o Castillo de Plutón.

1927, Oswald Wirth: XVI, la Torre

Explosión, colapso, caída, influencia de la Luna y Marte.

EN POSITIVO. Parto, crisis salutífera, dudas sobre sí mismo, miedo a desviarse de aventuras audaces. Aprovechamiento de los errores de los demás. Sentido común, moderación, timidez de buen gusto. Apego a las observancias de la piedad, materialismo religioso.

EN NEGATIVO. Enfermedad, castigo por mala conducta, desastre por imprudencia temeraria, maternidad clandestina, escándalo, hipocresía desenmascarada. Exceso, abuso, monopolización, presunción, orgullo. Compañías quiméricas, alquimia falaz.

1949, Paul Marteau: carta XVI, la Maison-Dieu

SIGNIFICADO ELEMENTAL. Las construcciones efímeras y fecundas del hombre, siempre destruidas, siempre retomadas, dolorosas porque arruinan sus ambiciones, beneficiosas porque aumentan constantemente la riqueza de sus conocimientos.

SIGNIFICADO CONCRETO. El nombre de esta carta, «la Maison-Dieu», proviene del hecho de que Dios, al estar por encima de todas las cosas, está también en el edificio que el hombre establece, pero, como Dios no interviene y el hombre está en tinieblas, sus construcciones son imperfectas y están condenadas a la destrucción.

MENTAL (inteligencia). Indicación del peligro de perseverar en un determinado camino, en una idea fija, y advertencia para evitar las consecuencias bajo pena de colisión y aniquilación.

ANÍMICA (pasiones emocionales). Dominación de seres, sin caridad ni amor, ejercitándose sobre otros seres con despotismo, y que, tarde o temprano, serán excluidos del afecto.

FÍSICO (el lado utilitario de la vida). El proyecto se detuvo abruptamente. Un giro dramático de los acontecimientos, una conmoción inesperada, una advertencia para tener cuidado en los negocios. Desde el punto de vista de la salud, es una indicación de que estás excediendo los límites de tus fuerzas vitales y que estás en riesgo de una enfermedad grave. Después de una enfermedad, recuperación de un estado doloroso.

INVERTIDA. Gran cataclismo, confusión completa.

XVII. La Estrella

Diferentes denominaciones: *la Stella, la Stelle, Lestoille,* la Estrella.

Otros rangos ocupados en el tarot: El número XVI en la lista más antigua de los triunfos y en la serie B.

Etimología y significado de la palabra «estrella»: Se trata de una palabra de finales del siglo XI que procede de la *stella* latina. Lo interesante aquí no es tanto esta etimología sin demasiada ambigüedad como el hecho de que la carta casi siempre se llama «la Estrella» en la parte superior, mientras que representa a varias de ellas, y que su figura principal es una mujer que vierte agua.

Tarot de Dodal, la Estrella, Lyon, 1701-1715, BnF.

Tarot de Oswald Wirth, las Estrellas, 1889, BnF.

◆◆◆ *A propósito de la Estrella*

Esta carta, aparentemente sencilla, puede plantear varios problemas a la hora de explicarla. ¿Cómo se llama esta Estrella y por qué está asociada con la figura femenina que vierte agua en el suelo? ¿Hay algún paralelismo con la astrología? En este campo, se ha comprobado que el signo de Acuario estaba muy a menudo representado, en la época en la que aparecieron estos tarots, por una figura femenina o masculina que vertía agua con uno o dos jarrones. Pero en astrología, Acuario está asociado con Saturno o, en algunos tratados, con Juno, esposa de Júpiter. ¿Deberíamos entonces ver en la estrella más grande mostrada en la carta al imponente planeta con anillos? Porque Saturno era entonces considerado el más importante de los planetas (recordemos que en esa época, los planetas eran representados como estrellas). Sin embargo, es poco probable que sea la Estrella designada aquí, pues en esta carta la figura principal es una la mujer desnuda que vierte agua. ¿Qué es esta figura? La encontramos en todo tipo de representaciones alegóricas de ríos o fuentes: desde la antigüedad, los ríos han sido representados por agua vertida de una jarra por un personaje representado indistintamente por un anciano, un hombre maduro, una mujer joven o una náyade. En los manuscritos abundan los ejemplos, especialmente para la representación de los cuatro ríos del paraíso terrenal. El Apocalipsis cita a ángeles que derraman el contenido de una copa en el mar, en los ríos, en los manantiales. En un manuscrito latino del Apocalipsis de finales del siglo XIII, hay una miniatura que representa al sexto ángel vaciando su copa en el seco Éufrates. Es posible que el arcano diecisiete pueda haber sido inspirado por una imagen similar. Una fuente en particular puede llamar la atención: la fuente de Castalia, que debe su nombre a una ninfa que, para escapar del acoso de Apolo, se metamorfoseó en la fuente del Parnaso. Se la representa vertiendo agua con su jarra y, curiosamente, a veces se representa con un árbol: en algunas imágenes cristianas, la fuente de Castalia representa el centro del mundo donde se alza el árbol de la vida. En cuanto a la ninfa misma, puede representar una pureza convenientemente simbolizada por esta carta: prefiere transformarse a ceder ante el acoso del dios solar. El problema es que esto no es suficiente para explicar la carta: se trata de una ninfa, no de un planeta.

¿Podemos hablar de Venus? La asociación es más probable, ya sea la estrella o la mujer: la carta puede mostrar a Venus, es decir, la estrella del Pastor, a la que a menudo se representaba como una mujer desnuda, aunque las jarras no sean los atributos habituales de la diosa del amor. En el tarot Visconti,[199] vemos a una joven vestida de azul sosteniendo una estrella de ocho puntas. Podemos ver aquí una referencia a Venus, la estrella más brillante junto con el Sol y la Luna, el planeta más conocido en la época, y que formó con ellos lo que se llamó la «gran tríada». Entre los *Siete Planetas* de Baccio Baldini (hacia 1460), está mencionada de la siguiente manera: «Venus es un signo femenino colocado en el tercer cielo, frío y húmedo y templado, y tiene estas cualidades, le encanta la ropa hermosa adornada con oro y plata, y las canciones y la alegría y los juegos y es sensual. Habla con ternura y tiene unos ojos preciosos y una cara y un cuerpo encantadores». Esto puede explicar más simplemente por qué esta carta suave y femenina se llama «la Estrella» y no «las Estrellas»…

Esta visión amable y reconfortante es la compartida por la mayoría de los autores del tarot.

◆◆◆ *Significados adivinatorios*

1781, Court de Gébelin: n.º XVII, la Canícula

«Tenemos aquí ante nosotros una pintura no menos alegórica y absolutamente egipcia. Se llama la Estrella. De hecho, vemos una Estrella brillante alrededor de la cual hay siete más pequeñas. La parte inferior del cuadro está ocupada por una mujer inclinada sobre sus rodillas que sostiene dos jarros invertidos de los que fluyen dos ríos [...], esto es puramente egipcio. Esta estrella por excelencia es la Canícula o Sirio [...], las siete estrellas que la rodean y que parecen estar cortejándola son los planetas: en cierto modo es su reina. [...] La señora que está abajo y muy atenta en este momento a esparcir el agua de sus jarros es la soberana Isis, a cuya caridad se atribuyen las inundaciones del Nilo que se inician con la subida de la Canícula. [...] Finalmente, la flor y la mariposa que ella sostiene eran el emblema de la regeneración y resurrección».

1783, Alliette: n.º 4, la Estrella

«La Estrella significa *despojamiento*».

---

199. *Véanse* las ilustraciones en la sección «Astrología y tarot» (capítulo IV).

1909, Papus: 17, la Estrella

Significado espiritual: las fuerzas divinas naturales. Significado moral o alquímico: naturaleza. Significado físico (que también se puede utilizar para la adivinación): la fertilidad. Significado adivinatorio: esperanza.

1927, Oswald Wirth: XVII, las Estrellas

Idealismo práctico, esperanza, belleza, influencia de Venus y del Sol.

EN POSITIVO. Candidez, abandono a influencias sanas, naturismo, confianza en el destino, desarrollo estético, sensibilidad poética, presentimientos. Amabilidad, compasión.

EN NEGATIVO. Desenfreno, impureza, ligereza en el comportamiento. Falta de espontaneidad, restricción artificial antihigiénica. Ensoñación, romanticismo, espíritu desviado de la vida práctica.

1949, Paul Marteau: carta XVII, la Estrella

SIGNIFICADO ELEMENTAL. La luz celestial que hace que el hombre vislumbre un amanecer de paz, esperanza y belleza, para sostenerlo en su trabajo, confortándolo en sus fracasos y guiándolo a través de sus vicisitudes sin fallarle jamás, hacia la participación de las armonías cósmicas.

SIGNIFICADO CONCRETO. Representación de la fuerza iluminadora y redentora simbolizada por las estrellas, que aportan claridad desde el infinito.

MENTAL (inteligencia). Una ayuda que proporciona una fuerza para usar, pero no directa, porque hay que saber cómo usarla. Es la inspiración de lo que debemos hacer.

ANÍMICO (pasiones emocionales). Da equilibrio y corrientes de irradiación.

FÍSICO (el lado utilitario de la vida). La satisfacción, el amor de la humanidad en su belleza, el destino de los sentimientos que animan el ser. Lograr las cosas en orden y armonía.

INVERTIDA. Armonía rota en su destino, armonía física sin duración.

XVIII. La Luna

Diferentes denominaciones: *la Lune*, la Luna.

Otros rangos ocupados en el tarot: Número XVII en la lista más antigua de los triunfos y del orden B.

Etimología y significado de la palabra «luna»: Aparece en la lengua francesa en el siglo XI, procede del latín *luna*.

Tarot de Pierre Isnard, la Luna, 1743, BnF.

Tarot de Grimaud, la Luna París, 1891, BnF.

❖❖❖ *A propósito de la Luna*

Aunque a veces es difícil identificar lo que vemos en algunas cartas (como en la anterior), aquí la representación del astro de la noche es inequívoca. Y el conjunto que lo rodea, los cangrejos de río, el estanque, las torres o los perros, puede parecer curioso, pero paradójicamente podría ser un poco más fácil de explicar que la ilustración de la Estrella. La asociación con el cangrejo es obvia: el signo de Cáncer fue durante mucho tiempo representado de esta manera (tanto como por el cangrejo de río), y en la astrología, la asociación de la Luna y Cáncer es tradicional, probablemente porque la estrella de las noches que crece y disminuye se asoció con estos animales marinos que caminan hacia adelante o hacia atrás. Este conjunto se encuentra en las representaciones alegóricas de la inconstancia: figuras femeninas que contienen una luna y un cangrejo de río. La Luna abarca todas aquellas cosas en las que no se puede confiar. En los tratados de astrología, encontramos entre los Hijos de la Luna a nuestro Mago, que engaña al mundo con sus trucos de ilusionista. Está rodeado de personajes de condición modesta que luchan contra las tormentas del mar. La Luna influye en las mareas, y en gran medida en la vida de los seres humanos, los animales y las plantas, en los ritmos naturales, en la transformación de los elementos, en el paso del tiempo, en la memoria, en las ilusiones, en los sueños, en la inconstancia y en la brujería. También se dice que influye en el estado mental del hombre: «lunático» significaba originariamente «loco». Entre los griegos y los romanos, la relación entre las fases aparentes de la luna y ciertas enfermedades era un dogma médico muy difundido. En el Nuevo Testamento, los epilépticos son normalmente llamados «lunáticos» (ver Mateo 4, 24 y 17, 15). Se hablaba tanto de «quemadura de luna» como de las quemaduras solares. En el salmo 121 se dice a propósito del hombre bendecido por Dios: «De día el sol no te quemará, ni de noche la luna». Esta última tiene tal influencia porque, según la teoría de las esferas de Aristóteles que retomó Ptolomeo, es la estrella mediana entre la Tierra y los cielos. En efecto, según esta teoría, en el centro del universo está la Tierra, luego la Luna, el Sol, Venus, Marte, Júpiter y Saturno, y finalmente la esfera de estrellas fijas. El mundo lunar sigue estando compuesto por los cuatro elementos: agua, aire, tierra y fuego; es imperfecto y corruptible. Por otro lado, más allá de la Luna, el mundo del éter es el reino de la perfección. Los perros también han sido asociados con la Luna desde tiempos antiguos: en la mitología griega, Hécate, diosa de la Luna, la Oscuridad y la Noche, podía tomar la forma de un perro o una yegua. En la antigua Grecia, el perro se asociaba principalmente con Artemisa, la divina cazadora lunar. Eurípides escribe: «Te convertirás en el magnífico perro de Hécate, la portadora de la luz». Podemos señalar de paso esta confusión entre Hécate y Artemisa que es bastante común. Muchas mitologías han asociado al perro con el inframundo, el reino inferior. Tradicionalmente está apegado a la tierra, al agua y a la luna; es una psicopompa (Anubis, Cerbero...), guía del hombre en la noche de la muerte después de haber sido su compañero en el día de la vida. Por lo tanto, las dos torres también pueden considerarse desde este ángulo: puertas monumentales que nos recuerdan que la Luna, Artemis-Hécate, es a la vez una puerta al cielo y una puerta al inframundo.

La influencia lunar se hará sentir en los autores del tarot. Asocian muchos de estos aspectos tradicionales bastante negativos con esta carta...

❖❖❖ *Significados adivinatorios*

1781, Court de Gébelin: n.º XVIII, la Luna

«La Luna que camina después del Sol también va acompañada de lágrimas doradas y perlas, para señalar asimismo que contribuye a los beneficios de la tierra [...]. Son las lágrimas de Isis las que hinchan las aguas del Nilo cada año, haciendo fértiles las tierras de Egipto. En la parte inferior de esta carta vemos un cangrejo de río o un Cáncer para marcar la marcha retrógrada de la Luna o para indicar que es en el momento en que el Sol y la Luna dejan el signo de Cáncer cuando llega la inundación. [...] El centro del dibujo está ocupado por dos torres, una en cada extremo para designar las dos famosas columnas de Hércules, por debajo y más allá de las cuales estas dos grandes luminarias nunca pasaron. Entre las dos columnas hay dos perros que parecen ladrar contra la Luna y guardarla: una idea perfectamente egipcia. Este pueblo único para las alegorías comparó los trópicos con dos palacios custodiados cada uno por un perro».

1783, Alliette: n.º 3, la Luna

«La Luna significa a golpe de lengua» (en el sentido de «palabras malvadas»).

1909, Papus: 18, la Luna

Significado espiritual: distribución jerárquica (luz). Significado moral o alquímico: fuerzas ocultas. Significado físico (que también se puede utilizar para adivinar): enemigos ocultos. Significado adivinatorio: enemigos ocultos. Peligro.

1927, Oswald Wirth: XVIII, la Luna

La imaginación, las apariencias, las ilusiones, la influencia activa de la Luna.

EN POSITIVO. Objetividad, mundo sensible, experimentación, trabajo, conquista dolorosa de lo real. Instrucción a través del dolor, la tarea impuesta, el trabajo tedioso pero necesario. Clarividencia pasiva, lucidez. Navegación.

EN NEGATIVO. Malentendidos, suposiciones falsas, trampas, decepciones, teorías engañosas, conocimiento fantástico, visionarismo, adulación, amenazas, chantaje, extravío, viajes, caprichos, fanatismo.

1949, Paul Marteau: carta XVIII, la Luna

SIGNIFICADO ELEMENTAL. La Luna representa los sueños quiméricos del hombre, nacidos en la oscuridad, bajo la influencia de las fermentaciones de su alma, bajo el impulso inquietante de los deseos pantanosos, pero liberándolo de sus tormentos personales tan pronto como sintió su inanidad.

SIGNIFICADO CONCRETO. La quimera, porque la Luna refleja la luz del Sol y no ilumina por sí misma, proporciona una ilusión, un espejismo. No proporciona una realidad, sino que manifiesta una vida prestada. No tiene vida propia y revela una inexistencia.

MENTAL (inteligencia). En caso de conversaciones, mentiras. En caso de trabajo personal, error. Espejismo en todos los planos.

ANÍMICO (pasiones emocionales). Sentimientos preocupantes y apasionados, sin más resultado que el desorden. Celos, hipocondría, ideas quiméricas.

FÍSICO (el lado utilitario de la vida). Oscuridad total. Estado de conciencia poco claro y activo. Escándalo, difamación, denuncia, secreto que se revela. Si el tema es de interés para la salud, hay un desorden en el sistema linfático, es necesario cambiar el ambiente antihigiénico y secarse al sol.

INVERTIDA. El instinto, causa del espejismo, acentúa sus efectos por la situación, encima, de la charca. Un estado de conciencia borrosa que permanece latente, pero que no actúa.

XVIIII. El Sol

Distintas denominaciones: *Il Sole,* el Sol.

Otros rangos ocupados en el tarot: Número XVIII en la lista más antigua de triunfos y en el orden B.

Etimología y significado de la palabra «sol»: apareció a finales del siglo x, del latín *sol, solis* que se refiere tanto al sol como a la luz del día, a la vida pública y a un gran hombre.

Tarot de Bernard Schaer, el Sol, 1784, BnF.

Tarot de Suzanne Bernardin, el Sol, Marsella, 1839, BnF..

❖❖❖ A propósito del Sol

Podemos notar inmediatamente que esta carta ha dejado perplejos a muchos autores porque, al igual que la Estrella, es de una falsa simplicidad. Un sol, una pared, dos niños o dos jóvenes: simple, pero ¿por qué estas asociaciones? Tradicionalmente, en astrología, el Sol gobierna el signo de Leo.

Pero hemos visto que algunos tratados astrológicos han establecido otras asociaciones. *Astronomiques*, un texto de astrología antigua redescubierto por los humanistas en 1417, asocia a Apolo y «los amables Géminis». Porque, al igual que con la Luna, no puede haber duda sobre el signo zodiacal aquí representado. Por otro lado, parece que el Sol, los gemelos y la muralla son una representación que sólo se encuentra en el tarot de Marsella. En las cartas más antiguas del tarot, el Sol está representado con alegorías más diversas. Así, en el tarot de Visconti vemos a un niño alado desnudo de pie sobre una nube que sostiene el sol debajo del brazo: la visión medieval del cosmos establecía una relación muy estrecha entre el círculo de ángeles y las esferas planetarias. Santo Tomás de Aquino, por ejemplo, dice que los ángeles de la segunda jerarquía, es decir, las Virtudes, mueven los cielos y las estrellas por la voluntad de Dios. En el tarot de Carlos VI, una extraña hilandera extiende su hilo bajo el sol: ¿una alusión al hilo de la vida? Porque el sol se asocia tradicionalmente con la vida, como la luna con la muerte. Se necesitaría, pues, un libro entero para enumerar todos los símbolos y representaciones relacionados con la estrella de los días, el motor principal de la vida en la tierra. Cuando consideramos a los hijos de los planetas en los tratados astrológicos que hemos mencionado, vemos al Emperador que, con los otros Hijos del Sol, juega juegos de habilidad, toca música, conversa con otros hombres de poder. El Sol es el astro ligado al poder.

Dejemos aquí la lista de significados: el símbolo masculino, el padre, la divinidad que vivifica... Podemos ver que el Sol y la Luna no son elementos astronómicos, sino símbolos por derecho propio: el padre, la madre, el cielo, la tierra. También pueden representar estados después de la muerte: el infierno para la Luna, luego el paraíso para el Sol. Plutarco dijo que la Luna era la morada de los hombres después de su muerte. Entonces, como ya hemos visto, después de permanecer en el éter de la Luna, las almas morían por segunda vez. El espíritu se separaba del alma y renacía para ascender hasta el Sol con el fin de reunirse allí con la divinidad. Esta idea de representar los estados después de la muerte es tanto más interesante en este tipo de esquema ascensional cuanto que podríamos suponer que fue propuesto por todos los triunfos del tarot: después de la Muerte y el Infierno, que pudimos ver representados por los arcanos XII, XIII, XV y XVI, el hombre sube al cielo. Esto es lo que hizo Dante en la *Divina Comedia* (1472): después de haber visitado el infierno, Dante y Virgilio volvieron a ver las estrellas afuera, luego continuaron su ascensión al purgatorio, y luego al paraíso.

Los autores del tarot también reproducen aquí las representaciones tradicionales: después de la oscura Luna, esta carta, para ellos, es por supuesto positiva. Además, las representaciones de las pequeñas «gotas» de colores que se encuentran en la mayoría de las cartas del tarot (al derecho o al revés, según los juegos) pueden representar el maná celestial: es de esta forma como se representa en las viejas imágenes esta sustancia que Dios dejó caer del cielo para alimentar a los hijos de Israel en el desierto. En términos más generales, estas «gotas» también se refieren a todo lo que proviene del cielo para aportar algo al mundo.

❖❖❖ Significados adivinatorios

1781, Court de Gébelin: n.º XIX, el Sol

«El Sol está representado aquí como el Padre físico de los humanos y de toda la naturaleza: ilumina a los hombres en la sociedad, preside sus ciudades: de sus rayos destila lágrimas de oro y de perlas: así designaban las influencias felices de esta estrella».

1781, Conde de Mellet

«El Sol, respondiendo al *Guimel*, significa en este sentido retribución, felicidad».

1783, Alliette: n.º 2, el Sol

«El Sol: este jeroglífico significa *aclaración*».

1909, Papus: 19, el Sol

Significado espiritual: luz verdadera. Significado moral o alquímico: oro filosófico. Significado físico (que también puede ser utilizado para la adivinación): verdad fértil. Significado adivinatorio: felicidad material. Matrimonio fértil.

1927, Oswald Wirth: XIX, el Sol

La luz, la razón, la concordia, la influencia solar.

EN POSITIVO. Discernimiento claro, claridad de juicio y expresión, talento literario o artístico. Pacificación, armonía, buena comprensión, felicidad conyugal. La hermandad, el reino de la inteligencia y los buenos sentimientos. Reputación, gloria, celebridad.

EN NEGATIVO. Deslumbramiento, vanidad, pose, teatralidad, amor propio, susceptibilidad. Artista incomprendido. Miseria escondida bajo un exterior brillante, farol, pompa falaz, fachada simulada, con decoraciones prestigiosas.

1949, Paul Marteau: carta XVIIII, el Sol

SIGNIFICADO ELEMENTAL. La luz siempre presente en el hombre, manifestada en la actividad del día, velada en las meditaciones nocturnas, que le permite elevar en claridad y armonía sus edificios materiales, emocionales o espirituales.

SIGNIFICADO CONCRETO. Radiación, porque el sol que brilla en el mundo da vitalidad y armonía.

MENTAL (inteligencia). Pensamientos superiores. Sabiduría en los escritos, difusión armoniosa sobre la masa, resplandor del pensamiento con gran alcance.

ANÍMICO (pasiones emocionales). Afecto caballeroso, devoción desinteresada. Esta carta sólo se aplica a los grandes sentimientos.

FÍSICO (el lado utilitario de la vida). Salud, belleza física. Elemento de triunfo y éxito en cualquier situación que uno se encuentre.

INVERTIDA. Gran adversidad, destino opuesto, ensayo y error en la oscuridad.

XX. El Juicio

Diferentes denominaciones: *L'Angelo, lo Angelo, Angelo, Leiugement,* el Juicio.

Otros rangos ocupados en el tarot: Número XVIIII en la lista más antigua de triunfos y en el orden B, número XXI en el orden A.

Etimología y significado de la palabra «juicio»: Del latín *judicare* que significa «juzgar, condenar».

Tarot de Bernard Schaer,
el Juicio, 1784, BnF.

Tarot de Viéville,
el Juicio, París, hacia 1650, BnF.

❖❖❖ *A propósito del Juicio*

Nuestros amigos Court de Gébelin y Alliette bien pueden negar esta evidencia, y algunos ocultistas posteriores pueden hablar de la resurrección de Osiris, ¡estamos ciertamente delante del juicio final bíblico cuyas representaciones abundan desde la Edad Media! Cualquiera que sea el tarot en cuestión, esta iconografía no varía, siempre vemos lo mismo: en el cielo, un ángel toca una trompeta, y en la tierra, los muertos se levantan de sus tumbas. Esta imagen está claramente inspirada en las muchas representaciones del juicio final, las más antiguas de las cuales datan aproximadamente del año 1000, y alcanzan su perfección en los tímpanos de las catedrales. Se dice que se ha registrado un ejemplo más antiguo: un bajorrelieve de marfil de Tours del año 800. Por otro lado, Cristo fue omitido en las cartas del tarot, y los dos ángeles a menudo representados a su izquierda y derecha fueron reemplazados por un solo ángel central (aunque todavía quedan dos a la izquierda en algunas cartas). En todas las imágenes, los muertos salen desnudos de sus tumbas. Esta figuración proviene de los escritos de los Padres de la Iglesia. Así, Inocencio III escribe en su aterrador librito sobre el desprecio del mundo: «El hombre sale desnudo del vientre de su madre y entra desnudo en la tierra». El libro de Job ya hablaba de ello: «Salí del vientre de mi madre desnudo y me iré desnudo».

De hecho, esta iconografía del ángel tocando la trompeta y el muerto resucitando mezcla varios textos bíblicos. Hay una obvia alusión al Apocalipsis de san Juan, pero a dos pasajes diferentes colocados en la misma imagen. Por un lado, los siete ángeles tocarán las siete trompetas para hacer llover las siete plagas del Apocalipsis sobre la tierra y así castigar a los pecadores: «Y los siete ángeles que tenían las siete trompetas se prepararon para tocarlas. El primero tocó la trompeta. Hubo granizo y fuego mezclado con sangre que fue echada sobre la tierra; y la tercera parte de la tierra fue quemada» (Apocalipsis 8, 7-8). Uno puede preguntarse de paso si este tipo de pasaje bíblico no ha influido también en la iconografía de la Torre. Y, por otro lado, los muertos resucitan de sus tumbas ante Cristo en majestad, pero sólo en el capítulo 20 del Apocalipsis (20, 12-15): «Y vi a los muertos, grandes y pequeños, de pie delante del trono. Se abrieron libros. Y se abrió otro libro, el que es el libro de la vida. Y los muertos fueron juzgados según sus obras, según lo que estaba escrito en esos libros. El mar devolvió a los muertos que estaban en él, la muerte y el infierno devolvieron a los muertos que estaban en ellos, y todos fueron juzgados de acuerdo a sus obras. El que no fue hallado en el libro de la vida fue arrojado al lago de fuego». En efecto, esta escena es el tema de la carta del tarot: podemos observar que se llama «Juicio», y no «Resurrección»: «Cada uno fue juzgado según sus obras».

❖❖❖ *Significados adivinatorios*

1781, Court de Gébelin: n.º XX, imagen mal llamada Juicio Final

«Este cuadro representa a un ángel que hace sonar la trompeta: vemos inmediatamente a un anciano, una mujer y un niño desnudos saliendo de la tierra. Los maestros naiperos que han perdido el valor de estas pinturas y más aún de todo su conjunto, han visto aquí el juicio final; y para hacerlo más evidente le han puesto como una especie de tumba. Quitando estas tumbas, esta pintura también sirve para indicar la Creación, que llegó a los templos, al principio de los templos, como se indica en el número XXI».

1783, Alliette: n.º 16, el Juicio

«C, B, A: El Juicio en C dice que no juzgas por nada. B, C, A: lo que juzgas de B es verdad, lo que juzgas de A es falso. Significa Juicio».

1909, Papus: 20, el Juicio

Significado espiritual: protección por las Fuerzas Divinas. Significado moral o alquímico: renacimiento moral. Significado físico (que también puede ser usado para adivinación): cambio de situación. Significado adivinatorio: cambio de posición.

1927, Oswald Wirth: XX, el Juicio

Inspiración, aliento redentor, influencia Luna-Mercurio.

EN POSITIVO. Entusiasmo, exaltación animista, espiritualidad. Profetismo, santidad, teúrgia, medicina milagrosa. Resurrección del pasado, renovación, nacimiento. Propaganda, apostolado.

EN NEGATIVO. Intoxicación espiritual, intoxicación mental, iluminismo. Energúmeno provocando el levantamiento de las multitudes, evocador de fantasmas, reclamaciones, ruido, perturbación, agitación de la que sólo resulta el viento.

1949, Paul Marteau: carta XX, el Juicio

SIGNIFICADO ELEMENTAL. El hombre, despertado de su sueño en la materia por su parte divina, que le obliga a examinar su alma en su desnudez, y a juzgarla.

SIGNIFICADO CONCRETO. El término «juicio» no le ha sido dado en el sentido de la justicia, sino en el sentido de comparar y evaluar al ser humano por su propia mente.

MENTAL (inteligencia). La llamada al hombre a un estado superior, sus tendencias y deseos de elevación.

ANÍMICO (pasiones emocionales). No hay radiación psíquica.

FÍSICO (el lado utilitario de la vida). Buena carta. Trabajo de biblioteca, compilación, archivo. Estabilidad en un buen o mal negocio. Salud y equilibrio.

INVERTIDA. Error en uno mismo y en todo, pruebas que resultan de un juicio erróneo.

XXI. El Mundo

Diferentes denominaciones: *Il Mondo, Lemonde, Le Monde,* el Mundo.

Otros rangos ocupados en el tarot: Número XXI en la lista más antigua de triunfos y número XX en el orden A.

Etimología y significado de la palabra «mundo»: Palabra que apareció en el siglo XII, proveniente del latín *mundus*. Si *Mundus* originalmente se refería al globo, el significado ha evolucionado desde entonces. Aquí «mundo» no se refiere al planeta Tierra, sino al universo como un sistema organizado.

Tarot llamado de Carlos VI, el Mundo, norte de Italia, siglo XV, BnF.

Tarot de Nicolas Conver, el Mundo, Marsella, 1809-1833, BnF.

♦♦♦ A propósito del Mundo

Esta carta no representa nuestro planeta, como podría haber representado las otras estrellas que acabamos de ver, Venus, la Luna, el Sol. Contiene todos los atributos para designar todo el universo, e incluso a la divinidad. De hecho, esta carta, aparentemente simple, es una mezcla de dos cosas. En primer lugar, podemos apreciar claramente los atributos de la divinidad tal como aparecen en los cristos en majestad desde los albores de la Edad Media: Jesús triunfa sentado en esta forma ovalada, la mandorla, cuyo nombre proviene de la mandorla italiana que significa «almendra». Ésta se encuentra en todas partes en la Edad Media, rodeando a Cristo, pero también en mil imágenes de santos y de la Virgen, incluso reservada para ellos. Puede haber venido de la India, donde también se encuentran imágenes que rodean a deidades hindúes; más tarde habría emigrado hacia Occidente. En tiempos helenísticos, las imágenes de Mitra representadas como un joven desnudo se pueden encontrar en una guirnalda ovalada que representa los doce signos del Zodíaco, rodeada a veces por los cuatro vientos (encontrados en algunos tarots en lugar de las cuatro figuras, como en el tarot anónimo parisino). Bajo el Imperio romano, el culto a Mitra estaba bastante extendido. Como otros cultos orientales, estaba en contacto con el cristianismo primitivo: su imagen fue así reutilizada para representar a Cristo. Está rodeado de cuatro figuras: el ángel o el hombre, el águila, el león y el buey. Están normalmente asociados con los cuatro evangelistas, pero ya aparecen en la Biblia en Ezequiel (1, 10-28) y están asociados, en la visión del profeta, con la manifestación misma de la divinidad: «En cuanto a la figura de sus rostros, todos tenían un rostro humano, los cuatro tenían un rostro de león a la derecha, los cuatro tenían un rostro de toro a la izquierda, y los cuatro tenían un rostro de águila». Las cuatro caras rodean el trono de Dios.

Entonces, ¿qué hace aquí esta figura femenina en medio de los atributos más elevados de la divinidad, normalmente reservados sólo para las representaciones de Dios? Casi se podría ver como una blasfemia. ¿Ella es lo que llamamos «el Mundo»? En los manuscritos medievales antiguos hay imágenes de un globo terráqueo que contiene todas las esferas (es decir, el mundo, en el sentido del universo), superado por Cristo en la mandorla. Además, así es como las cartas del tarot italiano representaban el mundo: como una esfera. O bien es llevada por ángeles, como en el tarot de Visconti, o está coronada por una figura femenina alegórica. Ésta última podría, por tanto, representar al mundo. En la carta del tarot, por lo tanto, habría reemplazado a Cristo en la mandorla. Se han fusionado dos símbolos que normalmente están separados: el mundo (la esfera, la mujer) y su creador (la mandorla, las cuatro figuras). De hecho, mirando con un poco de detenimiento y con más simplicidad, podemos ver que, en el Renacimiento, se dejaron de temer ciertas blasfemias. En las representaciones alegóricas, vemos colocar cada vez más en la mandorla todo tipo de figuras que queremos ver celebradas, alabadas, por decirlo de algún modo. Por ejemplo, hay «Triunfos de Venus» representados de esta manera, con una Venus en una mandorla ante la cual se arrodillan los amantes extasiados. Pero aquí, es probablemente más una alegoría de la gloria, que reemplazará gradualmente al Cristo triunfante.[200] Los antiguos diccionarios iconológicos describían así cómo representar el triunfo absoluto sobre todo: por medio de una figura femenina alegórica con corona o cetro, y colocada como Cristo sobre el globo del mundo. De hecho, la mujer en la mandorla o en el globo del tarot de Carlos VI no es el mundo: reemplazó a Dios para representar la gloria. El mundo es suyo. Esto es probablemente lo que se obtiene después de ganar el juego de los triunfos...

♦♦♦ Significados adivinatorios

1781, Court de Gébelin: n.º XXI, pintura mal llamada el Mundo

«Esta imagen que los maestros naiperos llamaban el Mundo, porque la consideraban como el origen de todo, representa al tiempo. En el centro está la diosa del tiempo con su velo, que la rodea y sirve como cinturón o Peplum, como lo llamaban los antiguos. Ella está en la actitud de correr como el tiempo y en un círculo que representa las revoluciones del tiempo, así como el huevo del que todo salió en el tiempo. En las cuatro esquinas de la carta están los emblemas de las cuatro estaciones […].

---

200. Además, ya no se la representará así en las iglesias de los períodos Clásico y Barroco.

El águila representa a la primavera, cuando los pájaros regresan. El león, el verano o el calor del sol. El buey, el otoño, cuando se ara y se siembra. El joven, el invierno, cuando nos reunimos en sociedad».

1783, Alliette: n.º 5, el Mundo

«El mundo significa viajes».

1909, Papus: 21 o 22, el Mundo

Significado espiritual: lo absoluto. Significado moral o alquímico: realización de la Gran Obra. Significado físico (que también puede ser utilizado para la adivinación): cierto triunfo. Significado adivinatorio: éxito garantizado.

1927, Oswald Wirth: XXI, el Mundo

Finalización, recompensa, apoteosis, influencia Júpiter-Sol.

EN POSITIVO. Gran fortuna, éxito total, coronación de la obra, finalización. Intervención decisiva. Circunstancias muy favorables, entorno favorable. Integridad absoluta. Absorción contemplativa. Éxtasis.

EN NEGATIVO. Un obstáculo formidable, un ambiente hostil, todo contra uno mismo. Mundanidad, dispersión, distracción, falta de aplicación y concentración. Gran revés, ruina, desprestigio social.

1949, Paul Marteau: carta XXI, el Mundo

SIGNIFICADO ELEMENTAL. Representa al hombre que se ha equilibrado sobre la base de principios cósmicos: sabiduría y espiritualidad, el poder generador y el poder director, y que ejerce su poder sobre la naturaleza en la armonía con las leyes universales.

SIGNIFICADO CONCRETO. Al estar en la cima de los arcanos mayores, concreta armoniosamente los esfuerzos de la evolución indicada por las cartas anteriores.

MENTAL (inteligencia). Gran poder en este sentido. Tendencia hacia la perfección. Control mental y psicológico.

ANÍMICO (pasiones emocionales). Conserva su poder en este plano y significa elevación del espíritu, un sentimiento de amor altruista, es decir, ni egoísta ni sensual (el ser representado en la carta es andrógino). Amor a la humanidad. Tendencia hacia la perfección. Inspiración entre los artistas.

FÍSICO (el lado utilitario de la vida). En este plano, al cual no está adaptado, pierde la mayor parte de su poder. Riqueza de logros. Un negocio sólido y radiante. Éxito y eventos sociales. Buena salud.

INVERTIDA. Trampas, congestión, fracaso. Negación de un triunfo, de sentimientos. Sacrificio de amor.

Conclusión

Tarot llamado de Carlos VI, la Luna, norte de Italia, siglo XV, BnF (detalle).

Dejo aquí el bello y antiguo estilo de «nosotros» para concluir con un pensamiento más personal. Algunos de vosotros, mientras leíais este libro, podéis haberos preguntado acerca de mi enfoque; no he dejado de revelar mi incredulidad acerca de muchas cuestiones acerca del tarot. Sin embargo, he estado practicando el tarot desde el año 2009. En otras palabras, no escribí este libro de historia como una racionalista que intenta eviscerar lo «irracional» a toda costa. Cuando adquirí mi primer tarot, me hice dos preguntas al mismo tiempo: cómo usarlo, y también de dónde vino, cómo se hizo. Reflexiones de una apasionada aficionada a la historia, por supuesto. Y me puse a buscar las respuestas sin ninguna teoría desarrollada a priori: es lo propio de la disciplina de la investigación histórica, y me parece que es una base muy sana para iniciar una reflexión. Primero se plantea el tema. Aquí, mi tema era: ¿de dónde vienen estas cartas y tienen algún significado? Más adelante, no se busca más que la mayor cantidad de información fiable posible sobre este tema. Luego, con esta información, se desarrollan las teorías, y no al revés. Ésta es la mejor manera de abrir el campo de posibilidades, en lugar de reducirlo a un estrecho hilo en el que intentamos aferrarnos a toda costa para ir hacia nuestra idea inicial. Ésta fue una de las pocas certezas que sustentaron toda la escritura de este libro. Así que no partí de la idea inicial de que tenía en mis manos un juego diseñado por sabios. Partí con la pregunta: ¿qué es este juego que tengo en mis manos? Estuve de acuerdo en arriesgarme a no encontrar ninguna respuesta: eso no era lo importante.

Empecé con los libros, por supuesto. He descubierto obras de historiadores que sabían mucho más sobre las cartas del tarot que muchos lectores de tarot, pero que, en su mayor parte, tenían cierto desprecio por el tarot adivinatorio. Además, encontré en muchos libros sobre el tema demasiadas ideas preconcebidas: «El tarot fue enseñado por los maestros a sus discípulos», «Es un sistema perfecto que viene de los albores de los tiempos»... Encontré, sin embargo, que estos dos enfoques no eran en absoluto incompatibles. Por poner un ejemplo muy famoso, es concebible que el hombre «descienda del mono» y que al mismo tiempo haya sido creado por Dios. Creo que revelar algunos de los arcanos de la historia del tarot no le quita nada a su misterio.

Algunos de vosotros os habréis sorprendido al ver que los arcanos no siempre han tenido el mismo número, o que no hay un tarot de Marsella sino docenas y docenas de juegos; o que el «tarot de Marsella» es un concepto reciente y que fue desarrollado principalmente por Paul Marteau no antes de 1930. En cualquier caso, eso es lo que los historiadores han encontrado, y estoy de acuerdo con ellos. Porque quería ver las cartas antiguas, siempre con el deseo de saber más: si existe un tarot arquetípico de Marsella en el que subyace todo el sistema, ¿cuál es? ¿Dónde está? No he podido encontrar ninguno. O, mejor dicho, encontré cientos de ellos. Y me encantó contemplar estas multitudes de imágenes diferentes, Ermitaños en azul o negro, Emperadores de frente o de costado, Templanzas con pelo azul o amarillo, Colgados de un pie o de los dos...

Estos descubrimientos me fascinaron. Para mí, enriquecen más la práctica de las cartas del tarot de lo que la empobrecen. Con ellos, supongo que nadie ha creado un primitivo tarot de Marsella, que el juego no se basa en ningún esquema básico que haya existido en algún momento en una época original. Incluso me cuesta concebir esta idea después de haber descubierto, además de esta multitud de juegos, los escritos de los primeros ocultistas. Nos preguntamos hasta qué punto fueron iniciados en algo. Sin embargo, todo viene de ellos. Me digo a mí misma que ningún maestro ha enseñado ningún saber primordial relacionado con este extraño y emocionante juego, y que esto no me impide utilizarlo y amar lo que contiene.

¿Es necesario pasar por una «iniciación» para acceder a una verdad? Ésta fue la idea principal de los primeros autores que escribieron sobre las cartas del tarot. Los siglos XVIII y XIX tuvieron una verdadera pasión por las sociedades secretas. Pero hoy en día, experimentamos cada vez más la búsqueda del conocimiento primordial en lo profundo de nosotros mismos a través de la meditación, a través de la creación y a través de muchas otras cosas. Toda persona que practica el tarot sabe que puede tener experiencias interesantes sin tener que pasar necesariamente por un ocultismo avanzado o por una iniciación elaborada. Admiramos el conocimiento ancestral en una estatua de Buda esculpida por un artesano tailandés, ante una pintura aborigen dibujada por un bosquimano australiano, nos dejamos transportar por su simplicidad, por su profundidad. ¿Por qué, entonces, negar a nuestros antepasados la misma habilidad de diseñar cosas hermosas e interesantes por sí mismos, inspirados por lo que los rodeaba? ¿No podría un modesto artesano, o el sirviente de un príncipe italiano en su gabinete, haber creado estos juegos de cartas tan ricos que nunca dejan de estimular nuestra curiosidad y nuestra sed de más claridad?

Empezar a trabajar en la historia del tarot ha hecho desaparecer algunas de mis ideas preconcebidas sobre el juego, pero prefiero el descubrimiento asociado a la desilusión a lo contrario. Para mí, esto no les resta poder a los símbolos que transmiten estas cartas.

Contemplo esta Rueda de la Fortuna que nuestros antepasados crearon para meditar sobre la impermanencia de las cosas. Me parece que con esto basta para que me penetren su belleza y su profundidad. No sé nada de ella, la amo y la observo.

Petrarca, Des remèdes de fortune
(manuscrito francés), Rouen, 1503, BnF.

Para saber más...

Tarot llamado de Carlos VI, el Ermitaño, norte de Italia, siglo XV, BnF (detalle).

Apéndice A:
El tarot de Etteilla según su libro (1783)

He aquí los significados que hay que escribir en las cartas según las instrucciones de Etteilla: el número que hay que poner; luego el nombre correspondiente; seguido del significado que se escribirá en la parte superior y el que se escribirá en la parte inferior del reverso. He añadido en cursiva el nombre de la carta en el tarot de Marsella cuando es diferente de la que da Etteilla. En lo que se refiere a las primeras veintiuna cartas, su libro no menciona ningún significado adivinatorio para las cartas invertidas.

En Gallica hay una reproducción excepcional del tarot de Etteilla que data de 1788, en forma de planchas grabadas con el título de libro de Toth: http://gallica.bnf.fr/ark:/12148/btv1b10545802x

N.º 1: El Papa. Caos. Se refiere al consultante.

N.º 2: El Sol. Significa clarificación.

N.º 3: La Luna. Significa críticas.

N.º 4: La Estrella. Significa despojarse.

N.º 5: El Mundo. Significa viajes.

N.º 6: La Emperatriz. Significa que algo malo es bueno.

N.º 7: El Emperador. Significa apoyo.

N.º 8: El Papa. Se refiere al consultante.

N.º 9: La Justicia. Significa equidad.

N.º 10: La templanza. Significa que tienes que templarte.

N.º 11: La Fuerza. Significa fuerza.

N.º 12: El ahorcado. Prudencia. Significa precaución.

N.º 13: El Amante. La Boda. Significa matrimonio.

N.º 14: El Diablo. Significa fuerza mayor.

N.º 15: El Constructor de Barcos. Significa enfermedades.

N.º 16: El Juicio. Significa juicio.

N.º 17: La Muerte. Significa muerte, un proyecto o un juicio.

N.º 18: El Ermitaño. Significa hipócrita, traidor.

N.º 19: La Torre. Significa prisión, miseria.

N.º 20: La Rueda de la Fortuna. Significa que los medios y la fortuna aumentan.

N.º 21: El Carro. Significa ruido, discusión, disensión.

N.º 22: El rey de bastos. Significa un hombre. El 9 de bastos: hombre bueno pero severo.

N.º 23: La dama de bastos. Significa una mujer. Invertida: mujer ahorrativa y virtuosa.

N.º 24: El caballo de bastos. Significa salida. El 9 de bastos: desunión.

N.º 25: La sota de bastos. Significa buen extraño. El 9 de bastos: noticias falsas.

N.º 26: El 10 de bastos. Significa traición. Invertida: obstáculos.

N.º 27: El 9 de bastos. Significa retraso. Invertida: traviesas.

N.º 28: El 10 de bastos. Significa parte de una campaña. Invertida: disputas internas.

N.º 29: El 11 de bastos. Significa cacareo. El 9 de bastos: indecisión.

N.º 30: El 12 de bastos. Significa criado. El 9 de bastos: esperando.

N.º 31: El 13 de bastos. Significa oro. Invertida: juicio.

N.º 32: El 14 de bastos. Significa sociedad. Invertida: floración.

N.º 33: El 15 de bastos. Significa compañía. Invertida: pena corta al final.

N.º 34: El 16 de bastos. Significa dolor. Invertida: sorpresa.

N.º 35: El 17 de bastos. Significa nacimiento. Invertida: desconfiar de la primera victoria.

N.º 36: El rey de copas. Significa hombre rubio. Invertida: hombre en su lugar, pero mal situado.

N.º 37: La dama de copas. Significa mujer rubia. Invertida: mujer establecida, pero cabeza de chorlito.

N.º 38: El caballero de copas. Significa llegada. Invertida: más mente que conciencia.

N.º 39: La sota de copas. Significa chico rubio. Invertida: es un adulador.

N.º 40: El 10 de copas. Significa la ciudad donde estamos. Invertida: listo para perder.

N.º 41: El 9 de copas. Significa victoria. Invertida: sinceridad.

N.º 42: El 8 de copas. Significa chica rubia. Invertida: fiestas, alegría.

N.º 43: El 7 de copas. Significa pensamiento. Invertida: proyecto.

N.º 44: El 6 de copas. Significa el pasado. Invertida: el futuro.

N.º 45: El 5 de copas. Significa herencia. Invertida: falsos proyectos.

N.º 46: El 4 de copas. Significa aburrimiento. Invertida: nueva amistad.

N.º 47: El 3 de copas. Significa éxito. Invertida: expedición de negocios.

N.º 48: El 2 de copas. Significa amor. Invertida: deseo.

N.º 49: El 1 de copas. Significa mesa. Invertida: cambio.

N.º 50: El rey de espadas. Significa hombre de negocios. Invertida: hombre malo.

N.º 51. La dama de espadas. Significa viudez. Invertida: mujer malvada.[201]

N.º 52: El caballero de espadas. Militar medio, hombre de espada por estado. Invertida: un «grasas».[202]

N.º 53: La sota de espadas. Significa un espía. Invertida: inesperado.

N.º 54: El 10 de espadas. Significa llorar. Invertida: evento desafortunado que se convertirá en beneficio.

N.º 55: El 9 de espadas. Significado eclesiástico. Invertida: desafiarse unos a otros o simplemente desafiarse unos a otros.

N.º 56: El 8 de espadas. Significa enfermedad de N. Invertida: traición del pasado.

N.º 57: El 7 de espadas. Significa esperanza. Invertida: sabio consejo.

N.º 58: El 6 de espadas. Medios enviados, comisionista. Invertida: declaración de amor.

N.º 59: El 5 de espadas. Significa pérdida. Invertida: duelo.

N.º 60: El 4 de espadas. Significa soledad. Invertida: economía.

N.º 61: El 3 de espadas. Significa religioso. Invertida: efecto perdido.

N.º 62: El 2 de espadas. Significa amistad. Invertida: amigos inútiles, falsos amigos o familiares no muy útiles.

N.º 63: El as de espadas. Significa amor loco. Invertida: embarazo.

N.º 64: El rey de oros. Significa hombre moreno. Invertida: hombre viejo y vicioso.

N.º 65. La reina de oros. Significa mujer morena. Invertida: mal seguro.

N.º 66: El caballo de oros. Significa hombre útil. Invertida: buen hombre sin trabajo.

N.º 67: La sota de oros. Significa chico moreno. Invertida: pródigo.

N.º 68: El 10 de oros. Significa la casa. Invertida: lotería.

N.º 69: El 9 de oros. Significa efecto. Invertida: engaño.

N.º 70: El 8 de oros. Significa chica morena. Invertida: usura.

N.º 71: El 7 de oros. Significa dinero. Invertida: preocupaciones.

N.º 72: El 6 de oros. Significa el presente. Invertida: ambición.

N.º 73: El 5 de oros. Significa amante. Invertida: falta de orden.

N.º 74: El 4 de oros. Significa un regalo. Invertida: cerca.

N.º 75: El 3 de oros. Significa nobleza. Invertida: hijo.

N.º 76: El 2 de oros. Significa vergüenza. Invertida: carta.

N.º 77: El as de oros. Significa satisfacción perfecta. Invertida: bolsa de dinero.

N.º 78 o n.º 0: El Loco. Significa la locura.

---

201. Las cartas rara vez se describen con más de una o dos palabras. Aquí, Etteilla desarrolló su descripción, lo suficientemente sabrosa como para citarla: «Mujer malvada, enfadada, arpía, intolerante, un demonio en casa».
202. La misma observación para este caballero: «Es un gordo, que sólo tiene sarcasmo en la boca que trae de vuelta de los garitos, fumaderos, finalmente lugares que frecuenta, debido a su naturaleza antifibiológica, es un ignorante».

APÉNDICE B:
REFERENCIAS DE LOS PRINCIPALES TAROTS

En esta lista están las referencias de las principales cartas del tarot históricas que se conocen: lugar, fecha de creación, cartas de las que se dispone, dónde se visionar el juego digitalizado hoy o donde se puede comprar una copia. Para una mayor legibilidad, cualquier dirección de Internet que proporcione acceso directo a un recurso digitalizado, tarot o libro antiguo, ha sido marcada con ♣. Las simples referencias a sitios web están marcadas con ♦. Esta lista no es exhaustiva: por ejemplo, el tarot Visconti-Sforza, al que se puede acceder en el sitio de la biblioteca donde se guarda, también puede consultarse en muchos sitios web, blogs y bases de datos privadas. Aquí sólo se menciona el enlace al lugar principal de conservación (o, en su defecto, otro enlace). En cuanto a los sitios privados, blogs y bases de datos, el Apéndice D contiene una lista de aquellos que me pareció que eran los más apropiados para consultar sobre la historia del tarot y en los que encontraremos, en su mayor parte, estos juegos digitalizados.

♦♦♦ *Los tarots italianos antiguos*

- El denominado tarot «Visconti di Modrone» o «de Cary-Yale» (llamado así por su último propietario privado). Milán, 1441. Nos quedan sesenta y siete cartas de un probable total de ochenta y nueve, porque este juego tiene triunfos adicionales: Fe, Esperanza y Caridad, y figuras adicionales: sirvientes y jinetes. Conservado en la Biblioteca Beinecke de la Universidad de Yale (Estados Unidos). Visible en la base digital de esta universidad.

♣ http://brbl-dl.library.yale.edu/vufind/Record/3432566

También disponible en varios sitios privados. Dos facsímiles similares están a la venta, editados por US Games Systems e Il Meneghello.

- El tarot «Brambilla» o «de Brera-Brambilla» (nombre del último propietario). Milán, antes de 1447. También pintado para el duque Filippo Maria Visconti. Todavía quedan dos triunfos, el Emperador y la Rueda de la Fortuna, siete figuras y las cartas de puntos casi completas (falta la cuarta), en total cuarenta y ocho cartas. Hoy en día, se conserva en la Galería de Fotos Brera de Milán y se puede ver en varios sitios privados. Véase en particular:

♣ http://tarotwheel.net/links/historical%20decks.html

- El tarot «Visconti-Sforza», o «Pierpont Morgan-Bergamo». **Milán, c. 1452.** Pintado para Francesco Sforza, que se convirtió en duque de Milán en 1450. El lema «A bon droyt», que es el de los Sforza, presente en algunas cartas, permitió identificar el juego. Es famoso porque es el más completo de los juegos antiguos conocidos: todavía quedan setenta y dos cartas en varios lugares diferentes. Sólo faltan el Diablo, la Torre, el tres de espadas y el caballo de oros. El principal sitio de conservación es la Biblioteca y Museo Morgan en Nueva York. El juego está visible digitalizado en la base digital de esta biblioteca en la dirección:

♣ www.themorgan.org/collection/tarot-cards

- El denominado tarot de Carlos VI o tarot de Gringonneur. Tal vez Florencia, siglo XV. Llamado «tarot de Carlos VI» porque se parece a una mención de 1392 en un libro de contabilidad de Carlos VI que cita un pago debido a Jacquemin Gringonneur por una baraja de cartas. Se conserva en la Bibliothèque nationale de France, visible digitalizado en la base de datos Gallica y en varios sitios privados. Aún quedan dieciséis triunfos y una sota de espadas.

♣ http://catalogue.bnf.fr/ark:/12148/cb403537867

Se conservan quince cartas de un juego similar en el Museo Civico Castello Ursino en Catania, Sicilia. Una reconstrucción de las cartas existentes de este juego fue hecha por Lo Scarabeo (las demás cartas fueron recreadas por el editor) y se vende bajo el nombre de «tarot Dorado del Renacimiento».

- El tarot de Rothschild. Florencia, siglo XV. Nueve cartas conservadas en el Museo del Louvre, París, colección Edmond de Rothschild. Se pueden visionar digitalizadas en la RMN (Réunion des musées nationaux):

♦ www.photo.rmn.fr

Escribe la consulta: «tarot Rothschild». En los resultados aparecerá este tarot y el llamado tarot de Mantegna:

- El tarot Este o «Este-Aragón». **Ferrara (?), 1473.** Dieciséis cartas en la Biblioteca Beinecke de la Universidad de Yale. Se puede visionar digitalizado en la base de datos de esta universidad:

♣ http://brbl-dl.library.yale.edu/vufind/Record/3432692

- El tarot de Goldschmidt. Italia, siglo XV. Nueve cartas conservadas en el Deutsches Spiel-karten-museum. No encontré este juego en línea. Véase mi web, donde he digitalizado reproducciones de este juego que se encuentran en libros impresos:

♦ www.tarot-paris.com

Véase el artículo «Un Tarot rare».

- El tarot Colleoni. Italia, 1490. Cuatro cartas de este magnífico y un tanto misterioso juego se conservan en el Victoria and Albert Museum de Londres, que datan de 1490 y están digitalizadas en alta definición en esta dirección:

♣ https://collections.vam.ac.uk/item/O761809

- Tarot de «Sola Busca». 1491. Este tarot muy curioso con ilustraciones de arcanos menores se conserva en la Pinacoteca de Milán. Se puede ver digitalizado en esta base de datos Wiki:

♣ www.tarotpedia.com/wiki/Sola-Busca_gallery?fref=gc&dti=1457073457838971

Existen varios facsímiles, incluyendo el de Lo Scarabeo publicado en 1995 y el de Il Meneghello en 2013.

◆◆◆ *Los primeros tarots impresos en los siglos XVI y XVII*

- La hoja de Cary. Milán (?), c. 1500. Conservado en la Biblioteca Beinecke de la Universidad de Yale. Visible digitalizado en la base de esta universidad, en la dirección:

♣ http://brbl-dl.library.yale.edu/vufind/Record/3835917

- La hoja de Rosenwald. Florencia (?), c. 1500. Conservado en la National Gallery of Art de Washington. Visible digitalizado en la base de este museo en la dirección:

♣ www.nga.gov/content/ngaweb/Collection/art-object-page.41321.html

Un facsímil fue publicado recientemente por Sullivan Hismans; para obtenerlo, véase su sitio web:

♦ www.tarotsheetrevival.com

- La hoja Metropolitan. Venecia o Ferrara, c. 1500. Parte de ella se conserva en el Metropolitan Museum de Nueva York. Se puede visionar digitalizado en la base de este museo en la dirección:

♣ www.metmuseum.org/art/collection/search/385140

Otra parte se conserva en el Museo de Bellas Artes de Budapest:

♣ www.printsanddrawings.hu/search/prints/5044

Un facsímil ha sido publicado por Sullivan Hismans bajo el nombre «tarot de Budapest»; ver su sitio web:

♦ www.tarotsheetrevival.com

- Ermitaño y dama de copas de un juego de cartas del tarot de Lyon. Lyon (?), c. 1475-1500. De este tarot, conservado en la Bibliothèque nationale de France y un poco olvidado, quedan dos cartas. Escaneado en Gallica en esta dirección:

♣ http://gallica.bnf.fr/ark:/12148/btv1b10510958d

- Tarot de Catelin Geofroy. Lyon, 1557. Considerado el tarot francés más antiguo conocido, es también el primero en el que se numeran los triunfos. Conservado en el Museo de Artes Aplicadas de Fráncfort. Se puede ver digitalizado en esta base de datos privada:

♣ http://cards.old.no/1557-geofroy

- Tarot parisino anónimo. París, primera mitad del siglo XVIII. Famoso por ser el primer tarot conocido con triunfos numerados y nombrados. Conservado íntegro en la Bibliothèque nationale de France. Digitalizado en Gallica en esta dirección:

♣ http://gallica.bnf.fr/ark:/12148/btv1b105109624

Existe un bello facsímil, editado por André Dimanche y Grimaud:

♦ http://editions-sivilixi.com/la-reedition-du-tarot-de-paris

- Tarot de Jacques Viéville. París, entre 1643 y 1664. Completamente conservado en la Bibliothèque nationale de France. Digitalizado en Gallica en esta dirección:

♣ http://gallica.bnf.fr/ark:/12148/btv1b10510963k

Se puede encontrar reconstruido por Jean-Claude Flornoy. Existen dos facsímiles: una antigua edición de Heron-Boéchat, que es difícil de conseguir, especialmente valiosa porque su manual contiene una regla de juego del tarot del siglo XVII; otra reedición de Sivilixi

♦ http://editions-sivilixi.com/le-tarot-de-jacques-vievi-lle-editions-sivilixi

- Tarot de Jean Noblet. París, mediados del siglo XVIII. Famoso por ser el primer tarot cuyo modelo se ajusta al llamado tarot de Marsella. Conservado en la Bibliothèque nationale de France, le faltan cinco cartas, del seis al diez de espadas. Digitalizado en Gallica en esta dirección:

♣ http://gallica.bnf.fr/ark:/12148/btv1b105109641

Se puede encontrar reconstruido por Jean-Claude Flornoy. Existe un facsímil poco común, editado por Joseph H. Peterson, disponible en los sitios de ventas en línea.

♦♦♦ *Los tarots de Marsella del siglo XVIII*

- Tarot de Dodal. Lyon, 1701-1715. Famoso tarot porque ser el tercer tarot de Marsella más antiguo que se conoce, hecho en Lyon por Jean Dodal, que se sabe ejerció entre 1701 y 1715. Conservado en la Bibliothèque nationale de France en esta dirección:

♣ http://gallica.bnf.fr/ark:/12148/btv1b10537343h

También se puede encontrar conservado y digitalizado en el Museo Británico, escribiendo «Jean Dodal» en el campo de búsqueda de la página siguiente:

♦ www.britishmuseum.org/research/collection_online/search.aspx

En la actualidad sólo existe en forma de facsímil, es raro y, por lo tanto, caro y difícil de encontrar, publicado por Dusserre en los años ochenta. También hay una reconstrucción de Jean-Claude Flornoy.

- Tarot de Pierre Madenié. Dijon, 1709. Actualmente es el tarot más antiguo conocido y datado, conocido como «de Marsella». Preservado en el Museo Nacional Suizo de Zúrich. Véase el sitio web de Yves Reynaud para verlo digitalizado y encontrar su facsímil a la venta:

♣ https://tarot-de-marseille-heritage.com/catalogue_madenie1709.html

-Tarot de Jean-Pierre Payen. Avignon, 1713. Conocido desde hace mucho tiempo por ser el más antiguo tarot de Marsella, datado antes del descubrimiento del tarot de Pierre Madenié, lleva la mención «IEAN PIERRE PAYEN Ano 1713» en el dos de oros. Preservado en la Biblioteca Beinecke de la Universidad de Yale, pero también en el Museo Suizo de Juegos en La Tour-de-Peilz, Suiza, y en el Museo Francés de Naipes en Issy-les-Moulineaux. Un facsímil muy bonito (un poco retocado) fue publicado recientemente por Yves Reynaud, véase su página web:

♣ https://tarot-de-marseille-heritage.com/catalogue_payen1713.html

Este facsímil es particularmente necesario porque Heron Jeux publicó una reproducción bastante aproximada con el nombre «tarot de Nostradamus» en los años noventa.

-Tarot de François Chosson. Marsella, 1736. Sería el tarot de Marsella más antiguo que se conoce fabricado en Marsella. Conservado en el Museo Histórico Blumenstein de Solothurn, Suiza.

Ver la digitalización y el facsímil en el sitio web de Yves Reynaud:

♣ https://tarot-de-marseille-heritage.com/catalogue_chosson1736.html

- Tarot de Nicolas Conver. Marsella, 1809-1833. El más famoso tarot antiguo de Marsella, que data de 1760, porque es la fecha que aparece en el juego. Ésta es la fecha de fabricación del molde, pero no la de Conver, que nació en 1784. Así que él no fabricó este famoso juego que lleva su nombre. En la Bibliothèque nationale de France se conservan tres juegos del Conver:

♣ http://gallica.bnf.fr/ark:/12148/btv1b10513817z
♣ http://gallica.bnf.fr/ark:/12148/btv1b10537352g
♣ http://gallica.bnf.fr/ark:/12148/btv1b10520316w

Pero también existen otros juegos, conservados en el Museo Británico o en Japón. Existen muchos facsímiles y reconstrucciones de este famoso tarot. Podemos mencionar los facsímiles publicados por Héron Jeux, Lo Scarabeo e Yves Reynaud.

-Tarot de François Bourlion. Marsella, 1760. Este tarot de Marsella ha sido autentificado como de 1760.

♣ http://gallica.bnf.fr/ark:/12148/btv1b105373496

Hay que tener en cuenta que para encontrar todas las cartas del tarot conocidos como de Marsella en Gallica, debe escribirse la siguiente consulta: «JeuCart tarot Marseille». Aparecerán los diecinueve juegos de este tipo que se conservan en la Bibliothèque nationale de France. Para obtener todos los tarots, escribe «JeuCart tarot»: esto es más conveniente, ya que te dirige a 215 juegos, incluyendo los tarots de Jacques Viéville, Jean Noblet, y Gran Etteilla. La solicitud «JeuCart» es un código específico asignado al gran proyecto de digitalización realizado por la Bibliothèque nationale de France de su colección de cartas antiguas, así como de los numerosos documentos relacionados con ellas. Paul Marteau fue uno de los propietarios de este fondo, que legó a la Bibliothèque nationale de France, de ahí su importancia. Esta referencia es por lo tanto conveniente de saber: ¡remite a un total de 1876 documentos!

De aquí se ha sacado la mayor parte de la iconografía de este libro. En cuanto a los tarots de Marsella, todavía podemos mencionar dos que son importantes porque inspiraron a Paul Marteau cuando diseñó su famoso juego, publicado por Grimaud en 1930:

- Reedición moderna del tarot de Nicolas Conver. Marsella, Camoin, 1890-1899. Este tarot sin duda inspiró a Paul Marteau para los palos.

♣ http://gallica.bnf.fr/ark:/12148/btv1b10543309g

- Tarot de Lequart. París, 1890. Este tarot sin duda inspiró a Paul Marteau para los palos.

♣ http://gallica.bnf.fr/ark:/12148/btv1b10539498w

❖❖❖ *Las cartas del tarot y las cartas adivinatorias de los siglos XIX y XX*

Siguiendo los dos tarots que los inspiraron, he puesto primero los más famoso de ellos. Luego, la lista incluye las diferentes cartas del tarot y los juegos adivinatorios en orden cronológico.

- Antiguo tarot de Marsella. París, Grimaud, 1930. No se conoce ningún facsímil de la edición de 1930 de este famoso tarot y por una buena razón: todavía está disponible en cualquier punto de venta. Ver la edición original conservada en la Bibliothèque nationale de France:

♣ http://gallica.bnf.fr/ark:/12148/btv1b10539685w

Las ediciones originales de este tarot se pueden encontrar en muchos otros lugares: bibliotecas públicas, colecciones privadas... El museo privado Guido Gillabel (Museo del Tarot, Bélgica) tiene tres ediciones diferentes de 1930.

- Tarot de Etteilla, conocido como «el libro de Toth». París, 1788. Sin duda, la reproducción más antigua que existe de este juego que se hará famoso bajo el nombre de «Gran Etteilla». Todavía es fácil de encontrar a la venta hoy en día en una reproducción de una edición de 1910.

♣ http://gallica.bnf.fr/ark:/12148/btv1b10545802x

- Juego de adivinación anónimo y revolucionario. París, 1791.

♣ http://gallica.bnf.fr/ark:/12148/btv1b10510967c

- El pequeño oráculo de las damas. París, viuda Gueffier, 1807. Un pequeño oráculo antiguo, quizás uno de los primeros en aparecer, recientemente publicado en facsímil por Grimaud.

♣ http://gallica.bnf.fr/ark:/12148/btv1b10520841s

- Juego de adivinación anónimo. París, 1830-1880

♣ http://gallica.bnf.fr/ark:/12148/btv1b10529588j

- **Juego de la Srta. Lenormand. París, 1835.** Su facsímil está a la venta y es fácil de encontrar.

♣ http://gallica.bnf.fr/ark:/12148/btv1b10509225z

- **Tarot de Oswald Wirth. 1889.** Que sepamos, no existe el facsímil del tarot original, sin embargo, este tarot sigue a la venta en todas partes. Además, el tarot de la imaginería de le Edad Media está fácilmente disponible para la venta junto con el juego.

♣ http://gallica.bnf.fr/ark:/12148/btv1b105110785

- **Tarot Rider-Waite, dibujado por Pamela Colman Smith. 1910.** Una edición de 1937 se conserva en la Biblioteca Beinecke de la Universidad de Yale. Como cada carta tiene su propio enlace, introduce la siguiente dirección y sigue las sugerencias de las otras cartas. Es fácil de encontrar editado por US Games Systems.

♣ http://brbl-dl.library.yale.edu/vufind/Record/3520345

¿Dónde ir a ver el tarot «en persona»?

The International Playing-Card Society, el sitio de referencia para investigadores y coleccionistas:

♣ www.cs.man.ac.uk/~daf/i-p-c-s.org/faq/museums.php#france

Se pueden encontrar de entrada las siguientes direcciones:

Para Francia, el Musée français de la Carte à jouer de Issy-les-Moulineaux:

♦ www.museecarteajouer.com

Para Bélgica, un museo privado, el Museo del Tarot de Bélgica de Guido Gillabel, cuya rica colección hará las delicias de todos los amantes del tarot:

♦ www.tarotmuseumbelgium.com

Apéndice C:
Bibliografía comentada y fuentes

Este libro fue inspirado por muchos otros, citados en notas a pie de página a lo largo del texto. Me gustaría mencionar aquí principalmente a aquellos que fueron decisivos en la escritura de este libro, mencionando, para cualquiera que desee saber más sobre la historia del tarot, cómo encontrar el libro en cuestión. Si no se indica nada, se encuentra fácilmente a la venta en librerías o en línea. Las dos primeras partes mencionan los estudios y autores de referencia sobre el tema; luego, en la parte «Fuentes», encontraremos todos los libros y autores antiguos, la mayoría de ellos digitalizados, que están referenciados en nuestro texto. Junto con los tarots antiguos, son las fuentes de la historia del tarot. Para facilitar la consulta, ya que algunos de estos libros son de nivel universitario, he añadido un pequeño ♥ a los títulos que considero no sólo esenciales, sino también los de más fácil acceso para cualquier lector no especializado.

♦♦♦ *Historia del tarot y de los juegos de cartas*

Depaulis, T.: *Le Tarot révélé, un histoire du tarot d'après les documents*. Musée suisse du Jeu, La Tour-de-Peilz, 2013. ♥

Contiene la información más reciente sobre la historia del tarot. Una obra fundamental que ya es difícil de encontrar a pesar de una edición reciente. Sería interesante que se reeditara.

—: *Tarot, jeu et magie*. Bibliothèque nationale de France, París, 1984. ♥

♣ http://gallica.bnf.fr/ark:/12148/bpt6k6532698n

Kaplan S. R.:, *La Grande Encyclopédie du tarot*, Tchou, París, 1978. ♥ Libro de referencia sobre la historia del tarot, con 250 juegos y toda la documentación básica. Se puede encontrar fácilmente para la venta en línea a precios que siguen siendo asequibles.

Van rijnberk G.: *Le Tarot, histoire, iconographie, ésotérisme*. Paul Derain, Lyon, 1947. Trabajo académico, especialmente sobre los arcanos mayores, pero desafortunadamente no disponible, excepto a precios prohibitivos. Digitalizado sólo en la base de datos de Gallica intramuros, así que tienes que ir a la Bibliothèque nationale de France para verlo:

♣ http://gallicaintramuros.bnf.fr/ark:/12148/bpt6k3344603z

Una parte de este libro, sin embargo, también se reproduce en:

Alleau René, Larcher Hubert y Le Scouezec Gwen, *Encyclopédie de la divination*, Tchou, París, 1965.

Dummett Michael, *The Game of Tarot, from Ferrara to Salt Lake City*, Duckworth, Londres, 1980.

Este importante libro de referencia (¡600 páginas!) debe ser mencionado en una bibliografía sobre la historia del tarot, pero no se encuentra porque nunca ha sido reimpreso. Sólo es accesible en dos bibliotecas francesas, la Bibliothèque nationale de France y la Fondation Maison des sciences de l'homme de París. Para la compra, cuente por lo menos 200 euros si tiene suerte…

Decker Ronald, Depaulis Thierry yt Dummett Michael, *A Wicked Pack of Cards, the Origins of the Occult Tarot*, Bloomsbury Publishing, Londres, 1996.

Mucho más fácil de encontrar a la venta que el título anterior, y más específicamente dedicado a la historia del tarot adivinatorio en Francia.

Decker Ronald et Dummett Michael, *A History of the Occult Tarot*, Duckworth, Londres, 2002.

Fácil de encontrar y comprar, y más específicamente dedicado a la tradición anglosajona del tarot adivinatorio.

D'Allemagne Henry René, *Les Cartes à jouer du XIVᵉ au XXᵉ siècle*, Hachette, París, 1906, 2 vol.

Una suma monumental (¡unas 1200 páginas!) y una referencia sobre la historia de las cartas. Su digitalización por una biblioteca canadiense es tanto más valiosa cuanto que la obra no se encuentra. Si no lo lees todo, puedes consultarlo por sus muchas y magníficas planchas e ilustraciones de las que se han tomado las imágenes de las páginas 9, 33 y 36 de este libro.

♣ https://archive.org/details/McGillLibrary-122623-2081

Hoffmann Detlef, *Le Monde de la carte à jouer*, Éditions Leipzig, 1972. ♥

Contiene, además de un texto de referencia, una magnífica iconografía. Escrito por uno de los autores más reconocidos en este campo. Libro todavía disponible en línea a precios asequibles.

Seguin Jean-Pierre, *Le Jeu de carte*, Hermann, París, 1968. ♥

La misma observación para este título: iconografía muy interesante, autor de referencia, libro a la venta en línea a precios asequibles..

Merlin Romain, *Origine des cartes à jouer, recherches nouvelles sur les naïbis, les tarots et sur les autres espèces de cartes*, París, 1869. ♥

Otra referencia importante que no hay que perderse a pesar de su antigüedad. Destaca por su magnífica iconografía. Escaneado en Gallica:

♣ http://gallica.bnf.fr/ark:/12148/bpt6k1232440

Depaulis Thierry, Seguin Jean-Pierre et Senepart Ingrid, *Cartes à jouer & tarots de Marseille, la donation Camoin*, Éditions Alors hors du Temps, Marseille, 2004.

Catálogo de la exposición homónima de 2004 en el Musée du Vieux-Marseille. Libro todavía disponible en línea a precios asequibles.

Lhote Jean-Marie, *Court de Gébelin, le Tarot, présenté et commenté par Jean-Marie Lhóte*, Berg International, París, 1983.

Es una pena que no podamos encontrar fácilmente este libro a la venta, que ofrece un facsímil comentando el texto fundacional de Court de Gébelin sobre las cartas del tarot.

Mercier-Faivre Anne-Marie, *Un supplément à l'Encyclopédie: le Monde primitif d'Antoine Court de Gébelin*, Honoré Champion, París, 1999.

Cualquier persona interesada en Court de Gébelin encontrará en esta tesis, de forma casi exhaustiva, todo lo que podamos saber sobre él. Dada la naturaleza científica del libro, es difícil encontrarlo a la venta; sin embargo, es de libre acceso en el Haut-de-jardin de la Bibliothèque nationale de France (sala H accesible a todos).

Para los que quieran encontrar otros libros sobre la historia del tarot, la International Playing-Card Society ha puesto en línea una bibliografía muy completa:

♦ https://i-p-c-s.org/faq/books.php#tarot

❖❖❖ *Otras obras consultadas*

De Sike Yvonne, *Histoire de la divination: oracles, prophéties, voyances*, Larousse, París, 2001. ♥

Excelente libro que enseña sobre estos temas, pero también más ampliamente sobre los períodos históricos en cuestión, las artes, la filosofía, las mentalidades…

Lhote Jean-Marie, *Histoire des jeux de société*, Flammarion, París, 1993.

Trabajo de autor y de referencia sobre el tema. Desafortunadamente, este libro es caro y difícil de encontrar, y eso es una lástima, porque es magnífico y erudito. Pero todavía puede encontrar el siguiente título muy interesante a precios asequibles.

Lhote Jean-Marie, *Le Symbolisme des jeux*, Berg International, París, 2010 (1976 para la première édition).

Netchine Ève (dir.), *Jeux de princes, jeux de vilains*, Bibliothèque nationale de France, París, Seuil, 2009. ♥

Exposición de la Biblioteca Nacional de Francia, excelente iconografía en línea aquí:

♣ http://expositions.bnf.fr/jeux/tarots/album.htm

Mollier Pierre (dir.), *La Franc-maçonnerie*, Bibliothèque nationale de France, París, 2016. ♥

Esta interesante exposición se puede encontrar en línea en esta dirección:

♣ http://expositions.bnf.fr/franc-maçonnerie

Pastoureau Michel, *Une histoire symbolique du Moyen Âge occidental*, Seuil, París, 2014 (2004 para la primera edición). ♥

Emocionante y muy bien escrito libro que se puede encontrar en ediciones de bolsillo.

Le Goff Jacques, *Un Moyen Âge en images*, Hazan, París, 2007. ♥

Quien quiera leer sobre la Edad Media no dejará de consultar los libros de este gran historiador

Véase también:

Le Goff Jacques (dir.), *L'Homme médiéval*, Seuil, París, 1989. ♥

Heers Jacques, *Fêtes des fous et carnavals*, Fayard, París, 1983. ♥

De Mailly Nesle Solange, *L'Astrologie*, Nathan, París, 1981.

Spurek Milan, *L'Astrologie*, Gründ, París, 1998.

Riffard Pierre A., *L'Ésotérisme*, Robert Laffont, París, 1990.

◆◆◆ Diccionarios

Servier Jean (dir.), *Dictionnaire critique de l'ésotérisme*, PUF, París, 1998.

Un libro realmente prolífico sobre el tema, ideal para cualquiera que esté interesado en este campo y que desee aprovechar los sólidos conocimientos de fuentes probadas.

Chevalier Jean y Gheerbrant Alain, *Dictionnaire des symboles*, Robert Laffont, París, 1992, edición aumentada (1969 para la primera edición).

Grimal Pierre, *Dictionnaire de la mythologie*, PUF, París, 1976.

Le Goff Jacques y Schmitt Jean-Claude (dir.), *Dictionnaire raisonné de l'Occident médiéval*, Pluriel, Hachette, 2015 (Fayard, 1999 para la primera edición).

◆◆◆ Fuentes sobre las cartas del tarot y la cartomancia

Court De Gebelin Antoine, *Monde primitif, analysé et comparé avec le monde moderne*, París, 1773-1784, 9 vol. El texto sobre el tarot se encuentra en el volumen VIII, págs. 365-410. Digitalizado en Gallica, véanse los volúmenes relacionados con este tema:

♣ http://catalogue.bnf.fr/ark:/12148/cb302807291

En la página web de Jean-Claude Flornoy, se puede encontrar directamente el texto transcrito de Court de Gébelin:

♣ http://letarot.com/pages-vrac/pages/Court-de-Gebelin.html

Etteilla, *Manière de se récréer avec le jeu de cartes nommées tarot*, París, Amsterdam, 1783 para el primer y tercer cuaderno, 1785 para el segundo y cuarto cuadernos.

Primer cuaderno digitalizado en Gallica:

♣ http://gallica.bnf.fr/ark:/12148/bpt6k622723

Segundo cuaderno aún no digitalizado. El tercer y cuarto cuadernos digitalizados sólo son accesibles en Gallica intramuros (por lo que debes dirigirte a la BnF): véanse las referencias a continuación. Dicho esto, las digitalizaciones evolucionan muy rápidamente, pero no son en absoluto definitivas.

♣ http://gallicaintramuros.bnf.fr/ark:/12148/bpt6k312882c

♣ http://gallicaintramuros.bnf.fr/ark:/12148/bpt6k3128878

Le Petit Oracle des dames ou récréation du curieux, contenant 75 figures coloriées formant le jeu complet de 52 cartes avec la manière de tirer les cartes, tant avec ce jeu qu'avec les cartes ordinaires, viuda Gueffier, París, 1807.

♣ http://gallica.bnf.fr/ark:/12148/btv1b10520841s

Le Petit Etteilla ou l'art de tirer les cartes d'après les plus célèbres cartomanciers, orné de 33 gravures, Blocquel et Castiaux, Lille, 1826.

♣ http://gallica.bnf.fr/ark:/12148/btv1b10527480w

Lévi Eliphas, *Dogme et rituel de la haute magie*, G. Baillière, París, 1856.

Se sigue reeditando hoy en día.

Papus, *Le Tarot des Bohémiens*, G. Carré, París, 1889.
Todavía publicado hoy por Dangles. Digitalización disponible en esta dirección:
♣ https://archive.org/details/clefabsoluedelas00papuuoft

—:*Le Tarot divinatoire*, Librairie hermétique, París, 1909.
Todavía publicado hoy por Dangles.

Falconnier Robert, *Les XXII Lames hermétiques du tarot divinatoire: exactement reconstituées d'après les textes sacrés et selon la tradition des mages de l'anciennes Égypte*, Librairie de l'art indépendant, París, 1896.
♣ http://gallica.bnf.fr/ark:/12148/bpt6k5525090q

Les Sciences mystérieuses: les lignes de la main, l'écriture, la physionomie, l'étude de la tête, les secrets des cartes, étude nouvelle illustrée de plus de cinq cents documents (figures et autographes), Deslinières, París, 1899.
♣ http://gallica.bnf.fr/ark:/12148/bpt6k204009w

Wirth Oswald, *Le Tarot des imagiers du Moyen Âge*, Le Symbolisme, París, 1926-1927.
Es fácil encontrar una edición publicada por Tchou que contiene el libro y el juego.

Marteau Paul, *Le Tarot de Marseille*, Arts et métiers graphiques, París, 1949.
Todavía disponible en línea a precios asequibles.

Le Livre de passe-temps de la fortune des dez, Genève, 1510.
Digitalizado por la Biblioteca de Ginebra:
♣ www.e-rara.ch/doi/10.3931/e-rara-6995

Le Plaisant Jeu du dodechedron, N. Bonfons, París, 1577.
♣ http://gallica.bnf.fr/ark:/12148/bpt6k1510950n

Le Ingeniose Sorti composte per Francesco Marcolini da Forli, intitulate Giardino di Pensieri, novamente ristampate, e in novo et bellissimo ordine riformate, Venecia, 1550.
Digitalizado en esta dirección
♣ https://archive.org/details/gri_000033125008238095

❖❖❖ *Otras fuentes consultadas*

Millet-Saint-Pierre Jean-Baptiste, «Recherches sur le dernier sorcier et la dernière école de magie» en *Recueil des publications de la Société havraise d'études diverses*, Le Havre, 1857.
♣ http://gallica.bnf.fr/ark:/12148/bpt6k55447214

Becq De Fouquieres Louis, *Les Jeux des anciens, leur description, leur origine, leurs rapports avec la religion, l'histoire et les mœurs*, C. Reinwald, París, 1869.
♣ http://gallica.bnf.fr/ark:/12148/bpt6k110685x

Horapollon, Musier, París y Amsterdam, 1779.
♣ http://gallica.bnf.fr/ark:/12148/bpt6k9612330b

Iconologie ou Explication nouvelle de plusieurs images, emblèmes et autres figures hyérogliphiques des vertus, des vices, des arts, des sciences. Tirée des recherches et des figures de César Ripa, desseignées et gravées par Jacques de Bie et moralisées par J. Baudoin. El autor, París, 1636.
♣ http://gallica.bnf.fr/ark:/12148/bpt6k130641h

Philosophie naturelle de trois anciens philosophes renommez. Contient *Le Livre des figures hiéroglyphiques*, Laurent d'Houry, París, 1682.
♣ http://gallica.bnf.fr/ark:/12148/bpt6k81627j

Artemidore D'Éphese, *L'Interprétation des songes (ou Onirocriticon)*, Jean de Tournes, Lyon, 1546.
♣ http://gallica.bnf.fr/ark:/12148/bpt6k8534667

Manuscrito *Horae ad usum romanum* dit *Heures de Louis de Laval*, hacia 1430-1435.
♣ http://gallica.bnf.fr/ark:/12148/btv1b52501620s/f48.image

Apéndice D:
Bases de datos, blogs y sitios

¡El mundo de la web es infinito! Las publicaciones sobre las cartas del tarot son más abundantes que las de los libros impresos. Se han renovado mucho en los últimos años, con un interés creciente por esta disciplina en particular: la historia del tarot. De eso es de lo que estamos hablando aquí. Así que no he enumerado todos los sitios que hablan de las cartas del tarot, incluso de forma brillante o que están teñidos de historia, pero que son opiniones sobre teorías emitidas por sus autores. Por un lado, sería imposible hacer referencia a todo esto, y además, no era el tema que yo quería tratar. Por otro lado, aquí hallaremos algunos de los sitios más sólidos y bien documentados que he encontrado para profundizar en sus lecturas y reflexiones sobre la historia del tarot. Estos sitios son muy interesantes porque ofrecen no sólo textos, sino también colecciones iconográficas de muy alta calidad –juegos antiguos, obras de arte–, obras que a veces son difíciles de encontrar impresas, dadas las restricciones vinculadas a los derechos de autor de las imágenes, más flexibles en Internet para las obras antiguas. Los sitios curiosos en francés están indicados con ♥.

◆◆◆ *Bases de datos, foros*

Le Tarot, Associazione Culturale
◆ www.associazioneletarot.it

Sitio de referencia italiano sobre la historia del tarot: artículos de calidad, iconografía abundante y bien cuidada. Artículos en inglés e italiano. Para aquellos que deseen encontrar enlaces a otros sitios web, éste ofrece una selección de enlaces comentados:

◆ www.associazioneletarot.it/links.aspx?id=6

Le Monde des tarots anciens ♥
◆ www.tarotsanciens.canalblog.com

La producción francesa relativa a la historia del tarot es bastante escasa en la web: merece la pena mencionar esta base de datos porque es la única de su tipo en francés según lo que he encontrado. Es interesante porque ofrece muchos documentos artísticos, literarios, filosóficos e históricos relacionados con el tarot, clasificados por tipología, arcanos, tema o época. Una mina preciosa, muy interesante puesto que no da ninguna teoría presupuesta sobre el tema. Se proporcionan documentos de todo tipo para alimentar la reflexión del lector, y luego le corresponde a él decidir.

Trionfi – Tarot and its History
◆ http://trionfi.com

La abundancia aquí está a la orden del día: es un poco difícil aclararse ante esta impresionante base de datos que ofrece numerosos documentos y enlaces a otros sitios web, pero es una de las referencias mundiales en la materia.

Tarotpedia
La base de datos wiki del tarot…
◆ www.tarotpedia.com

The International Playing-Card Society
◆ www.i-p-c-s.org
◆ www.i-p-c-s.org/fr ♥

Sitio de referencia de la más importante organización internacional de investigadores, coleccionistas, amantes de las cartas de juego y su historia, que por tanto incluye la historia del tarot. Su revista, *The Playing-Cards*, es una referencia.

Tarot History Forum

En lo que se refiere a los foros y a la historia del tarot, es la referencia.

♦ http://forum.tarothistory.com/index.php

Tradition des tarots de Marseille ♥

En Francia (¡y en francés!), es en este foro de Laurent Édouard donde podemos encontrar buenos intercambios sobre la historia del tarot.

♦ www.traditiontarot.com/index.php

En Facebook, puedes encontrar el grupo de Historia del Tarot:

♦ www.facebook.com/groups/1457073457838971

◆◆◆ *Blogs y sitios*

A veces, es más fácil acceder a algunos blogs y sitios escritos por investigadores apasionados muy ricos en documentación e iconografía. Recomiendo especialmente los que se enumeran a continuación.

The Tarot Wheel

Blog de Joep van Loon. Notable en todos los sentidos. Para los que no hablan inglés, a pesar de todo, la visita es esencial: la observación de la iconografía hábilmente orquestada, entre juegos de diferentes épocas y su comparación con obras de las mismas épocas es muy instructiva.

♦ http://tarotwheel.net

Véase en particular su página en la que hace referencia a los principales juegos y enlaces a las bases de datos donde se digitalizan (un poco como lo que hicimos anteriormente, pero aquí en línea):

♦ http://tarotwheel.net/links/historical%20decks.html

Historical playing cards

No es necesario hablar inglés para consultar este sitio de valor incalculable, todo en imágenes: ofrece una lista cronológica completa de los principales juegos de cartas antiguas. Simplemente haz clic en cada juego para verlo completamente digitalizado.

♦ http://cards.old.no/t

Una tabla general muestra todos los tarots italianos digitalizados. Al mirarlo, se pueden comparar los juegos entre sí, antes de ir a hacer clic en cada juego para admirarlo por completo.

♦ http://cards.old.no/t

Tarot Heritage - Todo sobre la historia del tarot y las barajas históricas

♦ https://tarot-heritage.com

Para más enlaces a sitios web sobre la historia del tarot, véase también esta página comentada en el mismo sitio:

♦ https://tarot-heritage.com/history-4/resources

The World of Playing Cards

♦ www.wopc.co.uk

Tarot de Marseille Heritage ♥

La web de Yves Reynaud, ya mencionada para los facsímiles, pero que vuelvo a poner aquí para mencionar también su comentada galería del histórico tarot de Marsella.

♦ https://tarot-de-marseille-heritage.com/index.html

Museo del Tarot de Bélgica ♥

El sitio web de Guido Gillabel no sólo ofrece una presentación de su museo, sino también una rica iconografía comentada de las cartas del tarot, en francés e inglés

♦ www.tarotmuseumbelgium.com

Tarot de París ♥

Mi sitio web, donde publico regularmente mis artículos sobre la historia del tarot, pero también historias y vídeos, así como una abundante iconografía histórica. Los derechos de autor restringen en gran medida la publicación impresa de obras, por lo que no he podido publicar aquí lo que quería de la inmensa iconografía artística relacionada con el tarot. He insertado un ejemplo con *L'Escamoteur* de Jérôme Bosch para ilustrar los muchos vínculos posibles entre el arte y las cartas del tarot. La iconografía del sitio completará el texto de este libro. Un calendario anuncia los talleres sobre la historia del tarot.

♦ www.tarot-paris.com

Por último, publico regularmente en mi página de Facebook mis últimos hallazgos históricos: mapas antiguos, manuscritos, grabados, obras de arte…:

♦ www.facebook.com/nadolnytarot

Agradecimientos

A mi querido hermano Serge Nadolny, que me hizo descubrir el tarot.

A Florian Parisse, por su aliento y ayuda desde el principio para que practicara el tarot, estudiara su historia y la publicara.

A Peter Tournier, cuya fina enseñanza artística ha nutrido mi práctica y liberó mi confianza y creatividad. Y por su eficaz ayuda y asesoramiento en el desarrollo de mi actividad.

A Emmanuelle Iger por su inestimable ayuda en la redacción de este libro: ayuda logística, consejos ingeniosos, corrección de pruebas, galeradas con risas y buen humor. Y por todo lo que compartimos.

A Valérie por su presencia y su apoyo incondicionales desde el comienzo de la escritura de este libro.

A Florence Legrin por su revisión y aliento.

Gracias a Guido Gillabel por su acogida en su museo del tarot, su ayuda y su permiso para publicar cartas y fotografías.

Gracias a Yves Reynaud por su autorización para publicar reproducciones de sus preciosos tarots históricos.

Y, finalmente, me doy gracias a mí misma. ¡Pruébalo, sienta bien!

Créditos iconográficos

Bibliothèque nationale de France / gallica.bnf.fr

Páginas 8, 27, 28, 30, 31, 33, 36, 37, 39, 41, 42, 56, 58, 59, 79, 90, 92, 93, 96, 100, 101, 103, 104, 105, 107, 108, 109, 113, 122, 124, 135, 138, 147, 149, 150, 155, 156, 158, 159, 160, 161, 164, 166, 167, 168, 182, 185, 188, 191, 194, 197, 200, 203, 206, 209, 212, 215, 218, 221, 224, 227, 230, 233, 236, 239, 242, 245, 248, 251, 252

Todas estas imágenes están citadas en el texto con la mención «BnF».

Metropolitan Museum

Páginas 12, 25, 28, 31, 63

Beinecke Rare Book & Manuscript Library

Páginas 20, 54, 57, 66, 94, 123, 191

Photos ©RMN-Grand Palais, musée du Louvre

Páginas 4, 50, 73, 76, 116

National Gallery of Art

Páginas 34, 62

Bibliothèque de Genève

Páginas 17, 18

British Library

Página 22

Musée gallo-romain de Saint-Romain-en-Gal

Página 14

Rijksmuseum

Página 178

US Games Systems, Inc

Páginas 23, 32, 55, 108, 109, 123, 188

AGM-Urania

Page 173

Museo del Tarot de Bégica de Guido Gillabel

Páginas 84, 105, 114, 115, 135, 139, 172, 175, 176

Tarot de Marseille Heritage, Yves Reynaud

Páginas 96, 98, 99, 103

Fotografías y reproducciones personales

Páginas 14, 24, 60, 127, 144, 152, 169, 170, 171

Fotografías de la portada

Tarot dit de Charles VI, Italie du Nord, XVe siècle, BnF. La Justice, le Fou, le Pendu, l'Ermite (détails).

Fotografías de la contraportada

Tarot dit de Charles VI, l'Ermite, Italie du Nord, XVe siècle, BnF.

Tarot de Grimaud, l'Hermite, París, 1930, BnF.

Fotografía de la autora: © Emmanuel Delaloy

ÍNDICE

INTRODUCCIÓN 5

CAPÍTULO I: LA HISTORIA DEL TAROT SE INSCRIBE EN LA HISTORIA DE LOS NAIPES Y DEL JUEGO… 9

1. Juego y adivinación desde la Antigüedad 11
Entre mitos, juegos y símbolos 11
Una dudosa frontera entre el juego y la adivinación 15
Los dados, la suerte, la casualidad y la fortuna 16
En la Edad Media se jugaba mucho, a pesar de que fuera una ofensa hacia Dios 19

2. Aparición y desarrollo de los juegos de cartas en Europa 21
Las primeras menciones de los juegos de cartas en Europa 21
¿De dónde proceden los juegos de cartas? 23
No hay cartas sin papel o grabado 27

3. Historia de los primeros juegos de cartas 29
Los primeros juegos de cartas 29
Las cartas de la corte 33
Los cuatro colores 35
Los cuatro palos del tarot 40

4. El simbolismo de los cuatro palos 43
Los símbolos de los cuatro palos según los autores antiguos 43
Los símbolos de los cuatro palos según los autores modernos 44
Las cartas espiritualizadas 48

CAPÍTULO II. LA APARICIÓN DEL TAROT EN ITALIA 51

1. Las primeras referencias en los archivos y los primeros tarots 53
Las primeras referencias en los archivos 53
Los tarots Visconti, los más antiguos del mundo 54
Otros tarots iluminados del siglo XV 56

¿Qué podemos observar ya en estos primeros juegos? 57

2. ¿En qué contexto nació el tarot? 67
Hay tanto que decir, a partir los triunfos 67
El tarot apareció en momentos convulsos 68
El tarot y el Renacimiento italiano 69

3. Primeros elementos de interpretación y de símbolos 71
¿Es el tarot un juego educativo? El ejemplo de un juego de la década de 1420 71
El tarot de Mantegna o «el juego del gobierno del mundo» 72
El tarot, ¿un modelo de ascensión a Dios? 77
Los Triunfos de Petrarca 78
Los carros triunfales y los carnavales italianos 80
¿Sabemos quién creó el tarot? 80

CAPÍTULO III: EL TAROT DE MARSELLA, SUS ANTEPASADOS Y SUS DESCENDIENTES 85

1. La expansión del tarot en Francia 87
¿De dónde viene la palabra «tarot»? 87
Los tarots franceses más antiguos que se conocen ... 89
Italia, otra fuente de inspiración probable 95

2. El siglo de los «tarots de Marsella» 97
Los «tarots de Marsella» más antiguos que se conocen 97
La vida cotidiana de los maestros naiperos franceses en el Antiguo Régimen 100
Los muy numerosos tarots de Marsella 102
Los tarots de Marsella están lejos de ser los únicos tarots antiguos 106

3. La tradición del tarot de Marsella 111
Las primeras apariciones de la denominación «tarot de Marsella» 111
La creación del «antiguo tarot de Marsella» de Paul Marteau 112

Capítulo IV: La historia del tarot en la historia de la adivinación 117

1. Adivinación y ocultismo en el siglo XV 119
Las prácticas adivinatorias de finales de la Edad Media 119
Astrología y tarot 121
Alquimia, hermetismo y tarot 128

2. El nacimiento del tarot adivinatorio 131
La adivinación con cartas antes del siglo XVIII 131
Masonería y egiptomanía en el Siglo de las Luces 132
Court de Gébelin y el *Monde primitif* 135
El conde de Mellet 141
Tirada de tarot según el método del conde de Mellet (1781) 144

3. La edad de oro de la cartomancia 145
El esquivo Alliette, llamado Etteilla 145
La fortuna de las cartas 153
Variedad y éxito de los juegos adivinatorios 157
La Srta. Lenormand, la sibila de los salones 159

4. Cuando el tarot se vuelve oculto 163
Eliphas Lévi, el tarot y la cábala 163
Oswald Wirth 167
Papus 169
La tradición anglosajona 173
La abundancia de contenidos editoriales franceses a partir de los años ochenta 174

Capítulo V: Pequeña historia de los arcanos mayores 179

El Loco *(le Mat)* 182
I. El Mago *(le Bateleur)* 185
II. La Papisa 188
III. La Emperatriz 191
IIII. El Emperador 194
V. El Papa 197
VI. El Enamorado 200
VII. El Carro 203
VIII. La Justicia 206
VIIII. El Ermitaño 209
X. La Rueda de la de Fortuna 212
XI. La Fuerza 215
XII. El Colgado 218
XIII. La Muerte 221
XIIII. La Templanza 224
XV. El Diablo 227
XVI. La Torre *(Maison-Dieu)* 230
XVII. La Estrella 233
XVIII. La Luna 236
XVIIII. El Sol 239
XX. El Juicio 242
XXI. El Mundo 245

Conclusión 249

Para saber más... 253

Apéndice A:
El tarot de Etteilla según su libro (1783) 254

Apéndice B:
Referencias de los principales tarots 256
Los tarots italianos antiguos 256
Los primeros tarots impresos en los siglos XVI y XVII 257
Los tarots de Marsella del siglo XVIII 258
Las cartas del tarot y las cartas adivinatorias de los siglos XIX y XX 259

Apéndice C:
Bibliografía comentada y fuentes 261
Historia del tarot y de los juegos de cartas 261
Otras obras consultadas 262
Diccionarios 263
Fuentes sobre las cartas del tarot y la cartomancia 263
Otras fuentes consultadas 264

Apéndice D:
Bases de datos, blogs y sitios 265
Bases de datos, foros 265
Blogs y sitios 266

Agradecimientos 267

Créditos iconográficos 268